新編諸子集成

論衡校釋

（附劉盼遂集解）

下

黄暉撰

中華書局

論衡校釋卷第二十二

紀妖篇

衛靈公將之晉，至濮水之上，夜聞鼓新聲者，説之，使人問之，左右皆報弗聞。召師涓而告之，曰：「有鼓新聲者，使人問左右，盡報弗聞。其狀似鬼，子爲我聽而寫之。」師涓曰：「諾。」因静坐撫琴而寫之。明日報曰：「臣得之矣！然而未習，請更宿而習之。」靈公曰：「諾。」因復宿。明日已習，遂去之晉。晉平公觴之施夷之臺。「施夷」即「虒祁」，聲之轉也。左昭八年傳：「晉侯方築虒祁之宫。」預曰：「虒祁，地名也，在絳州西四十里，臨汾水也。」春秋大事表七之三：「今平陽府曲沃縣西四十九里，有虒祁宫址，地連絳州之聞喜縣界。」盼遂案：史紀樂書作施惠之臺。論作施夷，與韓非子十過同。左傳作虒祁宫，音相同也。酒酣，靈公起曰：「有新聲，願請奏以示公。」公曰：「善。」乃召師涓，令坐師曠之旁，援琴鼓之。未終，曠撫而止之，曰：「此亡國之聲，不可遂也。」王先謙曰：「遂，竟也，謂終曲。」平公曰：「此何道出？」王念孫曰：「道者，由也。言此聲何由出也。」師曠曰：「此師延所作淫聲，盼遂案：史記殷本紀：「紂使師涓作新淫聲。」楚辭九懷：「惜師延之浮渚兮。」王逸章句：「師延，殷紂之臣也。爲紂作新聲。」洪氏補註引史記亦作師延。與紂爲靡靡之樂也。呂覽本生篇注：「紂使樂師作朝歌北鄙靡靡之樂，以爲淫亂。」武王誅紂，懸之白旄，師延東走，至濮水而自投，高誘曰：「紂之太師，以此音自投於濮水。」故聞此聲者，必於濮水之上。先聞此聲者，其國削，不可遂也。」平公曰：「寡人〔所〕好者音也，孫曰：下文云：「寡人所好者音也。」又云：「寡人老矣，所好者音也。」語例並同。疑此句「寡人」下脱「所」字。韓非子十過篇、史記樂書並有「所」字。朱説同。盼遂案：孫人和曰：「下文云：『寡人所好者音也。』又云：『寡人老矣，所好者音也。』語例並同。疑此句『寡人』下脱『所』字。韓非子十過篇、史記樂書並有『所』字。」黄氏校釋本於「寡人」下沾一「所」字，不注明所據，因不收孫氏此條校語，似非忠於所從事業。子其使遂之。」師涓鼓究之。平公曰：「此所謂何聲也？」師曠曰：「此所謂清商。」公曰：「清商固最悲乎？」師曠曰：「不如清徵。」公曰：「清徵可得聞乎？」師曠曰：「不可。古之得聽清徵者，皆有德義之君也。今吾君德薄，不足以聽之。」公曰：「寡人所好者音也，願試聽之。」師曠不得已，援琴鼓之。一奏，有玄鶴二八從南方來，集於郭（廊）門之上危；先孫曰：異虚篇作「郎門之危」，是也。（按：當作「感虚」。「郎」，各本并作「廊」。）下云：「廓瓦。（各本正作廊。）」又云：「廓室。」「廓」亦當作「廊」。郎、郭、廊、廓，並形之誤。韓非子十過篇作「郎門之垝」。（危、垝字通。喪大記云：「中屋履危。」）盼遂案：儀禮鄭注：「危，棟上也。」孫氏失引。再奏而列；三奏，延頸而鳴，舒翼而舞。音中宮商之聲，聲徹于天。平公大悦，坐者皆喜。平公提觴而起，爲師曠壽，反坐而問曰：「樂莫悲于清徵乎？」師曠曰：「不如清角。」平公曰：「清角可得聞乎？」師曠曰：「不可。昔者黄帝合鬼神於西大山之上，王先慎曰：「小泰山稱東泰山，故泰山爲西泰山。」駕象輿，六玄（交）龍，孫曰：韓非子作「蛟龍」。疑「玄」爲「交」字之誤。暉按：孫説是也。風俗通聲音篇亦作「交龍」。墨子：「黄帝合鬼神於泰山，駕象車，六蛟龍。」文選七發：「六駕交龍。」李注：「以蛟龍若馬而駕之，其數六也。」畢方並轄，文選東京賦薛注：「畢方，父老神也。」盼遂案：山海經：「鳥名畢方，見則其邑有譌火。」白澤圖作「必方」，云：「火之精也。」蚩尤居前，風伯進掃，雨師灑道，虎狼在前，鬼神在後，蟲蛇伏地，白雲覆上，大合鬼神，乃作爲清角。今主君德薄，不足以聽之。聽之，將恐有敗。」平公曰：「寡人老矣，所好者音也，願遂聽之。」師曠不得已而鼓之。一奏之，有雲從西北起；再奏之，風至，大雨隨之，「風」上疑脱「大」字。感虚篇、韓非子十過篇、史記補樂書并作「大風」。裂帷幕，破俎豆，墮廊瓦。坐者散走。平公恐懼，伏于廊室。盼遂案：「廊室」下應依史記、韓非補「之間」二字。古者廊下無室，不得云廊室也。晉國大旱，赤地三年。平公之身遂癃病。「瘥」，正字作「癃」。說文：「罷病也。」各本改作「癃」，是。以上見韓非子十過篇。〔是〕何謂也？「是」字據本篇文例增。曰：是非衛靈公國且削，則晉平公且病，若國且旱亡（之）妖也。「若」猶「或」也。「亡」當作「之」，形近而誤。下文云：「曰：是蓋襄子且勝之祥也。」又云：「曰：皆始皇且死之妖也。」又云：「曰：是高祖初起威勝之祥也。」又云：「曰：是高祖將起，張良爲輔之祥也。」句例並同。盼遂案：「亡」當爲「之」，隸形相近而誤。此言晉平公且病及國且旱之妖也。下文「是蓋襄子且勝之祥也」，「是始皇且死之妖」，皆與此同例。師曠曰：「先聞此聲者國削。」二國先聞之矣。

何〔以〕知新聲非師延所鼓也？「何」下脫「以」字。下文云：「何以知天不實告之也。」又云：「何以知簡子所見帝非實帝也。」又云：「何以知非霍太山之神也。」語例並同。曰：師延自投濮水，形體腐於水中，精氣消於泥塗，安能復鼓琴？屈原自沈於江，赴汨淵自沈而死。屈原善著文，師延善鼓琴，如師延能鼓琴，則屈原能復書矣。楊子雲弔屈原，漢書雄傳：「作書往往摭離騷文而反之。自嶓山投諸江流，以弔屈原，名曰反離騷。」屈原何不報？屈原生時，文無不作，不能報子雲者，死爲泥塗，手既朽，無用書也。屈原手朽無用書，則師延指敗無用鼓琴矣。孔子當泗水而葬，泗水却流，注書虛篇。世謂孔子神而能却泗水。盼遂案：論衡恒用「而」代「能」字。此「能」字，後人旁注「而」誤入正文者。孔子好教授，猶師延之好鼓琴也，師延能鼓琴於濮水之中，孔子何爲不能教授於泗水之側乎？舊本段。

趙簡子病，五日不知人。漢書郊祀志：「病卧五日不寤。」不覺寤，故不知人也。大夫皆懼，於是召進扁鵲。扁鵲入視病，出，董安于問扁鵲。扁鵲曰：「血脉治也而怪。孫曰：史記趙世家作「而何怪」。此脱「何」字。扁鵲謂簡子血脉平治，汝何怪邪？故下引秦繆公之事以告董安于，言此不能爲病，數日即愈，不足異也。脱去「何」字，不成義矣。暉按：風俗通皇霸篇作「勿怪」。疑此「而」字爲「勿」字形譌。昔秦繆公嘗如此矣，七日悟。悟之日，告公孫支與子輿曰：『我之帝所，甚樂。吾所以久者，適有學也。帝告我晉國且大亂，五世不安，其復（後）將霸，孫曰史記「復」作「後」，是也。朱、吴説同。按：史記扁鵲傳、風俗通皇霸篇亦並作「後」。未老而死。霸者之子，且令而國男女無别。』公孫支書而藏之，于（秦）篋（策）於是〔出〕。史記趙世家作「公孫支書而藏之，秦讖於是出矣」。扁鵲傳「讖」作「策」。風俗通皇霸篇同。錢大昕曰：「讖、策聲近。」按：此文「于篋」當作「秦策」，「於是」下又脱「出」字。「策」或寫作「筴」，再譌作「篋」，後人遂以「篋」字句絶，妄改「秦」作「于」。宋本、朱校元本尚作「秦」，則其妄自明人始矣。晉獻公之亂，文公之霸，襄公敗秦師於崤而歸縱淫，此之所謂。孫曰：史記作「此子之所聞」，義較長。暉按：扁鵲傳亦作「此子之所聞」。風俗通皇霸篇作「此子所聞」。吴曰：此文疑誤。今主君之病與之同，不出三日病必間，間必有言也。」居二日半，簡子悟，告大夫曰：「我之帝所，甚樂。與百神游于鈞天，靡（廣）樂九奏萬舞，孫曰：史記作「廣樂」。各書述此事者，亦多作「廣樂」。「靡」、「廣」義並得通。暉按：宋本正作「廣」，則今本誤也。不類三代之樂，其聲動人心。有一熊欲授（援）我，孫曰：「授」當從史記作「援」，形近之誤。（崇文局本校改作「援」。）吴説同。帝命我射之，中熊，熊死。有羆來，我又射之，中羆，羆死。帝甚喜，賜我二笥，皆有副。「二」舊作「一」。孫曰：「一」當作「二」，字之誤也。下文「簡子問當道者曰：『帝賜我二笥皆有副，何也』」可證。史記亦作「二笥」。暉按：宋本正作「二笥」，不誤。今據正。吾見兒在帝側。帝屬我一翟犬，曰：『及而子之長也，以賜之。』帝告我：『晉國且襄（衰），「襄」，程本誤同。黄、王、崇文本作「衰」。史正作「衰」。風俗通作「襄」，亦誤。十（七）世而亡，孫曰：「襄」當作「衰」，「十」當作「七」，並字之誤也。史記云：「帝告我晉國且世衰，七世而亡。」正義謂晉定公、出公、哀公、幽公、烈公、孝公、静公爲七世。（崇文局本「襄」改「衰」，「七」仍誤作「十」。）嬴姓將大敗周人於范魁之西，史記扁鵲傳正義曰：「嬴，趙氏本姓也。周人謂爲衛也。晉亡之後，趙成三年伐衛，取鄉邑七十三，是也。賈逵曰：『川阜曰魁也。』」盼遂案：列子湯問有「魁父之丘」，是「魁」亦丘阜之名。而亦不能有也。今余將思虞舜之勳，適余將以其胄女孟姚配而十（七）世之孫。』」孫曰：「十」字亦當從史記改作「七」。索隱：「七代孫，武靈王也。」梁玉繩史記志疑曰：簡子至武靈王十世，史譌作「七」。論衡紀妖篇作「十世」。吴曰：梁説非也。父子相繼爲世，兄終弟及不入世數。如以襄子弟桓子、列侯弟武公並數之，亦不得言十世孫也。今檢史記，簡子生襄子，襄子生獻侯，獻侯生列侯，列侯生敬侯，敬侯生成侯，成侯生肅侯，肅侯生武靈王，則武靈王爲簡子七世孫，甚明。此作「十世」，形近而誤。下文云「自簡子後十世至武靈王」，「十」亦當作「七」，誤與此同。董安于受言而書藏之，以扁鵲言告簡子。簡子賜扁鵲田四萬畝。他日，簡子出，有人當道，辟之不去。從者將拘之。史作「刃之」。當道者曰：「吾欲有謁於主君。」從者以聞。簡子召之，曰：「嘻！吾有所見子遊（晰）也！」孫曰：史記作「子晰」，此「遊」字誤。吴曰：索隱曰：「簡子見當道者，乃寤曰：嘻，是故吾前夢所見者，知其名曰子晰也。」史銓曰：「晰，明也。謂夢中明見子耳。」案：史説近之。「晰」形近「游」，後又誤改爲「遊」，應據史記改爲「晰」。暉按：孫、吴説是。風俗通字亦作「晰」。「所」，俞正燮訓「地」。當道者曰：「屏左右，願有謁。」簡子屏人。當道者曰：「日者主君之病，臣在帝側。」簡子曰：「然。有之。子見我何爲？」當道者曰：「帝令主君射熊與羆皆死。」簡子曰：「是何也？」當道者曰：「晉國且有大難，主君首之。帝令主君滅二卿，夫罷（熊）羆皆其祖也。」孫曰：當作「熊羆」。史記云：「夫熊與羆皆其祖也。」(崇文局本已改作「熊」。)朱説同。簡子曰：「帝賜我二笥，皆有副，何也？」當道者曰：「主君之子，將尅二國於翟，皆子姓也。」正義曰：「謂代及智氏也。」簡子曰：「吾見兒在帝側，帝屬我一翟犬，曰：『及而子之長，以賜之。』夫兒何説以賜翟犬？」史作「何謂」。風俗通同此。錢、王、崇文本誤作「可説」。當道者曰：「兒，主君之子也；翟犬，代之先也。主君之子，且必有代；及主君之後嗣，且有革政而胡服，并二國〔於〕翟。」孫曰：「并二國翟」，文不成義。「翟」上蓋脱「於」字。史記云：「并二國於翟。」正義：「武靈王略中山地至寧葭，西略胡地至樓煩、榆中是也。」暉按：孫説是也。風俗通亦有「於」字。簡子問其姓而延之以官。當道者曰：「臣，野人，致帝命。」遂不見。以上并見史記趙世家。是何謂也？

曰：是皆妖也。其占皆如當道者言所見於帝前之事。所見當道之人，妖人也。其後晉二卿范氏、中行氏作亂，簡子攻之，中行昭子、范文子敗，出犇齊。吳曰：范氏、中行氏作亂，事見左氏定十三年傳。中行文子，荀寅；范昭子，士吉射也。此作「中行昭子、范文子」，上下互誤，應據傳正。

始，簡子使姑布子卿相諸子，莫吉。至翟婦之子無恤，以爲貴。骨相篇作「翟婢」，與史記合。簡子與語，賢之。簡子募諸子曰：「募」下舊校曰：一本作「乃告」。按：史文正作「乃告」。「吾藏寶符於常山之上，先得者賞。」諸子皆上山，無所得。無恤還曰：「已得符矣！」簡子問之。無恤曰：「從常山上臨代，代可取也。」簡子以爲賢，乃廢太子而立之。太子伯魯。簡子死，無恤代，是爲襄子。襄子既立，誘殺代王而并其地。呂氏春秋長攻篇：「襄子慮所以取代，乃先善之。代君好色，請以其姊妻之，代君許諾。姊已往，所以善代者，乃萬故。襄子謁於代君，而請觴之。先令舞者置兵其羽中，數百人，先具大金斗，代君至酒酣，反斗而擊之，一成，腦塗地。」史趙世家云：「遂以代封伯魯子周爲代成君。」又并知氏之地。智伯請趙地，不與，遂率韓、魏攻趙。襄子使張孟談私於韓、魏。韓、魏與合謀，三國反滅知氏，共分其地。後取空同戎。「取」讀「娶」。「戎」當從史記作「氏」。淺人讀「取」本字，又見上文言并地，則妄改「氏」爲「戎」也。自簡子後，十（七）世至武靈王，孫曰：「十」當作「七」。朱、吳說同。吳慶（廣）入其母（女）姓（娃）羸（嬴）[子]孟姚。孫曰：「慶」當作「廣」，「母」當作「女」，（母、女草書形近。）「姓嬴」當作「娃嬴」，並形近之誤。「子」字蓋涉上文「簡子」而衍。原文當作「吳廣入其女娃嬴孟姚」。史記趙世家云：「王夢見處女鼓琴而歌詩曰：『美人熒熒兮，顏若苕之榮。命乎命乎，曾無我嬴。』異日，王飲酒樂，數言所夢，想見其狀。吳廣聞之，因夫人而內其女娃嬴孟姚也。」朱說同。并云：「事又詳列女傳七。」吳曰：「廣」、「慶」形近，未能定其是非。餘與朱、孫說同。其後，武靈王遂取中山，并胡地。武靈王之十九年，更爲胡服，國人化之。事並見趙世家。皆如其言，無不然者。蓋妖祥見於兆，審矣，宋、元本無「於」字，「兆」下有「神」字。朱校同。皆非實事。宋本「皆」作「雖」，朱校元本同。吉凶之漸，盼遂案：「吉」上應有「曰」字。若天告之。

何以知天不實告之也？以當道之人在帝側也。夫在天帝之側，皆貴神也，致帝之命，是天使者也。人君之使，車騎備具，錢、黃、王、崇文本「騎」誤「馬」。天帝之使，單身當道，非其狀也。天官百二十，與地之王者無以異也。地之王者，官屬備具，法象天官，禀取制度。公羊桓八年傳注：「天子置三公、九卿、二十七大夫、八十一元士，凡百二十官。」疏引春秋說曰：「法（今誤「立」，依浦校〔一〕改。）三台以爲三公，北斗九星爲九卿，二十七大夫內宿部衛之列，（「內」上當有「爲」字。）八十一紀以爲元士。凡百二十官焉。」五經異義曰：（書鈔五十引。）「今尚書夏侯、歐陽說：天子三公，一曰司徒，二曰司馬，三曰司空。九卿、二十七大夫、八十一元士，凡百二十。在天爲星辰，在地爲山川。」天地之官同，則其使者亦宜鈞。官同人異者，未可然也。

何以知簡子所見帝非實帝也？以夢占知之。樓臺山陵，官位之象也，孫曰：當

〔一〕「校」，原本作「較」，形近而誤，今改。

作「以夢占之，知樓臺山陵，官位之象也」。「之知」二字誤倒。下文云：「以人臣夢占之，知帝賜二笥、翟犬者，非天帝也。」文例正同。御覽三百九十七引正作「以夢占之，知樓臺山陵官位之象也」。暉按：孫説非也。今本不誤。自然篇云：「何以知天無口目也？以地知之。」句例正同。樓臺山陵，爲官位之象，占夢家之説耳。若如孫説，則謂樓臺山陵爲官位之象，必待夢占而後知之，理難通也。下文云：「實樓臺山陵非官位也，則知簡子所夢見帝者非天帝也。」正據夢占而推知簡子所見帝非實帝，文義甚明。人夢上樓臺，升山陵，輒得官位。實樓臺山陵非官位也，則知簡子所夢見帝者非天帝也。人臣夢見人君，人君必不見，又必不賜。以人臣夢占之，知帝賜二笥、翟犬者，非天帝也。非天帝，則其言與百鬼游于鈞天，非天也。魯叔孫穆子夢天壓己者，事見左昭四年傳。「者」字無義，疑當作「若」，屬下讀。審然，是天下至地也。至地，則有樓臺之抗，不得及己。及己，則樓臺宜壞。樓臺不壞，是天不至地。不至地，則不得壓己。不得壓己，則壓己者，非天也，則天之象也。叔孫穆子所夢壓己之天非天，則知趙簡子所游之天非天也。

或曰：「人亦有直夢。孫曰：潛夫論夢列篇云：「凡夢：有直，有象，有精，有想，有人，有感，有時，有反，有病，有性。在昔武王，邑姜方震太叔，夢帝謂己：『命爾子虞，而與之唐。』及生，手掌曰『虞』，因以爲名。成王滅唐，遂以封之。此謂直應之夢也。」暉案：淮南地形訓：「西方有形殘之尸，寢居直夢。」高注：「悟如其夢，故曰直夢。」〔夢〕見甲，明日則見甲矣；吳曰：「見甲」上疑脱一「夢」字。暉按：「夢見甲」與「夢見君」對文。下文云：「直夢者，夢見甲，夢見君，明日見甲與君。」「夢」字蓋涉重文脱。潛夫論夢列篇汪繼培箋引此文，意增「夢」字，是也。夢見君，明日則見君矣。」曰：然。人有直夢，直夢皆象也，其象直耳。何以明之？直夢者，夢見甲，夢見君，明日見甲與君，此直也。如問甲與君，甲與君則不見也。甲與君不見，所夢見甲與君者，象類之也。乃甲與君象類之，則知簡子所見帝者，象類帝也。且人之夢也，占者謂之魂行。夢見帝，是魂之上天也。上天猶上山也。夢上山，足登山，手引木，然後能升。升天無所緣，何能得上？天之去人，以萬里數。仲任以爲天去人六萬餘里。見談天篇。人之行，日百里，魂與形體俱，尚不能疾，況魂獨行，安能速乎？使魂行與形體等，則簡子之上下天，宜數歲乃悟。七日輒覺，期何疾也？夫魂者，精氣也，精氣之行與雲煙等，案雲煙之行不能疾。使魂行若蜚鳥乎？行不能疾。人或夢蜚者，用魂蜚也，其蜚不能疾於鳥。天地之氣，尤疾速者，飃風也。飃風之發，不能終一日。使魂行若飃風乎？則其速不過一日之行，亦不能至天。人夢上天，一臥之頃也，其覺，或尚在天上，未終下也。若人夢行至雒陽，覺，因從雒陽悟矣。魂神蜚馳何疾也！疾則必非其狀，必非其狀則其上天非實事也，非實事則爲妖祥矣。夫當道之人，簡子病，見於帝側，後見當道象人而言，與相見帝側之時無以異也。由此言之，卧夢爲陰候，覺爲陽占，審矣。舊本段。孫曰：潛夫論夢列篇云：「十者占夢之大略也。（即上條直、象、精、想、人、感、時、反、病、性十種。）而決吉凶者之類以多反，其何故哉？豈人覺爲陽，人寐爲陰，陰陽之務相反故耶？」

趙襄子既立，知伯益驕，請地韓、魏，韓、魏予之；請地於趙，趙不予。知伯益怒，齊曰：「益」字當據史記删。遂率韓、魏攻趙襄子。襄子懼，乃犇保晉陽。原過從，後，至於託平（王）驛（澤），孫曰：「至於託平驛」，當作「至於王澤」。「託」即「於」字草書之誤而衍者。（「於」之草書與「托」形近，又改寫爲「託」。）「平驛」與「王澤」，並形近而誤。史記趙世家云：「原過從後，至於王澤。」正義引括地志云：「王澤在絳州正平縣南七里也。」見三人，自帶以上可見，自帶以下不可見。予原過竹二節，莫通，曰：「爲我以是遺趙無恤。」既至，以告襄子。襄子齊三日，親自割（剖）竹，吴曰：「割」字誤，當依史記作「剖」。暉案：風俗通皇霸篇亦作「剖」。有赤書曰：「趙無恤！余霍大山〔山〕陽侯，天子（使）。孫曰：史記作「余霍泰山山陽侯，天使也」。此文脱一「山」字。（本書重文多脱其一。）「子」疑當作「使」。梁玉繩曰：史作「天使」，論衡作「天子」，同誤。當依風俗通卷一作「余霍太山陽侯大吏」。吴曰：當依史記作「天使」。此作「天子」，風俗通作「大吏」，並非。上文云：「致天之命，是天使者也。」簡子得二筐，襄子得竹二節，其事相類。且論明云「大山之神」，則改爲「大吏」，又無義矣。梁說非。暉按：孫、吴說，是也。郡國志注引史記作「余霍大山山陽侯，天吏也」。「吏」字亦誤。指瑞篇云：「吉凶，或言天使之所爲。」水經洞過水注：「原過水西阜上有原過祠，懷道協靈，受書天使，故水取名。」亦足證此文當作「天使」。三月丙戌，余將使汝滅知氏，孫曰：「滅」上當從史記補「反」字。（說見下。）汝亦祀我百邑，水經汾水注：「觀阜，故百邑也。」余將賜汝林胡之地。」襄子再拜，受神之命（令）。宋本「命」作「令」，朱校元本同，是也。史記、風俗通並作「令」。以上見史趙世家。是何謂也？

曰：是蓋襄子且勝之祥也。三國攻晉陽歲餘，三國，知伯并韓、魏也。引汾水灌其城，城不浸者三板。何休公羊注：「八尺曰板。」襄子懼，使相張孟談私於韓、魏，韓、魏與合謀，竟以三月丙戌之日，大（反）滅知氏，孫曰：「大」字於義無取。史記作「反滅知氏」。「大」蓋「反」字形近之譌。以此證之，上文亦當有「反」字，明矣。共分其地。蓋妖祥之氣，象人之形，稱霍大山之神，猶夏庭之妖象龍，稱褒之二君；事見國語鄭語。趙簡子之祥象人，稱帝之使也。

何以知非霍大山之神也？曰：大山，地之體，地理志：「河東郡彘縣，霍大山在東。」郡國志：「永安有霍大山。」注：「縣東北有霍大山。」水經汾水注：「太岳山，禹貢所謂岳陽，即霍太山。」不當省「霍」字。猶人有骨節，骨節安得神？如大山有神，宜象大山之形。何則？人謂鬼者死人之精，其象如生人之形。今大山廣長不與人同，而其精神不異於人。不異於人，則鬼之類人。鬼之類人，則妖祥之氣也。舊本段。

秦始皇帝三十六年，熒惑守心，有星墜下，至地爲石。〔民或〕刻其石，「刻其石」句無主詞，當有「民或」二字。本書語增篇、漢書五行志并有「民或」二字。史作「黔首或刻其石」。曰：盼遂案：「刻」上脱一「民」字。無「民」字，則疑于石之自刻也。下文「始皇時，石墜東郡，民刻之」，是其證。「始皇死而地分。」始皇聞之，令御史逐問，莫服，盡取石旁家人誅之，因燔其石。妖（秋），使者從關東夜過華陰（平野舒），「妖」當作「秋」，屬下讀。本書「秋」、「妖」二字屢誤。（説見奇怪篇。）本篇文例，先舉史實，後乃論之曰「妖」。此正引史記秦始皇紀文，不當言其石爲妖也。史記云「因燔銷其石。秋，使者從關東」云云，是其證。孫曰：「野」當作「舒」，形近之譌。史記秦始皇本紀作「使者從關東夜過華陰平舒道」。正義曰：「括地志云：『平舒故城在華州華陰縣西北六里。』水經注云：『渭水又東經平舒北，城枕渭濱，半破淪水，南面通衢。昔秦之將亡也，江神返璧于華陰平舒道，即其處也。』」或有人持璧遮使者曰：「爲我遺鎬池君。」孫曰：史記作「滈池君」。集解：「服虔曰：『水神也。』張晏曰：『武王居鎬，鎬池君則武王也。武王伐商，故神云始皇荒淫若紂矣，今亦可伐也。』孟康曰：『長安西南有滈池。』」索隱：

「按：服虔云『水神』，是也。江神以璧遺鎬池之神，告始皇之將終也。且秦水德王，故其君將亡，水神先自相告也。」是張晏與小司馬所據並作「鎬池君」，與論衡合。暉按：五行志亦作「鎬池君」。注引孟康説亦作「鎬」，不作「滈」。郡國志：「京兆尹，長安，鎬在上林苑中。」注：「孟康曰：『長安西南有鎬池。秦始皇江神反璧曰：爲吾遺鎬池君。』古史考曰：『武王遷鎬，長安豐亭鎬池也。』」是並作「鎬池君」。今本史記作「滈」，非其舊也。樂資春秋後傳曰：（後漢書襄楷傳注、初學記五、御覽五一引，文有出入，今互校正。）「秦始皇使者鄭客（五行志、襄楷傳、書鈔百六十同。初學記、御覽、水經渭水注誤「容」。）將入函谷關，至平舒，見華山有素車白馬，疑爲神鬼，孰視。稍近，問鄭客曰：『安之？』答曰：『之咸陽。』素車上人曰：『吾華山使，（後書注作「君」。）願託一牘書致鎬池君所。子之咸陽，道過鎬池，見一大梓樹，有文石，取以款樹，當有應者。』以書與之。鄭客如其言，以石款梓樹，見宮闕如王者居。謁者出受書，入有頃，云：『今年祖龍死。』」**因言曰：「今（明）年祖龍死。」**潛邱劄記二：「『今』爲『明』字之譌。三十六年言祖龍死，果三十七年始皇崩，其言驗。始皇曰：『山鬼不過知一歲事。』譏其伎倆，僅知今年。若彼所云明年之事，彼豈能預知乎？幸其言不驗。李白古風詩：『璧遺鎬池君，明年祖龍死。』乃知唐時見史記本尚無譌。」梁玉繩曰：「搜神記亦作『明年』。文選潘岳西征賦注、初學記卷五引史俱作『明年』。」暉按：路史後紀三注引史記亦正作「明年祖龍死」，則宋人所見史記本尚有不誤者。此文作「今年」，蓋後人據誤本史記妄改。五行志、後漢書襄楷傳作「今年」，蓋亦後人改之也。**使者問之，因忽不見，置其璧去。**

使者奉璧，具以言聞。始皇帝默然良久，曰：「山鬼不過知一歲事。」乃言曰：「『祖龍』者，人之先也。」使御府視璧，乃二十八年行渡江所沉璧也。明三十七年，夢與海神戰，如人狀。以上見史記始皇紀。是何謂也？

曰：皆始皇且死之妖也。始皇夢與海神戰，恚怒入海，候神射大魚，自琅邪至勞、成山不見。盼遂案：「勞、成山」，宜依史記改作「榮成山」。或論自斥勞山、成山，又省去一山字也。至之罘山，還見巨魚，「還」字無義。琅邪已是其歸程，不當於之罘言「還」也。「還」涉「罘」字譌衍。史云：「還過吳，從江乘渡，並海上，北至琅邪。乃令入海者齎捕巨魚具，而自以連弩候大魚出，射之。自琅邪北至榮成山，弗見。至之罘，見巨魚，射殺一魚。」當從史記删「還」字。射殺一魚，遂旁海西至平原津而病，到沙丘而崩。當星墜之時，熒惑爲妖，故石旁家人刻書其石，若或爲之，文曰「始皇死」，或教之也。言若有人教之。「若」字省，見上文。黄、錢、王、崇文本「教」誤「殺」。猶世間童謡，非童所爲，氣導之也。

凡妖之發，或象人爲鬼，或爲人象鬼而使，其實一也。晉公子重耳失國，乏食於道，從耕者乞飯。耕者奉塊土以賜公子，公子怒。咎犯曰：「此吉祥，天賜土地也。」事見左僖二十三年傳。其後公子得國復土，如咎犯之言。齊田單保即墨之城，欲詐燕軍，云：「天神下助我。」有一人前曰：「我可以爲神乎？」田單却走再拜事之，竟以神下之言聞於燕軍。燕軍信其有神，又見牛若五采之文，遂信畏懼，軍破兵北。田單卒勝，復獲侵地。此人象鬼之妖也。史記田單傳：「田單令城中人食必祭其先祖於庭，飛鳥悉翔舞城中下食。燕人怪之。田單因宣言曰：『神來下教我。』乃令城中人曰：『當有神人爲我師。』有一卒曰：『臣可以爲師乎？』因反走。田單乃起，引還，東鄉坐，師事之。卒曰：『臣欺君，誠無能也。』田單曰：『子勿言也。』因師之，每出約束，必稱神師。」「神來下教我」，此作「助我」。「可以爲師」，此作「可以爲神」。「卒因反走」，此云「田單卻走」。并與史異。此本兵家出奇之策，而謂「人象鬼之妖」，則穿鑿矣。使者過華陰，人持璧遮道，委璧而去，妖鬼象人之形也。夫沉璧於江，欲求福也。今還璧，示不受物，福不可得也。璧者象前所沉之璧，其實非也。何以明之？以鬼象人而見，非實人也。人見鬼象生存之人，定問生存之人，不與己相見，妖氣象類人也。妖氣象人之形，則其所齎持之物，非真物矣。「祖龍死」，謂始皇也。「也」猶「者」也。祖，人之本；龍，人君之象也。史始皇紀集解引蘇林、應劭説同。服虔云：「龍，人之先象也。言王亦人之先也。」失之。盼遂案：史記始皇紀集解引應劭曰：「祖，人之先；龍，君之象。」（此二語蓋風俗通佚文。）即本仲任此説。人、物類，則其言禍亦放矣。放，謂相似也。舊本段。

漢高皇帝以秦始皇崩之歲，爲泗上亭長，送徒至驪山。因始皇崩而起陵驪山，高祖以亭長爲縣送徒也，非謂其時方爲亭長也。「泗上」，史誤作「泗水」，漢書、前骨相篇作「泗上」。徒多道亡，因縱所將徒，將，送也。遂行不還。被酒，師古曰：「被，加也。被酒者，爲酒所加被。」夜經澤中，「經」，史、漢并作「徑」，謂小道。索隱曰：「舊音經。」與此文合。盼遂案：「經」當依史記作「徑」，方與下文「徑開」、「化爲蛇，當徑」二「徑」字相應。徑本小道，而用爲動詞。令一人居前。前者還報曰：「前有大虵當道，願還。」高祖醉曰：「壯士行，何畏？」乃前，拔劍擊斬虵，虵遂分兩，徑開。行數里，醉因卧。高祖後人至虵所，錢、黃、王、崇文本作「從人」，非。史、漢并無「高祖」二字。吴曰：衍文，當删。有一老嫗夜哭之。「之」字疑涉下「人」字譌衍。當據史、漢删。人曰：「嫗何爲哭？」嫗曰：「人殺吾子。」人曰：「嫗子爲何見殺？」錢、黃、王、崇文本作「爾子何爲見殺」，非也。嫗曰：「吾子，白帝子，化爲虵，當徑。今者，赤帝子斬之，故哭。」人以嫗爲妖言，史、漢并作「人乃以嫗爲不誠」。因欲笞之。嫗因忽不見。以上見史記高祖紀。〔是〕何謂也？「是」字依本篇文例增。

曰：是高祖初起威勝之祥也。何以明之？以嫗忽然不見也。不見，非人，非人則鬼妖矣。夫以嫗非人，則知所斬之虵非虵也。云白帝子，何故爲虵夜而當道？謂虵白帝子，高祖赤帝子，白帝子爲虵，赤帝子爲人。五帝皆天之神也，蒼帝，靈威仰。赤帝，赤熛怒。黃帝，含樞紐。白帝，白招拒。黑帝，汁光紀。子或爲虵，或爲人。人與虵異物，而其爲帝同神，錢、黄、王、崇文本「神」作「人」，誤。非天道也。且虵爲白帝子，則嫗爲白帝后乎？帝者之后，前後宜備；帝者之子，官屬宜盛。今一虵死於徑，一嫗哭於道，云白帝子，非實，明矣。夫非實則象，象則妖也，妖則所見之物皆非物也，非物則氣也。高祖所殺之虵非虵也，則夫鄭厲公將入鄭之時，邑中之虵與邑外之虵鬬者非虵也，厲公將入鄭，妖氣象虵而鬬也。事見左莊十四年傳。洪範五行傳：「初，鄭厲公劫相祭仲而篡兄昭公，立爲鄭君。後雍糾之難，厲公出奔，鄭人立昭公。既立，内蛇與外蛇鬬鄭南門中，内蛇死。是時傳瑕仕於鄭，欲納厲公，故内蛇死者，昭公將敗，厲公將勝之象也。」（後漢書楊賜傳注。）漢書五行志引京房易傳曰：「立嗣子疑，厥妖蛇居國門鬬。」仲任以蛇非實，妖氣象蛇，與京房、劉向不同。鄭國鬬虵非虵，則知夏庭二龍爲龍象，夏二龍，見鄭語及周本紀。五行志曰：「劉向以爲夏后季世，周之幽、厲，皆誖亂逆天，故有龍黿之怪，近龍蛇孽也。」「爲」，宋本作「之」，下文「爲」作「非」，朱校元本同。爲龍象，則知鄭子産之時龍戰非龍也。龍鬬於鄭時門之外洧淵，見左昭十九年傳。五行志：「劉向以爲近龍孽也。鄭以小國，攝乎晉、楚之間，重以彊吴，鄭當其衝，不能修德，將鬬三國以自危亡。是時子産任政，内惠於民，外善辭令，以交三國，鄭卒亡患，能以德洧變之效也。京房易傳曰：『衆心不安，厥妖龍鬬。』」天道難知，使非，妖也；使是，亦妖也。舊本段。

留侯張良椎秦始皇，誤中副車。始皇大怒，索求張良。張良變姓名，亡匿下邳。常（嘗）閑從容步游下邳泗（汜）上，吴曰：「常」，當據史、漢作「嘗」，形聲相近而誤。孫曰：史記、漢書「泗」並作「圯」。此「泗」當作「汜」。（下文同。）文穎曰：「汜水上橋也。」（史記索隱引作「汜水」，漢書注作「沂水」。）應劭曰：「汜水之上也。」（此從漢書注。史記索隱引作「圯水」，非。）張佖曰：「從水，乃詩云『江有汜』，及今有汜水縣，字音詳里反。據許慎説文云：『東楚謂橋爲圯。』在土部。本從土，傳寫蓋誤從『水〔一〕』。合從土，作頤音。與下文『直墮其履汜下』，並作『圯』字校定。」劉攽曰：「予謂若本實作『圯』，則應劭無緣解作『汜上』。疑『汜』亦自爲頤音，而釋爲橋也。譬如『瞻辭』作『澹辭』矣。然則『汜』字從『水』，亦未爲誤。而校定亦未宜從『土』也。」宋祁曰：「舊本『汜』從『水』，張佖改作『土』，謂從『水』者，是『江有汜』之『汜』，音詳里反。余謂佖説非也。近胡旦作圯橋贊，字從『水』。旦，碩儒也，予嘗問之。旦曰：『汜』音『頤』，何所疑憚！説文從『圯』，蓋本字。原後人從『水』，未容無義。佖改從『土』，奈應注爲『汜水』之『汜』，又何以辨應之誤耶？用此，尤見張佖之率爾。」按：劉、胡、宋三家説是也。史記、漢書原文疑皆作「汜」，不作「圯」也。今作「圯」者，後人所改也。宋祁見舊本漢書皆從「水」，已爲一證。史記索隱云：「姚察見史記本有作『土』旁者。」可知從「水」者多，從「土」者少，故姚氏云云，此二證也。論衡引史，多本史記，此作

〔一〕「水」，原本誤作「汜」，據文義改。

「泗」者，實「汜」字之譌。仲任所據從「水」無疑。果使史記作「圯」，從「土」，無緣誤作「泗」也。吳曰：「泗上」，今本史、漢並作「圯上」。王念孫曰：「字當作『汜』，作『圯』者，乃張佖所改。」此作「泗」者，「汜」字形近之誤。若本作「圯」，即不得誤作「泗」矣。足與王説相證。有一老父，衣褐至良所，直墮其履泗(汜)下，王念孫曰：「直之言特也。謂特墮其履於橋下。」盼遂案：「直」讀爲「特」，謂故意爲之。顧謂張良：「孺子下取履！」良愕然，欲敺之，以其老，爲彊忍下取履，因跪進履。父以足受履，笑去。良大驚。父去里所，「所」讀「許」。復還曰：「孺子可教矣！後五日平明，與我期此。」良怪之，因跪曰：「諾。」吳曰：汲古閣本漢書曰：「良因怪之，跪曰諾。」劉攽曰：「『怪』字合在『因』字上。」宋祁曰：「浙本『怪』字下有『之』字。」周壽昌曰：「古書自有此句法，劉刊非也。」案：劉、宋校正與論衡相應，疑史記古本如是，周説似誤。五日平明，良往。父已先在，怒曰：「與老人期，後，何也？去！後五日早會。」今本史記「去」下衍「曰」字。漢書同此。下同。五日雞鳴復往。父又已先在，復怒曰：「後，何也？去！後五日復早來。」五日，良夜未半往。有頃，父來，喜曰：「當如是矣！」出一篇書，曰：「讀是則爲帝者師。」後漢書臧宮傳光武詔報臧宮、馬武，引黄石公記曰：「柔能制剛，弱能制彊。」注云：「即張良於下邳圯上所見老父出一編書者。」文選運命論注引黄石公記序曰：「黄石者，神人也。有上略，中略，下略。」河圖曰：「黄石公謂張良曰：讀此爲劉帝師。」初學記職官部御史大夫下引有黄石公陰謀祕法。四庫全書總目兵家類，素書一卷，宋張商英以爲即圯上老人所授者。晁公武郡齋讀書志以爲採摭諸書而成者。唐李靖曰：張良所學，六韜、三略也。隋志兵家有三略三卷。館閣書目亦疑爲後人依託。暉按：史公明言「視其書乃太公兵法」，又云「老父與太公書」，則所授者，太公書，黄石公自無書也。則光武所引黄石公記，亦好事者爲之。後十三年，子見我濟北，穀成山下黄石即我也。」孫曰：「後十三年」句有脱文。下文云：「良居下邳，任俠。（史記、漢書「任」上並有「爲」字。）十年，陳涉等起，沛公略地下邳，良從，遂爲師將，封爲留侯。後十三年，後（當作「從」。）高祖過濟北界，得穀成山下黄石，取而葆祠之。」仲任擇述此二節，乃徵驗老父之語，十年爲師，十三年見黄石，語意層次分別清晰。若此文但云十三年見黄石事，則下文後十年數語無所屬矣。且此文本于史記留侯世家，史記作「後十年興，十三年孺子見我濟北，穀城山下黄石即我矣」。（漢書「矣」作「已」，餘並同。）論衡「後」下殆脱三字歟？盼遂案：孫氏語意不明。所謂「後下脱三字」，乃「後下」脱「十年興」三個字也。遂去，無他言，弗復見。旦日視其書，乃太公兵法也。孔安國祕記：（抱朴子至理篇引。）「良得黄石公不死之法，不但兵法而已。」良因異之，習讀之。以上并見史記留侯世家。是何謂也？

曰：是高祖將起，張良爲輔之祥也。良居下邳，任俠。〔後〕十年陳涉等起，吴曰：「十年」上，當據史、漢補「後」字，今本脱。沛公略地下邳，良從，遂爲師將，拜良爲廐將。封爲留侯。後十三年，從高祖盼遂案：「後高祖」，史記作「從高祖」，是也。宜據改。過濟北界，得穀成山下黄石，「從」，舊誤「後」，從宋本、錢、王、黄、崇文本正。吴曰：史、漢並作「果得穀城山下黄石」。此作「界」，疑形近而誤。取而葆祠之。及留侯死，并葬黄石。史記「石」下有「冢」字。王念孫云：「誤衍。」此足證成王説。蓋吉凶之象，神矣；天地之化，巧矣。使老父象黄石，黄石象老父，何其神邪！「邪」猶「也」也。

問曰：「黄石審老父，老父審黄石耶？」曰：〔黄〕石不能爲老父，老父不能爲黄石。「曰」下脱「黄」字，程本同。今依錢、黄、王、崇文本增。妖祥之氣，見故驗也。「故」疑「吉」字之誤。「吉」壞爲「古」，寫者妄作「故」。吉驗篇：「吉驗見於地，或以人物，或以禎祥，或以光氣。」下文「皆妖祥之氣，吉凶之端也」並其證。何以明之？晉平公之時，石言魏榆。水經洞過水注服虔曰：「魏，晉邑。榆，州里名。」元和郡志：「太原郡榆次，漢舊縣，春秋時，晉魏榆地。史記秦莊襄王二年，使蒙驁攻趙魏榆。」（洪亮吉曰：「今本史記作『榆次』，或因注文而誤。」）春秋大事表七之三：「今山西太原府榆次縣西北有榆次故城。」平公問於師曠曰：「石何故言？」對曰：「石不能言，或憑依也。「或憑依也」，疑當作「神或憑也」。左昭八年傳作「或馮焉」。杜注：「謂有精神馮依石而言。」明左傳本有「神」字，而今本脱之。日庫本正作「神或馮焉」，漢書五行志同。説苑辨物篇作「有神憑焉」。臧琳經義雜記、李賡芸炳燭編謂左傳脱「神」字，是也。阮元謂漢志有「神」字，爲後人依杜注增，失之。此文即後人習於左傳誤本而妄删「神」字。「依」字爲「馮」字旁注誤入正文。不然，民聽偏（濫）也。」「偏」，宋本作「濫」，正與左傳同。杜曰：「濫，失也。」夫石不能人言，則亦不能人形矣。石言，與始皇時石墜東郡，「東」舊誤「車」。各本同。今從元本、朱校元本、崇文本正。盼遂案：「車郡」當是「東郡」之訛。民刻之，無異也。刻爲文，言爲辭，辭之與文，一實也。民刻文，氣發言，民之與氣，一性也。夫石不能自刻，則亦不能言；不能言，則亦不能爲人矣。

太公兵法，氣象之也。何以知非實也？以老父非人，知書亦非太公之書也。氣象生人之形，則亦能象太公之書。問曰：「氣無刀筆，何以爲文？」曰：魯惠公夫人仲子，生而有文在其掌，曰「爲魯夫人」。注雷虚篇。晉唐叔虞文在其手，曰「虞」。魯成季友文在其手，曰「友」。注自然篇。盼遂案：掌文成書，世人恒疑其不經。然兩周之時，書體概用古文，「爲魯夫人」四字，當於掌上作□□□□。「爲」古文作□，見説文解字「爲」字重文。「魯」作□，見説文於部「旅」之古文，从「止」从「从」，云古文以爲魯、衛之魯。則「爲魯夫人」四字，在古文回曲，極象掌螺，在隸楷則不肖矣。至若「虞」之古文作焱，見左傳隱公元年正義所引石經古文。「友」之古文作□作□，篆文作□，見説文解字又部「友」字説解。皆可用掌文説也。三文之書，性自然；老父之書，氣自成也。性自然，氣自成，與夫童謡口自言，無以異也。當童之謡也，不知所受，口自言之。口自言，文自成，或爲之也。外若有爲之者。推此以省太公釣得巨魚，刳魚得書，云「呂尚封齊」，說苑：「呂望年七十，釣于渭渚，三日三夜，魚無食者。與農人言，農人者，古之老賢人也，謂望曰：『子將復釣，必細其綸，芳其餌，徐徐而投之，無令魚駭。』望如其言。初下得鮒，次得鯉，刳腹得書，書文曰：『呂望封于齊。』」（今本佚，見史記齊世家正義、類聚六六。）尚書中候雒師謀曰：「呂尚釣其崖，王下拜曰：『望公七年矣，乃今見光景於斯。』尚立變名，曰：望釣於渭濱，魚腹得玉璜，刻曰：『姬受命，呂佐旌，（注：旌，理也。）德合昌，來提撰，爾雒鈐，報在齊。』」此文蓋本說苑。及武王得白魚，喉下文曰「以予發」，尚書中候合符后曰：「太子發即位稱王，渡於盟津，中流受文命，待天謀，白魚躍入王舟。王取魚，長三尺，赤文，有字，題之目下：『授右。』注云：『右，助也。天告以伐紂之意，是其助。』」（周頌思文疏、御覽八四引。）思文疏云：「『授右』之下，猶有一百二十餘字，乃云王維退寫成以二十字，魚文消，蓋其鱗甲之上有此字，非目下所能容。」此云「喉下」，與中候異。「以予發」，與中候「授右」義同。蓋不虛矣。因此復原河圖、洛書言興衰存亡、帝王際會，審有其文矣。皆妖祥之氣，吉凶之端也。

訂鬼篇

凡天地之間有鬼，非人死精神爲之也，皆人思念存想之所致也。致之何由？由於疾病。人病則憂懼，憂懼則鬼出。「則」舊作「見」，元本作「則」，朱校同。孫曰：作「則」近是，與上句文例同。今據正。

凡人不病則不畏懼。故得病寢衽，畏懼鬼至。畏懼則存想，存想則目虛見。何以效之？傳曰：「伯樂學相馬，顧玩所見，無非馬者。宋之庖丁學解牛，三年不見生牛，所見皆死牛也。」「生牛」，朱校元本作「全牛」。按：今本作「生牛」不誤。元本作「全牛」，蓋據莊子養生主篇妄改也。呂氏春秋精通篇云：「伯樂學相馬，所見無非馬者，誠乎馬也。宋之庖丁好解牛，所見無非死牛者。三年而不見生牛，用刀十九年，刃若新䃺研，順其理，誠乎牛也。」即此文所本，正作「生牛」。「生牛」與「死牛」相對成義。若作「全」，失之矣。劉先生莊子補正以今本莊子作「全」爲「生」字之誤，是也。莊子釋文：「庖人，丁其名也。」淮南齊俗訓注：「庖丁，齊屠伯也。」此據呂覽云「宋人」。二者用精至矣，思念存想，自見異物也。朱校元本作「虛見其物也」，疑是。上文「存想則目虛見」。精誠所加，所見無非馬，所見皆生牛，不得言「見異物」也。

盼遂案：「自」當爲「目」字，形相近之誤。下文「泄于目，目見其形」，即承此文。人病見鬼，猶伯樂之見馬，庖丁之見牛也。伯樂、庖丁所見非馬與牛，則亦知夫病者所見非鬼也。病者困劇身體痛，則謂鬼持箠杖毆擊之，若見鬼把椎鏁繩纆立守其旁，「若」猶「或」也。病痛恐懼，妄見之也。初疾畏驚，宋本作「懼」。見鬼之來；疾困恐死，見鬼之怒；身自疾痛，見鬼之擊，皆存想虛致，未必有其實也。夫精念存想，或泄於目，或泄於口，或泄於耳。泄於目，目見其形；泄於耳，耳聞其聲；泄於口，口言其事。晝日則鬼見，暮臥則夢聞。「日」，疑是「覺」之壞字。「晝覺」、「暮臥」對文。下文「覺見臥聞，俱用精神」，即承此爲文。獨臥空室之中，若有所畏懼，則夢見夫人據案其身哭矣。盼遂案：「夫」本當是「妖」，緣脱「女」旁，徑誤爲「夫」。〔夫〕覺見臥聞，俱用精神；吴曰：「夫人」字疑誤。「哭」字無義，疑當作「猒」，形近而誤。「猒」即「厭」也。西山經云：「服之使人不厭。」郭注：「不夢也。」玄應一切經音義引蒼頡篇云：「伏合人心曰厭。」説文新附作「魘」，則俗字也。夢厭者，如有物據案其身。晉侯夢楚子伏己而盬其腦；穆子夢天厭己，弗勝，皆其類也。暉按：宋本「夫人」作「丈夫」，朱校元本作「大夫」。按：文作「丈夫」、「大夫」，義並未安。又宋本無「哭」字，「矣」下有「夫」字。（朱校元本「矣」作「夫」。）則今本「哭」字衍，「矣」下捝「夫」字，當據宋本正。吴説「哭」字無義，是也。若作「厭」，則與「據案」義複矣。畏懼、存想，同一實也。舊本段。

一曰：人之見鬼，目光[與]卧亂也。「與」字涉上下文「覺」字譌衍。此言人卧時，目光亂，則見鬼。下文云：「夜則欲卧，卧而目光反，反而精神見人物之象矣。」又云：「目雖不卧，光已亂於卧也，故亦見人物象。」即此義。今著一「與」字，則義不通。人之晝也，氣倦精盡，夜則欲卧，卧而目光反，反而精神見人物之象矣。人病亦氣倦精盡，目雖不卧，光已亂於卧也，故亦見人物象。病者之見也，若卧若否，「若」猶「或」也。與夢相似。當其見也，其人不自知覺與夢，故其見物不能知其鬼與人，上「不」字舊作「能」。元本作「不」，朱校同。孫曰：「其人能自知覺與夢」句，與下句文意不相應。元本「能」作「不」，是也。言人氣倦精盡之時，所見物象，如在卧夢之中，當其見時，不自知其覺也夢也，故亦不能辨其爲鬼與人也。若作「能」，不可解矣。今據正。精盡氣倦之效也。何以驗之？以狂者見鬼也。狂癡獨語，不與善人相得者，病困精亂也。孫曰：「相得」猶「相中」也。漢人謂相同相合，或謂之相中，或謂之相得。不相同，不相合，或謂之不相中，或謂之不相得。相得即相中者，古音讀「中」如「得」也。史記絳侯世家：「孝文帝十一年卒，謚爲武侯。子勝之代侯。六歲，尚公主，不相中。」漢書亦作「不相中」。如湻曰：「猶言不相合當也。」春秋繁露四時之副篇云：「以此言道之，亦宜以類相應，猶其形也，以數相中也。」相中猶言相合也。此謂狂癡之人，不與無病之人相同者，困於病而精神亂也。夫病且死之時，亦與狂等。卧、病及狂，三者皆精衰倦，吴曰：「精」下疑脱「氣」

字。上文「精盡氣倦」之語凡三見。**目光反照，故皆獨見人物之象焉。**舊本段。

一曰：鬼者，人所〔見〕得病之氣也。「見」字無義，涉「得」字譌衍。左僖二十八年傳：「我得天，楚伏其罪。」説苑權謀篇「得」作「見」。隸書「得」、「見」形近。禍虚篇：「以得見封邑者，何也。」「見」字亦爲衍文，正其比。此言鬼即人所得病之氣也。下文云：「得病山林之中，其見鬼則見山林之精。人或病越地者，病見越人坐其側。」即此義。**氣不和者中人，中人爲鬼，其氣象人形而見。故病篤者氣盛，氣盛則象人而至，至則病者見其象矣。假令得病山林之中，其見鬼則見山林之精。人或病越地者，病見越人坐其側。**盼遂案：下「病」字爲「則」之誤，「則」上又當有「其見鬼」三字，因冒上文而省爾。上文云：「假令得病山林之中，其見鬼則見山林之精。」故此文云：「人或病越地者，其見鬼則見越人坐其側。」與之相儷也。**由此言之，灌夫、竇嬰之徒，或時氣之形象也。**注死僞篇。**凡天地之間，氣皆純（統）於天，**「純」當作「統」，形之譌也。變動篇曰：「人物吉凶，統於天也。」又云：「寒温之氣，繫於天地，統於陰陽。」統、繫義同。盼遂案：「純」字當是「統」字之誤。變動篇曰：「人物吉凶，統於天也。」即其證。下句「氣和者養生，不和者傷害」，夫氣有和有不和，則非純矣。**天文垂象於上，其氣降而生物。氣和者養生，不和者傷害。本有象於天，則其降下，有形於地矣。故鬼之見也，象氣爲之也。衆星之體，爲人與鳥獸，**注命義篇。盼遂案：「星」字疑當是「氣」字之訛。本章專就氣能病人爲言，開端即言「氣不和者中人，中人爲鬼，其氣象人形而見」。此正回照其語，不宜於此忽插入星體。故其病人，則見（爲）人與鳥獸之形。「見」，宋本作「爲」，朱校元本同，是也。此據天地之氣爲言，非謂鬼病人，則見其形如人、如鳥獸。仲任意：天施氣而衆星布精，天所施氣而衆星之氣在其中矣。（命義篇語。）氣和者養生，故人與鳥獸稟其氣而成形；不和者傷害，故其害人，則爲人與鳥獸之形。校者未審其義，改「爲」作「見」，妄謬甚矣。舊本段。盼遂案：「見」讀爲「現」。或改作「爲」，非也。

一曰：鬼者，老物精也。錢、黃、王、崇文本「物」下有「之」字。下文「物」上無「夫」字。説文：「鬽，老物精也。从『鬼』、『彡』，『彡』，鬼毛。或从『未』，作『魅』。」周禮：凡以神仕者，「以夏日至地示物鬽」。鄭注：「百物之神曰鬽。」疏引左文十八年傳服虔注：「魅，怪物。」廣雅釋天云：「物神謂之鬽。」章太炎文始二曰：「説文：『由，鬼頭也，象形。』唐韻作敷勿切，聲與『鬽』近。鬽，老精物也。論衡云：『鬼者，老物之精。』尋老物之精，即鬽也。」按：下文仲任以魅爲龍類，與諸説不同。夫物之老者，其精爲人；抱朴子登涉篇：「萬物之老者，其精能假託人形，以眩惑人目，而常試人。」亦有未老，性能變化，象人之形。人之受氣，有與物同精者，則其物與之交。及病，精氣衰劣也，則來犯陵之矣。何以效之？成事：俗間與物交者，見鬼之來也。夫病者所見之鬼，與彼病物何以異？「病物」疑誤。人病見鬼來，象其墓中死人來迎呼之者，宅中之六畜也。及見他鬼，非是所素知者，他家若草野之中物爲之也。「若」猶「或」也。舊本段。

一曰：鬼者，本生於人。時不成人，變化而去。天地之性，本有此化，非道術之家所能論辯。與人相觸犯者病，病人命當死，死者不離人。何以明之？禮曰：禮，禮緯也。御覽禮儀部九、路史餘論並引禮緯，有此文。「顓頊氏有三子，生而亡去爲疫鬼：錢、黃、王、崇文本「亡」作「死」，非。獨斷、漢舊儀、（續禮儀志注。）禮緯（路史餘論三引。）並作「亡」。一居江水，是爲虐鬼；文選東京賦注引漢舊儀作「瘧鬼」。路史引禮緯同。獨斷作「瘟鬼」。劉昭注禮儀志、通志禮略三並作「虎」，蓋字誤。一居若水，是爲魍魎鬼；文選注、漢志注、通志「鬼」上有「蜮」字。魯語韋注：「蝄蜽，山精，好斆人聲，而迷惑人也。」左宣三年傳杜注：「蝄蜽，水神。」韋、杜説異。説文云：「蝄蜽，山川之精物也。」兼言山川，則備其義矣。説文引淮南王説：「蝄蜽，如三歲小兒，赤目長耳，美髮。」蝄蜽正字。魍魎俗字。一居人宮室區隅漚庫，善驚人小兒。」先孫曰：「庫」，續漢書禮儀志劉注引漢舊儀作「庾」。暉按：解除篇云：「居區隅之間。」獨斷、文選注、路史餘論並無「漚庫」二字。劉昭注「庫」作「庾」，義亦難明。疑并涉「區」字譌衍。「善驚人小兒」，獨斷、漢志注、路史餘論、通志同。文選注云：「善驚人，爲小鬼。」搜神記云：「善驚人小兒，爲小鬼。」説文：「魃，小兒鬼也。」疑此文捝「是爲小兒鬼」五字。前顓頊之世，生子必多，若顓頊之鬼神以百數也。諸鬼神有形體法，能立樹與人相見者，皆生於善人，得善人之氣，故能似類善人之形，能與善人相害。陰陽浮游之類，若雲煙之氣，不能爲也。論死篇引或曰：「鬼神，陰陽之名也。」又云：「荒忽不見，故謂之鬼神。鬼神，荒忽不見之名也。」即此謂「陰陽浮游之類」。此據禮緯，謂鬼本生於人，有形體法相，非所謂陰陽之名，荒忽不見者。舊本段。

一曰：鬼者，甲乙之神也。甲乙者，天之別氣也，「別」下舊校曰：一本作「剛」。暉按：「別」一作「𠛬」，與「剛」形近，故一本作「剛」。其形象人。人病且死，甲乙之神至矣。假令甲乙之日病，則死見庚辛之神矣。何則？甲乙鬼，庚辛報甲乙，故病人且死，殺鬼之至者，庚辛之神也。何以效之？以甲乙日病者，其死生之期，常在庚辛之日。天官書：「日庚辛，主殺。」鄭希誠觀星要訣：「甲乙日干，庚辛月時夾，雖未死，見庚辛必死。」郎瑛曰：「王論未知何從生。蓋五行相剋之理，如木日鬼，金爲之殺；金日鬼，火爲之殺。死者七七之説，亦是此理。」此非論者所以爲實也。盼遂案：此「論者」，仲任自稱也。天道難知，鬼神闇昧，故具載列，令世察之也。舊本段。

一曰：鬼者，物也，與人無異。天地之間，有鬼之物，常在四邊之外，時往來中國，與人雜則，「則」讀作「廁」。盼遂案：「則」爲「廁」字形誤。雜廁連言。急就章「分別部居不雜廁」，其例也。凶惡之類也，故人病且死者乃見之。天地生物也，有人如鳥獸，「如」猶「與」也。盼遂案：「如」猶「及」也，「與」也。王引之經傳釋詞舉例甚詳。下句「似人」之「人」，承此「人」字言，「象鳥獸」，承此「鳥獸」字言，顯爲二事。又上文累見人與鳥獸之句，明此處之「如」非動詞，乃連接詞矣。及其生凶物，亦有似人象鳥獸者。故凶禍之家，或見蜚尸，或見走凶，解除篇云：「飛尸流凶。」潛夫論巫列篇有「飛尸神」。或見人形，三者皆鬼也。或謂之鬼，或謂之凶，或謂之魅，或謂之魑，說文：「离，山神，獸形。」左文十八年傳：「投諸四裔，以禦螭魅。」賈、服注：（周禮「凡以神仕者」疏。）「螭，山神，獸形。或曰如虎而噉虎。魅，怪物。或曰人面獸身而四足，好惑人，山林異氣所生，爲人害者。」按：「离」本字，「螭」借字，「魑」俗字。下文以魑爲龍類，與服、許異，則當作「螭」。皆生存實有，非虛無象類之也。何以明之？成事：俗間家人且凶，見流光集其室，或見其形若鳥之狀，時流人堂室，家人，謂庶人也。三國志魏管輅傳：「清河王經去官還家，輅與相見。經曰：『近有一怪，大不喜之，欲煩作卦。』卦成，輅曰：『爻吉，不爲怪也。君夜在堂户前，有一流光，如燕爵者，入居懷中，殷殷有聲，内神不安，解衣彷徉，招呼婦人，覓索餘光。』經大笑曰：『實如君言。』輅曰：『吉，遷官之徵也。其應行至。』頃之，經爲江夏太守。」盼遂案：「人」當爲「入」，字之誤也。上文「家人且凶，見流光集其室」，「入」與「集」正同例也。察其不謂若鳥獸矣。此文難通。「不」疑當作「形」。「形」壞爲「开」，

「不」一作「丕」，形近而誤。「察其形謂若鳥獸矣」，承上文「或見其形若鳥獸之狀」，又冒下文「夫物有形則能食」。**夫物有形則能食，能食則便利。**便利，謂動作巧便。盼遂案：「便利」謂拉屎撒尿也。漢書韋賢傳：「狂卧便利，妄笑語昏亂。」師古注：「便利，大小便也。」黄暉説爲「動作巧便」，失之。**便利有驗，則形體有實矣。左氏春秋曰：「投之四裔，以禦螭魅。」**文十八年傳。**山海經曰：「北方有鬼國。」**海内北經曰：「鬼國在貳負之尸北，爲物人面一目。」**説螭者謂之龍物也，**「魑魅」，今本左傳作「螭魅」。此文以螭爲龍物，則字亦當作「螭」。作「魑」，乃俗寫之誤。服虔、賈逵注並云：「螭，山神，獸形。」（周禮疏。）杜注因之。山神之字，則當作「离」，蓋賈、服所據本與仲任不同，故其説異也。説文内部：「离，山神也，獸形。」虫部曰：「螭，若龍而黄，北方謂之地螻。或云無角曰螭。」司馬相如上林賦：「蛟龍赤螭。」文穎曰：「龍子爲螭。」張揖曰：「赤螭，雌龍也。」廣雅釋魚：「有角曰蘢龍，無角曰蜿龍。」「螭」與「蜿」同。王念孫曰：「有角者雄，無角者雌也。」後漢書張衡傳注：「無角曰螭龍。」是李賢、張揖説同。許慎云：「龍而黄。」疑非確詁。吕氏春秋舉難篇高注：「螭，龍之别也。」楚辭遠遊王注：「螭，龍類也，水中神物。」並不别以色。**而魅與龍相連，魅則龍之類矣。**與賈、服、許説亦異。注見前。**又（夫）言「國」，人物之黨也。**「又」當作「夫」，形譌。（本書「夫」、「又」多誤。變動篇云：「夫城老牆朽，猶有崩壞。」定賢篇云：「夫鷄可以奸聲感。」「夫」今並誤「又」。）「説螭者」云云，釋左傳；此文釋山海經「鬼國」

也。若作「又言」，則「山海經曰」以下，並山海經文，失之遠矣。祀義篇引易，下解云「夫言東隣不若西隣」云云；定賢篇引檀弓，下解云「夫酷，苛暴之黨也」，並與此文例同。**山海經又曰：「滄海之中，有度朔之山，**亂龍篇：「滄海」作「東海」。按：史記五帝紀集解、後漢書禮儀志注、通志禮略三引山海經並作「東海」。文選東京賦舊注、國策齊策三高注、齊民要術十引漢舊儀同。則作「東海」者是。戴埴鼠璞引山海經作「滄海」，乃轉引此文也。**上有大桃木，其屈蟠三千里，其枝間東北曰鬼門，**孫曰：意林、御覽二引論衡有「天門西北，地户東南」之語，而今本脱之。考古有天門、地户、鬼門、人門之説。周禮大司徒疏引河圖括地象曰：「天不足西北，地不足東南，西北爲天門，東南爲地户，天門無上，地户無下。」易乾鑿度曰：「乾爲天門，巽爲地户。」後漢書郎顗傳，詩氾歷樞曰：「神在天門，言神在戌亥。」宋均注曰：「神，陽氣，君象也。天門，戌亥之間，乾所據者。」吴越春秋句踐歸國外傳曰：「西北立龍飛翼之樓，以象天門；東南伏漏石竇，以象地户。」隋書王劭傳：「時有人於黄鳳泉浴，得二白石，頗有文理。遂附致其文以爲字，而上奏曰：其大玉有『天門地户人門鬼門閉』九字。」蕭吉傳：「艮地鬼門，西南人門。黄帝宅經（此乃六朝以後僞撰之書。）云：乾位曰天門，巽位曰地户，坤位曰人門，艮位曰鬼門。」是古以西北爲天門，東南爲地户，西南爲人門，東北爲鬼門。山海經已有東北曰鬼門之語，則其説不自緯書始矣。暉按：孫氏所引諸説，並非此文鬼門之義也。説見下。**萬鬼所出入也。上有二神人，一曰神荼，一曰鬱壘，主閲領萬鬼。惡害之鬼，執以葦索，而以食虎。於是黄帝乃作禮以時驅之，**

路史後紀五注引莊子云：「游島問於雄黄曰：逐疫出魅，擊鼓噪呼，何也？曰：黔首多疾，黄帝氏立巫咸，使之沐浴齋戒，以通九竅，鳴鼓振鐸，以動其心，勞其形，趍步以發陰陽之氣，飲酒茹葱，以通五藏，擊鼓噪呼，逐疫出魅，黔首不知，以爲魅祟耳。」**立大桃人，門户畫神荼、鬱壘與虎，懸葦索以禦。**」路史餘論三引「禦」下有「鬼」字。疑今本脱。孫曰：今本山海經脱此文。裴駰史記集解、劉昭續禮儀志注並引之，字句頗有異同，因備録焉。史記五帝紀集解云：駰案：海外經曰：「東海中有山焉，名度索。上〔一〕有大桃樹，屈蟠三千里。東北有門，名曰鬼門，萬鬼所聚也。天帝使神人守之，一名神荼〔二〕，一名鬱壘，主閲領萬鬼。若害人之鬼，以葦索縛之，射以桃弧，投虎食也。」劉昭續禮儀志注云：「山海經曰：東海中有度朔山，上有大桃樹，蟠屈三千里，其卑枝門曰東北鬼門，（按此句有誤。）萬鬼出入也。上有二神人，一曰神荼，一曰鬱儡，主閲領衆鬼之惡害人者。執以葦索，而用食虎。於是黄帝法而象之，毆除畢，因立桃梗於門。户上畫鬱儡持葦索，以禦凶鬼。畫虎於門，當食鬼也。」暉按：裴駰引作「度索山」，非。獨斷、風俗通祀典篇、國策齊策高注、文選東京賦舊注、齊民要術十引漢舊儀并作「度朔山」。劉昭引作「其卑枝門曰東北鬼門」，上「門」字當作「間」，「曰」字當在「鬼」字上。獨斷曰：「卑枝東北有鬼門。」高誘曰：「其卑枝間東北

〔一〕「上」，原本作「山」，據集解改。

〔二〕「一名神荼」，原本脱，據集解補。

曰鬼門。」則此「鬼門」謂桃木枝葉之東北，緣萬鬼由此枝葉下往來，故曰鬼門。似與孫説天門、地户、人門、鬼門之説異義。凶魅盼遂案：黄氏以「凶魅」屬下句，謂「禦」字下脱一「鬼」字，非也。「有形」即承「凶魅」言，與下文「空虚」相對。有形，故執以食虎。案可食之物，無空虚者。其物也，性與人殊，時見時匿，與龍不常見，無以異也。以上六説，非仲任之旨。舊本段。

一曰：人且吉凶，妖祥先見。人之且死，見百怪，鬼在百怪之中。故妖怪之動，象人之形，或象人之聲爲應，故其妖動不離人形。天地之間，妖怪非一，言有妖，聲有妖，文有妖。或妖氣象人之形，或人含氣爲妖。象人之形，諸所見鬼是也；人含氣爲妖，巫之類是也。盼遂案：「象人」上當有「妖氣」二字，今脱。下句「人含氣爲妖，巫之類是也」，全牒上文。此其如台而獨闕也。是以實巫之辭，無所因據，實，審也。其吉凶自從口出，若童之謡矣。童謡口自言，巫辭意自出。口自言，意自出，則其爲人，與聲氣自立，音聲自發，同一實也。世稱紂之時，夜郊鬼哭，帝王世紀曰：「帝紂六月大風雨，飄牛馬，或鬼哭，或山鳴。」（御覽八三。）及倉頡作書，鬼夜哭。注感虚篇。氣能象人聲而哭，則亦能象人形而見，則人以爲鬼矣。

鬼之見也，人之妖也。天地之間，禍福之至，皆有兆象，有漸不卒然，有象不猥來。天地之道，人將亡，凶亦出；國將亡，妖亦見。猶人且吉，吉祥至；國且昌，昌瑞到矣。故夫瑞應妖祥，其實一也。而世獨謂鬼者不在妖祥之中，謂鬼猶神而能害人，不通妖祥之道，不睹物氣之變也。國將亡，妖見，其亡非妖也。人將死，鬼來，其死非鬼也。亡國者，兵也；殺人者，病也。「殺人」，朱校元本作「人死」。何以明之？齊襄公將爲賊所殺，游于姑棼，梁履繩曰：「即薄姑。今山東博興縣東北十五里。」遂田于貝丘，水經淄水注京相璠曰：「博昌縣南近澠水，有地名貝丘，東齊城西北四十里。」梁云：「今博興縣南五里有貝中聚，即此。」見大豕。從者曰：「公子彭生也。」公怒曰：「彭生敢見！」服虔曰：「公見彘，從者乃見彭生，鬼改形爲豕也。」（史記齊世家集解。）引弓射之，豕人立而啼。服虔曰：「啼，呼也。」（文選蜀都賦注。）梁云：「啼亦呼號也。」公懼，墜于車，傷足，喪履，宋本「履」作「屨」。而爲賊殺之。事見左莊八年傳。夫殺襄公者，賊也。先見大豕於路，則襄公且死之妖也。人謂之彭生者，有似彭生之狀也。世人皆知殺襄公者非豕，而獨謂鬼能殺人，一惑也。

天地之氣爲妖者，太陽之氣也。妖與毒同，氣中傷人者謂之毒，氣變化者謂之妖。世謂童謠，熒惑使之，彼言有所見也。孫曰：此文義不可通，疑當作「世謂童謡妖言，使人有所見也」。下文云：「鴻範五行二曰火，五事二曰言。言、火同氣，故童謡、詩歌爲妖言。言出文成，故世有文書之怪。世謂童子爲陽，故妖言出於小童。」正承此文言之。「熒惑」二字，即涉下句「熒惑火星」而衍。「使之」，「之」當作「人」，二字誤錯入於上。「妖言」又誤作「彼言」。（史記五帝本紀：「旁羅日月星辰。」徐廣曰：「波一作沃。」可證「彼」、「妖」之誤。）故文不成義。暉按：孫說非也。今本不誤。此文謂熒惑星使童謠。謂此說爲有所見者，仲任意：熒惑火星，言、火同氣，火，陽也，童子爲陽，故以此說爲有所見。紀妖篇云：「當星墜之時，熒惑爲妖，故石旁家人刻書其石，若或爲之，文曰『始皇死』，或教之也。猶世間謠童，非童所爲，氣導之也。」亦謂童謠爲氣導童子使言，與此義同。史記天官書正義引天官占曰：「熒惑爲執法之星，其精爲風伯，感童兒歌謠嬉戲也。」晉書天文志曰：「凡五星盈縮失位，其精降於地爲人，熒惑降爲兒童，歌謠嬉戲。」是其義。錢、黃、王、崇文本「使之」改作「使人」，亦未審其義而誤也。盼遂案：古傳熒惑星化爲小兒，下教羣兒謠諺。論衡爲「世謂童謠」句，「熒惑使之」句，「彼言有所見也」句，蓋上二句，世俗所說如此。仲任謂世俗之言亦有所見，非可盡誣，以後則重伸其義也。孫氏校謂，熒惑二字涉下文而衍，當是世謂童謠妖言，使人有所見也。其說大非。三國志吴志：「孫休永安三年，將守質子羣聚嬉。有異小兒忽來言曰：『三公鋤，司馬如。』又曰：『我非人，乃熒惑星也。』言畢，乃縱身而躍。仰視之，若曳一匹練，有頃而没。」唐潘炎童謠賦云：「熒惑之星兮列天文，降爲童謠兮告聖君。」此皆論衡童謠熒惑使之之證也。

熒惑火星，火有毒熒，故當熒惑守宿，國有禍敗。漢書天文志曰：「熒惑曰南方夏火，禮也，視也。禮虧視失，逆夏令，傷火氣，罰見熒惑。爲亂，爲賊，爲疾，爲喪，爲饑，爲兵，所居之宿，國受殃。」**火氣恍惚，故妖象存亡。龍，陽物也，故時變化。鬼，**

陽氣也，時藏時見。陽氣赤，故世人盡見鬼，其色純朱。蜚凶，陽也，陽，火也，故蜚凶之類爲火光。火熱焦物，故止集樹木，枝葉枯死。鴻範五行二曰火，五事二曰言。言、火同氣，故童謡、詩歌爲妖言。

王鳴盛尚書後案曰：「五事配五行，諸説互異。貌木、言金、視火、聽水、思土。伏生、董仲舒、劉歆、眭孟等之言災異，班固之志五行，鄭康成之注大傳及孔傳、孔疏，並同此説，是也。劉向則別爲一説。考庶徵恒雨，乃貌不恭之罰。劉歆以爲即春秋大雨，而劉向以爲即大水。以恒雨爲大水當貌不恭之罰，則貌應改屬水矣。（皮錫瑞曰：「劉向以貌屬木，未嘗改屬水。」）王充論衡訂鬼篇云：『鴻範五行，言、火同氣，故童謡爲妖言。世謂童子爲陽，故妖言出小童。童、巫含陽，故大雩舞童暴巫。』又言毒篇云：『諺曰：衆口鑠金。口者，火也。五行二曰火，五事二曰言，言與火直，故云鑠金。金制于火，火口同類也。』如劉向、王充説推之，既以貌、言改屬水、火，則當以視、聽改屬木、金。惟思屬土，仍伏生之舊耳。此説在漢儒刱爲異論者，誤以五事之次，即五行之次故也。近人又衍其説云：雨爲水，易象坎爲雨，雨與肅應，則貌當屬水。暘爲火，易象離爲火，暘與乂應，則言當屬火。木爲燠，燠應哲，則視屬木。金爲寒，寒應謀，則聽屬金，云云。不知坎本水也，借雨以爲坎象，不可即以雨爲水。離本火也，借日以爲離象，不可即以日爲火。況强木以爲燠，而火位正南，于時夏也，反不得爲燠；强金以爲寒，而水位正北，于冬也，反不得爲寒，有是理乎？然則謂貌、言屬水、火，視、聽屬木、金者，其説妄也。」皮錫瑞曰：「古尚書説云：『肺，火也。』肺主音聲語言，言與火同氣，故肺屬火，則仲任謂言與火直，其説有本。且仲任專主妖言言之，五行傳亦云：『言之不從，時有詩妖。』仲任說與五行傳合，非誤也。」暉按：古文說乃以「貌爲木，言爲火，思爲土，視爲金，聽爲水」。只言火、視金與伏生說異，餘具同。不得以仲任謂言屬火，見其一端相同，而謂其本古文說也。五行傳明以言屬金，視屬火。仲任以言屬火，正與相反，亦不得如皮說，謂仲任專主妖言言之，而强與相合也。緣皮氏之意，以仲任說既不本于歐陽，又不合于伏傳，故如此左右其辭耳。考仲任云：「五行，言、火同氣。」又云：「五行二曰火，五事二曰言，言與火直。」則其據五行五事之次爲說，其義甚明。宋蔡沈傳即本此爲說。毛奇齡經問曰：「遠宗問：『洪範五事配五行，自伏氏大傳及劉向、董仲舒輩，皆據易繫以貌、言、視、聽、思配木、金、火、水、土。而宋蔡沈注尚書，則一概反之，配以水火木金土。雖似背易傳，而于洪範五行次第較爲獨合。況考八庶徵原文，又以雨、暘、燠、寒、風爲五事之徵驗，則雨似屬水，暘似屬火，燠似屬木，寒似屬金。其于貌水、言火、視木、聽金之配，分明一串。此其說，未爲過否？』答曰：『自三古及漢、唐至今，并無貌屬水、言屬火、視屬木、聽屬金之解，則杜撰矣。』」今按：仲任正與蔡傳同，不得言其自古及今無此說也。毛遠宗所舉，或即仲任所據以更易舊說者。

言出文成，故世有文書之怪。世謂童子爲陽，故妖言出於小童。童、巫含陽，故大雩之祭，舞童暴巫。公羊桓五年傳注：「使童男女各八人，舞而呼雩。」檀弓：「魯繆公時，歲旱，欲暴巫。」雩祭之禮，倍陰合陽，故猶日食陰勝，攻社之陰也。義見順鼓篇。日食陰勝，故攻陰之類。天旱陽勝，故愁陽之黨。巫爲陽黨，故魯僖遭旱，議欲焚巫。見左僖二十一年傳。巫含陽氣，以故陽地之民多爲巫。依上下文例，不當有「以」字。漢時有越巫。巫黨於鬼，故巫者爲鬼巫。宋本「爲」作「能」，朱校元本同。鬼巫比於童謠，故巫之審者，能處吉凶。處，辯察也。吉凶能處，吉凶之徒也，故申生之妖見於巫。見死僞篇。巫含陽，能見爲妖也。申生爲妖，則知杜伯、莊子義、厲鬼之徒皆妖也。杜伯之厲（屬）爲妖，則其弓矢、投（杖）、措（楫）皆妖毒也。先孫曰：杜伯以弓矢射周宣王。莊子義荷朱杖擊燕簡公。厲鬼杖楫擊詬觀辜。事並見墨子明鬼篇。此「杜伯之厲」，「厲」當作「屬」。（後文亦云：「杜伯之屬，見其體、施其毒者也。」）「投措」當作「杖楫」，即指莊子義之杖與厲鬼之楫言之。（亦見死僞、祀義二篇。）妖象人之形，其毒象人之兵。鬼、毒同色，故杜伯弓矢皆朱彤也。毒象人之兵，則其中人，人輒死也。中人微者即爲腓，言毒篇云：「人行無所觸犯，體無故痛，痛處若箠杖之跡。人腓，（有脱文。）腓謂鬼敺之。」先孫曰：「腓」當爲「痱」之叚字。説文疒部云：「痱，風病也。」風俗通義怪神篇云：「今人卒得鬼刺痱悟，（與「忤」同。）殺雄雞以傅其心上。」巢元方諸病源候總論云：「鬼擊一名爲鬼排。」（亦與「痱」通。）皆與王説鬼敺同。病者不即時死。何則？腓者，毒氣所加也。盼遂案：今俗仍喚作鬼風疙瘩。

妖或施其毒，不見其體；或見其形，不施其毒；或出其聲，不成其言；或明其言，不知其音。若夫申生，見其體、成其言者也；杜伯之屬，見其體、施其毒者也；

詩妖、童謠、石言之屬，明其言者也；五行志曰："君炕陽而暴虐，臣畏刑而拑口，則怨謗之氣發於謌謠，故有詩妖。"石言，如左昭八年傳，石言於晉魏榆。五行志言成帝鴻嘉三年，天水冀南山大石鳴。濮水琴聲，紂郊鬼哭，見紀妖篇。出其聲者也。妖之見出也，或且凶而豫見，或凶至而因出。因出，則妖與毒俱行；豫見，妖出不能毒。申生之見，豫見之妖也；杜伯、莊子義、厲鬼至，因出之妖也。周宣王、燕簡公、宋夜姑時當死，故妖見毒因擊。先孫曰："宋夜姑"，墨子明鬼篇作"詬觀辜"。後祀義篇亦作"射姑"。"射"、"夜"音近字通。（春秋文六年，晉狐射姑出奔狄。穀梁經"射"作"夜"。）今本墨子譌舛不足據。暉按：宋夜姑，宋人，名夜姑。晉惠公身當獲，命未死，故妖直見而毒不射。見死僞篇。然則杜伯、莊子義、厲鬼之見，周宣王、燕簡、夜姑且死之妖也。申生之出，晉惠公且見獲之妖也。伯有之夢，駟帶、公孫段〔一〕且卒之妖也。老父結草，魏顆且勝之祥，亦或時杜回見獲之妖也。蒼犬噬呂后，呂后且死，妖象犬形也。〔魏其、灌夫守武安〕，武安且卒，妖象竇（魏）嬰（其）、灌夫之面也。"武安"上，朱校元本有"魏其、灌夫守武安"句，是也。今據補。又"竇嬰"，宋本、朱校元本並作"魏其"，當據改。"伯有"以下，事並見論死篇。

〔一〕"段"，原本作"叚"，形近而誤，今改。

故凡世間所謂妖祥、所謂鬼神者，皆太陽之氣爲之也。太陽之氣，天氣也。天能生人之體，故能象人之容。夫人〔之〕所以生者，陰、陽氣也。朱校元本「人」下有「之」字，日鈔引正同，當據補。陰氣主爲骨肉，陽氣主爲精神。先孫曰：「生」當爲「主」。日鈔所引不誤。暉按：孫據程本校也。錢、黄、王、崇文本誤同。此本、朱校元本並作「主」。玉房祕訣曰：（醫心方二十四引。）「陽精多則生男，陰精多則生女。陽精爲骨，陰精爲肉。」與此說異。人之生也，陰、陽氣具，故骨肉堅，精氣盛。精氣爲知，骨肉爲强，故精神言談，形體固守。骨肉精神，合錯相持，日鈔引作「待」，疑是。待，須也。故能常見而不滅亡也。太陽之氣，盛(孤)而無陰，宋本「盛」作「孤」，日鈔引正同。當據正。故徒能爲象，不能爲形。無骨肉，有精氣，故一見恍惚，輒復滅亡也。章太炎小學問答曰：「古言鬼者，其初非死人神靈之稱。鬼宜即『夔』。說文言：『鬼頭爲田，禺頭與鬼頭同。』禺是母猴，何㝵象鬼？且鬼頭何因可見？明鬼即是夔。夔即猴身，其字上象有角，下即『夊』字，夔亦母猴。則夔特母猴有角者爾。樂緯言：『昔歸典樂律。』地理志『歸子國』即『夔子國』。釋訓云：『鬼之爲言歸也。』則『夔』、『歸』、『鬼』同聲。魖爲秏鬼，亦是獸屬，非神靈也。韋昭說『夔爲山繅』，後世變作『山魈』，『魈』亦獸屬，非神靈。東京賦言：『殘夔魖與罔象。』魯語言：『木石之怪夔罔兩，水之怪龍罔象。』並是生物。内傳言：『离魅罔兩。』說文言：『禽』、『离』、『兕』頭相似。歐陽喬說：『离，猛獸也。』則『离』亦獸屬。『鬽』字从『鬼』，有毛。服虔云：『鬽，人面獸身，而四足，好惑人。』籀文『鬽』作『[illegible]』，彖首，从尾省聲。有毛，有首，有面，有身，有足，非無形之神靈明矣。詳此諸物，以異物詭見，古者疑其有怪，若今狐貒等物，世亦謂神所凭依，故『鬼』即『夔』字，引申爲死人神靈之偁。然古文『鬼』作『䰟』，從古文『示』，則鬼神之字，或當别作『䰟』耳。『鬼』字从『厶』，『厶』，姦衺也，亦粤鬽好惑人，非必黔气賊害矣。」章氏此論，袪惑發蒙，與仲任同旨。而其説更爲徵實，故具録於此。

論衡校釋卷第二十三

言毒篇

盼遂案：篇末：「君子不畏虎，獨畏讒夫之口。讒夫之口，爲毒大矣。」仲任此篇殆傷於譖而作歟？

或問曰：「天地之間，萬物之性，含血之蟲，有蝮、虵、蜂、蠆，咸懷毒螫，犯中人身，謂（渭）護（濩）疾痛，當時不救，流徧一身。先孫曰：「謂」當作「渭」，「護」當作「濩」，並聲近而誤。周禮秋官賈疏引左傳服注云：「蜮含沙射入人皮肉中，其瘡如疥，徧身中濩濩蜮蜮。」左傳莊十八年孔疏引作「濩濩或或」。初學記引春秋説題辭云：「渭之言渭渭也。」注云：「渭渭，流行貌。」（今本初學記引緯文「渭」字不重。今依注增。）「渭濩疾痛」，言渭渭濩濩，亦猶言濩濩或或，皆疾痛流行之狀，故云「流徧一身」也。草木之中，有巴豆、野葛，食之湊懣，頗多殺人。「湊懣」，謂脉氣湊踊滿實也。卜筮篇：「身體疾痛，血氣湊踊。」素問大奇論：「肝滿、腎滿、肺滿皆實即爲腫。」注：「滿謂脉氣滿實也。」滿、懣通。不知此物，稟何氣於天？萬物之生，皆稟元氣，元氣之中，有毒螫乎？」

曰：夫毒，太陽之熱氣也，中人人毒。人食湊懣者，其不堪任也。不堪任，則謂之毒矣。太陽火氣，常爲毒螫，氣熱也。太陽之地，人民促急，促急之人，口舌爲毒。故楚、越之人，促急捷疾，與人談言，口唾射人，則人脤胎（脹），腫而爲創。「脤」，崇文本作「脈」，各本並作「脤」。「胎」，宋、元本作「胎」，朱校元本同。吴曰：「脤胎」當作「脤脹」。今作「胎」者，「脹」字草書形近之誤。「脤」即「瞋」之異文。説文云：「瞋，起也。」太玄争次六：「股脚瞋如。」釋文：「瞋，肉脹起也。」素問：「濁氣在上，則生瞋脹。」王砅注：「瞋，脹起也。」白虎通情性篇字作「脤張」，音義並同。「脤」誤作「胎」，義不可説。盼遂案：章士釗云：「脤爲胗之形誤。説文肉部：『胗，脣傷也。』」南郡極熱之地，盼遂案：南郡，今湖北襄陽之地，未爲極熱。「南郡」疑爲「南部」之誤。後漢人恒以州部連言，南部即南方諸州郡也。其人祝樹樹枯，唾鳥鳥墜。巫咸能以祝延□人之疾、愈人之禍者，生於江南，含烈氣也。吴曰：「延」讀爲「移」。郊特牲：「以移民也。」鄭注：「移之言衍也。」衛世家：「共伯入釐侯羨道自殺。」索隱：「羨音延。」移、羨、延三文以雙聲相轉，而義亦從之。諸子傳記説宋景公熒惑徙舍事，皆作延年二十一歲，唯淮南子道應篇作移年二十一歲。移年即延年也。彼以「移」爲「延」，此以「延」爲「移」，其比正同。暉按：吴説疑非。「祝延」連讀。「人」上疑脱一「已」字。（類要二四祝延類云：「巫咸能祝延人之疾，愈人之禍福。」未著何出，當本此文。以「祝延」連讀是，而所據本「已」字已脱矣。）解除篇云：「令巫祝延以解土神。」漢書外戚傳傅昭儀傳：「宮人左右飲酒酹地，皆祝延之。」五經異義：「魯郊禮，祝延帝尸。」此並「祝延」連文之證。唯其義未審。漢書師古注：「祝延，祝之使長年也。」然於此文，義有未洽。上文云：「祝樹樹枯，唾鳥鳥墜。」疑此讀作「祝涎」，「涎」亦「口唾」也。淮南俶真訓注：「鑄讀如唾祝之祝。」以「唾祝」連文，可見其義。非洲夏加尼格羅人，巫醫治病，或看新生嬰兒，就其身上吐四次唾液，以祓不祥。此祝延，或即其義，雖他書無説，疑仲任紀當時巫風之實。如祝樹唾鳥，他書亦未見也。（齊民要術十引神仙傳，劉綱夫婦呪樹，與此不同。）若謂祝之長年，則與上下文義不類矣。汪文臺輯七家後漢書云：「嫣皓字元起，吴郡餘杭人，皓母炙瘡發膿，皓祝而愈之。」或即祝延之術也。又皮錫瑞以「巫咸」連讀，謂即君奭「巫咸乂王家」之「巫咸」，亦非。此文謂江南諸巫，皆能此術也。

夫毒，陽氣也，故其中人，若火灼人。或爲蝮所中，割肉置地焦沸，中，傷也。史記〔二〕田儋傳：「蝮螫手則斬手，螫足則斬足。何者？爲害於身也。」火氣之驗也。四方極皆爲維邊，淮南天文訓注：「四角爲維。」唯東南隅有温烈氣。温烈氣發，常以春夏。春夏陽起。東南隅，陽位也。他物之氣，入人鼻目，不能疾痛。火煙入鼻鼻疾，入目目痛，火氣有烈也。物爲靡屑者多，唯一火最烈，火氣所燥也。食甘旨之食，無傷於人。食蜜少多，則令人毒。蜜爲蜂液，蜂則陽物也。

〔二〕「記」，原本作「紀」，形近而誤，今改。

人行無所觸犯，體無故痛，痛處若箠杖之跡。人腓，腓謂鬼毆之。注訂鬼篇。鬼者，太陽之妖也。微者，疾謂之邊，未聞。盼遂案：微，惡疾也。詩巧言篇：「既微且尰。」爾雅釋訓篇：「骭瘍爲微。」孫叔然注：「微尰皆水濕之疾也。本字作黴。」說文黑部：「黴，中久雨青黑也。」章氏新方言說：「古之黴，今之楊梅也。」其治用蜜與丹。蜜、丹陽物，以類治之也。夫治風用風，治熱用熱，治邊用蜜、丹，則知邊者陽氣所爲，流毒所加也。天地之間，毒氣流行，人當其衝，則面腫疾，世人謂之火流所刺也。

人見鬼者，言其色赤，太陽妖氣，自如其色也。鬼爲烈毒，犯人輒死，故杜伯射，周宣立崩。鬼所賫物，陽火之類，疑脫「故」字。杜伯弓矢，其色皆赤。見死僞篇。南道名毒曰短狐。說文禾部：「北道名禾主人曰私主人。」段注：「北道，蓋許時語，立乎南以言北之辭。」按：道，猶言方也，當時常語。史記游俠傳：「北道姚氏，南道仇景。」「狐」當作「弧」，以與下文「激而射」之義相應。今書傳多作「短狐」，誤同。惟漢書五行志、左傳釋文作「弧」，不誤。左傳釋文曰：「短弧本又作狐。」段玉裁曰：「此因其以氣射害人，故謂之『短弧』。作『狐』，非也。其氣爲矢，則其體爲弧。」說文虫部：「蜮，短弧（本作「狐」，從段注改。）也。佀鼈三足，㠯气䠶害人。」詩小雅何人斯毛傳：「蜮，短狐也。」釋文：「蜮，狀如鼈，三足。一名射工，俗呼之水弩。在水中，含沙射人。一云射人影。」洪範五行傳云：「蜮如鼈，三足，生於南越。南越婦人多淫，故其地多蜮。

淫女惑亂之氣所生也。」陸機毛詩義疏云：「蜮，短狐也，一名射景，如鼈，三足，在江、淮水中。人在岸上，景見水中，投人景則殺之，故曰射景。南人將入水，先以瓦石投水中，令水濁然後入。或曰含沙射人，入人皮肌，其創如疥。」（引據小雅何人斯疏、左氏、穀梁莊十八年傳疏。）服虔曰：「短狐，南方盛暑所生，其狀如鼈，含沙射人，入皮肉中，其瘡如疥，徧身濩濩或或。」（見周禮秋官序官疏。）春秋莊十八年秋「有蜮」，左傳杜注：「蜮，短狐也，蓋以含沙射人爲災。」公羊何注：「蜮之猶言惑也，其毒害傷人形體，不可見。」穀梁范注：「蜮，短狐也。蓋含沙射人。」草木志云：「在水中，射人影即死。」（公羊傳疏。）本草謂之「射工」。楚辭大招：「魂乎無南，鰅鱅短狐，蜮傷躬只。」注：「鰅鱅，短狐類也。短狐，鬼蜮也。蜮，短狐也。」洪補注孫真人云：「江東、江南有虫名短狐谿毒，亦名射工。其虫無目而利耳能聽，在山源谿水中，聞人聲，便以口中毒射人。」漢書五行志下之上曰：「劉向以爲蜮生南越。越地多婦人，男女同川，淫女爲主，亂氣所生，故聖人名之曰蜮。蜮猶蜮也。在水旁，能射人。射人有處，甚者至死。南方謂之短弧。」抱朴子登涉篇：「吴、楚之野，有短狐，一名蜮，一名射工，一名射影，其實水蟲也。狀如鳴蜩，大似三合盃，有翼能飛，無目而利耳，口中有横物角弩，如聞人聲，緣口中物如角弩，以氣爲矢，則因水而射人。中人身者，即發瘡；中影者，亦病而不能即發瘡，不曉治之者，殺人。其病似大傷寒，不十日皆死。又射工蟲，冬天蟄於山谷間。大雪時索之。此蟲所在，其雪不積留，氣起如灼蒸，當掘之，不過入地一尺，則得也。陰乾末帶之，夏天自辟射工也。」博物志：「江南山谿中水射工蟲，甲類也。長一二寸，口中有弩形，氣射人影，隨所著處發瘡，不治則殺人。」周去非嶺外代答：「余在欽，一夕燕坐，見有似蜥蜴而差大者，身黄脊黑，頭有黑毛，抱疏籬之杪，張頷四顧，聳身如將躍也。適有士子相訪，因請問之。答曰：此名十二時，其身色，一日之内，逐時有異。口嘗含毒，俟人過，則射其影，人必病。余曰：非所謂蝛者與？生曰：然。鄺露赤雅，斑衣山子，插青銜弩，裸體獸交，遺精降於草木，嵐蒸瘴結，盎然化生。狐長三寸，狀如黄熊，口銜毒弩，巧伺人影，胎性使然也。予南海有水弩蟲，四月一日上弩，八月一日卸弩，亦能射人，與此不同。予游六磨，影落澗水，爲短狐所射，毒中左足。適欲撲殺，有大蟾鼓腹踴躍，搤其喉而食之。未幾，痛入骨髓，始殆如蟻卵，乍如蜂房，乍如盤渦，乍如蛇菌，一日一夜，其變百出，其大二寸。聞過三寸則死，毒大如狐，則對時死。遍走羣醫，命在呼吸。蘧然猛省，蟾能食之，必能制之。偶有八字丹蟾，跳躍草際，取向毒處，一吸，支體立運，毒口出涎，滴石石爛。魂魄漸復，如坐冰壺。其口兩月方合。聞鴛鴦鸑鷟皆能食之。腦可止痛。」**杜伯之象，執弓而射。陽氣因（困）而激，激而射，**孫曰：此文「因、激、射」三字平列。「因」當作「困」，形近之誤。下云：「火困而氣熱。」又云：「氣困爲熱也。」並其證。**故其中人象弓矢之形。火困而氣熱，〔氣熱〕血（而）毒盛，**孫曰：當作「火困而氣熱，氣熱而毒盛」，「血」即「而」字之誤，又脱去「氣熱」二字，故文義不明。下文云：「盛夏暴行，暑暍而死，熱極爲毒也。」即氣熱而毒盛之説。史記封禪書索隱引此文作「氣勃而毒盛」，可證。劉先生曰：孫説是也。史記儒林傳正義引正作「氣熱而毒盛」。封禪書注引作「氣勃而毒盛」，文雖小異，作「而毒盛」則同。**故食**

走馬之肝殺人，封禪書曰：「文成食馬肝死耳。」氣困爲熱也。盛夏暴行，暑暍而死，熱極爲毒也。史記儒林傳正義引作「盛夏馬行，多渴（字誤。）死，殺氣爲毒也」。人疾行汗出，對鑪汗出，嚮日亦汗出，疾温病者亦汗出，四者異事而皆汗出，困同熱等，火日之變也。

天下萬物，含太陽氣而生者，皆有毒螫。毒螫渥者，在蟲則爲蝮、蛇、蜂、蠆，名醫别録陶注云：「蝮蛇，黄黑色，黄頷尖口，毒最烈。虺形短而扁，毒不異於蚖，中人不即療，多死。」蜀圖經曰：「蝮形麄短，黄黑如土色。」類聚引廣志云：「蝮蛇與土色相亂，長三四尺。其中人，以牙嚙之，截斷皮，出血，則身盡痛。九竅血出而死。」爾雅、説文皆以蝮即虺。漢書田儋傳應劭注本之。師古曰：「郭璞云：『各自一種蛇。』以今俗名證之，郭説得矣。虺若土色，所在有之，俗呼土虺。其蝮唯出南方。」郝懿行曰：「詩疏引舍人曰：『蝮一名虺，江、淮以南曰蝮，江、淮以北曰虺。』郭云：『此自一種蛇。』本草陶注分蝮蛇與虺及蚖爲三物，并非。蝮虺乃即土虺，北人謂之土脚蛇，江、淮間謂之土骨蛇。」御覽引詩義疏曰：「蠆，一名杜伯，幽州〔一〕謂之蠍。」小雅都人士釋文引通俗文曰：「長尾爲蠆，短尾爲蠍。」説文作「蓳」，云：「毒蟲也。」在草則爲巴豆、冶葛，「冶」下舊校曰：一作「野」字。續博物志曰：「巴豆，神仙食一枚即死。鼠食三年，重三十斤。」證類本草十四引圖經曰：「巴豆，出巴郡川谷，今嘉眉、戎州皆有之。木高一二丈，葉如櫻桃而厚大，初生青，後

〔一〕「州」，原本作「川」，形近而誤，今改。

漸黃赤，至十二月，葉漸凋，二月復漸生，至四月舊葉落盡，新葉齊生。即花發成穗，微黃色。五六月結實作房，生青，至八月，熟而黃，類白豆蔻。漸漸自落，即收之。一房三瓣，一瓣有實一粒，一房共實六粒也。」博物志曰：「野葛食之殺人。家葛種之三年不收，後旅生亦不可食。」唐釋湛然輔行記引博物志曰：「太陰之精，名曰鉤吻，入口則死。鉤吻者，野葛也。」沈括補筆談曰：「鉤吻，本草一名野葛，主療甚多。注釋者多端，或云可入藥用，或云有大毒，食之殺人。予嘗到閩中，土人以野葛毒人，及自殺，或誤食者，但半葉許入口即死。以流水服之，毒尤速，往往投杯已卒矣。經官司勘鞫極多，灼然如此。予嘗令人完取一株，觀之，其草蔓生如葛，其藤色赤，節粗似鶴膝，葉圓有尖，如杏葉，而光厚似柿葉。三葉爲一枝，如菉豆之類。葉生節間，皆相對。花黃細，戢戢然如一茴香花，生於節葉之間。酉陽雜俎言花似梔子稍大，謬説也。根皮亦赤，閩人呼爲吻莽，亦謂之野葛。嶺南人謂之胡蔓，俗謂之斷腸草。此草人間最毒之物，不可入藥，恐本草所云，別是一物，非此鉤吻也。」**在魚則爲鮭與鮵、鮛，故人食鮭肝而死，爲鮵、鮛螫有毒。**北山經郭璞注：「今名鯸鮐爲鮭魚，音圭。」左思吴都賦劉注：「鯸鮐魚狀如科斗，大者尺餘，腹下白，背青黑，有黃文。性有毒，雖小獺及大魚，不敢餤之。蒸煑餤之肥美，豫章人珍之。」本草拾遺曰：「䲅魚肝及子有大毒，一名鶘夷魚。以物觸之，即嗔，腹如氣球，亦名嗔魚。腹白，背有赤道，如印魚，目得合，與諸魚不同。」王引之廣雅疏證曰：「『䲅』即『鮭』之俗體。鶘夷即鯸鮔之轉聲。今人謂河豚者是也。河豚善怒，故謂之鮭，又謂之魺。鮭之言恚，魺之言訶。釋詁云：『恚、訶，怒也。』玉篇：『魺，户多切，魚名。』正與『河』字同音。又云：『鯸鮔，鮦也。食其肝，殺人。』」章炳麟新方言十曰：「今所在皆稱河豚，廣東香山謂之鮭泡。」魦鰍未聞。**魚與鳥同類，故鳥蜚魚亦蜚，鳥卵魚亦卵，**大戴禮易本命曰：「鳥魚皆生於陰而屬於陽，故鳥魚皆卵。魚游於水，鳥飛於雲。」**蝮、蛇、蜂、蠆皆卵，同性類也。**

其在人也爲小人，故小人之口，爲禍天下。小人皆懷毒氣，陽地小人，毒尤酷烈，故南越之人，祝誓輒效。先孫曰：「誓」，元本作「禁」。日鈔引同。暉按：宋本、朱校元本亦並作「禁」。又按：「效」下，日鈔引有「口舌爲毒也」五字。**諺曰：「衆口爍金。」**國語周語、鬼谷子權篇、史記鄒陽傳、楚辭九章惜誦並有此文。賈逵曰：「鑠，銷也。衆口所惡，金爲之銷亡。」風俗通曰：「衆口鑠金。俗説有美金於此，衆人咸共詆訿，言其不純。賣金者欲其售，取鍛以見真，此爲衆口爍金。」（御覽八百十一、事文類聚别集二十一。）**口者，火也。五行二曰火，五事二曰言。**注訂鬼篇。**言與火直，故云爍金。道口舌之爍，不言「拔木焰火」，必云「爍金」，金制於火，火、口同類也。**

藥生非一地，太伯辭之吴；楚辭天問：「吴獲迄古，南嶽是止。」王注：「言吴國得賢君，至古公亶父之時而遇太伯，陰讓，避王季，辭之南嶽之下，采藥，於是遂止而不還。」餘注見四諱篇。盼遂案：章士釗云：「辭爲采之聲誤。」今案四諱篇「太伯入吴采藥」，是其明證。**鑄多非一工，**

世稱楚棠溪。棠溪出利劍。鹽鐵論論勇篇：「世言强楚勁鄭，有犀兕之甲，棠谿之鋌。」史記蘇秦傳：「棠谿、墨陽，皆陸斷牛馬，水截鵠鴈。」集解徐廣曰：「汝南吴房有棠谿亭。」春秋大事表七之四：「今河南汝寧府遂平縣西吴房故城北有堂谿城。」潛夫論志氏姓：「堂谿，谿谷名也。」**温氣天下有，**寒温篇云：「陽氣温。」温氣謂陽氣也。**路畏入南海。**因陽氣烈也。**鴆鳥生於南，人飲鴆死。**左莊三十二年傳：「使鍼季酖之。」正義引晉諸公讚云：「鴆鳥食蝮，以羽翮櫟酒水中，飲之則殺人。」漢書高五王傳應劭曰：「鴆鳥黑身赤目，食蝮蛇、野葛。以其羽畫酒中，飲之立死。」中山經郭注：「鴆大如鵰，紫緑色，長頸，赤喙，食蝮蛇頭。雄名運日，雌名陰諧。」廣志曰：（廣韻五十二沁引。）「鴆鳥大如鴞，紫緑色，有毒，頸長七八寸，食蝮蛇，以其毛歷飲食則殺人。」名醫别録曰：「鴆鳥毛有大毒，生南海。」**辰爲龍，巳爲蛇，辰、巳之位在東南。**注物勢篇。**龍有毒，蛇有螫，故蝮有利牙，**小雅斯干篇疏引爾雅孫炎注：「江、淮以南謂虺爲蝮，廣三寸，頭如拇指，有牙最毒。」**龍有逆鱗。**韓非子説難篇云：「龍喉下有逆鱗徑尺。」**木生火，火爲毒，故蒼龍之獸含火星。**爾雅釋天：「大辰，房、心、尾也。大火謂之大辰。」左昭十七年傳疏李巡曰：「大辰，蒼龍宿之，體最爲明，故曰房、心、尾也。大火，蒼龍宿心，以候四時，故曰辰。」盼遂案：「獸」字當是「宿」誤。東方蒼龍七宿中有大火星也。爾雅釋天云：「大辰，房、心、尾也。大火謂之大辰。」郭注云：「龍星明者以爲時候，故云大辰。大火，心也，在中最明，故時候主焉。」故王氏云

「蒼龍之宿含火星」也。冶葛、巴豆皆有毒螫，故冶在東南，巴在西南。巴豆出於巴，注見上文。冶葛生冶，未審其地。

土地有燥濕，故毒物有多少；生出有處地，故毒有烈不烈。蝮、虵與魚比，故生於草澤。蜂、蠆與鳥同，故產於屋、樹。江北地燥，故多蜂、蠆；江南地濕，故多蝮、虵。生高燥比陽，陽物懸垂，故蜂、蠆以尾刺。生下濕比陰，陰物柔伸，故蝮、虵以口齰。後漢書謝弼傳弼上封事曰：「蛇者，陰氣所生。」洪範五行傳：「蛇龍，陰類也。」（後漢書楊賜傳注。）小雅斯干鄭箋：「虺蛇穴居，陰之祥也。」説文：「齰，齧也。」毒或藏於首尾，故螫齰有毒；或藏於體膚，故食之輒懣；懣，注見前「湊懣」。或附於脣吻，故舌鼓爲禍。毒螫之生，皆同一氣，發動雖異，内爲一類。故人夢見火，占爲口舌；史記天官書：「箕爲敖客，曰口舌。」索隱引宋均云：「敖，調弄也。箕以簸揚調弄爲象。」是口舌爲簸弄是非之義，俗語猶存。潛夫論浮侈篇云：「事口舌而習調欺。」五行志云：「言之不從，時則有口舌之痾，於易兑爲口，人則多病口喉欬者，故有口舌痾。」兑爲金爲口，言屬金，故言不順，有口舌痾。仲任以言屬火，故火見，占爲口舌，與漢志異。夢見蝮、蛇，亦口舌。火爲口舌之象，口舌見於蝮、虵，「見」，宋本作「兆」。同類共本，所稟一氣也。

故火爲言，言爲小人，小人爲妖，由口舌。口舌之徵，由人感天。故五事二曰言，言之咎徵，惡行之驗。「僭恒暘（陽）若」。洪範文。「暘」當作「陽」。今文作「陽」，古文作「暘」也。此文言陽氣爲毒，故引經證之，義無取於「暘」也。不雨曰暘。五行志曰：「言之不從，厥咎僭，厥罰恒陽。言上號令不順民心，虛譁憒亂，則不能治海内，失在過差，故其咎僭。僭，差也。刑罰妄加，羣陰不附，則陽氣勝，故其罰常陽也。」亦謂陽爲陽氣，與此同。此作「暘」，後人改之也。下同。僭者奢麗，僭差無度，故云「奢麗」。故蝮、蛇多文。文起於陽，衆經音義二引三蒼曰：「蝮蛇色如綬文，文間有鬐鬛。」説文：「巳，巳也。四月昜气已出，陰氣已臧，萬物見，成彣彰，故『巳』爲『它』，象形。」故若致文。若，順也。暘（陽）若則言〔不〕從，故時有詩妖。「言」下脱「不」字。五行志曰：「言之不從，時則有詩妖。」皮錫瑞引增「不」字，是也。

妖氣生美好，故美好之人多邪惡。叔虎之母美，叔向之母知（妬）之，吴曰：事見左襄廿一年傳。「知」當據改作「妬」。暉按：宋、元本、朱校元本並作「妬」，吴説是也。不使視寢。左傳無「視寢」二字。唐石經旁增此二字。阮校謂即依此文所增，不足據。檀弓鄭注：「可以御婦人矣，尚不復寢。」即此「寢」字之義，謂不使叔向父御之。盼遂案：「不使視寢」，左傳杜注作「不使見叔向父」，較此明晰。叔向諫其（之）。「其」，宋本、朱校元本並作「之」，當據正。母曰：「深山大澤，實生龍、蛇。彼美，吾懼其生龍、蛇以禍汝。汝弊族也，「弊」，傳作「敝」。杜曰：「衰壞也。」洪亮吉曰：「當作『敝』。」國多大寵，不仁之人間之，不亦難乎？

余何愛焉？」使往視寢，生叔虎，美有勇力，嬖於欒懷子。欒盈也。及范宣子遂(逐)懷子，「遂」當作「逐」。宋本、王本、崇文本並作「逐」，是。盈母欒祁與人通，盈患之。祁懼，愬於其父范宣子，宣子使城著，遂逐之。殺叔虎，賈逵曰：「叔虎皆欒盈之黨，知范氏將害欒氏，故先爲之作難，討范氏，不克而死。」(孔疏引。)盼遂案：依左氏襄公二十一年傳，「遂」字爲「逐」字之誤。禍及叔向。因叔向。夫深山大澤，龍、蛇所生也，比之叔虎之母者，美色之人懷毒螫也。生子叔虎，美有勇力。勇力所生，生於美色；禍難所發，由於勇力。火有光耀，木有容貌。龍、蛇，東方、木，含火精，故美色貌麗。膽附於肝，故生勇力。火氣猛，故多勇；木剛强，故多力也。生妖怪者，常由好色；爲禍難者，常發勇力；爲毒害者，皆在好色。美酒爲毒，酒難多飲；蜂液爲蜜，蜜難益食；勇夫强國，勇夫難近；好女説心，「説」下舊校曰：一作「悦」。好女難畜；辯士快意，辯士難信。故美味腐腹，元本作「腸」，朱校同。好色惑心，勇夫招禍，辯口致殃。四者，世之毒也。

辯口之毒，爲害尤酷。何以明之？孔子見陽虎，却行，白汗交流。亦見物勢篇。陽虎辯，有口舌。口舌之毒，中人病也。中，傷也。下同。人中諸毒，一身死之；中於口舌，一國潰亂。詩曰：「讒言罔極，交亂四國。」小雅青蠅篇。毛詩作「讒人」。陸賈新語輔政篇、史記滑稽傳、漢書戾太子傳並作「讒言」。漢書賈誼傳注、敍傳註引詩與此同。魯詩也。

李富孫曰：古本當作「言」。罔極，無窮極也。四國，四方之國。四國猶亂，況一人乎！故君子不畏虎，獨畏讒夫之口。宋本獨作「狼」。讒夫之口，爲毒大矣！

薄葬篇

賢聖之業，皆以薄葬省用爲務。舊作「聖賢」，各本同。今據宋本乙。本書多作「賢聖」，説詳答佞篇。然而世尚厚葬，有奢泰之失者，儒家論不明，墨家議之非故也。墨家之議右鬼，以爲人死輒爲[神]鬼而有知，「神」字傳寫誤增。「人死爲鬼，有知能害人」，論死篇數見此語。下文「不能爲鬼」，正與此「輒爲鬼」正反相承。感虛篇〔一〕：「雨粟鬼哭，自有所爲。」福虛篇：「墨家右鬼。」今「鬼」下並衍「神」字，正其比。能形而害人，故引杜伯之類以爲效驗。見墨子明鬼篇。儒家不從，以爲死人無知，不能爲鬼，然而賻祭備物者，示不負死以觀生也。「負」，背也。陸賈依儒家而説，故其立語，不肯明處。新語無論薄葬事，蓋本陸賈他著。劉子政舉薄葬之奏，務欲省用，不能極論。奏見漢書本傳。是以世俗内持狐疑之議，外聞杜伯之類，又見病且終者，墓中死人來與相見，故遂信是，謂死如生。閔死獨葬，魂孤無副，丘墓閉藏，穀物乏匱，故作偶人以侍尸柩，多藏食物以歆精魂。

〔一〕「虛」，原本作「書」，據論衡改。

積浸流至，或破家盡業，以充死棺；盼遂案：「死」字疑衍。「死棺」不辭，且與下句不復對稱。殺人以殉葬，盼遂案：「人」下衍「以」字，故與上句不匀。以快生意。非知其内無益，盼遂案：當是「非不知其内無益」，今本脱一「不」字，則不通矣。而奢侈之心外相慕也。不明死無知，故不知其無益，非徒尚奢侈也。

以爲死人有知，與生人無以異，孔子非之，而亦無以定實然。而陸賈之論，兩無所處。處，辯定也。劉子政奏，亦不能明。儒家無〔無〕知之驗，墨家有〔有〕知之故(效)。「無」字，「有」字，並涉重文脱。「故」爲「效」字形譌。效亦驗也。本書常以效驗對文。上文云：「墨家以爲人死有知，引杜伯之類以爲效驗。儒家以爲人死無知。」下文云：「辯士文人有效驗，若墨家之以杜伯爲據，則死人無知之實可明。」則知此文當作「儒家無無知之驗，墨家有有知之效」，明矣。事莫明於有效，論莫定於有證。空言虚語，雖得道心，「雖」，朱校元本作「難」，義較長。人猶不信。是以世俗輕愚信禍福者，畏死不懼義，盼遂案：「死」字當爲「鬼」之誤字。下句「重死不顧生」，此涉之而誤。重死不顧生，竭財以事神，空家以送終。辯士文人有效驗，若墨家之以杜伯爲據，則死〔人〕無知之實可明，薄葬省財之教可立也。當作「死人無知」，今脱「人」字。上文云：「儒家不從，以爲死人無知。」下文云：「不明死人無知之義，而著丘墓必扣之諫。」並其證。

今墨家非儒，儒家非墨，各有所持，故乖不合，業難齊同，故二家争論。世無祭祀復生之人，故死生之義未有所定。實者死人闇昧，與人殊途，其實荒忽，難得深知。有知無知之情不可定，爲鬼之實不可是。通人知士，雖博覽古今，窺涉百家，條入葉貫，不能審知。唯聖心賢意，方比物類，爲能實之。

夫論不留精澄意，苟以外效立事是非，信聞見於外，不詮訂於内，是用耳目論，不以心意議也。夫以耳目論，則以虚象爲言，虚象效，則以實事爲非。是故是非者吴曰：「是故」下疑有脱文。不徒耳目，必開心意。墨議不以心而原物，苟信聞見，則雖效驗章明，猶爲失實。失實之議難以教，雖得愚民之欲，不合知者之心，喪物索用，無益於世，「喪」上疑脱「雖不」二字。墨家薄葬節用，不得言其「喪物索用」。下文「奢禮不絶，則喪物索用」，是儒家之失。此蓋墨術所以不傳也。

魯人將以璵璠斂，左定五年傳：「季平子卒，陽虎將以璵璠斂。」説文：「璵璠，魯之寶玉。」吕氏春秋安死篇高注：「璵璠，君珮玉也。昭公在外，平子行君事，入宗廟，珮璵璠，故用之。」孔子聞之，徑庭麗級而諫。吕氏春秋安死篇：「魯季孫有喪，孔子往弔之，入門而左，從容也。主人以璵璠收。孔子徑庭而趨，歷級而上。」家語子貢問曰：「孔子初爲中都宰，聞之，歷級而救。」王肅注：「歷級，遽登階，不聚足。」麗亦歷也。見詩魚麗毛傳。夫徑庭麗級，非禮也，孔子爲救患也。患之所由，常由有所貪。璵璠，寶物也，魯人用斂，姦人僴（間）之，「僴」，宋、元本作「間」，朱校同。吴曰：「僴」當作「間」。間之，猶言司其間隙。左氏傳莊十五年：「鄭人間之而伐宋。」釋文云：「間，間廁之間。」吴語：「以司吾間。」韋注：「間，隙也。」皆其義。欲心生矣。姦人欲生，不畏罪法。不畏罪法，則丘墓抽（扫）矣。先孫曰：「抽」當爲「扫」，下同。暉按：廣雅：「扫，掘也。」字本作「搰」。説文：「搰，掘也。」呂氏春秋：「孔子曰：以寶玉收，譬之猶暴骸中原也。」家語云：「其示民以姦利之端，而有害於死者，安用之。」孔子睹微見著，故徑庭麗級，以救患直諫。夫不明死人無知之義，而著丘墓必抽（扫）之諫，雖盡比干之執人，「執」讀作「摯」。（呂氏春秋遇合篇：「嫫母執乎黄帝。」列女傳辯通篇：「衒嫁不售，流棄莫執。」曲禮：「執友稱其仁也。」鄭注：「執友志同。」皆讀「執」爲「摯」。）詩鄭箋：「摯之言至，謂情意至然。」「盡比干之執」，謂盡比干之情意。論語云：「比干諫而死。」「人」字涉下文衍。人必不聽。盼遂案：章士釗云：「此下疑有脱文，與上文不銜接。」何則？諸侯財多不憂貧，威彊不懼抽（扫）。死人之議，狐疑未定；孝子之計，從其重者。如明死人無知，厚葬無益，論定議立，較著可聞，則璵璠之禮不行，徑庭之諫不發矣。今不明其説而彊其諫，此蓋孔子所以不能立其教。

孔子非不明死生之實，其意不分別者，亦陸賈之語指也。夫言死〔人〕無知，則臣子倍其君父。當作「死人無知」，脱「人」字。下同。「死人無知」，上文數見。意林引此及下文並作「死者無知」。則今本脱「人」字，明矣。故曰：「喪祭禮廢，則臣子恩泊；臣子恩泊，則倍死亡先；倍死亡先，則不孝獄多。」此本禮記經解。大戴禮察篇、韓詩外傳三並見此文。「亡先」並誤作「亡生」。漢書禮樂志同此。師古曰：「先者，先人，謂祖考。」王念孫曰：「喪禮廢，則民倍死。祭禮廢，則民忘先。」「泊」讀「薄」，「倍」讀「背」。聖人懼開不孝之源，故不明死〔人〕無知之實。説苑辯物篇：「子貢問孔子：『死人有知，將無知也？』（「將」字依御覽五四八引增。）孔子曰：『吾欲言死者有知也，恐孝子順孫妨生以送死也；欲言無知，恐不孝子孫棄親不葬也。』」（「親」字依御覽增。）異道不相連，事生厚，化自生，雖事死泊，何損於化？使死者有知，倍之非也；如無所知，倍之何損？明其無知，未必有倍死之害；不明無知，成事已有賊生之費。

孝子之養親病也，未死之時，求卜迎醫，兾禍消、藥有益也。廣韻六至：「兾」同「冀」。見經典省。既死之後，雖審如巫咸，良如扁鵲，巫咸〔一〕，古神巫。尚書曰：「巫咸乂王家。」扁鵲注別通篇。終不復生（使）。「生」，宋本作「使」，朱校元本同，是也。此據巫咸、扁鵲

〔一〕〔巫〕，原本誤作「咸」，據正文改。

言。「使」，用也。若謂人死不復生，則與「終無補益」義不相屬矣。校者妄改，失之。盼遂案：「生」字與上下文不應，疑當爲「求」，草書形近之誤。下文「絶卜拒醫」，即回應此處「終不復求」之言也。何則？知死氣絶，終無補益。治死無益，厚葬何差乎？爾雅釋詁：「流、差，擇也。」釋言：「流，求也。」「求」、「擇」義近。盼遂案：章士釗云：「何差當是何義之誤。」倍死恐傷化，絶卜拒醫，獨不傷義乎？親之生也，坐之高堂之上；其死也，葬之黄泉之下。黄泉之下，非人所居，然而葬之不疑者，以死絶異處，不可同也。如當亦如生存，恐人倍之，宜葬於宅，與生同也。不明無知，爲人倍其親，獨明葬黄泉，不爲離其先乎？親在獄中，罪疑未定，孝子馳走，以救其難。如罪定法立，終無門户，雖曾子、子騫，坐泣而已。何則？計動無益，空爲煩也。今死親之魂，定無所知，與拘親之罪決不可救何以異？不明無知，恐人倍其先，獨明罪定，不爲忽其親乎？聖人立義，有益於化，雖小弗除；無補於政，雖大弗與。今厚死人，何益於恩？倍之弗事，何損於義？孔子又謂，爲明器不成，示意有明。禮記檀弓上云：「孔子曰：是故竹不成用，瓦不成味，木不成斲，其曰明器，神明之也。」鄭注：「成猶善也。竹不可善，謂籩無縢。言神明，死者也。神明者非人所知，故其器如此。」俑則偶人，象類生人，檀弓下鄭注：「俑，偶人也。有面目機發，有似於生人。」故魯用偶人葬，孔子嘆。睹用人殉之兆也，故嘆以痛之。檀弓下：「孔子曰：哀哉，死者而用生者之器也。不殆於用殉乎哉？孔子謂爲芻靈者善，謂爲俑者不仁，殆於用人乎哉？」鄭注：「殺人以衛死者曰殉。」即如生當備物，即，則也。當備物，謂爲明器，備物如生人而不可用。不示如生，示其神明，非示死者如生。意悉其教，悉，詳也。自意立教詳悉。用偶人葬，恐後用生殉；用明器，獨不爲後用善器葬乎？絶用人之源，不防喪物之路，重人不愛用，「用」謂器物。痛人不憂國，傳議之所失也。「傳」，疑爲「儒」形譌。此篇並舉儒墨議非。

救漏防者，悉塞其穴，則水泄絶。穴不悉塞，水有所漏，漏則水爲患害。論死不悉，則奢禮不絶，不絶則喪物索用。用索物喪，民貧耗之盼遂案：「耗之」當是「耗乏」，涉下文「危亡之道」而誤。至，危亡之道也。蘇秦爲燕，使齊國之民高大丘冢，多藏財物，史蘇秦傳：「秦説齊湣王厚葬以明孝。高宮室，大苑囿，以明得意。欲破敝齊而爲燕。」蘇秦身弗盼案按：疑「弗」爲「先」之誤。（弗）以勸勉之。吴曰：「弗」當作「茀」。「茀」即「紼」之異文。左傳宣八年：「始用葛茀。」茀所以引棺。蘇秦送葬，自執茀以勸勉之。此事不見史記、國策，論衡蓋別有所本。財盡民貪（貧），孫曰：「貪」當作「貧」，形近之誤。上文云：「論死不悉，則奢禮不絶，不絶則喪物索用，用索物喪，民貧耗之至，危亡之道也。」此即證彼文也。暉按：孫説是也。朱校元本正作「貧」。國空兵弱，燕軍卒至，無以自衛，國破城亡，主出民散。今不明死之無知，「之」疑爲「人」字形誤。「死人無知」，本篇屢見。使民自竭以厚葬親，與蘇秦姧計同一敗。

墨家之議，自違其術，其薄葬而又右鬼。右鬼引效，以杜伯爲驗。杜伯死人，如謂杜伯爲鬼，則夫死者審有知。如有知而薄葬之，是怒死人也。〔人〕情欲厚而惡薄，「情」上脱「人」字。案書篇正作「人情欲厚惡薄」。以薄受死者之責，雖右鬼，其何益哉？如以鬼非死人，則其信杜伯非也；如以鬼是死人，則其薄葬非也。術用乖錯，首尾相違，故以爲非。非與是不明，皆不可行。

夫如是，世俗之人，可一詳覽。詳覽如斯，可一薄葬矣。

四諱篇

說文："諱，忌也。"楚辭七諫謬諫王注："所畏爲忌，所隱爲諱。"按：對文義別，散文則通也。

俗有大諱四：

一曰諱西益宅。西益宅謂之不祥，不祥必有死亡。孫曰：御覽一百八十引風俗通曰："宅不西益。俗說西南爲上，上益宅者，妨家長也。原其所以不西益者，禮記曰：『西向北向，西方爲上。』爾雅曰：『西南隅謂之奥。』尊長之處也。不西益者，恐動摇之也。審西益有害，增廣三面，豈能獨吉乎？"相懼以此，故世莫敢西益宅。

防禁所從來者遠矣。傳曰："魯哀公欲西益宅，史争以爲不祥。哀公作色而怒，左右數諫而弗聽，以問其傅宰質睢淮南人間訓作"宰折睢"。注云："傅名姓。"新序雜事五、家語正論解並云："問於孔子。"曰：『吾欲西益宅，史以爲不祥，何如？』宰質睢曰：『天下有三不祥，西益宅不與焉。』哀公大説。有頃，復問曰：『何謂三不祥？』對曰：『不行禮義，一不祥也；嗜欲無止，二不祥也；不聽規諫，三不祥也。』哀公繆然深惟，慨然自反，"繆"通"穆"。穆然，默然静思貌。遂不〔西〕益宅。孫曰："益"上脱"西"

字。淮南子人間篇有「西」字，是也。又曰：仲任所引，蓋出淮南子人間篇。又新序雜事篇云：「哀公問於孔子曰：『寡人聞之，東益宅不祥，信有之乎？』孔子曰：『不祥有五，而東益不與焉。夫損人而益己，身之不祥也；棄老取幼，家之不祥也；釋賢用不肖，國之不祥也；老者不教，幼者不學，俗之不祥也；聖人伏匿，天下之不祥也。故不祥有五，而東益不與焉。詩曰：「各敬爾儀，天命不又。」未聞東益之與爲命也。』」孔子家語正論解與新序略同。此又以東益宅爲不祥，與淮南子、論衡説異。今史與宰質睢止其益宅，徒爲煩擾，「令」猶「若」也。下同。則西益宅祥與不祥，未可知也。令史〔與〕質睢以爲西益宅審不祥，「與」字脱，今據上下文例增。則史與質睢與今俗人等也。

夫宅之四面皆地也，三面不謂之凶，盼遂案：「三面」上應有「益」字，與下句相呼應。或下句「益」字本在「三面」上，「西面」上無「益」字，後人誤解倒置耳。益西面獨謂不祥，何哉？西益宅，何傷於地體？何害於宅神？西益不祥，損之能善乎？西益不祥，東益能吉乎？夫不祥必有祥者，猶不吉必有吉矣。宅有形體，神有吉凶，動德致福，犯刑起禍。今言西益宅謂之不祥，何益而祥者？且惡人西益宅者誰也？如地惡之，益東家之西，損西家之東，何傷於地？如以宅神不欲西益，神猶人也，人之處宅，欲得廣大，何故惡之？而以宅神惡煩擾，「而」猶「如」也。則四面益宅，「面」，舊誤「而」，今從宋本、錢、黄、王、崇文本正。皆當不祥。盼遂案：「而」當爲「面」之壞字。上文「夫宅之四面皆地也」，正作「四面」。諸工技之家，説吉凶之占，皆有事狀。宅家言治宅犯凶神，見讕時篇。盼遂案：「言」字疑爲「説」之譌脱。「宅」下復應有一「言」字。此句爲「宅家説」讀，「治宅言犯凶神」，以統下文「移徙言忌歲月，祭祀言觸血忌，喪葬言犯剛柔」三言也。譌脱後，遂不可究詰矣。移徙言忌歲月，見難歲篇。祭祀言觸血忌，喪葬言犯剛柔，並見譏日篇。皆有鬼神凶惡之禁。人不忌避，有病死之禍。至於西益宅何害，而謂之不祥？不祥之禍，何以爲敗？

實説其義，「不祥」者，義理之禁，非吉凶之忌也。夫西方，長老之地，尊者之位也。義注前。尊長在西，卑幼在東。尊長，主也；卑幼，助也。主少而助多，尊無二上，卑有百下也。西益主（宅），「主」當作「宅」，形誤。益主不增助，盼遂案：「西益主」當爲「西益宅」之誤。「西益宅」則爲「益主」，非「益助」矣。二上不百下也，於義不善，故謂不祥。不祥者，不宜也。於義不宜，未有凶也。何以明之？夫墓，死人所藏；田，人所飲食；宅，人所居處。三者於人，吉凶宜等。西益宅不祥，西益墓與田，不言不祥。夫墓，死人所居，因忽不慎。田，非人所處，不設尊卑。宅者，長幼所共，加慎致意者，何可不之諱？義詳於宅，略於墓與田也。舊本段。

二曰諱被刑爲徒，不上丘墓。孫曰：御覽六百四十二引風俗通云：「徒不上墓。俗說新遭刑罪原解者，不可以上墓祠祀，令人死凶。謹案孝經：『身體髮膚，受之父母。』曾子病困，啓手足，以歸全也。遭刑者髡首剔髮，身被加笞，新出犴狴，臭穢不潔。凡祭祀者，孝子致齋貴馨香，如親存時也。見子被刑，心有惻愴，緣生事死，恐神明不歆，家當不上墓耳。」（句有錯誤。）仲任分爲二義。仲遠合二義言之耳。但知不可，不能知其不可之意。問其禁之者，不能知其諱；受禁行者，亦不要（曉）其忌。「要」字難通。宋本作「曉」，是。連相放效，至或于被刑，父母死，不送葬；若至墓側，不敢臨葬；甚失至於不行弔傷（喪），見佗人之柩。「甚」疑當作「其」，形近而誤。「傷」當作「喪」，聲近而誤。傷不得言弔。下文云：「其失至於不弔鄉黨屍，不升他人之丘，惑也。」即據此爲說，可證。

夫徒，善（皋）人也，吳曰：「善人」無義。「善」疑當作「皋」，形近之誤。被刑謂之徒。丘墓之上，二親也，死亡謂之先。宅與墓何別？親與先何異？如以徒被刑，先人責之，則不宜入宅與親相見；如〔以〕徒不得與死人相見，「以」字依上下句例增。則親死在堂，不得哭柩；如以徒不得升丘墓，則徒不得上山陵。世俗禁之，執據何義？

實說其意，徒不上丘墓有二義，義理之諱，非凶惡之忌也。徒用心以爲先祖全而生之，子孫亦當全而歸之。故曾子有疾，召門弟子曰：「開予足！開予手！而

今而後，吾知免夫。小子！」見論語泰伯篇。「啓」，避景帝諱作「開」。鄭注：「曾子以爲受身體於父母，不敢毀傷之，故使弟子開衾而視之也。（以上集解。）父母全而生之，亦當全而歸之。」（後漢書崔駰傳注。）**曾子重慎，臨絶效全，喜免毀傷之禍也。孔子曰：「身體髮膚，受之父母，弗敢毀傷。」**見孝經。**孝者怕入刑辟，**吳曰：「怕」假爲「迫」。盼遂案：「怕」字用爲「懼怕」，始見此書，古皆訓爲「憺怕」。**刻畫身體，毀傷髮膚，少德泊行，不戒慎之所致也。愧負刑辱，深自刻責，**宋、元本「深」在「責」字下。朱校同。**故不升墓祀於先。**「升墓」二字涉下文衍。仲任意：古者負刑，毀傷形體，爲人子者，深自刻責，故不祀於先，（親死亡謂之先。見上。）刑餘之人，不得入乎宗廟也。下文方言「不得升墓」，若此文作「故不升墓祀於先」，於義爲複。其證一。刻畫形體，乃古之肉刑，（據下文。）升墓乃漢俗，異時殊俗，不得合之而言因被肉刑故不升墓也。其證二。下文云「古禮廟祭，今俗墓祀，故不升墓」，明今俗負刑不升墓者，原於古負刑不入宗廟。廟祀、墓祭，先後層次甚明。若此有「不升墓」三字，則彼文於義無取矣。其證三。**古禮廟祭，今俗墓祀，**漢官儀曰：「古不墓祭，秦始皇起寢於墓側，漢因而不改。諸陵寢皆以晦望二十四氣三伏社臘及四時上飯。其親陵所宮人，隨鼓漏理被枕，具盥水，陳莊具。天子以正月上原陵，公卿百官及諸侯王郡國計吏皆當軒下占其郡國穀價，四方改易，欲先帝魂魄聞之也。」（後漢書明帝紀注。）謝承書云：「蔡邕曰：古不墓祭，朝廷有上陵之禮。」（後漢書禮儀志注。）**故不升墓，**

慙負先人。一義也。墓者，鬼神所在，祭祀之處。祭祀之禮，齊戒潔清，重之至也。今已被刑，刑殘之人，不宜與祭供侍先人，卑謙謹敬，退讓自賤之意也。緣先祖之意，見子孫被刑，惻怛憯傷，恐其臨祀，不忍歆享，故不上墓。二義也。昔太伯見王季有聖子文王，知太王意欲立之，入吴采藥，斷髮文身，以隨吴俗。太王薨，太伯還，王季辟主。吴曰：「王季辟主」，語不可通。繹史引作「王季避之」，是也。各本並作「辟主」。「辟」、「避」字通，「主」爲「之」字形譌，當爲馬氏校改，非别據善本也。暉按：作「之」非，作「主」不誤。若作「太伯還，王季辟之」，則意謂王季避太伯不見也，殊失其義。「辟主」，謂避爲宗廟社稷主。下文云：「吾刑餘之人，不可爲宗廟社稷之主。」又云：「太伯不爲主之義也。」並其證。路史國名記丙注引作「避位」，義亦可通。太伯再讓，王季不聽。三讓，曰：「吾之吴、越，吴、越之俗，斷髮文身。吾刑餘之人，不可爲宗廟社稷之主。」穀梁昭二十五年傳：「何爲不爲君？曰：有天疾者不入乎宗廟。」古今樂録曰：（路史國名記注。）「泰伯與虞仲俱去，被髮文身變形，託爲王采藥。及聞古公卒，乃還，發喪，哭於門外，示夷狄之人，不得入王庭。」王季知不可，權而受之。韓詩外傳十：「太王亶甫有子曰太伯、仲雍、季歷，歷有子曰昌。太伯長，太王賢昌而欲立季爲後。太伯去之吴。太王將死，謂曰：『我死，汝往讓兩兄，彼即不來，汝有義而安。』太王薨，季之吴，告伯、仲。伯、仲從季而歸。羣臣欲伯之立季，季又讓，伯謂仲曰：『今羣臣欲我令季，季又讓，何以處之？』仲曰：『刑有所謂矣，（句誤。）要於扶微者，可以立季。』季遂立。」吴越春秋太伯傳：「太伯、仲雍知古公欲以國及昌。古公病，二人託名採藥於衡山，遂之荆蠻，斷髮文身，爲夷狄之服，示不可用。古公卒，太伯、仲雍歸赴喪。畢，還荆蠻。古公病，將卒，令季歷讓國於太伯。而三讓不受，故云『太伯三以天下讓』。於是季歷莅政。」按：韓嬰、趙曄並不載三讓之辭，仲任蓋別有所本。論語泰伯篇：「子曰：泰伯三以天下讓。」鄭注：（後漢書丁鴻傳論注。）「太王疾，泰伯因適吴、越採藥，太王歿而不返，季歷爲喪主，一讓也。季歷赴之，不來奔喪，二讓也。免喪之後，遂斷髮文身，三讓也。」皇疏引范甯曰：（史記吴世家正義引作「江熙」。）「一云：泰伯少弟季歷，生子文王昌，昌有聖德，泰伯知其必有天下，故欲令傳國於季歷以及文王，因太王病，託採藥於吴、越不反，太王薨而季歷立，一讓也。季歷薨而文王立，二讓也。文王薨而武王立，於此遂有天下，是爲三讓也。又一云：太王病而託採藥出，生不事之以禮，一讓也。太王薨而不反，使季歷主喪，死不葬以禮，二讓也。斷髮文身，示不可用，使季歷主祭，祀不祭之以禮，三讓也。」古今樂録曰：「季歷謂泰伯：『長，當立。』伯曰：『吾生不供養，死不含飯，哭不臨喪，猶不孝之子也，三者不除，何得爲君？』季乃去之。」晉孫盛太伯三讓論（御覽四百二十四。）曰：「棄周太子之位，一讓也。假托遜遁，受不赴喪之譏，潛推大美，二讓也。無胤嗣而不養仲雍之子以爲己後，是深思遠防，令周嗣在昌，天人叶從，四海悠悠，無復纖芥疑惑，三讓也。」以上諸説，並與仲任不同。朱子或問以再讓爲固辭，三讓爲終辭，不指實言之。其説近是。

夫徒不上丘墓，太伯不爲主之義

也。是謂祭祀不可，非謂柩當葬，身不送也。當，值也。

葬死人，先祖痛；見刑人，先祖哀。權可哀之身，送可痛之屍，權使徒人送葬。權，變非常也。使先祖有知，痛屍哀形，何愧之有？如使無知，丘墓，田野也，何慙之有？慙愧[先]者，盼遂案：「先者」二字不詞，疑當爲「先祖」之誤。上文累見先祖字，此正承以爲説。謂身體刑殘，與人異也。孫曰：「先」字涉上文「先祖」而衍。上文云：「何愧之有。」又云：「何慙之有。」此云俗人所以慙愧者，以其身體形殘與人異也。若著「先」字，不可解矣。暉按：「刑殘」，崇文本作「形殘」，非。古者用（肉）刑，形毁不全，先孫曰：「用」當作「肉」。下云「方今象刑」，正與「肉刑」文相對。公羊襄二十九年傳何注：「古者肉刑，墨、劓、臏、宫與大辟而五。孔子曰：三皇設言民不違，五帝畫象世順機，三王肉刑揆漸加，應世黠巧姦僞多。」疏云：「何氏所以必言古者肉刑者，正以漢文帝感女子之訴，恕倉公之罪，除肉刑之制，故指肉刑爲古者矣。」乃不可耳。方今象刑，注謝短篇。象刑重者，髡鉗之法也。説文：「髡，鬄髮也。」急就篇顔注：「以鐵錔頭曰鉗，錔足曰釱，鬄髮曰髡。」高祖紀注：「鉗，以鐵束頸也。」西漢會要曰：「文帝除肉刑，當黥者，髡鉗爲城旦舂。當劓者，笞三百。當斬左止者，笞五百。當斬右止者，及殺人先自告，及吏坐受賕枉法，守縣官財物而即盜之，已論命，復有笞罪者，棄市。」尚書吕刑疏、周禮秋官司刑疏並謂「漢除肉刑，宫刑猶在」。仲任直以髡鉗爲重法，何也？若完城旦以下，漢書惠帝紀：「民年七十以上，若不滿十歲，有罪當刑者，皆完之。」孟康注：「不加肉刑，髡鬄也。」秋官掌戮鄭司農注：「完者，但居作三年不虧體者也。」刑法志云：「諸當完者，完爲城旦舂。」後漢書郎顗傳：「文帝除肉刑，當黥者，城旦舂。」漢舊儀云：「男髡鉗爲城旦，女爲舂，皆作五歲。」後漢書韓棱傳注：「城旦，輕刑之名也。晝日伺寇虜，夜暮築長城，故曰城旦。」**施刑綵衣系躬，冠帶與俗人殊，**漢書賈山傳秦時「赭衣半道」。師古注：「犯罪者，則衣赭衣。」漢律多襲秦制，故賈山又云：「陛下即位，赦罪人，憐其亡髮，賜之巾；憐其衣赭，書其背；父子兄弟相見也，而賜之衣。」又義縱傳服虔注引律：「諸囚徒私解脱桎梏鉗赭，加罪一等。」**何爲不可？世俗信而謂之皆凶，其失至於不弔鄉黨屍，不升佗人之丘，惑也。**舊本段。

三曰諱婦人乳子，以爲不吉。說文女部：「姅，婦人污也。漢律：見姅變，不得待祠。」廣韻二十九換云：「姅，傷孕也。」段玉裁曰：「姅謂月事及免身及傷孕皆是也。見姅變，如今俗忌入產婦房也。」按：產婦不吉，在月內，隣舍禁其往來。雖母家，亦忌之。俗習尚然。**將舉吉事，入山林，遠行，度川澤者，皆不與之交通。乳子之家，亦忌惡之，丘墓廬道畔，踰月乃入，**吴曰：「丘墓」字疑誤。論言俗忌乳子，則置之道畔，踰月始歸。下文云：「江北乳子，不出房室，江南反之。」故知江南乳子，置之宅外矣。**惡之甚也。暫卒見若爲不吉，極原其事，何以爲惡？**「暫」下疑脱「聞」字。禍虛篇云：「始聞暫見，皆以爲然。」

夫婦人之乳子也，宋本無「婦」字，「乳」下有「母」字。朱校元本同。子含元氣而出。元氣，天地之精微也，何凶而惡之？人，物也；子，亦物也。子生與萬物之生何以異？諱人之生謂之惡，萬物之生又惡之乎？生與胞俱出，說文包部：「胞，兒生裹也。」段注云：「胞謂胎衣。」如以胞爲不吉，人之有胞，猶木實之有扶（核）也。先孫曰：「扶」當爲「核」，形近而誤。下文「扶穀」同。盼遂案：孫説非也。果核在内不在外，與人之有胞爲不類。今實稽之，「扶」當爲「柎」之誤字矣。山海經西山經：「崇吾之山有木焉，員葉而白柎。」郭注：「今江東人呼草木子房爲柎，音府。一曰柎，花下鄂，音丈夫。」「柎」字音與「扶」同，故譌爲「扶」。仲任正用其江東語也。包裹兒身，「裹」，舊誤「裹」，今據宋本正。朱校元本、錢、黄、王、崇文本不誤。因與俱出，若鳥卵之有殼，何妨謂之惡？如惡以爲不吉，則諸生物有扶（核）殼者，宜皆惡之。萬物廣多，難以驗事。人生何以異於六畜？皆含血氣懷子，子生與人無異，獨惡人而不憎畜，豈以人體大，氣血盛乎？則夫牛馬體大於人。凡可惡之事，無與鈞等，獨有一物，不見比類，乃可疑也。今六畜與人無異，其乳皆同一狀。六畜與人無異，句疑衍。諱人不諱六畜，不曉其故也。世能別人之産與六畜之乳，吾將聽其諱；如不能別，則吾謂世俗所諱妄矣。

且凡人所惡，莫有腐臰。盼遂案：「有」當爲「若」，形近之誤也。腐臰之氣，敗傷人心，故鼻聞臭，口食腐，心損口惡，霍亂嘔吐。夫更衣之室，可謂臭矣；鮑魚之肉，可謂腐矣。然而有甘之更衣之室，不以爲忌；肴食腐魚之肉，不以爲諱。意不存以爲惡，故不計其可與不也。凡可憎惡者，若濺墨漆，附著人身。今目見鼻聞，一過則已，忽亡輒去，何故惡之？出見負豕於塗，腐澌於溝，澌，死人也。不以爲凶者，洿辱自在彼人，不著己之身也。今婦人乳子，自在其身，齋戒之人，何故忌之？

江北乳子，不出房室，淮南本經訓高注：「孕婦，妊身將就草之婦也。」方苞曰：「淮南子稱婦人產子爲就草。北人卧炕，以草藉席，將產則去席就草也。」按此，則北方乳子不出室也。知其無惡也。至於犬乳，置之宅外，此復惑也。江北諱犬不諱人，江南諱人不諱犬，謠俗防惡，吴曰：「『防』當作『妨』。妨惡，猶言嫌惡，蓋連語也。此涉下文『防禁』而誤。」各不同也。夫人與犬何以異？房室、宅外何以殊？或惡或不惡，或諱或不諱，世俗防禁，竟無經也。

月之晦也，日月合宿，紀爲一月。釋名釋天曰：「晦，月盡之名也。晦，灰也。火死爲灰，月光盡，似之也。」猶八日，月中分謂之弦；盼遂案：「日」字下應重一「日」字。「八日（讀），日月中分謂之弦」，與下文「十五日（讀），日月相望謂之望」、「三十日（讀），日月合宿謂之晦」文法一律。十五日，日月相望謂之望；釋名：「弦，月半之名也。其形一旁曲，一旁直，若張弓施弦也。望，月滿之名也。月大十六日，小十五日，日在東，月在西，遥相望也。」三十日，日月合宿謂之晦。日月交會之後，積二十九日九百四十分日之四百九十九，月一周天，又行及日而一會，此其常也。但日月之行有緩急，故有二十九日不及九百四十分日之四百九十九而一會者；亦有過乎九百四十分日之四百九十九而一會者，故有月之大小，三十日，或二十九日。此云「三十」，辭之便也。晦與弦望一實也，非月晦日月光氣與月朔異也，何故踰月謂之吉乎？如實凶，踰月未可謂吉；如實吉，雖未踰月，猶爲可也。

實説諱忌産子、乳犬者，欲使人常自潔清，不欲使人被污辱也。夫自潔清則意精，意精則行清，行清而貞廉之節立矣。舊本段。

四曰諱舉正月、五月子。以爲正月、五月子殺父與母，不得〔舉也〕。已舉之，父母禍（偶）死，則信而謂之真矣。孫曰：原文當作「以爲正月五月子，殺父與母，不得舉也。已舉之，父母偶死，則信而謂之真矣」。今本「不得」下脱「舉也」二字，「偶」又以形近誤爲「禍」，失古本矣。御覽二十二引正有「舉也」二字，「禍」正作「偶」，當據補正。風俗通正失篇：「今俗多有禁忌，生三子者，五月生者，以爲妨害父母。」西京雜記：「王鳳以五月五日生，其父欲勿舉。其叔曰：以田文推之，非不祥，遂舉之。」世説曰：「胡廣本姓王，五月五日生，父母惡之。置之甕中，流於江湖，胡公見甕中有兒啼，取之，養爲己子。」

夫正月、五月子何故殺父與母？人之含氣，在腹腸之內，其生，十月而産，共一元氣也。正〔月〕與二月何殊？五〔月〕與六月何異？而謂之凶也？世傳此言久〔矣〕，孫曰：御覽引此文「正」下、「五」下並有「月」字，「久」下有「矣」字，皆是也。此脱，當據補。拘數之人，莫敢犯之；弘識大材，實核事理，深睹吉凶之分者，然後見之。昔齊相田嬰賤妾有子，名之曰文。文以五月生，嬰告其母勿舉也，其母竊舉生之。及長，其母因兄弟而見其子文於嬰。嬰怒曰：「吾令女去此子，而敢生之，何也？」文頓首，因曰：「君所以不舉五月子者，何故？」嬰曰：「五月子者，長至户，將不利其父母。」文曰：「人生受命於天乎？將受命於户邪？」嬰嘿然。文曰：「必受命於天，君何憂焉？如受命於户，即高其户，誰能至者？」嬰善其言，曰：「子休矣！」其後使文主家，待賓客，賓客日進，名聞諸侯。事見史記孟嘗君傳。文長過户而嬰不死。以田文之説言之，以田嬰不死效之，世俗所諱，虚妄之言也。夫田嬰俗父，而田文雅子也。嬰信忌不實義，文信命不辟諱，雅俗異材，舉措殊操，故嬰名闇而不明，文聲馳而不滅。「馳」，朱校元本同。錢、黄、王、崇文本並作「賢」。

實説世俗諱之，亦有緣也。夫正月歲始，五月盛陽，子以〔此月〕生，精熾熱烈，劉先生曰：「盛陽」，御覽二十二引作「陽盛」，是也。又案：「子以生」不詞，御覽引「子」下有「此月」二字，當據增。厭勝父母，父母不堪，將受其患。傳相放傚，莫謂不然。有空諱之言，無實凶之效，世俗惑之，誤非之甚也。

夫忌諱非一，必託之神怪，若設以死亡，「若」猶「或」也。然後世人信用畏避。忌諱之語，四方不同，略舉通語，令世觀覽。若夫曲俗微小之諱，衆多非一，咸勸人爲善，使人重慎，無鬼神之害，凶醜之禍。世諱作豆醬惡聞雷，盼遂案：唐李匡乂資暇録卷中合醬條云：「人間多取正月晦日合醬，是日偶不暇爲之者，則云時已失，大誤也。案：昔者王政趨民正月作醬，是月以農事未興之時，俾民乘此閒隙，備一歲調鼎之用，故紿云雷鳴不作醬，腹中當鳴。所貴令民不於二三月作醬，恐奪農時也。今不躬耕之家，何必以正晦爲限？亦不須避雷。但問菽麴（案：當是「麴」之譌字。）得法否耳。」據李氏言，則此風至唐猶未衰矣。一人不食，孫曰：論語比考讖（據古微書。）云：「子路感雷精而生。尚剛好勇，親涉衛難，結纓而死。孔子聞而覆醢。每聞雷鳴，乃中心惻怛。故後人忌焉，以爲常也。」御覽十三引論衡，正與論語讖同。蓋論衡本有此文，出於論語讖，而今本脱也。風俗通云：「雷不作醬，俗説令人腹内雷鳴。」謹案：子路感雷精而生，尚剛好勇，死，衛人醢之。孔子覆醢，每聞雷，心惻怛耳。」（書鈔百四十六、御覽八百六十五引。）蓋亦本舊説也。欲使人急作，不欲積家踰至春也。〔世〕諱厲刀井上，恐刀墮井中也；劉先生曰：「諱」上當有「世」字。上文「世諱作豆醬惡聞雷」，正與此文一例。御覽三百四十六引作「世諱厲刀井上」，尤其明證矣。暉按：書鈔一二三引亦有「世」字。又「厲」字書鈔、意林並作「礪」。下同。**或説以爲「刑」之字，井與刀也，厲刀井上，井、刀相見，恐被刑也。**春秋元命包曰：「荆，刀守井也。飲水之人，入井争水，陷於泉，刀守之，割其情也。」按：刑字説文有二：在刀部者，从刀，从幵，云：「刑，剄也。从刀，幵聲。」在井部者，从刀，从井，云：「荆，罰皋也。从井，从刀。易曰：井者，法也。井亦聲。」荆訓罰皋，而刑訓剄，則荆罰之荆當作「荆」，刑戮之刑當作「刑」。復古篇曰：「今經史皆通作刑。」其通作「刑」者，自是後人傳寫併爲一字耳。據此文，則知漢人荆罰之「荆」不作「刑」也。**毋承屋檐而坐，恐瓦墮擊人首也。**司馬相如上書諫獵文曰：「家累千金，坐不垂堂。」**毋反懸冠，爲似死人服；或説惡其反而承塵溜也。毋偃寢，爲其象屍也。**偃，仰也。論語鄉黨篇：「寢不尸。」集解包曰：「不偃卧四體，布展手足，如死人也。」**毋以箸相受，爲其不固也。毋相代掃，爲脩冢之人，冀人求代己也。諸言「毋」者，教人重慎，勉人爲善。禮曰：「毋摶飯，毋流歠。」**見禮記曲禮。疏曰：「共器，若取飯作摶，則易得多，是欲争飽，非謙也。毋流歠者，謂開口大歠，汁入口，如水流，則欲多而速，是傷廉也。」**禮義之禁，未必吉凶之言也。**

調時篇

盼遂案：說文解字言部：「讕，詆讕也。或从間，作讕。」是「調時」即「讕時」也。漢書文三王傳：「詆讕置辭。」師古注：「抵，距也。」則「調時」即抵距歲時說之罔迷矣。集韻去聲二十九換，以「讕」與「諫」爲同字，則「調時」亦即「諫時」，與下篇「譏日」同一命題。

世俗起土興功，歲、月有所食，「世俗」當作「世信」。譏日篇云：「世俗信歲時，而又信日。」卜筮篇云：「世信卜筮。」辯祟篇云：「世俗信禍祟。」解除篇云：「世信祭祀。」句例並同。祀義篇：「世信祭祀。」朱校元本「信」作「俗」，誤與此同。是其比。所食之地，必有死者。假令太歲在子，歲食於酉，正月建寅，月食於巳，子、寅地興功，則酉、巳之家見食矣。見食之家，作起厭勝，以五行之物，懸金木水火。假令歲、月食西家，西家懸金；歲、月食東家，東家懸炭。設祭祀以除其凶，或空亡徙以辟其殃。潛夫論巫列篇：「民間繕治，微蔑小禁，本非天王所當憚也。舊時京師不防動功。造禁以來，吉祥瑞應，子孫昌熾，不能過前。」連相倣效，皆謂之然。如考實之，虛妄迷也。宋本「迷」作「述」。何以明之？

夫天地之神，用心等也。人民無狀，加罪行罰，非有二心兩意，前後相反也。移徙不避歲、月，歲、月惡其不避己之衝位，怒之也。見難歲篇。今起功之家，亦動地

體，無狀之過，與移徙等。起功之家，當爲歲、〔月〕所食，何故反令巳、酉之地受其咎乎？「歲」下脱「月」字，下文「歲冤無罪」同。上文云：「太歲在子，歲食於酉；正月建寅，月食於巳。」此文云：「何故反令巳、酉之地受其咎。」既以「巳、酉」並言，則當以「歲、月」連言也。又下文云：「豈歲、月之神怪移徙而不咎起功哉。」「歲、月」即承此文，並其證。**豈歲、月之神恠移徙而〔不〕咎起功哉？**「而」下脱「不」字，尋義自明。盼遂案：「咎」上當有一「不」字。「不咎起功」之間，正承上文「起功之家，當爲歲所食」而來，脱一「不」字，則不通矣。**用心措意，何其不平也？鬼神罪過人，猶縣官讁罰民也。民犯刑罰多非一，**「衆多非一」，本書常語，此文疑脱「衆」字。**小過宥罪，大惡犯辟，未有以無過受罪。無過而受罪，世謂之冤。今巳、酉之家，無過於月、歲，**當作「歲、月」。**子、家（寅）起宅，**盼遂案：「巳、酉」當是「酉、巳」之誤倒，「子家」當是「子、寅」之誤字。上文「子、寅地興功，則酉、巳之家見食矣」，此處正申明其義。**空爲見食，此則歲、〔月〕冤無罪也。**「家」爲「寅」形誤。上文云：「子、寅地興功，則酉、巳之家見食。」故此云：「巳、酉之家，無過於歲、月，子、寅起宅，空爲見食。」若作「子家起宅」，則不當言「巳家無過於歲、月，空爲見食」也。上以「巳、酉」並言，則下當以「子、寅」并承之。「子、寅起宅」即「子、寅之家起宅」也。「之家」二字，省見上文。下文「待子宅有爲」，「宅」亦當作「寅」，誤與此同。

且夫太歲在子，子宅直符，午宅爲破，孫曰：難歲篇云：「移徙之家，禁南北徙者，以爲歲在子位，子者破午，南北徙者抵觸其衝，故謂之凶。」潛夫論卜列篇云：「宅有直符之歲。」蓋相衝則破，不相衝則不破也。衝破或以死生，或以相對。支干位置，各自相對，故各有衝；各有衝，則各有破也。若太歲在丑，丑宅直符，未觸其衝，則未宅爲破。太藏在寅，寅宅直符，申觸其衝，則申宅爲破。太歲在卯，卯宅直符，酉觸其衝，則酉宅爲破。餘類此。不須興功起事，空居無爲，猶被其害。今歲、月所食，待子、宅（寅）有爲，巳、酉乃凶。盼遂案：二語當是「子、寅有爲，酉、巳乃凶」，蓋涉上文子宅而誤也。篇首云：「太歲在子，歲食于酉，正月建寅，月食于巳。」謂子宅食酉宅，而寅宅食巳宅也。此云「子、寅有爲，酉、巳乃凶」，正謂此矣。太歲歲、月之神，用罰爲害，動靜殊致，孫曰：「太歲」二字涉下文太歲而衍，歲即太歲也。故下文解歲、月之神云：「歲則太歲也。」則此文不當有「太歲」二字，明矣。非天從歲、月神意之道也。

審論歲、月之神，歲則太歲也，在天邊際，立於子位。起室者在中國一州之內，假令楊州在東南，使如鄒衍之言，天下爲一州，又在東南，詳談天篇。歲食於酉，食西羌之地，東南之地安得凶禍？假令歲在人民之間，西宅爲酉地，則起功之家，宅中亦有酉地，何以不近食其宅中之酉地，而反食佗家乎？且食之者審誰也？如審歲、月，歲、月，天之從神，飲食與天同。天食不食人，故郊祭不以爲牲。如非天神，亦不食人。天地之間，百神所食，聖人謂當與人等。推生事死，推人事鬼，故百神之祀，皆用衆物，無用人者。物食人者，虎與狼也。歲、月之神，豈虎狼之精哉？倉卒之世，穀食乏匱，人民饑餓，自相啖食。豈其啖食死者，其精爲歲、月之神哉？

歲、月有神，日亦有神，歲食、月食，日何不食？積日爲月，白虎通日月篇：「天左旋，日月右行。日，日行一度；月，日行十三度，月及日爲一月。至二十九日未及七度；即三十日者，過行七度。日不可分，故月乍大乍小。」積月爲時，禮記鄉飲酒義：「三月則成時。」白虎通四時篇：「歲時何？謂春夏秋冬也。時者，期也，陰陽消息之期也。」積時爲歲，內經曰：「五日謂之候，三候謂之氣，六氣謂之時，四時謂之歲。」白虎通四時篇曰：「所以名爲歲何？歲者，遂也，三百六十六日一周天，萬物畢成，故爲一歲也。」尚書曰：朞三百有六旬有六日以閏月定四時成歲。」千五百三十九歲爲一統，四千六百一十七歲爲一元，漢書律曆志：「日法乘閏法，是謂統歲。三統是爲元歲。凡四千六百一十七歲，與一元終。」又云：「統法，一千五百三十九，以閏法乘日法，得統法。元法，四千六百一十七，參統法，得元法。」周髀算經、乾鑿度、淮南天文訓并以千五百二十歲爲一統，（算經云「遂」，乾鑿度云「終」。）四千五百六十歲爲元。（算經云「首」。）仲任用三統曆也。增積相倍之數，分餘終竟之名耳，穀梁文六年傳：「閏月者，附月之餘日也，積分而成於月者也。」注：「一歲三百六十日餘六日，又有小月六，積五歲得六十日而再閏。積衆月之餘分，以成此月。」白虎通日月篇曰：「月有閏餘何？周天三百六十五度四分度之一。歲十二月，日過十二度，故三年一閏，五年再閏，明陰不足，陽有餘也。故讖曰：「閏者陽之餘。」**安得鬼神之怪，禍福之驗乎？如歲月終竟者宜有神，則四時有神，統、元有神。月三日魄，八日弦，十五日望，**乾鑿度：「月三日成魄，八日成光。」（類聚一。）説文：「霸，月始生霸然也。承大月二日，承小月三日。」尚書康誥〔一〕馬注：「魄，朏也，謂月三日生始兆朏。」律曆志孟康注：「魄，月質也。」霸、魄古通。餘注四諱篇。**與歲、月終竟何異？歲、月有神，魄與弦、〔望〕復有神也？**孫曰：「弦」下疑脱「望」字。上文云：「月三日魄，八日弦，十五日望，與歲月終竟何異？」故此反詰曰：如使歲、月有神，魄與弦、望復有神邪？（「也」讀爲「邪」。）暉按：孫説是也。難歲篇云：「積分爲日，累日爲月，連月爲時，結時爲歲，歲而有神，日、月亦復有神乎？」文例正同。**一日之中，分爲十二時，**盼遂案：王筠菉友肊説云：「一日之中分爲十二時，平旦寅日出卯云云也。案：此爲十二時之明證。顧亭林之説非也。然充，漢末人。在漢初説此者，惟司馬子長也。」**平旦寅，日出卯也。**俞曰：日知録有古無十二時之説，未及引此文。顧氏之博，猶有所遺。左昭五年傳注：「日中當王，食時當公，平旦爲卿，鷄鳴爲士，夜半爲皂，人定爲輿，黄昏爲隸，日入爲僚，晡時爲僕，日昳爲臺，隅中、日出，闕不在第，尊王公，曠其位。」日知録二十：「杜元凱以

〔一〕「誥」，原本作「詔」，形近而誤，今改。

爲十二時，雖不立十二支之目，然其曰夜半者，即今之所謂子也；鷄鳴者，丑也；平旦者，寅也；日出者，卯也；食時者，辰也；隅中者，巳也；日中者，午也；日昳者，未也；晡時者，申也；日入者，酉也；黄昏者，戌也；人定者，亥也。一日分爲十二，始見於此。（南齊書天文志始有子時、丑時、亥時。北齊書南陽王綽傳有景時、午時。景時者，丙時也。）考之史記天官書曰：『旦至食，食至日昳，日昳至餔，餔至下餔，下餔至日入。』素問藏氣法時論有曰夜半，曰平旦，曰日出，曰日中，曰日昳，曰下晡。（王冰注以日昳爲土王，下晡爲金王。又有曰四季者，注云：土王。是今人所謂丑辰未戌四時。）吴越春秋曰：『時加日出，時加鷄鳴，時加日昳，時加禺中。』則此十二名，古有之矣。史記孝景紀：『五月丙戌地動，其蚤食時復動。』漢書武五子廣陵王胥傳：『奏酒至鷄鳴時罷。』王莽傳：『以鷄鳴爲時。』後書隗囂傳：『至昏時，遂潰圍。』齊武王傳：『至食時，賜陳潰。』耿弇傳：『人定時，步果引去。』來歙傳：『臣夜人定後，爲何人所賊傷。』竇武傳：『自旦至食時，兵降略盡。』皇甫嵩傳：『夜勒兵，鷄鳴馳赴其陳，戰至晡時，大破之。』晉書戴洋傳：『永昌元年四月庚辰禺中時，有大風起自東南折木。』宋書符瑞志：『延康元年九月十日，黄昏時，月蝕熒惑，過人定時，熒惑出營室，宿羽林。』皆用此十二時。淮南子：『日出於暘谷，浴於咸池，拂於扶桑，是謂晨明；登於扶桑之上，爰始將行，是謂朏明；至於曲阿，是謂朝明；臨於曾泉，是謂早食；次於桑野，是謂晏食；臻於衡陽，是謂禺中；對於昆吾，是謂正中；靡於鳥次，是謂小還；至於悲谷，是謂晡時；迴於女紀，是謂大遷；經於泉隅，是謂高舂；頓於連石，是謂下舂；爰止羲和，爰息六螭，是謂懸車；薄於虞泉，是謂黄昏；淪於蒙谷，是謂定昏。』（案：見天文訓。此依初學記所引之文。）案：此自晨明至定昏，爲十五時，而卜楚丘以爲十時，未知今之所謂十二時者，自何人定之也。（素問中有言歲甲子者，有言寅時者，皆後人僞撰入之。）」左暄三餘偶筆十四：「子至亥爲十二時，見於漢人之書，則不可枚舉。尚書大傳曰：『夏以十三月爲正，平旦爲朔；殷以十二月爲正，鷄鳴爲朔；周以十一月爲正，夜半爲朔。』三代子、丑、寅迭建，以初昏爲斗柄所指爲驗。今曰周之正，夜半爲朔；殷之正，鷄鳴爲朔；夏之正，平旦爲朔，則是夜半爲子，鷄鳴爲丑，平旦爲寅，自古有此語矣。伏生生於秦、漢之間，而亦云然，則一日分爲十二時，不始於漢以後。」十二月建寅、卯，則十二[月]時所加寅、卯也。則，即也。「加」、「建」并猶「在」也。月言建，日言加。下「月」字衍。此言十二月所建辰，即十二時所加辰也。於月則言正月建寅，二月建卯；於日則言平旦加寅，日出加卯。日加十二辰不食，月建十二辰獨食，豈日加無神，月建獨有哉？何故月建獨食，日加不食乎？如日加無神，盼遂案：「加」下疑當有一「時」字，方與下文一致。用時決事，非也；如加時有神，獨不食，非也。

神之口腹，與人等也。人饑則食，飽則止，不爲起功乃一食也。歲、月之神，起功乃食，一歲之中，興功者希，歲、月之神饑乎？倉卒之世，人民亡，室宅荒廢，興功者絶，歲、月之神餓乎？且田與宅俱人所治，興功用力，勞佚鈞等。宅掘土而立木，田鑿溝而起堤，堤與木俱立，掘與鑿俱爲。起宅，歲、月食，治田，獨不食，豈起宅時歲、月饑，治田時飽乎？何事鈞作同，飲食不等也？

説歲、月食之家，必銓功之小大，功，謂起土興功。立遠近之步數。假令起三尺之功，食一步之内；起十丈之役，食一里之外。功有小大，禍有近遠。蒙恬爲秦築長城，極天下之半，淮南人間訓：「蒙公、楊翁子將築修城，西屬流沙，北擊遼水，東結朝鮮。」則其爲禍宜以萬數。案長城之造，秦民不多死。周公作雒，興功至大，周書作雒解曰：「周公將致政，乃作大邑成周於中土。立城方千七百二十丈，郛方七十里。南繫於雒水，北因於郟山，以爲天下之大湊。」當時歲、月宜多食。聖人知其審食，宜徙所食地，置於吉祥之位。如不知避，人民多凶，經傳之文，賢聖宜有刺譏。今聞築雒之民，盼遂案：後漢書明帝紀：「永平三年，起北宮及諸官府。」文選班孟堅兩都賦序：「臣竊見京師修宮室，浚城隍，起苑囿，以備制度。」即説永平三年事。王充當永平初草創論衡，此處所云今聞者，與兩都賦之作，蓋同時也。黄暉引康誥「作新大邑於東國洛，四方民大和會」之語，以釋論衡，不知仲任引古語以説當時，所以有「不聞多死」之句也。四方和會，尚書康誥曰：「周公初基，作新大邑於東國洛，四方民大和會。」功成事畢，不聞多死。説歲、月〔食〕之家，殆虚非實也。此脱「食」字。上文正作「説歲、月食之家」。

且歲、月審食，猶人口腹之饑必食也；且爲巳、酉地有厭勝之故，畏一金刃，懼一死炭，豈閉口不敢食哉？如實畏懼，宜如其數。五行相勝，物氣鈞適。如秦山失火，「秦」當作「泰」。沃以一杯之水；河決千里，塞以一掊之土，能勝之乎？非失五行之道，小大多少不能相當也。天地之性，人物之力，少不勝多，小不厭大。使三軍持木杖，匹夫持一刃，伸力角氣，「角」，猶「校」也，「競」也。匹夫必死。金性勝木，然而木勝金負者，木多而金寡也。積金如山，燃一炭火以燔爍之，金必不消。元本作「銷」，是。非失五行之道，金多火少，少多小大不鈞也。五尺童子與孟賁爭，童子不勝。非童子怯，力少之故也。狼衆食人，人衆食狼。敵力角氣，能以小勝大者希；爭彊量功，能以寡勝衆者鮮。天道人物，不能以小勝大者，少不能服多。以一刃之金，一炭之火，厭除凶咎，却歲之殃，如何也？

論衡校釋卷第二十四

譏日篇

盼遂案：篇中「人生飲食無日，鬼神何故有日」，此最爲扼要語。

世俗既信歲時，而又信日。舉事若病、死、災、患，大則謂之犯觸歲、月，小則謂之不避日禁。歲、月之傳既用，日禁之書亦行。世俗之人，委心信之；「之」，宋、元本作「是」，朱校同。辯論之士，亦不能定。是以世人舉事，不考於心而合於日，不參於義而致於時。「致」，宋本作「驗」，是。時日之書，衆多非一，略舉較著，明其是非，使信天時之人，將一疑而倍之。夫禍福隨盛衰而至，代謝而然。舉事曰凶，人畏凶有效；曰吉，人冀吉有驗。兩「曰」字，崇文本改作「日」，非。「曰」猶「爲」也。禍福自至，則述前之吉凶，以相戒懼。此日禁所以累世不疑，「日禁」，錢、黄、王、崇文本作「日記」，誤。惑者所以連年不悟也。

葬歷曰：孫曰：葬歷蓋即卜葬之書，所以趨吉避凶也。唐書呂才傳葬篇云：「後代葬説，出於巫史。一物有失，便謂災及死生，多爲妨禁，以售其術，附妄憑妖。至其書乃有百二十家。」可知唐以前葬書之多矣。「葬避九空、地臽，及日之剛柔，淮南天文訓：「凡日甲剛乙柔，丙剛丁柔，以至於壬癸。」曲禮上疏：「剛，奇日也。十日有五奇五偶，甲丙戊庚壬五奇爲剛也，乙丁己辛癸五偶爲柔也。」月之奇耦。」日吉無害，剛柔相得，奇耦相應，乃爲吉良。不合此歷，轉爲凶惡。

夫葬，藏棺也；禮記檀弓上國子高曰：「葬也者，藏也。藏也者，欲人之弗得見也。」斂，藏尸也。禮記喪大記曰：「衣尸曰斂。」初死藏尸於棺，少久藏棺於墓。墓與棺何別？斂與葬何異？斂於棺不避凶，葬於墓獨求吉。如以墓爲重，夫墓，土也，棺，木也，白虎通崩薨篇：「有虞氏瓦棺，今以木。」五行之性，木、土鈞也。治木以贏尸，贏，裹也。盼遂案：「贏」當「裹」字之展轉而誤也。「裹」字从衣从果，俗誤作「祼」，或又改作「裸」。「裸」之正字爲「臝」。世人少見「臝」字，因改爲「贏」矣。「贏尸」不可解。今世猶謂死者入斂爲裹尸。此語蓋自東京而然矣。莊子胠篋篇「贏糧而從之」，音義云：「贏，裹也。」此以正字破訛字也。穿土以埋棺，治與穿同事，尸與棺一實也。白虎通崩薨篇曰：「尸之爲言陳也，失氣亡神，形體獨陳。棺之爲言完，所以藏尸令完全也。」如以穿土賊地之體，鑿溝耕園，亦宜擇日。世人能異其事，吾將聽其禁；不能異其事，吾不從其諱。

日之不害，又求日之剛柔，剛柔既合，又索月之奇耦。夫日之剛柔，月之奇耦，

合於葬歷，驗之於吉(古)，無不相得。「吉」當作「古」。古、吉形近，又涉上文諸「吉」字而誤。「不」，語詞。「相得」，相合也，漢人常語。言葬歷以葬墳必求合日之剛柔，月之奇耦，今證之於古，無與相合者。下文引春秋與禮，即證其不合於古也。今誤作「吉」，則此文難通。**何以明之？春秋之時，天子、諸侯、卿、大夫死以千百數，案其葬日，未必合於歷。**日知録四：「春秋葬皆用柔日。」**又曰：「雨不克葬，庚寅日中乃葬。」**上文言春秋時葬，不合葬歷。此引經文以證。上文未引春秋文，則此不當言「又曰」，甚明。按春秋經：「宣八年冬十月己丑葬我小君敬嬴，雨不克葬，庚寅日中而克葬。」則此文「又曰」上當脱「十月己丑葬我小君敬嬴」之文。下文云：「假令魯小君以剛日死，至葬日己丑。」即據以爲論。今本脱去「己丑葬敬嬴」之文，則彼文於上無據，而「又曰」二字又無所承矣。**假令魯小君以剛日死，至葬日己丑，剛柔等矣。剛柔合，善日也。不克葬者，避雨也。如善日，不當以雨之故，廢而不用也。何則？雨不便事耳，**五經異義：「公羊説：雨不克葬，謂天子、諸侯也。卿、大夫臣賤，不能以雨止。穀梁説：葬既有日，不爲雨止。左氏説：卜葬先遠日，辟不懷，言不汲汲葬其親。雨不可行事，廢禮不行。庶人不爲雨止。許慎謹案：論語云：『死，葬之以禮。』以雨而葬，是不行禮。穀梁説非也。從公羊、左氏之説。鄭氏無駁，與許同。」釋廢疾云：「雖庶人葬爲雨止。公羊説卿、大夫臣賤，不能以雨止。此等之説，則在廟未發之時，庶人及卿、大夫亦得爲雨止。若已發在路，及葬，則不爲雨止。

其人君在廟，及在路，及葬，皆爲雨止。」（禮記王制疏。）按：仲任亦以葬當避雨，是從公羊、左氏説。唯以爲「不便事」，與左氏「辟不懷」義異。不用剛柔，重凶不吉，欲便事而犯凶，非魯人之意，臣子重慎之義也。今廢剛柔，待庚寅日中，以暘爲吉也。暘，晴不雨也。禮：「天子七月而葬，諸侯五月，卿、大夫、士三月。」見禮記王制。鄭玄箴何休膏肓云：「禮，人君之喪，殯葬皆數來月來日，士殯葬皆數往月往日，尊卑相下之差數。故大夫、士俱三月，其實不同。士之三月，乃大夫之踰月也。」（王制疏。）假令天子正月崩，七月葬；二月崩，八月葬。諸侯、卿、大夫、士皆然。如驗之葬歷，則天子、諸侯葬月常奇常耦也。衰世好信禁，不肖君好求福。春秋之時，可謂衰矣！隱、哀之間，不肖甚矣！然而葬埋之日，不見所諱，無忌之故也。周文之世，法度備具，孔子意密，春秋義纖，如廢吉得凶，妄舉觸禍，宜有微文小義，貶譏之辭。今不見其義，無葬歷法也。唐呂才敍葬書據禮、春秋，謂葬古不擇年、月、日、時。

祭祀之歷，亦有吉凶。假令血忌、月殺之日固凶，「假令」與「固」，詞不相屬。「殺之日」三字無義。疑此文當作「假令血忌月殺牲見血，凶」。「牲」壞爲「生」，再譌爲「之」。「日固」與「見血」并形誤。下文云：「如以殺牲見血，避血忌、月殺。」即承此爲文。以殺牲設祭，必有患禍。四諱篇云：「祭祀言觸血忌。」黄帝元辰經云：「血忌，陰陽精氣之辰，天上中節之位，亦名天之賊曹，尤忌針灸。」（路史後紀五注。）三餘帖曰：「六甲乃上帝造物之日，是日殺生，上帝所惡。」

夫祭者，供食鬼也；鬼者，死人之精也。若非死人之精，人未嘗見鬼之飲食也。推生事死，推人事鬼，見生人有飲食，死爲鬼當能復飲食，感物思親，故祭祀也。及（若）他神百鬼之祠，「及」，宋本作「若」。朱校元本作「右」，即「若」字形殘。則今本作「及」，非。雖非死人，其事之禮，亦與死人同。蓋以不見其形，但以生人之禮准況之也。生人飲食無日，鬼神何故有日？如鬼神審有知，與人無異，則祭不宜擇日。如無知也，不能飲食，雖擇日避忌，其何補益？

實者，百祀無鬼，死人無知。百祀報功，示不忘德；死如事生，「死」上疑有「事」字。示不背亡。祭之無福，不祭無禍。祭與不祭，尚無禍福，況日之吉凶，何能損益？

如以殺牲見血，避血忌、月殺，則生人食六畜，亦宜辟之。海内屠肆，六畜死者，日數千頭，不擇吉凶，早死者，未必屠工也。天下死罪，冬月斷囚，「冬」，舊作「各」。先孫曰：「各」疑爲「冬」，形近而誤。暉按：先孫説是也。宋本正作「冬」，今據正。亦數千人，其刑於市，不擇吉日，受禍者，「受」，宋本作「更」，朱校元本同。二字古通。未必獄吏也。肉（屠）盡殺牲，獄具斷囚。「肉盡殺牲」，文不成義。肉當作「屠」。「屠」、「獄」對言。屠工、獄吏對舉，上下文並見。因斷牲殺，創血之實，何以異於祭祀之牲？獨爲祭祀設歷，不爲屠工、獄吏立日，「日」，舊作「見」。「立見」無義。「立日」、「設歷」相對爲文。今從宋本正。世俗用意不實類也。祭非其鬼，又信非其諱，持二非往求一福，不能得也。

沐書曰：隋志五行家有沐浴書一卷。「子日沐，令人愛之；卯日沐，令人白頭。」

夫人之所愛憎，在容貌之好醜；頭髮白黑，在年歲之稚老。使醜如嫫母，「嫫母」注逢遇篇。以子日沐，能得愛乎？使十五女（童）子，以卯日沐，能白髮乎？孫曰：意林及御覽三百九十五引「女子」並作「童子」，是也。且沐者，去首垢也。洗去足垢，盥去手垢，浴去身垢，皆去一形之垢，錢、黃、王、崇文本「皆」作「能」，非。其實等也。洗、盥、浴不擇日，而沐獨有日。如以首爲最尊，尊則浴亦治面，面亦首也。孫曰：「尊則浴亦治面」，文不成義，當有脱誤。以下文例之，此當作「如以首爲最尊，則浴面亦宜擇日，面亦首也」。各本皆誤，無可據校。吴曰：下「尊」字衍。如以髮爲最尊，則櫛亦宜擇日。櫛用木，沐用水，水與木俱五行也。用木不避忌，用水獨擇日。如以水尊於木，則諸用水者宜皆擇日。且水不若火尊，如必以尊卑，則用火者宜皆擇日。

且使子沐，人愛之；卯沐，其首白者，誰也？夫子之性，水也；卯，木也。水不可愛，木色不白。子之禽鼠，卯之獸兔也。鼠不可愛，兔毛不白。以子日沐，誰使可愛？卯日沐，誰使凝白者？夫如是，沐之日無吉凶，爲沐立日歷者，不可用也。

裁衣有書，說文衣部：「裁，製衣也。」孫曰：漢志雜占有武禁相衣器十四卷。隋志梁有裁衣書一卷，亡。書有吉凶。凶日製衣則有禍，吉日則有福。

夫衣與食俱輔人體，食輔其内，衣衛其外。飲食不擇日，製衣避忌日，豈以衣爲於其身重哉？人道所重，莫如食急，故八政一曰食，二曰貨。衣服，貨也。見洪範。大傳曰：「八政何以先食？食者萬物之始，人事之所本也，故先食。貨所以通有無，利民用，故即次之。」漢書食貨志曰：「洪範八政一曰食，二曰貨。食謂農殖嘉穀可食之物，貨謂布帛可衣，及金刀龜貝所以分財布利通有無者也。」王莽傳：「民以食爲命，以貨爲資，是以八政以食爲首。」並與仲任義同，今文説也。鄭曰：「此數本諸其職先後之宜也。食謂掌民食之官，貨掌金帛之官。」與仲任異義。如以加之於形爲尊重，在身之物，莫大於冠。造冠無禁，裁衣有忌，是於尊者略，卑者詳也。且夫沐去頭垢，冠爲首飾，浴除身垢，衣衛體寒。沐有忌，冠無諱，浴無吉凶，衣有利害。俱爲一體，共爲一身，或善或惡，所諱不均，俗人淺知，不能實也。且衣服不如車馬。九錫之禮，一曰車馬，二曰衣服。禮含文嘉〔一〕曰：「九賜，

〔一〕「禮」，原本作「體」，形近而誤，今改。

一曰車馬，二曰衣服，三曰樂則，四曰朱户，五曰納陛，六曰虎賁，七曰斧鉞，八曰弓矢，九曰秬鬯。」宋均注云：「進退有節，行步有度，賜以車馬，以代其步。言成文章，行成法則，賜以衣服，以表其德。」（曲禮疏。）穀梁莊元年疏引舊説曰：「九錫之名：一曰輿馬，大輅戎輅各一，玄馬二也。二曰衣服，謂玄袞也。」作車不求良辰，裁衣獨求吉日，俗人所重，失輕重之實也。

工伎之書，起宅蓋屋必擇日。御覽一八一引作「擇吉日」。風俗通曰：（初學記四。）「五月蓋屋，令人頭禿。」又曰：（續博物志六。）「俗諱五月上屋，言五月人蜕，上屋見影，魂當去。」禮記王制鄭注：「令時持喪葬築蓋嫁取卜數文書，使民倍禮違制。」疏：「築謂垣牆，蓋謂舍宇。」

夫屋覆人形，宅居人體，何害於歲、月而必擇之？如以障蔽人身者神惡之，則夫裝車、治船、着蓋、施帽亦當擇日。如以動地穿土神惡之，則夫鑿溝耕園亦宜擇日。夫動土擾地神，地神能原人無有惡意，但欲居身自安，則神之聖心必不忿怒。不忿怒，雖不擇日，猶無禍也。如土地之神不能原人之意，苟惡人動擾之，則雖擇日，何益哉？王法禁殺傷人，殺傷人皆伏其罪，雖擇日犯法，終不免辠。如不禁也，雖妄殺傷，終不入法。縣官之法，縣官謂天子。猶鬼神之制也；穿鑿之過，猶殺傷之罪也。人殺傷，不在擇日；繕治室宅，何故有忌？

又學書〔者〕諱丙日，路史前紀六注引「書」下有「者」字，當據補。御覽七四七引作「書官」。

「官」、「者」形誤。**云：「倉頡以丙日死也。」**路史注云：「古五行書：『倉頡丙寅死，辛未葬。』蓋五日始葬。或疑其時未有甲乙。然世皆言大撓作甲子，而伏羲已有甲歷，出於上古，特未可執。」**禮不以子、卯舉樂，殷、夏以子、卯日亡也。**檀弓下杜蕢曰：「子卯不樂。」鄭注：「紂以甲子死，桀以乙卯亡，王者謂之疾日，不以舉樂爲吉事，所以自戒懼。」賈逵、（釋文。）何休、（公羊莊二十二年注。）杜預説同。先鄭、翼奉、張晏則以爲子卯相刑。按：桀亡非乙卯，則子卯之忌，不因桀、紂。**如以丙日書，子、卯日舉樂，未必有禍，重先王之亡日，悽愴感動，不忍以舉事也。忌日之法（發），**宋本「法」作「發」，朱校元本同。是也。「忌日之發」，謂忌日之所由起。作「法」，則失其義。**蓋丙與子、卯之類也，殆有所諱，未必有凶禍也。堪輿曆，**隋志五行家有堪餘曆二卷。「餘」、「輿」字通。孫曰：漢志五行類堪輿金匱十四卷。師古曰：「許慎云：堪，天道。輿，地道也。」淮南子天文篇云：「厭日不可以舉百事，堪輿徐行，雄以音知雌。」小顔所引，蓋許氏淮南注也。史記日者傳：「武帝聚會占家，問某日可娶婦否。堪輿家言不可。」後漢書循吏王景傳：「參紀衆家數術文書，冢宅禁忌，堪輿日相之屬，集爲大衍玄基。」魏書殷紹傳上四序堪輿表曰：「歷觀時俗，堪輿八會，逕世已久，傳寫謬誤，吉凶禁忌，不能備悉。或考良日而值惡會，舉吉用凶，多逢殃咎。」周禮占夢疏：「堪輿天老曰：假令正月陽建於寅，陰建在戌。」又引鄭志：「堪輿黄帝問天老事云：四月陽建於巳，破於亥，陰建於未，破於癸。」綜合觀之，古代堪輿，僅爲擇日之用，與葬歷、圖宅術等，固有別矣。今人混曰堪輿，非古也。**曆上諸神非一，聖人不言，諸子**

不傳，殆無其實。天道難知，假令有之，諸神用事之日也，忌之何福？不諱何禍？王者以甲子之日舉事，民亦用之，王者聞之，不刑法也。夫王者不怒民不與己相避，天神何爲獨當責之？王法舉事，以人事之可否，不問日之吉凶。孔子曰：「卜其宅兆而安厝之。」見孝經喪親章。鄭注：「宅，葬地。兆，吉兆也。葬大事，故卜之，慎之至也。」（書鈔九二。）春秋祭祀，不言卜日。禮曰：「内事以柔日，外事以剛日。」曲禮上：「外事以剛日。」鄭注：「順其出爲陽也。出郊爲外事。」又曰：「内事以柔日。」注：「順其居内爲陰。」剛柔以慎内外，不論吉凶以爲禍福。

卜筮篇

曲禮上：「龜爲卜，筴爲筮。」疏：「師說云：卜，覆也，以覆審吉凶；筮，決也，以決定其惑。劉氏以爲，卜，赴也，赴來者之心；筮，問也，問筮者之事。赴、問互言之。」白虎通蓍龜篇：「龜曰卜，蓍曰筮。何卜？赴也，爆見兆也。筮也者，信也，見其卦也。」說文卜部：「卜，灼剥龜也，象灸龜之形。一曰：象龜兆之縱橫也。」竹部：「簭簭，易卦用蓍也。从竹、从𢍰，𢍰，古文巫字。」

俗信卜筮，謂卜者問天，筮者問地，周禮春官天府注：「凡卜筮實問於鬼神，龜筮能出其卦兆之占耳。」賈疏：「易繫辭云：『精氣爲物，游魂爲變。』是故知鬼神之情狀與天地相似。注云：『精氣謂七八，游魂謂九六。』則筮之神，自有七八九六成數之鬼神。春秋左氏傳云：『龜象筮數。』則龜自有一二三四五生數之鬼神。則知吉凶者自是生成鬼神，龜筮直能出外兆之占耳。」又云：「七八九六及一二三四五之鬼神，並非天地之鬼神。」此云：「卜問天，筮問地。」其說未聞。**蓍神龜靈，**易繫辭云：「定天下之吉凶，成天下之亹亹者，莫大乎蓍龜。」又云：「蓍之德圓而神，卦之德方以知。神以知來，知以藏往。」又說卦云：「昔聖人幽贊於神明而生蓍。」**兆數報應，**龜言兆。蓍言數。說文卜部：「𠧞，灼龜坼也。」數，算也。占者以蓍計算。**故拾人議而就卜筮，違可否而信吉凶。其意謂天地審告報，蓍龜真神靈也。如實論之，卜筮不問天地，蓍**

龜未必神靈。有神靈，問天地，俗儒所言也。何以明之？

子路問孔子曰：「猪肩羊膊，可以得兆；盼遂案：一九五四年，鄭州二里岡殷虛遺址出土有卜用甲骨。經古脊椎動物研究室鑒定，有些是豬和羊的肩胛骨。此外輝縣琉璃閣出土也有些豬骨卜辭。就此可證論衡所引子路之言，是有依據者。（詳見文物參考資料一九五四年第十二期陳夢家甲骨補記。）萑葦藁芼，可以得數，何必以蓍龜？」孔子曰：「不然。蓋取其名也。夫蓍之爲言『耆』也，龜之爲言『舊』也，明狐疑之事，當問耆舊也。」禮記曲禮上疏引劉向曰：「蓍之言耆，龜之言久。龜千歲而靈，蓍百年而神，以其長久，故能辯吉凶也。」御覽引洪範五行傳曰：「龜之言久也，千歲而靈，此禽獸而知吉凶者也。蓍之爲言耆，百年，一本生百莖，此草木之壽知吉凶者也。聖人以問鬼神焉。」白虎通蓍龜篇曰：「乾草枯骨，衆多非一，獨以蓍龜何？此天地之間，壽考之物，故問之也。龜之爲言久也，蓍之爲言耆也，久長意也。」淮南說林訓曰：「牛蹏彘顱，亦骨也。而世弗灼，必問吉凶於龜者，以其歷歲久也。」章太炎文始八曰：「說文：『龜，舊也。』其得名㠯舊，則取諸久，㠯可灸，則取諸久。說文：『久，從後灸之也。』」由此言之，蓍不神，龜不靈，蓋取其名，未必有實也。無其實，則知其無神靈；無神靈，則知不問天地也。

且天地口耳何在，而得問之？天與人同道，欲知天，以人事。譴告篇曰：「驗古以今，知天以人。」相問，不自對見其人，廣雅釋詁：「對，嚮也。」親問其意，意不可知。欲問天，天高，耳與人相遠。如天無耳，非形體也。非形體，則氣也。氣若雲霧，何能告人？蓍以問地，地有形體，與人無異。問人，不近耳，則人不聞；人不聞，則口不告人。夫言問天，則天爲氣，不能爲兆；問地，則地耳遠，不聞人言。信謂天地告報人者，何據見哉？

人在天地之間，猶蟣虱之着人身也。如蟣虱欲知人意，鳴人耳傍，人猶不聞。何則？小大不均，音語不通也。今以微小之人，問巨大天地，安能通其聲音？天地安能知其旨意？或曰：「人懷天地之氣。天地之氣，在形體之中，神明是矣。人將卜筮，告令蓍龜，則神以耳聞口言。若己思念，若，設詞。神明從胸腹之中聞知其旨。故鑽龜揲蓍，鑽謂以火爇荆菙灼之也。揲，數也。兆見數著。」夫人用神思慮，思慮不決，故問蓍龜。蓍龜兆數，與意相應，則是神可謂明告之矣。當作「是則可謂神明告之矣」。上文或意：人體中有天地氣，即爲神明。能知人之旨，以告蓍龜，故兆見數著。仲任意：若思慮能與兆數相合，則可謂神明告之。若不然，則或說非。下文：「時或意以爲可，兆數不吉；或兆數則吉，意以爲凶。」又云：「如神明爲兆數，不宜與思慮異。」即證兆數與思慮不相合，以明兆數非神明告之。今作「則是神可謂明告之矣」，文不成義。盼遂案：「神」字當在「明」字上。以上多「神明」連言。時或意以爲可，兆數不吉；或兆數則吉，盼遂案：此「則」字作「即」字用。意以爲凶。夫思慮者，己之神也；爲兆數者，亦己之神也。一身之神，在胸中爲思慮，在胸外爲兆數，猶人入户而坐，出門而行也。行坐不異意，出入不易情。「情」，宋本作「務」。朱校元本作「矜」。如神明爲兆數，不宜與思慮異。

天地有體，故能摇動。摇動有(者)，生之類也。「有」，宋本作「者」，朱校元本同，義較長。生，則與人同矣。問生人者，須以生人，乃能相報。如使死人問生人，則必不能相答。今天地生而蓍龜死，以死問生，安能得報？枯龜之骨，死蓍之莖，問生之天地，世人謂之天地報應，誤矣。

如蓍龜爲若版牘，兆數爲若書字，象類人君出教令乎？則天地口耳何在而有教令？孔子曰：「天何言哉？四時行焉，百物生焉。」見論語陽貨篇。釋文曰：「魯讀『天』爲『夫』，今從古。」然則此從古論。天不言，則亦不聽人之言。天道稱自然無爲，今人問天地，天地報應，是自然之有爲以應人也。案易之文，觀揲蓍之法，二分以象天地，四揲以象四時，歸奇於扐，以象閏月。易繫辭上曰：「大衍之數五十，其用四十有九。分而爲二，以象兩。掛一以象三。揲之四，以象四時。歸奇於扐，以象閏。」釋文：「揲，時設反，數也。扐，郎得反。」段氏説文注：「凡數之餘曰扐。」廣雅釋詁：「奇，盈也。」王念孫曰：「奇者殘餘之數。」奇、犄，音義並同。以象類相法，以立卦數耳。豈云天地告報人哉？「告」舊作「合」。孫曰：元本「合」作「告」，是也。上文云：「其意謂天地審告報，蓍龜真神靈也。」又云：「信謂天地告報人者，何據見哉？」並其證。暉按：宋本亦作「告報」，今據正。

人道，相問則對，不問不應。無求，空扣人之門；無問，虚辨人之前，則主人笑而不應，或怒而不對。試使卜筮之人，空鑽龜而卜，虚揲蓍而筮，戲弄天地，亦得兆數，天地妄應乎？又試使人罵天而卜，敺地而筮，無道至甚，亦得兆數。苟謂兆數天地之神，何不滅其火，灼其手，振其指而亂其數，使之身體疾痛，血氣湊踊？而猶爲之見兆出數，何天地之不憚勞，用心不惡也？「用」，宋本作「困」，屬上讀。朱校元本同。由此言之，卜筮不問天地，兆數非天地之報，明矣。

然則卜筮亦必有吉凶。論者或謂隨人善惡之行也，猶瑞應應善而至，下「應」字，舊校曰：一作「隨」。災異隨惡而到。治之善惡，善惡所致也，疑非天地故應之也。吉人鑽龜，輒從善兆；凶人揲蓍，輒得逆數。何以明之？紂，至惡之君也，當時災異繁多，七十卜而皆凶，故祖伊曰：「格人元龜，罔敢知吉。」尚書西伯戡黎文。史記殷本紀集解引馬曰：「元龜，大龜也，長尺二寸。」白虎通蓍龜篇引禮三正記：「天子龜長一尺二寸。」潛夫論卜列篇引經「格人」作「假爾」，江聲曰：「『格人』，僞孔本誤。」孫星衍曰：「今文作『格介』。曲禮云：『格爾泰龜有常。』蓋命龜之詞。」段玉裁曰：「仲任以『賢者』訓『格人』，則今古文同也。」皮錫瑞曰：「王符蓋用夏侯尚書，與史公、仲任用歐陽不同。」王鳴盛曰：「『七十卜』，今不可考。」賢者不舉，大龜不兆，方言：「格，正也。」後漢書傅燮傳：「朝廷重其方格。」注：「方正也。」故訓「格人」爲「賢者」。災變亟至，周武受命。高祖龍興，天人並佑，奇怪既多，見初稟、講瑞、指瑞等篇。豐、沛子弟，卜之又吉。見骨相篇。故吉人之體，所致無不良；凶人之起，所招無不醜。衛石駘卒，檀弓下鄭注：「駘仲，衛大夫，石碏之族。」無適子，有庶子六人，卜所以爲後者，曰：「沐浴佩玉則兆。」鄭曰：「言齊絜則得吉兆。」五人皆沐浴佩玉。石祁子左莊十二年傳杜注：「石祁子，衛大夫。」六年正義曰：「謚法：『經典不易曰祁。』衛有石祁子，亦謚也。」曰：「焉有執親之喪而沐浴佩玉？」居喪必衰絰憔悴。不沐浴佩玉，石祁子兆。衛人[卜]以龜爲有知也。「卜」字無義，當據檀弓删。龜非有知，石祁子自知也。祁子行善政，有嘉言，言嘉政善，故有明瑞。使時不卜，謀之於衆，亦猶稱善。「亦」，宋本作「衆」。朱校元本無「亦」字。何則？人心神意同吉凶也。

此言若然，然非卜筮之實也。

夫鑽龜揲蓍，自有兆數，兆數之見，自有吉凶，而吉凶之人，適與相逢。吉人與善兆合，凶人與惡數遇，猶吉人行道逢吉事，顧睨見祥物，非吉事祥物爲吉人瑞應也。凶人遭遇凶惡於道，亦如之。宋本「遇」下有「之道」二字，無「於道」二字。朱校元本同。疑當作「凶人之道，遭遇凶惡亦如之」。「凶人之道」與「吉人行道」對文。之，往也。夫見善惡，非天應答，適與善惡相逢遇也。鑽龜揲蓍有吉凶之兆者，逢吉遭凶之類也。何以明之？周武王不豫，周公卜三龜。注福虚、死僞篇。公曰：「乃逢是吉。」尚書金縢曰：「啓籥見書，乃并是吉。」經無「公曰」字。魯世家曰：「卜人皆曰吉。周公喜，開籥乃見書，遇吉。」故知周公言也。鄭注曰：「乃復三王占書，亦合，（句。）於是吉。」則鄭讀「乃并」二字絶句，訓并爲「合」，蓋古文説也。此作「乃逢是吉」四字爲句，蓋今文也。史公作「遇吉」，與仲任合。「遇」爲「逢」之訓詁字。釋詁云：「逢，遇也。」「并」、「逢」亦聲之轉。魯卿莊叔生子穆叔，以周易筮之，遇明夷之謙。見左昭五年傳。夫卜曰「逢」，筮曰「遇」，實遭遇所得，非善惡所致也。善則逢吉，惡則遇凶，天道自然，非爲人也。推此以論，人君治有吉凶之應，亦猶此也。君德遭賢，時適當平，嘉物奇瑞偶至。不肖之君，亦反此焉。「反」，朱校元本作「及」。

世人言卜筮者多，得實誠者寡。論者或謂蓍龜可以参事，不可純用。潛夫論卜列篇：「聖王之立卜筮也，不違民以爲吉，不專任以斷事。」夫鑽龜揲蓍，兆數輒見。見無常占，占者生意。吉兆而占謂之凶，凶數而占謂之吉，吉凶不效，則謂卜筮不可信。周

武王伐紂，卜筮之，逆，占曰：「大凶。」盼遂案：「卜」字衍文。筮爲一事，卜與占爲一事。蓍草不可言卜，猶靈龜之不可言筮矣。此淺人恒見經籍卜筮連文而誤沾也。**太公推蓍蹈龜而曰：「枯骨死草，何知而凶？」**王本、崇文本作「吉凶」。朱校元本、何、錢、黄本同此。按：當作「何而知凶」。「而」古「能」字。今本「而知」二字誤倒。意林引作「何能知吉凶乎」。史記齊世家：「武王將伐紂，卜龜兆不吉，風雨暴至，羣公盡懼。唯太公彊之，勸武王。」通典一六二引六韜曰：「武王伐紂，師至汜（淮南兵略同。御覽三二八誤「泥」。）水、牛頭山，風甚雷疾，鼓旗毁折；王之驂乘惶震而死。周公曰：『今時迎太歲，龜灼言凶，卜筮不吉，星變爲災，請還師。』太公怒曰：『今紂刳比干，囚箕子，以飛廉爲政，伐之有何不可？枯草朽骨，安可知乎？』乃焚龜折蓍，援枹而鼓，率衆先涉河，武王從之，遂滅紂。」又尚書泰誓疏引太公六韜曰：「卜戰，龜兆焦，筮又不吉。太公曰：枯骨朽蓍，不踰人矣。」今按：韓詩外傳三：「武王伐紂，到於邢丘，軛折爲三，天雨三日不休。武王心懼，召太公而問曰：意者紂未可伐乎？太公對曰：不然。軛折爲三者，軍當分爲三也；天雨三日不休，欲灑吾兵也。」説苑權謀篇：「武王伐紂，大風折旆，散宜生諫。風霽，而乘以大雨，水平地而嗇。散宜生又諫曰：『此其妖歟？』武王曰：『非也。天灑兵也。』卜而龜熸，散宜生又諫。武王曰：『不利以禱祠，利以擊衆，是熸之已。』」類聚二、御覽十引六韜曰：「文王問散宜生，『伐紂吉乎？』曰：『不吉。鑽龜，龜不兆。數蓍，蓍不交而如折。將行之日，雨輜重車至軫。行之日，幟折爲三。四不詳，不可舉事。』太公進曰：『是非子之所知也。祖行之日，雨輜重車至軫。是洗濯甲兵也。』」以上諸文，所説互異。下文以龜燋於祭則凶，爲太公語，又與説苑不同。盼遂案：意林卷三引無「而」字。下句作「枯骨死草，何能知吉凶乎」。知此文本作「何而知凶」。「而」讀爲「能」，淺人不知，因誤倒之爾。夫卜筮兆數，非吉凶誤也，占之不審吉凶，吉凶變亂，變亂，故太公黜之。夫蓍筮龜卜，猶聖王治世；卜筮兆數，猶王治瑞應。瑞應無常，兆數詭異。詭異則占者惑，無常則議者疑。疑則謂平未治，惑則謂吉不良。盼遂案：「平」而「未治」，「吉」而「不良」，語不可通，疑「平」爲「世」誤字。（「平」與「世」草體極近。）「吉」爲「占」之誤字。讀爲「疑則謂世未治，惑則謂占不良」，方與上文「詭異則占者惑，無常則議者疑」二語相爲照應也。何以明之？夫吉兆數，吉人可遭也；治遇符瑞，聖德之驗也。周王伐紂，遇烏魚之瑞，其卜曷爲逢不吉之兆？使武王不當起，出不宜逢瑞；使武王命當興，卜不宜得凶。孫曰：「不當起」上疑脱「命」字。由此言之，武王之卜，不得凶占，謂之凶者，失其實也。魯將伐越，筮之，得「鼎折足」。子貢占之以爲凶。易鼎卦九四爻：「鼎折足，覆公餗，其形渥，凶。」何則？鼎而折足，行用足，故謂之凶。孔子占之以爲吉，曰：「越人水居，行用舟，不用足，故謂之吉。」魯伐越，果克之。書鈔一三七引韓詩外傳：「孔子使子貢適齊，久而未回。孔子占之，遇鼎，謂弟子曰：『占之遇鼎。』皆言無足而不來。顔回掩口而笑，孔子曰：『回也，何哂乎？』曰：『回謂賜必來。』孔子曰：『如何？』曰：『卜而鼎無足，必乘舟而來矣。』賜果至。」薛氏孔子集語引呂氏春秋、類聚七十一、御覽七二八引衝波傳，亦見此事，並與此文稍異，未知何出。夫子貢占鼎折足以爲凶，猶周之占卜者謂之逆矣。逆中必有吉，猶折鼎足之占，宜以伐越矣。周多子貢直占之知，寡若孔子詭論之材，故覩非常之兆，不能審也。世因武王卜，無非而得凶，故謂卜筮不可純用，略以助政，示有鬼神，明己不得專。

著書記者，採掇行事，若韓非飾邪之篇，明已效之驗，毀卜訾筮，非世信用。韓非子飾邪篇曰：「龜筴鬼神，不足舉勝，左右背鄉，不足以專戰，然而恃之，愚莫大焉。」夫卜筮非不可用，卜筮之人，占之誤也。洪範稽疑，卜筮之變，必問天子卿士，或時審是。洪範曰：「稽疑：擇建立卜筮人，乃命卜筮。曰雨，曰霽，曰蒙，曰驛，曰克，曰貞，曰悔，凡七卜。（句。）五占用二，（句。）衍忒。汝若有大疑，謀反乃心，謀及卿士。」鄭讀「凡七。（句。）卜五占用，（句。）二衍貣」。王肅讀「凡七。（句。）卜五，（句。）占用二，（句。）衍忒（馬融「二」字亦屬上讀。）」。按：辨祟篇「書列七卜」，則仲任以「七卜」連讀。此文云「卜筮之變」，則斷「二」字從上讀，「衍忒」二字爲句。疏引鄭注：「『卜五占用』，謂雨、霽、蒙、驛、克也。『二衍忒』，謂貞、悔也。『二衍忒』者，指謂筮事。」王肅云：「『卜五』者，筮短龜長，故卜多而筮少。『占用二』者，以貞、悔占六爻。『衍忒』者，當推衍其爻義以極其意。」疏曰：「『卜五占二』，其義當如王解，其『衍忒』，宜揔謂卜、筮皆當衍其義極其變，非獨筮衍而卜否也。」按：此云「卜筮之變」，則「衍忒」總指卜、筮，非如鄭説獨筮變也。據此，則仲任讀與馬、王同，「衍忒」二字爲句。俞樾、皮錫瑞謂仲任以「二衍忒」爲句，非也。蓋未檢此文。鄭注云：「衍，演也。」爾雅釋言云：「爽，忒也。」孫炎云：「忒，變，雜不一。」説文心部：「忒，更也。」説傳云：「貳，變也。」忒與貳通，故訓「衍忒」爲變。堯典孔傳：「詢，謀也。」故訓「謀」爲問。**夫不能審占，兆數不驗，則謂卜筮不可信用。**

晉文公與楚子戰，見左僖〔一〕二十八年傳。**夢與成王搏，成王在上而鹽其腦。**服虔曰：「即俗語相罵云啑汝腦。」（正義。）**占曰：「凶。」**左傳云：「是以懼。」説苑權謀篇云：「卜戰而龜熸。」非占夢也。未知仲任何據。**咎犯曰：「吉！君得天，楚伏其罪。鹽君之腦者，柔之也。」**左通補釋曰：「腦能熟物。皮氏録曰：『羊腦豬腦，男子食之損精氣。』又云：『羊腦食之，令五藏消也。』（高似孫緯略九。）考工記曰：『角之本蹙於剉，而休於氣，是故柔，柔故欲其埶也。』剉、腦同。解云：『言角之本近於剉，得和煦之氣，故柔。柔欲其刑之自曲，反是爲埶也。』（見弓人。）始知古人立言之故，與制器之巧同。」**以戰果勝，如咎犯占。夫占夢與占龜同。晉占夢者不見象指，猶周占龜者不見兆者爲也。象無不然，兆無不審，人之知闇，論之**

〔一〕「僖」，原本作「傳」，形近而誤，據左傳改。

失實也。傳或言：武王伐紂，卜之而龜熸。占者曰：「凶。」太公曰：「龜熸，以祭則凶，以戰則勝。」注見前。武王從之，卒克紂焉。審若此傳，亦復孔子論卦、咎犯占夢之類也。蓋兆數無不然，而吉凶失實者，占不巧工也。

辨祟篇

世俗信禍祟，説文示部：「禍，害也，神不福也。祟，神禍也。」衆經音義曰：「祟謂鬼神作災禍也。」漢書江充傳師古注：「祟，謂禍咎之徵也。音息遂反。故其字从出从示。示者，鬼神所以示人也。」以爲人之疾病死亡，及更患被罪，「更」、「受」字通。譏日篇：「受禍者未必獄吏也。」宋、元本「受」並作「更」。戮辱懽笑，皆有所犯。起功、移徙、祭祀、喪葬、行作、入官、嫁娶，不擇吉日，不避歲、月，觸鬼逢神，忌時相害。風俗通曰：「五月到官，至免不遷。」（今本挩，意林引。）北齊書宋景業傳：「顯宗將受魏禪，或曰：陰陽書五月不可入官，犯之，終於其位。」故發病生禍，絓法入罪，至于死亡，殫家滅門，皆不重慎，犯觸忌諱之所致也。如實論之，乃妄言也。

凡人在世，不能不作事，作事之後，不能不有吉凶。見吉則指以爲前時擇日之福，見凶則刺以爲往者觸忌之禍。多或盼遂案：「或」作「有」字用，本書例甚多。擇日而得禍，觸忌而獲福。工伎射事者欲遂其術，見禍忌而不言，聞福匿而不達，積禍以驚不慎，列福以勉畏時。故世人無愚智、賢不肖、人君布衣，皆畏懼信向，不敢抵犯。

歸之久遠，莫能分明，錢、王、黄、崇文本作「莫不」，非。以爲天地之書，賢聖之術也。人君惜其官，人民愛其身，相隨信之，不復狐疑。故人君興事，工伎滿閣；各本同。崇文本作「閣」。人民有爲，觸傷問時。盼遂案：「傷」疑是「場」之誤。「觸場」即「逢處」之義，與上「滿閣」同例。姧書僞文，由此滋生。巧惠生意，作知求利，驚惑愚暗，漁富偷貧，愈非古法度聖人之至意也。聖人舉事，先定於義，義已定立，決以卜筮，示不專己，明與鬼神同意共指，欲令衆下信用不疑。白虎通蓍龜篇：「聖人獨見先覩，必問蓍龜何？示不自專也。」潛夫論卜列篇：「聖賢雖察，不自專，故立卜筮以質神靈。」故書列七卜，俞曰：洪範篇：「凡七卜五占用二衍忒。」鄭讀「卜五占用」爲句，「二衍忒」爲句。王肅讀「卜五」爲句，「占用二」爲句，「衍忒」爲句。兩讀不同，並見正義。若依此文，則又以「七卜」二字連讀。當云「凡七卜。（句。）五占用，（句。）二衍忒（句。）」。是亦漢世異説也。暉按：「二」字當屬上讀。説見卜筮篇。易載八卦，從之未必有福，違之未必有禍。然而禍福之至，時也；死生之到，命也。人命懸於天，「人」，文選辯命論注、馬汧督誄注引並作「夫」，是也。吉凶存於時。命窮操行善，天不能續；命長操行惡，天不能奪。天，百神主也。道德仁義，天之道也；戰栗恐懼，天之心也。廢道滅德，賤天之道；嶮隘恣睢，悖天之意。世間不行道德，莫過桀、紂；妄行不軌，莫過幽、厲，桀、紂不早死，幽、厲不夭折。由此言之，逢福獲喜，不在擇日避時；涉患麗禍，不在觸歲犯月，明矣。孔子曰：「死生有命，富貴在天。」注命禄篇。苟有時日，誠有禍祟，聖人何惜不言？何畏不説？案古圖籍，仕者安危，千君萬臣，其得失吉凶，官位高下，位禄降升，各有差品。家人治産，貧富息耗，壽命長短，各有遠近。非高大尊貴舉事以吉日，下小卑賤以凶時也。以此論之，則亦知禍福死生，不在遭逢吉祥、觸犯凶忌也。然則人之生也，「也」猶「者」也。精氣育也；人之死者，命窮絶也。人之生，未必得吉逢喜；其死，獨何爲謂之犯凶觸忌？以孔子證之，以死生論之，則亦知夫百禍千凶，非動作之所致也。孔子聖人，知府也；死生，大事也；大事，道效也。孔子云：「死生有命，富貴在天。」衆文微言不能奪，俗人愚夫不能易，「奪」亦「易」也。注談天篇。明矣。

人之於世，禍福有命；人之操行，亦自致之。其安居無爲，禍福自至，命也；其作事起功，吉凶至身，人也。人之疾病，希有不由風濕與飲食者。當風卧濕，握錢問祟；儀禮士冠禮賈疏：「所卦者，所以畫地記爻者。筮法依七八九六之爻而記之。但古用木畫地，今則用錢。以三少爲重錢，重錢則九也。三多爲交錢，交錢則六也。兩多一少爲單錢，單錢則七也。兩少一多爲折錢，折錢則八也。」焦循易漢學曰：「古謂三代，今謂漢以後。」朱子語類卷六十六：「今人以三錢當揲蓍，此是以納甲附六爻。納甲乃漢焦贛、京房之學。」又引南軒曰：「卜易卦以錢擲，以甲子起卦，始於京房。」飽飯饜食，齋精解禍，「精」當作「糈」，形之誤也。莊子人間世云：「鼓筴播精。」精亦「糈」之誤。文選夏侯孝若東方朔畫贊〔二〕注引莊子作「播糈」。釋文云：「播精如字。一音所字，則當作數。」「數」爲「糈」之譌。文選李善注、史記日者傳徐廣注并云：「糈音所。」山海經云：「糈用稌米。」郭注：「糈，祀神之米。」離騷：「懷椒糈而要之。」注：「糈，精米，所以享神也。」説文貝部：「⿰貝疋，齎財卜問爲⿰貝疋。从貝，疋聲，讀若所。」「⿰貝疋」本字，「糈」借字，同音相假。而病不治，謂祟不得；而，如也。命自絕，謂筮不審，俗人之知也。

夫倮蟲三百六十，人爲之長。見大戴禮易本命篇。人，物也，萬物之中有知慧者也。其受命於天，稟氣於元，與物無異。鳥有巢棲，獸有窟穴，蟲魚介鱗，各有區處，猶人之有室宅樓臺也。能行之物，死傷病困，小大相害。或人捕取，以給口腹，非作窠穿穴有所觸，東西行徙有所犯也。人有死生，物亦有終始；人有起居，物亦有動作。血脈、首足、耳目、鼻口與人不別，惟好惡與人不同，故人不能曉其音，不見其指耳！及其游於黨類，「及」，宋本作「乃」，朱校元本同，是也。「乃」猶「若」也。接於同品，其

〔二〕「畫」字原本脱，據文選補。

知去就，與人無異。共天同地，並仰日月，而鬼神之禍，獨加於人，不加於物，未曉其故也。天地之性，人爲貴，豈天禍爲貴者作，不爲賤者設哉？何其性類同而禍患别也？「刑不上大夫」，見禮記曲禮。聖王於貴者闊也。聖王刑賤不罰貴，鬼神禍貴不殃賤，非易所謂「大人與鬼神合其吉凶」也。乾文言文。「其吉凶也」，宋本作「其狀而曰」，朱校元本同。按：「其狀而曰」四字，屬下文讀。宋、元本脱「其吉凶也」四字，今本脱「其狀而曰」四字。説詳下文。

我有所犯，吴曰：「我」當作「或」，形近之譌。暉按：「我」字不誤，此上當有脱文。上文「其吉凶也」四字，宋、元本并作「其狀而曰」。以下文例之，則此文當作「□□□□，□□□□，不曰□其狀，而曰我有所犯」。下文云：「有事歸之有犯，無爲歸之所居。」「有犯」二字即承此「我有所犯」爲文。則此「犯」字，謂犯禁忌，非謂犯刑法也。今本脱誤，遂使「我有所犯」四字於義無屬。若改「我」作「或」，屬下爲義，則此「犯」字謂犯刑法，又使「有事歸之有犯」句於上文無所指矣。抵觸縣官，羅麗刑法，「麗」，宋本作「絓」。周禮司冠注：「麗，附也。」不曰過所致，而曰家有負。居處不慎，飲食過節，不曰失調和，而曰徙觸時。死者累屬，葬棺至十，不曰氣相汙，而曰葬日凶。有事歸之有犯，盼遂案：「有犯」之「有」，疑爲「所」字之誤。「所」字草書極似「有」也。「歸之所犯」與「歸之所居」，文體亦正相儷也。無爲歸之所居。居衰宅耗，蜚凶流尸，集人室居，又禱先祖，寢禍遺（遣）殃。吴曰：「遺」當作「遣」。「寢遣」猶「解除」矣。疾病不請醫，更患不修行，更、受字通，注見前。動歸於禍，名曰犯觸。用知淺略，原事不實，俗人之材也。

猶繫罪司空作徒，周禮秋官司寇職云：「以嘉石平罷民。凡萬民之有罪過，而未麗於灋，而害於州里者，桎梏而坐諸嘉石，役諸司空。」漢書賈誼傳：「輸之司空，編之徒官。」師古注：「司空，掌刑罪之官。」（「司空」，今本並譌作「司寇」，依宋翔鳳過庭録十二校改。）百官公卿表如淳注：「律，司空主水官及罪人。」未必到吏日惡，繫役時凶也。使殺人者求吉日出詣吏，剬罪，推善時入獄繫，「罪」下「者」字，蒙上文省。「剬」、「剸」字同。禮記文王世子：「其刑罪則纖剸。」注云：「纖讀爲殲。殲，刺也。剸，割也。宫割臏墨劓刖皆以刀鋸刺割人體也。」盼遂案：「罪」下應有「者」字，今脱。「制罪者」與上「殺人者」相爲對文。且脱一「者」，於文理亦難通矣。寧能令事解，赦令至哉？人不觸禍不被罪，不被罪不入獄。一旦令至，解械徑出，未必有解除其凶者也。天下千獄，獄中萬囚，其舉事未必觸忌諱也。居位食禄，專城長邑，以千萬數，其遷徙日未必逢吉時也。歷陽之都，一夕沉而爲湖，注命義篇。其民未必皆犯歲、月也。高祖始起，豐、沛俱復，史記高祖紀：「十二年，過沛，復其民，世世無有所與。沛父兄皆頓首曰：沛幸得復，豐未復，唯陛下哀憐之。乃并復豐，比沛。」後漢書光武紀注：「復謂除其賦役也。」**其民未必皆慎時日也。項羽攻襄安，襄安無噍類，**史記項羽本紀云：「羽別攻襄城，襄城堅守不下，已拔，皆阬之。」又云：「阬秦卒二十餘萬人新安城南。」「襄安」未詳。又「噍」當作「燋」。盼遂案：「襄」當爲「新」，聲之誤也。史記項羽本紀：「楚軍夜坑秦卒二十萬人於新安城南。」從來言坑降卒者，以項羽新安之役，與白起長平之事並舉，不聞別有襄安之地也，則此文譌謬殆無疑義矣。**未必不禱賽也。**以上文例之，「未必」上，疑有「其民」二字。盼遂案：句首當有「其被圍時」四字，方與下句相稱。**趙軍爲秦所坑於長平之下，四十萬衆，同時俱死，**注命義篇。**其出家時，未必不擇時也。辰日不哭，哭有重喪。**孫曰：顔氏家訓風操篇陰陽說云：「辰爲水墓，又爲土墓，故不得哭。」舊唐書張公謹傳：「有司奏言：『準陰陽書，日子在辰，不可哭泣，又爲流俗所忌。』太宗曰：『君臣之義，同於父子。情發於哀，安避辰日？』遂哭之。」又呂才傳敍葬書曰：「野俗無識，皆信葬書，巫者詐其吉凶，愚人因而徼幸。遂使擗踊之際，擇葬地而希官品；荼毒之秋，選葬時以規財禄。或云辰日不宜哭泣，遂莞爾而對賓客受弔。或云同屬忌於臨壙，乃吉服不送其親。聖人設教，豈其然也？葬書敗俗，一至於斯。」仲任所云，蓋亦本葬歷也。**戊、己死者，復尸有隨。一家滅門，先死之日，未必辰與戊、己也。血忌不殺牲，**注譏日篇。**屠肆不多禍；上朔不會衆，**孫曰：此蓋本於堪輿曆也。御覽八百四十九引風俗通曰：「堪輿書云：上朔會客必鬬爭。」案劉君陽爲南陽牧，嘗上朔設盛饌，了無鬬者。」**沽舍不**

觸殃。塗上之暴尸，未必出以往亡；室中之殯柩，未必還以歸忌。孫曰：後漢書郭躬傳：「汝南有陳伯敬者，行必矩步，坐必端膝。呵叱狗馬，終不言死。目有所見，不食其肉。行路聞凶，便解駕留止。還觸歸忌，則寄宿鄉亭。」章懷注云：「陰陽書厤法曰：歸忌日，四孟在丑，四仲在寅，四季在子，其日不可遠行、歸家及徙也。」禮記王制正義引後漢書郭躬傳云：「有陳伯子者，出辟往亡，入辟歸忌。」此蓋別家後漢書，非范書也。暉按：晉武帝攻慕容起。諸將曰：「往亡之日，兵家所忌。」帝曰：「我往彼亡，吉孰大焉？」遂平廣固。又唐李愬攻蔡吳房。吏曰：「往亡，日法當避。」愬曰：「彼謂吾不來，此可擊也。」又顏氏家訓雜藝篇曰：「世傳術書，皆出流俗。言辭鄙陋，驗少妄多。如反支不行，竟以遇害；歸忘寄宿，不免凶終。拘而多忌，亦無益也。」由此言之，諸占射禍祟者，皆不可信用；信用之者，皆不可是。

夫使食口十人，居一宅之中，不動钁錘（鍤），先孫曰：「錘」當爲「鍤」。俗書「臿」或作「函」，（見廣韻十一洽。）隸書「垂」或作「臿」，（見漢富春丞張君碑。）二形相近，故「鍤」、「錘」傳寫易誤。暉按：程材篇云：「不秉钁鍤。」語意正同。不動钁鍤，謂不起土興功犯歲月也。不更居處，謂不移徙以衡太歲。祠祀嫁娶，皆擇吉日，從春至冬，不犯忌諱，則夫十人比至百年，能不死乎？占射事者必將復曰：「宅有盛衰，隋志五行家有宅吉凶論三卷。若歲破、直符，「若」猶「或」也。讕時篇云：「子宅直符，午宅爲破。」餘注彼文。不知避也。夫如是，令數問工伎之家，宅盛即留，衰則避之，孫曰：古昔宅有衝破，疑及凶災，或有寢疾，疑居宅不吉，必將避之，謂之避時，或謂之避衰。史記呂不韋傳：「太后詐卜，當避時徙宫居雍。」漢書天文志：「河平二年十二月壬申，太皇太后避時昆明東觀。」後漢書魯丕傳：「趙王商嘗欲避疾便時，移住學宫。丕止不聽。奏曰：禮，諸侯薨於路寢。死生有命，未有逃避之典也。」潛夫論浮侈篇云：「巫祝熒惑百姓，至使奔走便時，去離正宅。崎嶇路側，風寒所傷，姦人所利。」晉書庾翼傳：「自武昌移鎮襄陽，議者謂其避衰。」及歲破、直符，輒舉家移，比至百年，能不死乎？」占射事者必將復曰：「移徙觸時，往來不吉。」「來」，朱校元本作「逢」。夫如是，復令輒問工伎之家，可徙則往，可還則來，比至百年，能不死乎？占射事者必將復曰：「泊命壽極。」元本作「壽命已極」。朱校同。夫如是，人之死生，竟自有命，非觸歲、月之所致，無負凶忌之所爲也。宋本「無」作「犯」。負，背也。

難歲篇

盼遂案：此篇文字譌脱特多，難於驟理。

俗人險心，好信禁忌，「忌」，宋本作「龍」，朱校元本同。按：作「禁龍」是也。淮南子要略云：「操舍開塞，各有龍忌。」「禁龍」猶言「龍忌」也。墨子貴義篇：「墨子北之齊，日者曰：『帝以今日殺黑龍於北方，而先生之色黑，不可以北。』墨子曰：『帝以甲乙殺青龍於東方，以丙丁殺赤龍於南方，以庚辛殺白龍於西方，以壬癸殺黑龍於北方，若用子之言，則是禁天下之行者也。』」蓋即移徙家禁龍之術。盼遂案：「險心」即「倖心」。禮記中庸：「小人行險以徼倖。」險、倖並列，其義一也。本篇末言「俗心險危，死者不絶」，亦言俗人存徼倖之心而不免於死也。**知者亦疑，莫能實定。是以儒雅服從，工伎得勝。吉凶之書，伐經典之義；工伎之説，凌儒雅之論。今略實論，令〔世〕親（觀）覽，總核是非，使世一悟。**「親」當作「觀」，形誤。「令」下又脱「世」字。四諱篇曰：「略舉通語，令世觀覽。」語意正同。「令世觀覽」與「使世一悟」對文。

移徙法曰：「徙抵太歲，凶；如太歲在北方子位，則不得向北徙也。荀子儒效篇云：「武王之誅紂也，行之日，以兵忌東面而迎太歲。」楊注：「迎，逆也。尸子云：武王伐紂，魚辛諫曰：歲在北方不北征。」越絶書曰：「舉兵無擊太歲。」**負太歲，亦凶。」**禮記明堂位注：「負之言背也。」背、負古通。如太歲在北方，則不可由北徙南也。淮南天文訓云：「太陰所居，不可背而可鄉。」**抵太歲名曰歲下，負太歲名曰歲破，**協紀辨方書云：「歲破，叢辰名，太歲所衝之辰也。例如子年在午，丑年在未，爲最凶之神。」**故皆凶也。假令太歲在甲子，天下之人皆不得南北徙，**「甲」字衍。子爲北方，太歲居子，北方爲歲下；南方爲午，即太歲所對之衝，爲歲破。故太歲在子，天下之人皆不得南北徙。調時篇云：「假令太歲在子。」本篇下文云：「當言太歲在北方，不當言在子。今正言在子位。」又云：「移徙之家禁南北徙者，以爲歲在子位，子者破午，南北徙者，抵觸其衝，故謂之凶。」又云：「今太歲在子位耳。」並其證。**起宅嫁娶亦皆避之。其移東西，若徙四維，**「若」猶「或」也。四維，四角也。淮南天文訓云：「東北爲報德之維，西南爲背陽之維，東南爲常羊之維，西北爲蹏通之維。」**相之如者，**之、如并往也。謂相往來。**皆吉。**淮南天文訓曰：「太陰在甲子，刑德合東方宮，常徙所不勝。」許慎注：「太陰在天爲歲星。」故太陰即太歲。錢塘補注：「太陰在甲子，太一在丙戌之歲也。甲子之歲，德在甲，刑在卯，子刑卯，故刑德合東方宮，徙所不勝，則自東而西。」此以移東西吉，即從其德、背其衝之説也。盼遂案：「徙」字衍文。之、如二字皆訓往，二字連用，疑亦當時術家之語。下文：「行人從東如西，四維相之如。」又云：「東西徙，若四維徙者。」言「徙」則不言「相之如」，言「相之如」則不言「徙」，知「相之如」即「相徙」也。則此文「徙」字爲衍文，審矣。**何者？不與太歲相觸，亦不抵太歲之衝也。**史記天官書：「歲星所在，其對爲衝。」衝者相對之名，謂與歲星所居之地相對則爲衝。如太歲在壽星，則降婁爲衝；在大火，則大梁爲衝。越絶書計倪内經曰：「陰陽萬物，各有紀綱，日月星辰刑德變爲吉凶，金木水火土更勝，月朔更建，莫主其常，順之有德，逆之有殃，是故聖人能明其刑而處其鄉，從其德而避其衝。」

實問：避太歲者，何意也？令太歲惡人徙乎？則徙者皆有禍；令太歲不禁人徙，惡人抵觸之乎？則道上之人，南北行者皆有殃。太歲之意，猶長吏之心也。長吏在塗，人行觸車馬，干其吏從，「干」，朱校元本同。鄭本作「于」，錢、黄、王、崇文本作「於」，並非。干，犯也。長吏怒之，豈獨抱器載物，去宅徙居觸犯之者，而乃責之哉？昔文帝出，過霸陵橋，史記張釋之傳云：「出中渭橋。」有一人行逢車駕，逃於橋下，以爲文帝之車已過，疾走而出，驚乘輿馬。文帝怒，以屬廷尉張釋之。師古曰：「屬，委也。」釋之當論。當論，並謂處其罪也。使太歲之神行若文帝出乎？則人犯之者，必有如橋下走出之人矣。方今行道路者，暴溺仆死，宋本「溺」作「病」，朱校元本同，是也。何以知非觸遇太歲之出也？爲移徙者，又不能處。「爲」讀作「謂」。謂移徙者，説移徙之家也。處，辯審也。不能處，則犯與不犯未可知。未可知，則其行與不行未可審也。

且太歲之神審行乎？則宜有曲折，不宜直南北也。長吏出舍，行有曲折。如天神直道不曲折乎？則從東西、四維徙者，猶干之也。若長吏之南北行，人從東如西，四維相之如〔者〕，猶抵觸之。「如」下脱「者」字。「相之如者」，謂相往來也。上文云：「若徙四維，相之如者，皆吉。」此即破彼説。下文云：「從寅申徙，相之如者，無有凶害。」並其證。如不正南北，南北之徙又何犯？如太歲不動行乎？則宜有宫室營堡，不與人相見，人安得而觸之？如太歲無體，與長吏異，若煙雲虹蜺，直經天地，極子午南北陳乎？關尹内傳曰：「天地南午北子。」（御覽二。）則東西徙，若四維徙者，亦干之。譬若今時人行觸繁霧蜮氣，蜮，短狐也。注言毒篇。無從横負鄉皆中傷焉。「從」讀「縱」。「負」讀「背」。「鄉」讀「嚮」。中，亦傷也。如審如氣，人當見之，雖不移徙，亦皆中傷。

且太歲，天別神也，與青龍無異。淮南天文訓曰：「天神之貴者，莫貴於青龍。或曰天一，或曰太陰。」錢塘補注：「古亦以青龍爲太歲。」王引之太歲考曰：「古者天一、太歲、太陰，名異而實同。」龍之體不過數千丈，如令神者宜長大，饒之數萬丈，令體掩北方，當言太歲在北方，不當言「在子」。其東有丑，其西有亥，卯爲正東，午爲正南，子爲正北，酉爲正西，丑、寅爲東北之維，辰、巳爲東南之維，未、申爲西南之維，戌、亥爲西北之維。明不專掩北方，極東西之廣，明矣。令正言在子位，觸土之中直子午者不得南北徙耳，直，當也。下同。丑與亥地之民，使太歲左東邊直丑、巳之地，西邊直亥、未之民，何爲不得南北徙？

右通，〔不〕得南北徙及東西徙。可盼遂案：「南北徙及」四字，蓋涉上文而衍。「徙可」二字，疑亦衍文。文本爲使太歲左右通及東西。東者，太歲東之丑與巳。西者，太歲西之亥與未也。(何)則？丑在子東，亥在子西，丑、亥之民東西徙，觸歲之位；巳、未之民東西徙，忌歲所破。「得」上脱「不」字。「可則」當作「何則」。說移徙者以爲天下之人皆不得南北徙。仲任以爲丑巳亥未之地得南北徙，因太歲直在子位。若不在子位，而左右通，則不只南北不能徙，東西亦不能徙也。何則？丑、亥之民東西徙，觸歲之位，巳、未之民忌歲所破。太歲居北方，北方爲歲下，丑爲東北，亥爲西北，故丑、亥對徙，必穿歲下，故云「觸歲之位」。南方爲太歲所對，即其所衝所破。巳爲東南，未爲西南，巳、未東西徙，必經歲破之下，故云「忌歲所破」。今本脱「不」字，則謂使太歲左右通，得南北徙及東西徙，殊失其義。

儒者論天下九州，禹貢九州。以爲東西南北，盡地廣長，九州之内五千里，書今文說。注藝增篇。竟三河土中。史記貨殖傳：「唐人都河東，殷人都河内，周人都河南。夫三河在天下之中，若鼎足，王者所更居也。」五行志曰：「三代居三河。」師古注：「夏都安邑，即河東也。殷都朝歌，即河内也。周都洛陽，即河南也。」周公卜宅，謂卜居成周。經曰：「王來紹上帝，自服于土中。」見尚書召誥。土中，謂八方之中。雒則土之中也。鄒衍論之，以爲九州之内五千里，竟合爲一州，在東南位，名曰赤縣州。「東南位」舊作「東東位」。孫曰：「在東東位」，當作「在東南位」。下文云：「使如鄒衍之論，則天下九州，在東南位，不直子午，安得有太歲？」談天篇云：「禹貢九州，方今天下九州也，在東南隅，名曰赤縣神州。」又云：「鄒衍曰：方今天下，在地東南，名赤縣神州。」並其證。暉按：孫説是也。宋本正作「東南位」，朱校元本同。今據正。自有九州者九焉，九九八十一，凡八十一州。此誤解鄒衍説也。詳談天篇。此言殆虛。地形難審，假令有之，亦一難也。謂可以難移徙説。使天下九州，如儒者之議，直雒邑以南，對三河以北，豫州、荆州、冀州之部有太歲耳。雍、梁之間，青、兖、徐、揚之地，安得有太歲？使如鄒衍之論，則天下九州在東南位，不直子、午，安得有太歲？

如太歲不在天地極，分散在民間，則一家之宅，輒有太歲，雖不南北徙，猶抵觸之。假令從東里徙西里，西里有太歲；從東宅徙西宅，西宅有太歲。或在人之東西，或在人之南北，猶行途上，東西南北皆逢觸人。孫曰：御覽五百六引徐邈別傳云：「邈字仙民，舉世諮承，傳爲定範。舊疑歲神在卯，此宅之左，即彼宅之右地，何得拘忌？邈以爲太歲之屬，自是游神，譬如日出之時，向東背朔，非爲定體。」正與仲任説同。（暉按：晉書徐邈傳「歲神」作「歲辰」。「拘忌」，本傳及御覽一八〇引邈別傳並作「俱忌」。又「向東背朔」，文不成義，本傳及御覽引別傳并作「向東皆逆」，是也。）太歲位數千萬億，天下之民徙者皆凶，爲移徙者「爲」讀作「謂」。錢、黃、王、崇文本作「謂」。何以審之？如審立於天地之際，猶王者之位在土中也。東方之民，張弓西射，人不謂之射王者，以不能至王者之都，自止射其處也。今徙豈能北至太歲位哉？自止徙百步之內，何爲謂之傷太歲乎？

且移徙之家謂說移徙者。如言變復之家、月令之家。禁南北徙者，以爲歲在子位，歲即太歲。子者破午，南北徙者，抵觸其衝，故謂之凶。夫破者，須有以椎破之也。如審有所用，則不徙之民，皆被破害；如無所用，何能破之？夫雷，天氣也，雷虛篇云：「夫雷，火也。火氣剡也。」此作「天氣」，疑誤。盛夏擊折，折木破山，「盛夏擊折」，文不成義。龍虛、雷虛並云：「盛夏之時，雷電擊折樹木。」此文有誤。盼遂案：二「折」字疑皆衍文。龍虛篇「盛夏之時，雷電擊折破樹木」，亦衍「折」字，與此文同誤。時暴殺人。使太歲所破，若迅雷也，則聲音宜疾，死者宜暴；如不若雷，亦無能破。如謂衝抵爲破，衝抵安能相破？東西相與爲衝，而南北相與爲抵。如必以衝抵爲凶，則東西常凶，而南北常惡也。如以太歲神，其衝獨凶，神莫過於天地，天地相與爲衝，則天地之間無生人也。或(式)上十二神，登明、從魁之輩，先孫曰：「或」疑「式」之誤。六壬式十二神，亥爲登明，酉爲從魁，見黃帝龍首經，又金匱玉衡經。工伎家謂之皆天神也，孫曰：孫詒讓謂「或」爲「式」字之誤，近之。十二神者，漢志五行類有轉位十二神二十五卷。五行大義卷五論諸神篇引玄女拭經云：「六壬所使十二神者：神后主子，水神。大吉主丑，土神。功曹主寅，木神。太衝主卯，木神。天罡主辰，土神。太乙主巳，火神。勝光（黄帝龍首經、金匱玉衡經、授三子元女經、太白陰經、吴越春秋、夢溪筆談、宋史律曆志並作「勝先」。）主午，火神。小吉主未，土神。傳送主申，金神。從魁主酉，金神。河魁主戌，土神。登明主亥，水神。子神后者，子爲黄鐘，君道，故稱后，陽之始也。陽動於内，而未形，故稱神也。丑大吉者，萬物至丑皆萌，得陽生，故大吉也。寅功曹者，萬物至寅，其功已見。曹，衆也，衆物功既成於寅也。卯太衝者，萬物至卯其皆太衝，其心皮舒放也。辰天罡者，當斗星之柄，其神剛强也。巳太乙者，純乾用事，天德在焉，故太乙神后也。午勝光者，陽氣大威，陰氣時動，惟陽在光爲勝也。未小吉者，萬物畢成熟，故爲小吉也。申傳送者，傳其成物，送與冬藏也。酉從魁者，從斗之魁，第二星也。戌河魁者，當河首也，當斗魁首也。亥登明者，水體内明，不見於外，微其陽氣，至子方明也。神后主婦女，大吉主田農，功曹主遷邦，太衝主對吏，天罡主殺伐，太乙主金寶，勝光主神祀，小吉主婚會，傳送主掩捕，從魁主死喪，河魁主疾病，登明主碎召。」夢溪筆談卷七象數類云：「六壬，天十二辰之名。古人釋其義曰：正月陽氣始建，呼召萬物，故曰登明。二月物生根魁，故曰天魁。三月華葉從根而生，故曰從魁。四月陽極，無所傳，故曰傳送。五月草木茂盛，踰於初生，故曰勝先。六月萬物小盛，故曰小吉。七月百穀成實，自能任持，故曰太一。八月枝條堅剛，故曰天罡。九月木可爲枝榦，故曰太衝。十月萬物登成，可以會計，故曰功曹。十一月月建在子，君復其位，故曰太吉。十二月爲酒醴以報百神，故曰神后。此説極無稽據、義理。予按：登明者，正月三陽始兆於地上，見龍在田，天下文明，故曰登明。天魁者，斗魁第一星也。斗魁第一星抵於戌，故曰天魁。從魁者，斗魁第二星也。斗魁第二星抵於酉，故曰從魁。（斗杓一星建方，斗魁二星建方，一星抵戌，一星抵酉。）傳送者，四月陽極將退，一陰欲生，故傳陰而生陽也。小吉，夏至之氣，大往小來，小人道長，小人之吉也，故爲婚姻酒食之事。勝先者，王者向明而治，萬物相見乎此，莫勝莫先焉。太一者，太微垣所在，太一所居也。天罡者，斗剛之所建也。（斗杓謂之剛，蒼龍第一星亦謂之亢，與斗剛相直。）太衝者，日月五星所出之門户，天之衝也。功曹者，十月歲功成而會計也。大吉者，冬至之氣，小往大來，君子道長，大人之吉也，故主文武大臣之事。十二月子位北方之中，上帝所居也。神后，帝君之稱也。天十二辰也，故皆以天事明之。」沈氏所解，或與蕭同，或與蕭異。班志所載轉位十二神之書既不可見，以其名義與論衡所載參證之，疑十二神者，本以配十二辰之方向，故亦稱爲十二辰也。占卜者準以干支，應以諸神。其取名也，或以星辰，或以舊占吉凶之語，定之時令之説，疑五行之家所演出也。即以加時論之，吴越春秋、龍首經、晉書藝術戴洋傳所載，多不相同。兩漢以來，人各爲説，彌失古旨。又按：「登明」本作「徵明」。夢溪筆談云：「亥曰登明。」注曰：「登，避仁宗嫌名。」可知趙宋以前，並作徵明也。今或作「徵明」，或作「微明」，或作「登明」。作「徵」者，其本字也；作「微」者，形近之誤也；作「登」者，宋人所改也。**常立子、丑之位，俱有衝抵之氣，神雖不若太歲，宜有微敗。**

移徙者雖避太歲之凶，獨觸十二神之害，爲移徙時者，何以不禁？「爲」讀作「謂」，指説移徙之家也。淺人不明「爲」、「謂」古通，而妄加「時」字，以指往來移徙之人。下文云：「爲移徙者，亦宜復禁東西徙。」又云：「爲移徙者，竟妄不可用也。」今「者」上並衍「時」字，與此誤同。彼文若原指往來移徙之人，則不當言其「竟妄不可用」。「竟妄不可用」，謂持移徙説者，其術妄不可用也。則知當作「爲移徙者」，甚明。足與此文互證。上文云：「爲移徙者，又不能處。」又云：「爲移徙者，何以審之。」句例并與此同，亦可證。

冬氣寒，水也，水位在北方。夏氣熱，火也，火位在南方。案秋冬寒、春夏熱者，天下普然，非獨南北之方水火衝也。今太歲位在子耳，天下皆爲太歲，非獨子、午衝也。水位北，火位南，而寒熱及於天下，非限南北。據此，則太歲雖在子位，其衝不當限於子、午。明不得南北徙之説之妄。**審以所立者爲主，則午可爲大夏，子可爲大冬。**午爲南方。夏氣熱，火也，火位南方，故謂午爲大夏。子爲北方。冬氣寒，水也，水位北方，故謂子爲大冬。**冬夏南北徙者，**當冬夏時，從南北徙者。**可復凶乎？**

立春，艮王、震相、巽胎、離没、坤死、兑囚、乾廢、坎休。孫曰：休、王之義，古昔或合言之，或分言之，義則一也。合言之者，並稱五行休王，若御覽二十五所引五行休王論是也。分言之者，區爲三部：一曰五行體休王，二曰支干休王，三曰八卦休王，若五行大義所載是也。仲任所言，蓋八卦休王也。五行大義卷二論八卦休王曰：「八卦休王者，立春艮王、震相、巽胎、離没、坤死、兑囚、乾廢、坎休。春分震王、巽相、離胎、坤没、兑死、乾囚、坎廢、艮休。立夏巽王、離相、坤胎、兑没、乾死、坎囚、艮廢、震休。夏至離王、坤相、兑胎、乾没、坎死、艮囚、震廢、巽休。立秋坤王、兑相、乾胎、坎没、艮死、震囚、巽廢、離休。秋分兑王、乾相、坎胎、艮没、震死、巽囚、離廢、坤休。立冬乾王、坎相、艮胎、震没、巽死、離囚、坤廢、兑休。冬至坎王、艮相、震胎、巽没、離死、坤囚、兑廢、乾休。其卦從八節之氣，各四十五日。」御覽二十五引京房易占及五行休王論，意並相同。（唐六典以王、相、囚、死、胎、没、休、廢爲卦之八氣。）王之衝死，相之衝囚，王、相衝位，有死、囚之氣。乾坤六子，注驗符篇。天下正道，伏羲、文王象以治世。文爲經所載，道爲聖所信，明審於太歲矣。人或以立春東北徙，抵艮之下，易説卦曰：「艮，東北之卦也。」此據上文「抵太歲名曰歲下」而言，故曰「抵艮之下」。不被凶害。太歲立於子，彼東北徙，坤卦近於午，猶艮以坤，坤位在西南，於辰爲未，故曰「坤卦近於午」。「以」猶「與」也。古有四維之卦，見周髀。宋本「徙」作「殺」，「近」作「也」，朱校元本同。義亦難明，疑此文有誤。徙觸子位，何故獨凶？正月建於寅，破於申，此月衝也。偶會篇曰：「正月建寅，斗魁破申。」從寅、申徙，寅爲東北。申爲西南。相之如者，無有凶害。太歲不指午，而空曰歲破；午實無凶禍，而虚禁南北，疑脱「徙」字。豈不妄哉？

十二月爲一歲，四時節竟，陰陽氣終，竟復爲一歲，疑當作「終竟復爲一歲」。「終」字涉重文脱。日、月積聚之名耳，何故有神而謂之立於子位乎？積分爲日，累日爲月，連月爲時，紀（結）時爲歲。「紀」，宋本作「結」，朱校元本同，是也。歲則日、月、時之類也。歲而有神，「而」猶「若」也。日、月、時亦復有神乎？千五百三十九〔歲〕爲一統，以下文例之，「九」下當有「歲」字，調時篇亦有此文，可證。盼遂案：依下句「四千六百一十七歲爲一元」例之，則此「三十九」下應有一「歲」字，今脱。且下文即云「歲猶統、元也」，所斥之「歲」，正承此文。四千六百一十七歲爲一元。注調時篇。歲猶統、元也。歲有神，統、元復有神乎？論之以爲無。假令有之，何故害人？神莫過於天地，天地不害人。人謂百神，百神不害人。太歲之氣，天地之氣也，何憎於人，觸而爲害？

且文曰：「甲子不徙。」言甲與子殊位，太歲立子不居甲，爲移徙者，運之而復居甲。此蓋旋式之法。史記日者傳：「分策定卦，旋式正棊。」索隱曰：「式即拭也。旋，轉也。拭之形，上圓象天，下方法地，用之則轉天綱，加地之辰，故曰旋式。」龜策傳曰：「運式定日月，分衡度，視吉凶。」移徙家運式，則天干加地支，故甲子合。爲之而復居甲，爲移徙時者，「時」字衍，校見上文。下誤同。盼遂案：章士釗云：「『甲爲之而復居』六字衍文。」是也。亦宜復禁東西徙。甲與子鈞，其凶宜同。不禁甲，而獨忌子，爲移徙時者，竟妄不可用也。人居不能不移徙，移徙不能不觸歲，不觸歲不能不得時死。句首「不」字，「得」字，并衍。三句相承爲文，句法一律。盼遂案：句首「不」字衍。工伎之人，見今人之死，則歸禍於往時之徙。俗心險危，死者不絶，故太歲之言，傳世不滅。偶會篇：「世謂宅有吉凶，徙有歲月。實事則不然。命凶之人，當衰之家，治宅遭得不吉之地，移徙適觸歲月之忌。」

論衡校釋卷第二十五

詰術篇

圖宅術曰：孫曰：晉書魏舒傳：「少孤，爲外家寧氏所養。寧氏起宅，相宅者曰：『當出貴甥。』外祖母以魏氏甥小而慧，意謂應之。舒曰：『當爲外氏成此宅相。』」韓友傳：「善占卜，能圖宅相冢。」又按漢書藝文志形法有宮宅地形二十卷。隋書經籍志有宅吉凶論三卷，相宅圖八卷。蓋即仲任所謂圖宅術也。**宅有八術，**八術未詳。**以六甲之名，數而第之，第定名立，宮商殊別。**潛夫論卜列篇：「今俗有妄傳姓於五音，設五宅之符第。」又云：「宅有宮商之第。」亦即謂此。蓋五行納音術也。漢書律曆志曰：「日有六甲，辰有五子。」六甲，謂甲子、甲寅、甲辰、甲午、甲申、甲戌也。容齋四筆卷十云：「六十甲子納音，皆從五音所生。甲子爲首，而五音始於宮，宮土生金，故甲子爲金，而乙丑以陰從陽。商金生水，故丙子爲水，而丁丑從之。角木生火，故戊子爲火；徵火生土，故庚子爲土；羽水生木，故壬子爲木，而己丑、辛丑、癸丑各從之。至於甲寅，則納音起於商，商金生水，故甲寅爲水；角木生火，故丙寅爲火；徵火生土，故戊寅爲土；羽水生木，故庚寅爲木；宮土生金，故壬寅爲金，而五卯各從之。至甲辰，則納音起於角，角木生火，故甲辰爲火；徵火生土，故丙辰爲土；羽水生木，故戊辰爲木；宫土生金，故庚辰爲金；商金生水，故壬辰爲水，而五巳各從之。宫、商、角既然，惟徵、羽不得居首。如是甲午復如甲子，甲申如甲寅，甲戌如甲辰，而五未、五亥、五酉，亦各從其類。」**宅有五音，姓有五聲。**孫曰：周語：「司商協名姓。」白虎通論姓曰：「古者聖人吹律定姓，以記其族。人含五常而生，正聲有五：宫、商、角、徵、羽。轉而相雜，五五二十五，轉生四時異氣，殊音悉備，故姓有百也。」御覽十六引易是類謀曰：「聖人興起，不知姓名，當吹律聽聲，以别其姓。律者，六律也。」又引孝經援神契云：「聖王吹律定姓。」三百六十二引易是類謀曰：「黄帝吹律以定姓。」漢書京房傳：「房本姓李，推律自定爲京氏。」（合璧事類外集引古今姓纂云：「李姓徵音，京姓角音。」）本書奇怪篇：「孔子吹律，自知殷後。」潛夫論卜列篇云：「亦有妄傳姓於五音，其爲誣也甚矣。古有陰陽，然後有五行。五帝右據行氣，以生人民，載世遠，乃有姓名敬民。（「敬民」二字有誤。）名字者，蓋所以别衆猥而顯此人爾，非以紀五音而定剛柔也。今俗人不能推紀本祖，而反欲以聲音言語定五行，誤莫甚焉。」**宅不宜其姓，姓與宅相賊，則疾病死亡，犯罪遇禍。**唐書吕才傳才敍宅經曰：「近代師巫，更加五姓之説。言五姓者，謂宫、商、角、徵、羽等。天下萬物，悉配屬之。行事吉凶，依此爲法。至如張、王等爲商，武、庾等爲羽，欲似同韻相求。及其以柳姓爲宫，以趙姓爲角，又非四聲相管。其間亦有同是一姓，分屬宫、商；後有復姓數字，徵羽不别。驗於經典，本無斯説，諸陰陽書亦無此語，直是野俗口傳，竟無所出之處。」

詰曰：夫人之在天地之間也，萬物之貴者耳。其有宅也，猶鳥之有巢，獸之有穴也。謂宅有甲乙，巢穴復有甲乙乎？甲乙之神，獨在民家，不在鳥獸何？以下文例之，「何」下當有「也」字。夫人之有宅，猶有田也，以田飲食，以宅居處。人民所重，莫食最急，民以食爲天。洪範八政，一曰食，二曰貨。先田後宅，田重於宅也。田間阡陌，可以制八術，比土爲田，比，相屬也。可以數甲乙。「可」上舊校曰：一有「不」字。按：程本有「不」字，非也。甲乙之術，獨施於宅，不設於田，何也？府廷之内，吏舍比屬，吏舍之形制，何殊於宅？吏之居處，何異於民？不以甲乙第舍，獨以甲乙數宅，何也？民間之宅，與鄉、亭比屋相屬，接界相連。漢書百官表：「大率十里一亭，十亭一鄉。」風俗通（御覽一九四。）云：「春秋、國語有『寓望』，謂今亭也。民所安定也。亭有樓，從『高』省，『丁』聲也。漢家因秦，大率十里一亭。亭，留也，今語有亭待，蓋行旅宿食之所館也。」不并數鄉、亭，獨第民家。甲乙之神，何以獨立於民家也？數宅之術□行市亭，盼遂案：「行」上應有「亦當」二字。今既上文縱言數日之術行於民宅，故此復假設言其亦當行於市亭間也。下文「數宅既以甲乙，五行之家數日亦當以甲乙」，與此文法同。數巷街以第甲乙。「街」，宋、元本、朱校元本并作「術」。下「亦有巷街」同。按：作「術」是。下「街巷民家」誤同。墨子旗幟篇：「巷術周道者，必爲之門。」説文：「術，邑中道也。」此據巷術民宅數甲乙，以詰其術不行市亭。若作「巷街」，則下文「入市門曲折，亦有巷街」，不成文理矣。又「數宅之術」下疑脱「不」字。入市門曲折，亦有巷街。人晝夜居家，朝夕坐市，周禮地官司市：「大市，日昃而市，百族爲主。朝市，朝時而市，商賈爲主。夕市，夕時而市，販夫販婦爲主。」其實一也，市肆户何以不第甲乙？州、郡列居，縣、邑雜處，與街巷民家何以異？州郡縣邑，何以不數甲乙也？

天地開闢有甲乙邪？後王乃有甲乙？蔡邕月令章句曰：「大橈操五行之姓，占斗綱所建，於是始作甲乙以名日，謂之幹。作子丑以名日，謂之枝。枝幹相配，以成六旬。」郭沫若曰：「甲、乙、丙、丁，均爲魚身之物，其字象形。戊、巳、庚、辛、壬、癸六字均係器物之象形，且多係武器。」如天地開闢本有甲乙，則上古之時，巢居穴處，無屋宅之居，街巷之制，甲乙之神皆何在？

數宅既以甲乙，五行之家數日，亦當以甲乙。「當」疑當作「常」。甲乙有支干，白虎通姓名篇：「甲乙者，幹也。子丑者，枝也。」術家於支干上下生克以求日之吉凶，故謂數日以甲乙，甲乙有支干。支干有加時。支干加時，專比者吉，相賊者凶。專比，謂支干上下相生之日。賊，謂上下相克之日。淮南天文訓曰：「子生母曰義，母生子曰保，子母相得曰專，母勝子曰制，子勝母曰困。以勝擊殺，勝而無報。以專從事，事而有功。以義行理，名立而不墮。以保畜養，萬物蕃昌。以困舉事，破滅死亡。」母謂十干，子謂十二支也。抱朴子登涉篇引靈寶經曰：「所謂寶日者，謂支干上生下之日也。若甲午、乙巳之類是也。甲者，木也。午者，火也。乙亦木也，巳亦火也。火生於木故也。所謂義日者，支干下生上之日也。若壬申、癸酉之日是也。壬者，水也。申者，金也。癸者，水也。酉者，金也。水生於金故也。所謂制日者，支干上克下之日也。若戊子、己亥之日是也。戊者，土也。子者，水也。巳亦土也，亥亦水也。五行之義，土克水也。所謂伐日者，支干下克上之日也。若甲申、乙酉之日是也。甲者，木也。申者，金也。乙亦木也，酉亦金也。金克木故也。」伐日即淮南之困日。「保」、「寶」字通。不言專日，其義可類推得之。淮南、抱朴皆謂日有義、保、專、制、困五者。據此，則時亦有之，不獨日也。當其不舉也，未必加憂支辱也。孫曰：「支」字疑涉上下文「支干」而衍。暉按：朱校元本無「辱」字。「支」下空一格。疑「憂」字下半，爲「反」字誤合。「反支」見後漢書王符傳。「加憂」亦誤，未知所當作。事理有曲直，罪法有輕重，上官平心，原其獄狀，未有支干吉凶之驗，而有事理曲直之效，爲支干者，何以對此？武王以甲子日戰勝，紂以甲子日戰負，呂氏春秋貴因篇曰：「武王至鮪水，殷使膠鬲候周師。武王見之，曰：『將以甲子至殷郊，子以是報矣。』果以甲子至殷郊，殷已先陳矣。至殷，因戰，大克之。」禮記檀弓鄭注曰：「紂以甲子死。」二家俱期，兩軍相當，旗幟相望，俱用一日，或存或亡。且甲與子專比，甲，木也。子，水也。五行之義，水生木，是子生母，支干下生上之日也。即淮南所謂義日。昧爽時加寅，牧誓曰：「時甲子昧爽，王朝至于商郊牧野，乃誓。」僞孔傳：「昧，冥也。爽，明也，早旦也。」釋文引馬曰：「昧，未旦也。」疏曰：「蓋鷄鳴後也。」前調時篇曰：「平旦寅。」則以昧爽爲平旦。**寅與甲乙(子)不相賊，**「甲乙」當作「甲子」。甲子爲紂亡之日，寅爲紂亡之時。仲任意：時與日不相賊，何以紂亡。若作「甲乙」，則無義矣。寅亦木也，故與甲子不相克。**武王終以破紂，何也？**

日，火也，在天爲日，在地爲火。何以驗之？陽燧鄉日，火從天來。注率性篇。**由此言之，火，日氣也。日有甲乙，火無甲乙何？日十而辰十二，**日十，從甲至癸。辰十二，從子至亥。淮南天文訓曰：「五音六律，音自倍而爲日，律自倍而爲辰，故日十而辰十二。」漢律曆志載劉歆曰：「六律六吕，而十二辰立矣；五聲清濁，而十日行矣。」并謂音生日，律生辰。晉書律曆志云：揚子雲曰：「聲生於日，律生於辰。」**日辰相配，故甲與子連。所謂日十者，何等也？端端之日有十邪？而將一有十名也？**端端之日，謂在天之日。「而」當爲「亡」之譌。「亡將」連文，本書屢見。亡，發聲。將，猶抑也。亂龍篇：「不知都之精神在形象邪？亡將匈奴敬畏精神在木也？」定賢篇：「不知壽王不得治東郡之術邪？亡將東郡適將復亂，而壽王之治偶逢其時也？」句例正同。「亡將」，轉語詞，經典有作「亡其」者，「其」亦「將」也。「而將」未見。**如端端之日有十，甲乙是其名，何以不從言甲乙，**盼遂案：「從」字當爲「徒」字之誤也。**必言子丑何？**「從」，朱校元本、程、何、錢、黄本同。王本、崇文本作「徒」，疑是。下「何」

字，或屬下讀，非。日廷圖甲乙有位，子丑亦有處，各有部署，列布五方，若王者營衛，常居不動。今端端之日中行，「中行」，朱校元本作「衝」。通津本「中行」二字雙行，蓋據別本剜改。但義並難通。旦出東方，夕入西方，行而不已，與日廷異，何謂甲乙爲日之名乎？術家更説，日甲乙者，自天地神也，日更用事，自用甲乙勝負爲吉凶，非端端之日名也。夫如是，於五行之象，「於」，朱校元本作「則」。徒當用甲乙決吉凶而已，何爲言加時乎？案加時者，端端之日加也。端端之日安得勝負？郭沫若曰：「十干乃中國古代之次數，起源甚古，別無何等神祕之意義。由次數應用爲表示一旬之日次，故有十日之名。」

五音之家，用口調姓名及字，朱校元本作「五行之家」。按：「五行之家」、「五音之家」並見後文，殊難校定。用姓定其名，用名正其字。口有張歙，聲有外內，「口有張歙」，朱校元本作「以口張歙」。下文「以口張歙」、「用口張歙」之文數見。疑元本是。「以」一作「目」，與「有」形誤，文又誤倒。以定五音宮商之實。五行大義一引樂緯曰：「孔子曰：丘吹律定姓，一言得土曰宮，三言得火曰徵，五言得水曰羽，七言得金曰商，九言得木曰角。」易林曰：「剛柔相呼，二姓百家。」漢志五行家有五音定名十五卷。

夫人之有姓者，用稟於天。白虎通姓名篇云：「姓者生也，人稟天氣所以生者也。」天

（人）得五行之氣爲姓邪？以口張歙、聲外内爲姓也？「天」當作「人」。上下文義甚明。**如以本所禀於天者爲姓，若五穀萬物禀氣矣，何故用口張歙、聲内外定正之乎？**「口張歙」，各本并誤作「張口歙」。孫曰：「張口歙」，當作「口張歙」，文誤倒也。「口張歙」與「聲内外」相對。上文云：「以口張歙、聲外内爲姓也。」下文云：「不用口張歙外内。」（按：「外」上脱「聲」字，詳下條。）又云：「用口張歙調姓之義何居。」今據正。**古者因生以賜姓，因其所生賜之姓也。**左隱八年傳衆仲曰：「天子建德，因生以賜姓。」**若夏吞薏苡而生，則姓苡氏；**下「苡」字，奇怪篇作「姒」，書傳多作「姒」，一作「似」。以殷吞燕子而生則爲子氏例之，則此作「苡」，正符因生賜姓之義。説文無「姒」字。段玉裁曰：「『姒』蓋古祇作『以』。」其説近是。蓋因姓者本所生，神聖人母感天而生，故變「苡」爲「姒」，从「女」，从「以」，會意。餘注奇怪篇。**商吞燕子而生，則姓爲子氏；**注奇怪篇。**周履大人跡，則姬氏。**「跡」，宋本作「綦」，玉海五十引同。按：奇怪篇云：「姜原履大人跡，跡者基也，姓當爲其下土，乃爲女旁臣，非基跡之字，不合本事。」此文則因舊説，以明因生賜姓，因履大人基而姓姬。基、跡訓詁字，基、綦字通。今本改作「跡」，失其義也。餘注吉驗篇、奇怪篇。**其立名也，以信、以義、以像、以假、以類。**魯申繻説也，見左桓六年傳。白虎通姓名篇：「殷以生日名，如太甲、帝乙、武丁。或聽其聲，以律定其名。或依其事，旁其形。依其事者，若后稷是也。棄之，因名之爲棄也。旁其形者，孔子首類魯國尼丘山，故名爲丘。」則區爲四。旁形立名，即此以類名者。以律定名，爲仲任所破。然以生日名，依事名，申繻説不能該之。通志氏族略析爲三十二類。**以生名爲信**，元本作「名生」，朱校元本同，與左傳合。以下文「以德名」、「以類名」例之，則作「以生名」爲長。**若魯公子友生，文在其手曰「友」也。**魯季成也，見左閔二年傳。桓六年杜注云：「若唐叔虞、魯公子友。」杜蓋本此。沈欽韓左補曰：「『名生』之字，所包甚廣，唐叔虞、公子友之事，甚偶然者。白虎通：『殷以生日名子何？殷家質，故直以生日名子，以尚書道殷家太甲、武丁也。於臣民亦得以生日名子，以殷臣有巫咸、祖己。』又云：『或聽其聲，以律定其名。』此所謂以名生爲信也。」按：沈以律定名爲以生名，與仲任義反。**以德名爲義**，「名」，傳作「命」。下「類名」同。名、命字通。**若文王爲昌，武王爲發也。**杜注同。疏曰：「周本紀稱『大王見季歷生昌，有聖瑞，乃言曰：我世當有興者，其在昌乎』。是大王見其有瑞，度其當興，故名之曰昌，欲令昌盛周也。其度德名發，則無以言之。服虔云：『謂若大王度德命文王曰昌，文王命武王曰發。』似其有舊説也。舊説以爲文王見武王之生，以爲必發兵誅暴，故名曰發。」**以類名爲像，若孔子名丘也。**杜注：「若孔子首象尼丘。」疏：「孔子世家云：『叔梁紇與顏氏禱於尼丘，得孔子。孔子生而首上圩頂，故因曰丘，字仲尼。』是其象尼丘也。」**取於物爲假，若宋公名杵臼也。**杵臼，宋昭公名，見左文十六年傳。**取於父爲類，有似類於父也。**杜注：「若魯莊公與桓公同日生，名之曰同。」**其立字也，展名取同義，**白虎通姓名篇云：「或旁其名爲之字者，聞名即知其字，聞字即知其名。」王引之春秋名字解詁敍曰：「名之與字，義相比附，故叔重説文屢引古人名字，發明古訓，莫著於此。爰考義類，定以五體：一曰同訓，予字子我、常字子恒之屬是也。二曰對文，没字子明、偃字子犯之屬是也。三曰連類，括字子容、側字子反之屬是也。四曰指實，丹字子革、啓字子閭之屬是也。五曰辨物，鍼字子車、鱣字子魚之屬是也。」仲任僅謂取同義，未該之也。**名賜字子貢，**史記弟子傳：「衛端木賜字子貢。」「貢」當作「贛」。説文云：「贛，賜也。」「貢」爲假字。論語石經，凡「子貢」皆作「子贛」。五經文字曰：「貢，貢獻。贛，賜也。經典亦通用之。」**名予字子我。**弟子傳：「魯宰予字子我。」白虎通號篇：「予亦我也。」**其立姓則以本所生，置名則以信、義、像、假、類，字則展名取同義，不用口張歙、〔聲〕外内。**孫曰：「外」上脱「聲」字。「口張歙、聲外内」相對成文。上云：「以口張歙、聲外内爲姓也。」又云：「何故用口張歙、聲内外定正之乎？」並其證。**調宫商之義爲五音術，何據見而用？**

古者有本姓，有氏姓。禮記大傳鄭注曰：「玄孫之子，姓别於高祖。五世而無服，姓世所由生。姓，正姓也，始祖爲正姓，高祖爲庶姓。」正姓即此本性，庶姓即此氏姓。段玉裁曰：「尋姓氏之禮，姓統於上，氏别於下。鄭駁五經異義曰：『天子賜姓命氏，諸侯命族。族者氏之别名，姓者所以統繫百世不别也，氏者所以别子孫之所出。故世本之篇，言姓則在上，言氏則在下也。』此由姓而氏之説也。既别爲氏，則謂之『氏姓』。故風俗通、潛夫論皆以氏姓名篇。諸書多言氏姓，氏姓之見於經者，春秋隱九年，天王使南季來聘，穀梁傳曰：『南，（逗。）氏姓也。季，字也。』此『氏姓』之明文也。凡單云姓者，未嘗不爲氏姓；單云氏者，其後以爲姓，古則然也。至於周，以三代以上之姓及『氏姓』爲婚姻不通之姓，而近本諸氏於官、氏於事、氏於王父字者爲氏不爲姓，古今不同也。」**陶氏、田氏，事之氏姓也；**廣韻六豪曰：「陶姓，陶唐之後，今出丹陽。」風俗通曰：「凡氏於事，巫、卜、陶、匠是也。」潛夫論亦謂陶以事氏。通志氏族略四「以技爲氏」類曰：「陶氏，陶唐氏之後，因氏焉。虞思爲周陶正，亦爲陶氏。左傳，商人七族有陶氏。此皆以陶冶爲業者也。」廣韻一先：「田姓出北平，敬仲自陳適齊，後改田氏。」史記田敬仲完世家集解徐廣引應劭曰：「始食采地，由是改姓田氏。」索隱曰：「以陳、田二字聲相近，遂爲田氏。」唐田琬碑曰：「其先敬仲適齊，因陳爲族，周、齊聲近，遂氏於田。」通志氏族略二「以國爲氏」類曰：「田氏即陳氏，敬仲匿真氏爲田，陳、田聲近故也。齊無『田邑』，應劭説非。」並與索隱説同。仲任謂田以事氏，未聞。**上官氏、司馬氏，吏之氏姓也；**廣韻二十六桓：「楚莊王少子爲上官大夫，以上官爲氏。」通志氏族略三「以邑爲氏」類「楚邑」條曰：「上官氏，楚王子蘭爲上官邑大夫，因以爲氏。」按：吏氏、邑氏雖異，其義並通。史記太史公自序曰：「重黎氏世序天地，其在周，程伯休甫其後也。當周宣王時，失其守而爲司馬氏。」潛夫論志氏姓篇：「重黎氏世序天地，别其分主，以歷三代而封於程。其在周世，爲宣王大司馬，詩美『王謂尹氏，命程伯休父』。其後失守，適晉爲司馬，遷自謂其後。」又云：「宋司馬氏，子姓。」左哀十四年傳：「宋桓魋弟司馬牛。」史記弟子傳索隱曰：「以魋爲宋司馬，故牛遂以司馬爲氏。」廣韻七之：「司馬氏出河内。」**孟氏、仲氏，王父字之氏姓也。** 諸侯之子稱公子，公子之子稱公孫，公孫之子以王父字爲氏。故魯隱公命無駭爲展氏。無駭，公子展之孫也。字有二等：有二十加冠之字，又有五十以伯仲叔季爲長幼之字，二者皆可爲氏。孟氏、仲氏，氏以長幼之字。展氏，氏以加冠之字。所以然者，服虔云：（左隱八年傳疏。）「公之母弟，則以長幼爲氏，貴適統，伯、仲、叔、季是也。庶公子，則以配字爲氏，尊公族，展氏、臧氏是也。」孔疏不然服説，於禮記大傳疏又從之。廣韻四十三映：「孟姓，本自周公。魯桓公之子仲孫之胤，仲孫爲三桓之孟，故曰孟氏。」孟子趙注題辭孫奭疏：「魯史，桓公之後，桓公適子莊公爲君，庶子公子慶父、公子叔牙、公子季友。仲孫是慶父之後，叔孫是叔牙之後，季孫是季友之後。其後子孫皆以仲、叔、季爲氏。至仲孫氏後世改仲曰孟。又云：孟，庶長之稱也。言己是庶，不敢與莊公爲伯仲叔季之次，故取庶長爲始也。又定公六年有仲孫何忌如晉，左傳即曰：『孟懿子往。』是孟氏爲仲孫氏之後改孟也。」潛夫論志氏姓篇：「魯之公族，有孟氏、仲孫氏。」左文十五年傳：「齊人或爲孟氏謀。」杜注：「慶父爲長庶，故或稱孟氏。」古今姓氏書辨證曰：「魯桓公四子，次曰慶父。慶父生穆伯公孫敖，敖生文伯穀、惠叔難，穀生孟獻子蔑，始以仲孫爲氏。」通志氏族略四「以次爲氏」類曰：「孟氏，姬姓。魯桓公子慶父之後。慶父曰共仲，本仲氏，亦曰仲孫氏。爲閔公之故，諱弑君之罪，更爲孟氏，亦曰孟孫氏。又衛有公孟縶之後，亦曰孟氏。齊有孟軻字子車。秦有孟説。」又曰：仲氏，高辛氏才子八元，仲堪、仲熊之後。又仲虺爲湯左相，其後並爲仲氏。又魯公子慶父曰共仲，亦爲仲氏，亦爲仲孫氏。慶父有弒君之罪，更爲孟氏。又公子譜云：「宋莊公子仲之後，亦稱仲氏。衞人仲由，爲孔子弟子。」**氏姓有三：事乎！吏乎！王父字乎！**白虎通姓名篇曰：「或氏其官，或氏其事。聞其事，即可知其德，（「德」字依盧校增。）所以勉人爲善也。或氏王父字，所以別諸侯之後，爲興滅國，繼絶世也。立氏三，以知其爲子孫也。」列以三目，與仲任同。官即吏也。王符、應劭則列爲九品。潛夫論志氏姓篇云：「或氏號、謚，（風俗通作「蓋姓有九：或氏於號，或氏於謚」。此文今本佚，據御覽三六二引。下同。）或氏於國，或氏於爵，或氏於官，或氏於字，或氏於事，或氏於居，或氏於志。（風俗通作「職」。下同。）若夫五帝三王之世，所謂號也。（風俗通作「以號，唐、虞、夏、殷也」。）文、武、昭、景、成、宣、戴、桓，所謂謚也。（風俗通作「以謚，戴、武、宣、穆也」。）齊、魯、吴、楚、秦、晉、燕、趙，所謂國也。（風俗通作「以國，齊、魯、宋、衞也」。）王氏、侯氏、王孫、公孫，所謂爵也。（風俗通作「以爵，王、公、侯、伯也」。）司馬、司徒、中行、下軍，所謂官也。（風俗通作「以官，司馬、司徒、司寇、司城也」。）伯有、孟孫、子服、叔孫，（今誤「子」，依事文類聚後集一引正。）所謂字也。（風俗通作「以字，伯、仲、叔、季也」。）巫氏、匠氏、陶氏，所謂事也。（風俗通作「以事，巫、卜、陶、匠也」。）東門、西門、南宮、東郭、北郭，所謂居也。（風俗通作「以居，城郭園池也」。）三烏、五鹿、青牛、白馬，所謂志也。」**以本姓則用所生，以氏姓則用事、吏、王父字，用**

口張歆調姓之義何居？

匈奴之俗，有名無姓、字，無與相調諧，元本「無」下有「姓」字。朱校同。自以壽命終，禍福何在？禮：「買妾不知其姓則卜之。」禮記曲禮、坊記〔一〕並見此文。鄭注：「妾賤，或時非媵，取之於賤者，世無本繫。」又云：「妾言買者，以其賤，同之於衆物也。士庶之妾，恒多凡庸，有不知其姓者。」不知者，不知本姓也。夫妾必有父母家姓，然而必卜之者，父母姓轉易失實，禮重取同姓，曲禮云：「取妻不取同姓。」左僖二十三年傳：「男女同姓，其生不蕃。」白虎通五行篇：「不取同姓何？法五行，異類乃相生也。」故必卜之。姓徒用口調諧姓族，上「姓」字，疑當作「如」。則禮買妾何故卜之？舊本段。

圖宅術曰：「商家門不宜南向，徵家門不宜北向。」孫曰：潛夫論卜列篇云：「俗工曰：商家之宅，宜出西門。此復虛矣。五行當出乘其勝，入居其隩，乃安吉。商家向東入，東入反以爲金伐木，則家中精神日戰鬭也。五行皆然。」暉按：漢書王莽傳：「卜者王況謂李焉曰：君姓李，李音徵。」又呂才云：「王、張爲商。」則商金，南方火也；徵火，北方水也。水勝火，火賊金，五行之氣不相得，故五姓之宅，門有宜嚮。嚮得其宜，富貴吉昌；嚮失其宜，貧賤衰耗。

〔一〕「坊」，原本作「防」，形近而誤，今改。

夫門之與堂何以異？五姓之門各有五姓之堂，所向無宜何？門之掩地，不如堂廡，朝夕所處，於堂不於門。圖吉凶者，宜皆以堂。如門人所出入，則户亦宜然。説文：「門，从二户，象形。半門曰户。」孔子曰：「誰能出不由户？」論語雍也篇。言户不言門。五祀之祭，門與户均。見祭意篇。如當以門正所嚮，則户何以不當與門相應乎？且今府廷之内，吏舍連屬，門嚮有南北；長吏舍傳，漢書宣帝紀韋昭注：「傳謂傳舍。」閒居有東西。長吏之姓，必有宫、商；諸吏之舍，必有徵、羽。安官遷徙，未必角姓門南嚮也；失位貶黜，未必商姓門北出也。盼遂案：「門北出」當作「爲門南出」，後人求與上句「角姓門南嚮」對文而誤改也。角爲木，南方火也，木生火，故角姓門南嚮，則安官遷徙宜矣。商爲金，北方水也，金生水，商姓而門北出，則亦宜安官遷徙。今云「失位貶黜」，于義不合。故決「北出」爲「南出」之誤。南方火，賊商姓之金，故商姓門南出，則有失位貶黜之災也。上文明引「圖宅術曰：『商家門不宜南向，徵家門不宜北向』」，益證此處「北出」爲「南出」之誤矣。或云：「商姓爲徵姓之誤，作徵姓門北出，與角姓門南嚮對文。」然本篇上下文皆言商姓家門，無言徵姓家者，不應此語獨作徵姓。仍當以商姓門南出爲定也。或安官遷徙，或失位貶黜何？

姓有五音，人之性質，亦有五行。五音之家，商家不宜南嚮門，則人稟金之性者，可復不宜南嚮坐、南行步乎？一曰：五音之門，有五行之人。假令商姓口食

〔口〕五人,「口食」當作「食口」。辨祟篇云:「夫食口十人,居一宅之中。」五人中各有五色,木人青,火人赤,水人黑,金人白,土人黄。五色之人,俱出南嚮之門,或凶或吉,壽命或短或長。凶而短者,未必色白;吉而長者,未必色黄也。五行之家,何以爲決?

南嚮之門,賊商姓家,其實如何?南方,火也,使火氣之禍,若火延熘,徑從南方來乎?則雖爲北嚮門,猶之凶也。火氣之禍,若夏日之熱,四方洽浹乎?則天地之間,皆得其氣,南嚮門家,何以獨凶?南方火者,火位南方。一曰:其氣布在四方,非必南方獨有火,四方無有也,猶水位在北方,四方猶有水也。火滿天下,水辨四方,「辨」讀作「徧」。水或在人之南,或在人之北。謂火常在南方,是則東方可無金,西方可無木乎?

解除篇

暉按：莊子人間世篇云：「故解之以牛之白顙者，與豚之亢鼻者，與人之有痔病者，不可以適河。此皆巫祝以知之矣。」郭象注：「巫祝解除，棄此三者。」此「解」義之初見于古籍者。

世信祭祀，謂祭祀必有福；又然解除，謂解除必去凶。

解除初禮，先設祭祀。比夫祭祀，若生人相賓客矣。先爲賓客設膳，食已，驅以刃杖。鬼神如有知，必恚止戰，不肯徑去；孫曰：「必恚止戰」，與上下文義均不相應。且既云「必恚」，不得云「止戰」矣；既云「止戰」，不得云「不去」矣。「止」疑當作「與」，草書形近而誤。下文云：「挺劍操杖，與鬼戰鬬。」又云：「其驅逐之，與戰鬬無以異也。」並可證此文不當云「止戰」矣。暉按：疑當作「必恚戰不肯徑去」。「止」涉「恚」字下半「心」字而誤。「止」一作「乚」，與「心」形近。若懷恨，反而爲禍。「若」猶「或」也。如無所知，不能爲凶，解之無益，不解無損。

且人謂鬼神何如狀哉？如謂鬼有形象，形象生人，生人懷恨，必將害人。如無形象，與煙雲同，驅逐雲煙，亦不能除。形既不可知，心亦不可圖。鬼神集止人宅，欲何求乎？如勢欲殺人，當驅逐之時，避人隱匿；驅逐之止，則復還立故處。孫曰：

下「驅逐之」三字疑涉上而衍。盼遂案：「之」字衍文。「驅逐止」三字爲句。如不欲殺人，寄託人家，雖不驅逐，亦不爲害。

貴人之出也，萬民並觀，填街滿巷，爭進在前。士卒驅之，則走而却；士卒還去，即復其處；士卒立守，終日不離，僅能禁止。何則？欲在於觀，不爲壹驅還也。「還」當作「退」，形近又涉上下文諸「還」字而誤。上文云：「士卒驅之，則走而卻。士卒還去，即復其處。」下文云：「士卒驅逐，不久立守，則觀者不却。」即此不以壹驅而退之義。「還」字未妥。使鬼神與生人同，有欲於宅中，猶萬民有欲於觀也，士卒驅逐，不久立守，則觀者不却也。然則驅逐鬼者，不極一歲，鬼神不去。今驅逐之，終食之間，則舍之矣；舍之，鬼復還來，何以禁之？暴穀於庭，鷄雀啄之，「雀」，宋、元本作「鳥」，朱校同。主人驅彈則走，縱之則來，不終日立守，鷄雀不禁。使鬼神乎？不爲驅逐去止。使鬼不神乎？與鷄雀等，不常驅逐，不能禁也。

虎狼入都，弓弩巡之，雖殺虎狼，不能除虎狼所爲來之患。盜賊攻城，官軍擊之，雖却盜賊，不能滅盜賊所爲至之禍。虎狼之來，應政失也；與遭虎篇宗旨相違。蓋俗習共然，故因爲說。盜賊之至，起世亂也；然則鬼神之集，爲命絕也。殺虎狼，却盜賊，不能使政得世治；然則盛解除，驅鬼神，不能使凶去而命延。

病人困篤，見鬼之至，性猛剛者，挺劍操杖，與鬼戰鬭。戰鬭壹再，錯指受服，漢書文三王傳：「李太后與爭，門措指。」晉灼曰：「許慎云：措置字，借以爲笮耳。」師古曰：「音壯客反，謂爲門扉所笮。」此「錯指」謂爲杖所擊。知不服，必不終也。「知」，王本、崇文本作「如」。夫解除所驅逐鬼，與病人所見鬼無以殊也；其驅逐之，與戰鬭無以異也。病人戰鬭，鬼猶不去；宅主解除，鬼神必不離。「必」，宋本作「猶」，朱校元本同。由此言之，解除宅者，何益於事？信其凶去，不可用也。

且夫所除，宅中客鬼也。宅中主神有十二焉，青龍、白虎列十二位。龍、虎猛神，天之正鬼也，飛尸流凶，安敢妄集，「安」，崇文本作「不」。猶主人猛勇，姦客不敢闚也。有十二神舍之，舍之，止息之也。宅主驅逐，名爲去十二神之客，恨十二神之意，安能得吉？如無十二神，則亦無飛尸流凶。無神無凶，解除何補？驅逐何去？

解逐之法，緣古逐疫之禮也。注謝短篇。昔顓頊氏有子三人，生而皆亡，皆亡去。一居江水爲虐鬼，一居若水爲魍魎，一居歐隅之間，此爲小兒鬼。「歐隅」當作「區隅」。文選東京賦注、後書禮儀注引漢舊儀、路史餘論引禮緯、通志禮略三、前訂鬼篇並作「區隅」。主疫病人。三子皆然。出禮緯。注訂鬼篇。故歲終事畢，驅逐疫鬼，因以送陳、迎新、內吉也。世相倣效，故有解除。夫逐疫之法，亦禮之失也。行堯、舜之德，天下太平，百災消滅，雖不逐疫，疫鬼不往；行桀、紂之行，海内擾亂，百禍並起，雖日逐疫，疫鬼猶來。衰世好信鬼，愚人好求福。周之季世，信鬼脩祀，以求福助。郊祀志曰：「周史萇弘欲以鬼神之術輔尊靈王，會朝諸侯，而周室愈微，諸侯愈叛。」愚主心惑，不顧自行，功猶不立，治猶不定。故在人不在鬼，在德不在祀。國期有遠近，人命有長短。如祭祀可以得福，解除可以去凶，則王者可竭天下之財，以興延期之祀；富家翁嫗可求解除之福，以取踰世之壽。案天下人民，夭壽貴賤，皆有禄命；操行吉凶，皆有衰盛。祭祀不爲福，福不由祭祀，世信鬼神，故好祭祀。祭祀無鬼神，故通人不務焉。祭祀，厚事鬼神之道也，猶無吉福之驗，況盛力用威，驅逐鬼神，其何利哉？

祭祀之禮，解除之法，衆多非一，且以一事效其非也。夫小祀足以況大祭，一鬼足以卜百神。

世間繕治宅舍，鑿地掘土，功成作畢，解謝土神，名曰「解土」。孫曰：後漢書來歷傳：「時皇太子驚病不安，避幸安帝乳母野王君王聖舍。太子乳母王男、廚監邴吉等，以爲聖舍新繕修，犯土禁，不可久御。」鍾離意傳注引東觀記曰：「意在堂邑，撫循百姓如赤子。初到縣，市無屋。意出奉錢帥人作屋，人齎茅竹，或持材木，争起趨作，決日而成。功作既畢，謂解土祝曰：『興工役者令，百姓無事。如有禍祟，令自當之。』人皆大悦。」裴氏新言：「俗間有土公之神，云土不可動。玄有五歲女孫，卒得病，詣市卜云犯土。即依方治之，病即愈。然後知天下有土神矣。」（據周廣業意林附編輯引。）暉按：齊民要術載祝麴文曰「東方青帝土公，南方赤帝土公，西方白帝土公，北方黑帝土公，中央黄帝土公，主人某甲謹相祈請」云云。御覽方術部引江氏家傳：「江統爲太子洗馬，諫愍懷太子曰：臣聞土者民之主，用播殖築室，營都建邑，著在經典，無禁忌犯害之文。惟末俗小巫，乃有言佛書凡禁入地三尺，有四時方面，不皆禁也。竊見禁土令，不得繕治壇垣，動移屋瓦。此遠典制，不可爲永制。」容齋四筆：「今世俗營建宅舍，或小遭疾厄，皆云犯土。故道家有謝土司章醮文。」沈濂懷小編卷十五曰：「今道家章醮文正與齊民要術祝麴文相似。」爲土偶人，以像鬼形，令巫祝延，以解土神。「祝延」注言毒篇。已祭之後，心快意善，謂鬼神解謝，殃禍除去。如討論之，乃虚妄也。何以驗之？

夫土地猶人之體也，普天之下，皆爲一體，頭足相去，以萬里數。人民居土上，猶蚤虱着人身也。蚤蝨食人，賊人肌膚，猶人鑿地，賊地之體也。蚤蝨内知，有欲解人之心，相與聚會，解謝於所食之肉旁，人能知之乎？夫人不能知蚤蝨之音，「音」疑是「意」之壞字。猶地不能曉人民之言也。胡、越之人，耳口相類，心意相似，對口交耳而談，尚不相解，況人不與地相似，地之耳口與人相遠乎！「遠」舊作「達」。孫曰：「地之耳口與人相達」，與上下文義均不相應。「達」當作「遠」，字之誤也。下文云：「今所解者地乎？

則地之耳遠不能聞也。」是其證。暉按：孫説是也。宋本、朱校元本正作「遠」。今據正。盼遂案：「達」當爲「違」，字之誤也。上句「人不與地相似」，此正申明其説也。或謂當爲「遠」字，則與上下文「地之耳遠，不相聞也」句不相符。今所解者地乎？則地之耳遠，不能聞也。所解一宅之土，孫曰：此下疑脱「乎」字。則一宅之土，猶人一分之肉也，安能曉之？如所解宅神乎？則此名曰「解宅」，不名曰「解土」。

禮，人宗廟，無所主意，斬尺二寸之木，名之曰主，注亂龍篇。主心事之，不爲人像。今解土之祭，爲土偶人，像鬼之形，何能解乎？神，荒忽無形，出入無門，故謂之神。今作形像，與禮相違，失神之實，故知其非。象似布藉，「似」疑當作「以」。不設鬼形。解土之禮，立土偶人，如祭山可爲石形，祭門户可作木人乎？

晉中行寅將亡，召其太祝，欲加罪焉，曰：「子爲我祀(祝)，此文出新序雜事篇。「祀」當據改作「祝」。下文「君苟以祝爲有益於國乎」，即承此爲文，是其證。又下文云：「今世信祭祀，中行子之類也。不脩其行，而豐其祝。」則知仲任本作「祝」，非異文也。犧牲不肥澤也？且齊戒不敬也？「且」猶「抑」也。「也」並讀作「邪」。「齊」讀作「齋」。使吾國亡，何也？」祝簡對曰：「昔日(者)，「日」爲「者」之壞字。宋本作「者」，與新序合。吾先君中行密子新序作「穆子」。有車十乘，新序作「皮車」。不憂其薄也，憂德義之不足也。今主君有革車百乘，不憂〔德〕義之薄也，「不憂德義之薄也」，與上「憂德義之不足」正反相承爲文，「義」上當有「德」字。今據新序增。唯患車之不足也。夫船車飾即「飾」字。則賦斂厚，賦斂厚則民謗詛。君苟以祀（祝）爲有益於國乎？詛亦將爲亡矣！此文以「祝」、「詛」對言，作「祀」非也。新序正作「祝」。一人祝之，一國詛之，一祝不勝萬詛，國亡，不亦宜乎？祝其何罪？」中行子乃慙。今世信祭祀，中行子之類也。不脩其行朱校元本作「德」。而豐其祝，不敬其上而畏其鬼；身死禍至，歸之於祟，謂祟未得；得祟脩祀，禍繁不止，「繁」，元本作「繫」，朱校同。歸之於祭，謂祭未敬。夫論解除，解除無益；論祭祀，祭祀無補；論巫祝，巫祝無力。竟在人不在鬼，在德不在祀，明矣哉！

祀義篇

世信祭祀，以爲祭祀者必有福，不祭祀者必有禍。是以病作卜祟，祟得脩祀，祀畢意解，意解病已，執意以爲祭祀之助，勉奉不絶。謂死人有知，鬼神飲食，猶相賓客，賓客悦喜，報主人恩矣。其脩祭祀，是也；信其享之，非也。「享」，舊作「事」。「信其事之，非也」，文不成義。「事」爲「享」之形譌，下文正辯言鬼能歆享之非。宋本「事」正作「享」，是其證，今據正。

實者，祭祀之意，元本作「義」，朱校同。按：以「祀義」題篇，則元本是。主人自盡恩懃而已，鬼神未必歆享之也。「歆」，舊作「欲」。孫曰：「欲」當作「歆」，形近而誤。下云：「何歆享之有？」又云：「何以審其不能歆享飲食也？」並承此文言之。且後文云：「未必有鬼神審能歆享之也。」與此句意正同。暉按：孫説是也。宋、元本、朱校元本並作「歆」，今據正。何以明之？今所祭者報功，「今」猶「若」也，下同。則緣生人爲恩義耳，何歆享之有？今所祭死人，死人無知，不能飲食。何以審其不能歆享飲食也？夫天者，體也，與地同。宋本、朱校元本「同」作「異」。按：當作「與地無異」。變虛篇云：「夫天，體也，與地無異。」語意正同。宋、元本脱「無」字，校者則改「異」爲「同」，失其舊矣。天有列宿，地有宅舍，宅舍附地之體，列宿着天之形。形體具，則有口乃能食。「形」，朱校元本作「人」。使天地有口能食祭，食宜食盡。宋本作「食祭宜盡」，朱校元本同。盼遂案：「宜」下「食」字疑衍。如無口，則無體，無體則氣也，若雲霧耳，亦無能食如（祭）。「如」，朱校元本作「祭」，是也。「亦無能食祭」，與上文「使天地有口能食祭」正反相承爲文。天地之精神，若人之有精神矣，以人之精神，何宜飲食？中人之體七八尺，身大四五圍，食斗食，歠斗羹，乃能飽足；多者三四斗。天地之廣大，以萬里數，圜丘之上，王肅聖證論云：「於郊築泰壇，象圓丘之形。以丘言之，本諸天地之性，故祭法云：『燔柴於泰壇。』則圓丘也。」（郊特牲疏。）禮記祭法疏云：「其祭天之處，冬至則祭圜丘。圜丘所在，應從陽位，當在國南。」按：董仲舒、劉向、馬融、王肅等並以圜丘即郊。郊、丘異名同實。鄭玄以祭法禘黄帝爲圓丘，謂天有六天，丘、郊各異。文具郊特牲、祭法疏。尋此文前云「圜丘」，後云「則夫古之郊者負天地」，則以郊、丘爲一，與鄭義異。一蠒栗牛，禮記〔一〕王制曰：「祭天地之牛，角繭栗。」言牛角形小如繭如栗。粢〔二〕餄大羹，周禮天官

〔一〕「記」，原本作「制」，涉下文「王制」而誤，今改。

〔二〕「粢」，原本作「粲」，形近而誤，據通津草堂本改。下同。

亨人：「祭祀共大羹。」鄭注：「大羹，肉湆。」鄭司農云：「大羹，不致五味也。」疏云：「謂大古之羹，不調以鹽菜及五味。」不過數斛，以此食天地，天地安能飽？ 天地用心，猶人用意也，人食不飽足，則怨主人，不報以德矣。 必謂天地審能飽（飲）食，則夫古之郊者負天地。 「飽食」當作「飲食」。仲任意：若謂天地審能飲食，今食以一璽栗牛，數斛粢飴大羹，天地安能飽？ 則古之郊者有負於天地矣。 以證其「不能歆享飲食」之説。 上文云：「以此食天地，天地安能飽。」則此作「天地審能飽食」，於義未安。

山，猶人之有骨節也； 水，猶人之有血脈也。 故人食腸滿，則骨節與血脈因以盛矣。 今祭天地，則山川隨天地而飽。 今別祭山川，以爲異神，禮記王制：「天子祭天地，祭天下名山大川。」是人食已，更食骨節與血脈也。 社、稷，報生穀、物之功。 注祭意篇。 萬民（物）生於天地，「萬民」於義無取，當作「萬物」，承上「穀物」爲文。 猶毫毛生於體也。 祭天地，則社、稷設其中矣，人君重之，故復別祭。 郊特牲曰：「郊特牲[一]，而社稷大牢。」必以爲有神，是人之膚肉當復食也。 五祀初本在地，門、户用木與土，土木生於地，井、竈、室中霤皆屬於地，郊特牲曰：「家主中霤，而國主社。」注：「中霤亦土神也。」餘注

[一]「牲」，原本作「性」，形近而誤，今改。

祭意篇。盼遂案：「室」字衍文。下祭意篇：「諸侯爲國立五祀，曰司命，曰中霤，曰國門，曰國行，曰公厲。」此五祀無室之證也。蓋古以中霤代室，中霤者，室之主要處也。**祭地，五祀設其中矣，**祭法曰：「王自爲立七祀，諸侯自爲立五祀。」此云「祭地」不在諸侯祀典，而兼云「五祀」者，曲禮「天子、諸侯、大夫並祭五祀」，仲任蓋據彼爲説。**人君重之，故復別祭。必以爲有神，是食已當復食形體也。**盼遂案：「是」字下本有「人」字，今脱。上文「是人食已，更食骨節與血脈也」，「是人之膚肉當復食也」，下文「則人吹呴、精液、腹鳴當腹食也」，「則人之食已，復食目與髮也」，皆與此同一文法，而並有「人」字，亟宜據補。**風伯、雨師、雷公，是羣神也。**離騷王注：「飛廉，風伯也。」吕氏春秋曰：「風師曰飛廉。」應劭曰：「飛廉，神禽，能致風氣。」晉灼曰：「飛廉，鹿身，頭如雀，有角，而蛇尾豹文。」天問曰：「蓱號起雨。」王注：「蓱，蓱翳，雨師名也。號，呼也，言雨師號呼則雲起雨下。」郊祀志師古注云：「雨師，屏翳也。」當即本此。而云「一曰屏號」，似未撿王注。搜神記四：「雨師一曰屏翳，一曰號屏，一曰玄冥。」山海經：「屏翳在海東，時人謂之雨師。」天象賦云：「太白降神於屏翳。」注：「其精降爲雨師之神。」周禮春官大宗伯職先鄭注：「風師，箕也。雨師，畢也。」獨斷、風俗通祀典篇、淮南高誘注並同。按：此文既言風伯、雨師，下文又言日月星辰，則非謂箕、畢也。郊祀志以二十八宿、風伯、雨師並言，亦不從先鄭説也。鄭玄駮五經異義云：「今人謂雷曰雷公。」離騷王注：「豐隆，雲師，一曰雷師。」穆天子傳云：「天子升崑崙封豐隆之葬。」郭璞云：「豐隆，筮師，御雲，得大壯卦遂爲雷師。」張衡思玄賦云：「豐隆軯其震霆，雲師䨻以交集。」則謂豐隆，雷也。風猶人之有吹呴也，雨猶人之有精液也，雷猶人之有腹鳴也。三者附於天地，祭天地，三者在矣，人君重之，故〔復〕别祭。「復」字據上下文例增。周禮春官大宗伯職：「以禋祀祀昊天上帝，以槱燎祀飌師雨師。」月令：「立春後丑日，祭風師於國城東北。立夏後申日，祀雨師於國城西南。」後漢書祭祀志：「以丙戌日祠風伯於戌地，以己丑日祠雨師於丑地。」必以爲有神，則人吹呴、精液、腹鳴當復食也。日、月猶人之有目，星辰猶人之有髮。三光附天，祭天，三光在矣，人君重之，故復别祭。周禮大宗伯職：「以禋祀祀昊天上帝，以實柴祀日、月、星、辰。」鄭注：「星謂五緯，辰謂日月所會十二次。」按：此以日、月、星辰爲三光，是以「星辰」爲一，不同鄭氏分爲二也。必以爲有神，則人之食已，復食目與髮也。

宗廟，己之先也。四諱篇云：「親死亡謂之先。」生存之時，謹敬供養，死不敢不信，故脩祭祀，緣生事死，示不忘先。「緣生」舊作「緣先」，宋、元本並作「緣生」，祭意篇亦有「緣生事死」句，今據正。白虎通宗廟篇曰：「王者所以立宗廟何？曰：生死殊路，故敬鬼神而遠之。緣生以事死，敬亡若事存，故欲立宗廟而祭之。此孝子之心所以追孝繼養也。宗者尊也，廟者貌也，象先祖之尊貌也。」五帝三王郊宗黄帝、帝嚳之屬，本禮記祭法。詳後祭意篇。報功堅（重）力，「堅力」無義。宋、元本作「重力」，是也。不敢忘德，未必有鬼神審能歆享之也。

夫不能歆享，則不能神；不能神，則不能爲福，亦不能爲禍。禍福之起，由於喜怒；喜怒之發，由於腹腸。有腹腸者輒能飲食，不能飲食則無腹腸，無腹腸則無用喜怒，無用喜怒則無用爲禍福矣。

或曰：「歆氣，不能食也。」夫歆之與飲食，一實也。用口食之，用口歆之。無腹腸則無口，無口，無用食，則亦無用歆矣。何以驗其不能歆也？以人祭祀有過，不能即時犯也。夫歆不用口則用鼻矣，口鼻能歆之，則目能見之，目能見之，則手能擊之。今手不能擊，則知口鼻不能歆之也。

或難曰：「宋公鮑之身有疾。墨子明鬼篇云：「宋文公（「公」今作「君」，引依吴鈔本。）鮑。」祝曰夜姑，有祝名夜姑，祝即周禮大小祝也。俞曰：此事見墨子明鬼下篇。「夜姑，」墨子作「祏觀辜」。字書無「祏」字，未詳也。暉按：「祏」即「祝」之譌。詳墨子閒詁。掌將事於厲者。墨子作「固嘗從事於厲」。疑「掌」與「嘗」字形近，又涉下文「審是掌之」而誤。字當作「嘗」。「將事」猶「從事」也。厲鬼杖檝而與之言曰：俞曰：墨子作「祩子杖揖出與言曰」，「揖」字不知何義，余作諸子平議，疑「杖揖」當作「揖杖」，引尚書大傳「八十者杖於朝，見君揖杖」爲證。今觀此文，乃知「揖」爲「楫」字之誤。此作「檝」，彼作「楫」，一字也。然「楫」爲舟楫字，施之於此，亦非所宜，仍當闕疑。』何而粢盛之不膏也？而，汝也。下同。何而蒭犧之不肥碩也？何而

珪璧之不中度量也？ 而罪歟？ 其鮑之罪歟？』夜姑順色而對曰：『鮑身尚幼，在襁褓，不預知焉。 朱校元本作「襁葆」，字通。 史記魯世家云：「成王少，在强葆之中。」孫奭孟子音義引博物志云：「襁褓，織縷爲之，廣八寸，長一尺二寸，以負小兒於背上。」**審是掌之。』** 墨子作「官臣觀辜特爲之」。 盼遂案：句尾疑當有「罪也」二字，今脱。「掌」者，人名也。 上文：「祝曰夜姑掌，（句絕。）將事於厲者。」蓋夜姑者字，掌者名也。 故此云「審是掌之罪也」。 墨子明鬼篇云：「觀辜曰：鮑幼，在荷襁之中，鮑何與識焉？ 官臣觀辜特爲之。」彼云「觀辜特爲之」，與此云「掌之罪也」同意。 **厲鬼舉檝而掊之，** 墨子作「祩子舉揖而槀之」。 俞曰：如墨子所載，則舉揖而槀之者，祩子也。「祩」即「祝」之異文，是鬼神假手祝史以殺之，非能自殺之也。 王仲任殆未見墨子之文，不然，則更足爲鬼神手不能擊之證，何不即此以曉難者乎？ 暉按：孫詒讓云：「以『祩』爲『祝』異文，説無所據。 上文觀辜已是祝，則祩子不當復爲祝。」然則「祩子」既不得謂「祝」，則俞説失據。「祩子」之義，今不可明。 仲任既以厲鬼釋之，當從其説。 **斃於壇下。 此非能言用手之驗乎？」曰：夫夜姑之死，未必厲鬼擊之也，時命當死也。 妖象厲鬼，象鬼之形則象鬼之言，象鬼之言則象鬼而擊矣。 何以明之？ 夫鬼者，神也。 神則先知，先知則宜自見粢盛之不膏、珪璧之失度、犧牲之臞小，則因以責讓夜姑，以檝擊之而已，無爲先問。 先問，不知之效也；不知，不神之驗也；不知不神，則不能見體出言，以檝擊**

人也。夜姑，義臣也，引罪自予已，朱校元本無「已」字。故鬼擊之。如無義而歸之鮑身，則厲鬼將復以楲掊鮑之身矣。且祭祀不備，神怒見體，以殺掌祀。如禮備神喜，肯見體以食賜主祭乎？人有喜怒，鬼亦有喜怒。人不爲怒者身存，不爲喜者身亡，厲鬼之怒，見體而罰。宋國之祀，必時中禮，夫神何不見體以賞之乎？夫怒喜不與人同，則其賞罰不與人等；賞罰不與人等，則其掊夜姑，不可信也。

且夫歆者，内氣也；「内」讀「納」。言者，出氣也。能歆則能言，猶能吸則能呼矣。如鬼神能歆，則宜言於祭祀之上。今不能言，知不能歆，一也。凡能歆者，口鼻通也。使鼻齆不通，齆，鼻齆塞也。口鉗不開，則不能歆〔之〕矣。「歆」下元本有「之」字，朱校同。上文云：「用口歆之。」又云：「口鼻能歆之。」又云：「則知口鼻不能歆之也。」則元本有「之」字是也。當據補。人之死也，口鼻腐朽，安能復歆？二也。禮曰：「人死也，斯惡之矣。」檀弓下述子游之詞。與人異類，故惡之也。檀弓下云：「君臨臣喪，以巫祝桃茢執戈，惡之也。所以異於生人也。」鄭注：「爲有凶邪之氣在側，人生無凶邪。」爲尸不動，朽敗滅亡，其身不與生人同，則知不與生人通矣。身不同，知不通，其飲食不與人鈞矣。胡、越異類，飲食殊味。死之與生，非直胡之與越也。由此言之，死人不歆，三也。當人之臥也，置食物其旁，不能知也。覺乃知之，知乃能食之。夫死，長臥不覺者也，安能知食？不能歆之，四也。

或難曰：「『祭則鬼享之』，何謂也？」曰：言其脩具謹潔，粢牲肥香，人臨見之，意飲食之。推己意以況鬼神，鬼神有知，必享此祭，故曰鬼享之也。「也」，舊作「祀」。孫曰：上文云：「或難曰：祭則鬼享之，何謂也？」此乃答語，不當有「祀」字。蓋涉下文「祭祀」而衍。暉按：孫説是也。宋本「祀」作「也」。「祀」爲「也」字形譌，今據正。

難曰：「易曰：『東鄰殺牛，不如西鄰之禴祭。』既濟九五爻辭。東鄰謂紂，紂治朝歌，在東。西鄰謂文王，文王國於岐周，在西。禮記坊記鄭注：「禴祭用豕。」郊祀志師古注：「禴謂禴煑新菜以祭。言祭祀之道，莫盛修德，故紂之牛牲，不如文王之蘋藻也。」夫言東鄰不若西鄰，言東鄰牲大福少，西鄰祭少福多也。今言鬼不享，何以知其福有多少也？」曰：此亦謂脩具謹潔與不謹潔也。紂殺牛祭，不致其禮；文王禴祭，竭盡其敬。夫禮不至，「至」當作「致」，承上「不致其禮」爲言。則人非之；禮敬盡，則人是之。是之，則舉事多助；非之，則言行見畔。見畔，若祭不見享之禍；盼遂案：「不見享」當是「見不享」。多助，若祭見歆之福，非鬼爲祭祀之故有喜怒也。何以明之？苟鬼神，不當須人而食，須人而食，是不能神也。信鬼神歆祭祀，祭祀爲禍福，謂鬼神居處何如狀哉？自有儲偫邪？將以人食爲饑飽也？如自有儲偫，儲偫必與人異，不當食人之物；

如無儲偫，則人朝夕祭乃可耳。壹祭壹否，則神壹饑壹飽；壹饑壹飽，則神壹怒壹喜矣。「壹」並猶「或」也。

且病人見鬼，及臥夢與死人相見，如人之形，故其祭祀，如人之食。緣有飲食，則宜有衣服，故復以繒製衣，以象生儀。初學記十三引五經異義云：禮稽命潛曰：「三年一祫，五年一禘，以衣服想見其容色。」其祭如生人之食，人欲食之，冀鬼饗之。其製衣也，廣縱不過一尺若五六寸。「若」猶「或」也。周禮天官司裘：「大喪廞裘。」鄭注：「廞，興也，謂象飾而作之。凡爲神之偶衣物，必沽而小耳。」以所見長大之神，貫一尺之衣，其肯喜而加福於人乎？以所見之鬼爲審死人乎？則其製衣宜若生人之服。如以所製之衣審鬼衣之乎？則所見之鬼宜如偶人之狀。夫如是也，世所見鬼，非死人之神；或所衣之神，非所見之鬼也。以上二十字，何、錢、黄、王、崇文本並脱。「死人」二字，宋、元本並作「所衣」，朱校同。鬼神未定，厚禮事之，安得福祐而堅信之乎？

祭意篇

禮：王者祭天地，諸侯祭山川，卿、大夫祭五祀，士、庶人祭其先。「禮」舊作「樹」，朱校元本、錢、黄本同。宋本、王本、鄭本並作「禮」，今據正。白虎通五祀篇引禮曰：「天子祭天地，諸侯祭山川，卿大夫祭五祀，士祭其祖。」與此文同，蓋逸禮也。曲禮下：「天子祭天地，祭四方，祭山川，祭五祀，歲徧。諸侯方祀，祭山川，祭五祀，歲徧。大夫祭五祀，歲徧。士祭其先。」與此義同。盼遂案：「樹」當爲「禮」之形誤，漢魏叢書本已改作「禮」。此數語見禮記曲禮下及王制，禮運亦略有其文。**宗廟、社稷之祀，自天子達於庶人。**祭法云：「庶士、庶人無廟。」王制云：「士一廟，庶人祭於寢。」是庶人無廟祀。又祭法云：「大夫以下成羣立社曰置社。」大戴禮禮三本篇云：「社止諸侯，道及士大夫。待年而食者，不得立宗廟。」亦見荀子禮論篇。此文未知所本。後漢書郊祀志曰：「郡縣置社稷。」意仲任就漢制言之歟？**尚書曰：「肆類於上帝，**五經異義（御覽五二七。）引夏侯、歐陽説：「類，祭天名也，以事類祭也。」**禋于六宗，**注見下。**望于山川，**穀梁僖三十一年傳注引鄭曰：「望者，祭山川之名。」**徧于羣臣。」**堯典作「羣神」，錢、黄、王、崇文本同。漢白石神君碑作「偏于羣臣」，書鈔八八引書同。（但引孔注又作「羣神」。）蓋作「羣臣」

者，三家之異。禮曰：「有虞氏禘黃帝而郊嚳，祖顓頊而宗堯；夏后氏亦禘黃帝而郊鯀，祖顓頊而宗禹；殷人禘嚳而郊冥，祖契而宗湯；周人禘嚳而郊稷，祖文王而宗武王。鄭玄曰：「禘、郊、祖、宗，謂祭祀以配食也。此禘謂祭昊天於圜丘也。祭上帝於南郊曰郊。祭五帝五神於明堂曰祖。宗，祖宗通言爾。」燔柴於大壇，祭天也；瘞埋於大折，祭地也，用騂犢。鄭曰：「壇折，封土爲祭處也。地，陰祀，用黝牲，與天俱用犢，連言爾。」埋少牢於大昭，祭時也；相近於坎壇，祭寒暑也；王宮，祭日也；夜明，祭月也；幽宗，祭星也；雩宗，祭水旱也；四坎壇，祭四方也。山林、川谷、丘陵，能出雲，爲風雨，見怪物，皆曰神。有天下者祭百神。諸侯在其地則祭，亡其地則不祭。」禮記祭法文。鄭曰：「昭，明也，亦謂壇也。時，四時也，亦謂陰陽之神也。埋之者，陰陽出入於地中也。凡此以下，皆祭用少牢。『相近』當作『禳祈』，聲之誤也。禳猶卻也。祈，求也。寒暑不時，則或禳之，或祈之。寒於坎，暑於壇。王宮，日壇。王，君也。日稱君。宮、壇，營域也。夜明，亦謂月壇也。『宗』當爲『禜』，字之誤也。幽禜，亦謂星壇也。星以昏始見，禜之言營也。雩禜，亦謂水旱壇也，雩之言吁嗟也。四方，即謂山林川谷丘陵之神也。祭山林丘陵於壇，川谷於坎，每方各爲坎爲壇。怪物，雲氣非常見者也。有天下，謂天子也。百者，假成數也。」宋本「宗」作「禜」，朱校元本作「禜」。蓋此文本作「禜」，後人改作「宗」也。説文引禮亦作「禜」，是漢儒皆讀作「禜」，非自鄭始也。

又按：鄭氏以「四方」即謂「山林川谷丘陵之神」，下文云：「四方，氣所由來。山林川谷，民所取材用。」是仲任別爲二義，與鄭不同。**此皆法度之祀，禮之常制也。**

王者父事天，母事地，推人事父母之事，故亦有祭天地之祀。五經通義曰：（類聚三八。）「王者所祭天地何？王者父事天，母事地，故以子道也。」**山川以下，報功之義也。緣生人有功得賞，鬼神有功亦祀之。山出雲雨潤萬物。六宗居六合之間，助天地變化，王者尊而祭之，故曰六宗。**御覽五三二引五經異義：「今尚書歐陽、夏侯說，六宗者，上不及天，下不及地，旁不及四方，居中央恍惚無有，神助陰陽變化，有益於人，故郊天並祭之。」即仲任所據爲說。伏生、馬融說，天地四時。鄭玄說，星、辰、司中、司命、風伯、雨師。僞孔傳說，寒暑日月星水旱。劉歆說，乾坤六子。孔光、晁錯、王莽、王肅、顏師古說同。賈逵、許慎說，天宗三，地宗三。司馬彪說，天宗、地宗、四方宗。然以今文說爲是，餘並非也。說詳皮氏今文尚書考證。又按：路史餘論五謂王充從安國說，非也。**社稷，報生萬物之功，社報萬物，稷報五穀。**此今文說也。五經異義：「今孝經說曰：『社者，土地之主，土地廣博，不可偏敬，封五土爲社。』古左氏說：『共工爲后土，后土爲社。』許君謹案亦曰：『春秋稱公社，今人謂社神爲社公，故知社是上公，非地祇。』鄭駁之云：『社祭土而主陰氣。』又云：『社者，神地之道。謂之社神，但言上公失之矣。今人亦謂雷曰雷公，天曰天公，豈上公也？』」異義又云：「今孝經說：『稷者五穀之長，穀衆多不可偏敬，故立稷而祭之。』古左氏說：『列山氏之子曰柱，死，祀以爲稷，稷是田正。周棄亦爲稷，自商以來祀之。』許君謹案：『禮緣生及死，故社稷人事之。既祭稷穀，不得但以稷米祭，稷反自食。』同左氏義。鄭駁之云：宗伯以血祭祭社稷五嶽四瀆。社稷之神，若是句龍、柱、棄，不得先五嶽而食。又引司徒五土名，又引大司樂五變而致介物及土示。土示，五土之總神，即是社也。六樂於五地無原隰而有土祇，則土祇與原隰同用樂也。又引詩信南山云：『畇畇原隰』下之『黍稷』，或云原隰生百穀，黍爲之長，然則稷者原隰之神。若達此義，不得以稷米祭稷爲難。」（禮記郊特牲疏。）鄭以社爲五土之神，稷爲原隰之神，同今孝經說，非人鬼也。句龍有平水土之功，稷有播五穀之功，配社稷祀之耳。賈逵、馬融、王肅之徒，（見郊特牲疏。）應劭風俗通祀典篇並以社祭句龍，稷祭后稷，皆人鬼，非地祇。仲任從今文說，以爲地神，同鄭義也。知者，明雩篇云：「社，報生萬物之功，土地廣遠，難得辨祭，故立社爲位。」祀義篇云：「祭天地則社稷設其中矣。」若謂社稷爲人鬼，則不得謂祭天地即祭之也。後文復引左氏傳以社稷之神爲句龍、柱、棄者，明社稷之祀未有定說耳。

五祀，報門、户、井、竈、室中霤之功，五祀有三：司命、中霤、門、行、厲。見祭法。鄭氏以爲周制。此其一。户、竈、中霤、門、行。見曲禮、月令、呂氏春秋、獨斷。鄭氏以爲殷制。此其二。漢志、淮南時則篇、白虎通五祀篇與此文同。此其三。賈逵、范曄、高堂隆、劉昭之說皆然，後漢、魏、晉亦皆從之。隋、唐參用月令、祭法之說，以行代井。及李林甫之徒，復修月令，冬亦祀井，而不祀行。呂氏春秋高注：「行，門内地也，冬守在内，故祀之。行或作井，水給人，冬水王，故祀之也。」月令鄭注：「冬隆寒於水，祀之於行，從辟除之類也。」據此，祀行即所以祀水。盼遂案：「室」字衍文，淺人以中霤屬室而誤沾也。下文申之曰：「門、户人所出入，井、竈人所飲食，中霤人所託處，五者功鈞，故俱祀之。」言五者而不及室，則此室字宜删。**門、户人所出入，井、竈人所飲食，中霤人所託處，**郊祀志注韋昭曰：「古者穴居，故名室中爲中霤。」**五者功鈞，故俱祀之。**

周（傳）棄（或）曰：此引左昭二十九年傳也。宋本「周棄」作「傳或」，當據正。**「少昊有四叔，**賈逵注：「少皞，黄帝之後，金天氏也。四叔，四子皆叔。」（御覽禮儀部十一。）盼遂案：「周棄」疑當爲「周書」之誤。此事見左氏昭公二十九年傳及晉語二，爲晉太史蔡墨對魏獻子語，皆周時書也。**曰重，曰該，曰修，曰熙，實能金木及水。**「木及水」舊誤作「大木反」，宋本作「本及水」，元本作「大木及」，朱校同，崇文本作「火木乃」，諸本並誤。今從左傳正。賈注：「能順其成性也。」（見同上。）盼遂案：「大」字「反」字皆誤，而敍次亦倒，宜依左氏昭公二十九年傳改作「實能金木及水」爲是。下文「使重爲句芒」，此木正也，「該爲蓐收」，此金正也，「修及熙爲玄冥」，此二子相代爲水正也，若今本「木」誤作「大」，則三正亦無所著處也。**使重爲句芒，該爲蓐收，修及熙爲玄冥，世不失職，遂濟窮桑，**賈云：「處窮桑以登爲帝，故天下號之曰窮桑帝。」疏云：「賈以濟爲渡也。言四叔子孫無不失職，遂渡少皞之世。」**此其三祀也。**句芒，木正。蓐收，金正。玄冥，水正。爲三祀。**顓頊氏有子曰犂，爲祝融；共工氏有子曰句龍，爲后土，此其二祀**

也。祝融，水正。后土，土正。爲二祀。后土爲社。句龍既爲后土，又以祀社。稷，田正也。稷，官名，田官之長。有烈山氏之子曰柱，爲稷，盼遂案：左傳、魯語及漢書古今人表皆作柱，與論衡同。惟禮記祭法作農。左傳正義引劉炫曰：「蓋柱是名，其官曰農，猶呼周棄爲稷也。」自夏以上祀之。祀柱。周棄亦爲稷，自商以來祀之。」禮曰：「烈山氏之有天下也，其子曰柱，能殖百穀。夏之衰也，周棄繼之，故祀以爲稷。共工氏之霸九州也，其子曰后土，句龍也。能平九土，故祀以爲社。」禮記祭法文。「烈」作「厲」，字通。「柱」作「農」。柱，名。農，官也。傳或曰：「炎帝作火，死而爲竈。禹勞力天下，水死而爲社。」「水」字衍。此淮南氾論訓文。「勞力天下」，猶言勤勞天下。大雅烝民鄭箋云：「力猶勤也。」「勤勞天下水」，文不成義。高注：「勞力天下，謂治水之功也。」則不當有「水」字甚明。禮曰：「王爲羣姓立七祀，曰司命，曰中霤，舊誤作「靈」，鄭、王、崇文本改作「霤」，是也。今據正。曰國門，曰國行，曰泰厲，曰户，曰竈。諸侯爲國立五祀，曰司命，曰中霤，曰國門，曰國行，曰公厲。大夫立三祀，曰族厲，曰門，曰行。適士立二祀，曰門，曰行。庶人立一祀，或立户，或立竈。」祭法文。鄭注：「司命主督察三命。中霤主堂室屋處。門户主出入。行主道路行作。厲主殺罰。竈主飲食之事。」社稷、五祀之祭，未有所定，皆爲思其德，不忘其功也。中心愛之，故飲食之。愛其人，故食之。愛鬼神者祭祀之。

自禹興脩社，稷祀后稷，其後絶廢。據封禪書説。高皇帝四年，詔天下祭靈星；盼遂案：漢書郊祀志：「高祖二年冬，立黑帝祠。後四歲，令豐治枌榆社等。其後二歲，令天下立靈星祠。」是高祖立靈星祠爲八年事。後漢書祭祀志作八年，是也。論衡蓋誤讀漢書「後四歲」之語，因爲高皇帝四年詔天下祭靈星，大非。迨應仲遠作風俗通（卷八。）亦沿充誤，謂高帝四年，所宜糾正。七年，使天下祭社稷。吴曰：封禪書：「高祖二年詔曰：『上帝之祭及山川諸神當祠者，各以其時禮祠之如故。』（事亦見高紀。）後四歲，天下已定，置祠祝官。其後二歲，令郡國縣立靈星祠，常以歲時祠以牛。十年春，令縣常以春三月及時臘祠社稷以羊豕。民里社各自財以祠。」此云「天下已定」者，乃高帝五年，「其後二歲」則七年也。論以四年祭靈星，七年祭社稷，均與史異。暉按：玉海九九以「其後二歲」即高祖八年。後漢書祭祀志謂：「漢興八年，高祖立靈星祠。」獨斷、風俗通祀典篇、漢舊儀（封禪書正義引。）並云：「在高祖五年。」北史劉芳傳芳疏云：「靈星本非禮，事兆自漢初，專爲祈田，恒隸郡縣。」

靈星之祭，祭水旱也，郊祀志下：「夏旱，武帝詔令天下尊祠靈星。」益部耆舊傳：「趙瑤爲閬中令，遭旱，請雨於靈星，應時大雨。」（類聚二。）於禮舊名曰雩。雩之禮，爲民祈穀雨，祈穀實也。春求〔雨，秋求〕實，「雨秋求」三字據元本補。朱校同。日鈔引此文未脱。一歲再祀，盼遂案：春求實不得云再祀，此蓋「春」下脱「求雨秋」三字。「春求雨」者，下文所謂龍二月見，則雩祈穀雨也。「秋求實」者，下文所謂龍星八月將入，則秋雩祈穀食也。上文亦總言雩之禮爲民祈穀雨、祈穀實也，可證。蓋重穀也。漢舊儀曰：「古時歲再祠靈星。」（祭祀志注。）春以二月，秋以八月。故論語曰：「暮春者，春服既成，冠者五六人，童子六七人，浴乎沂，風乎舞雩，詠而歸。」「歸」當作「饋」，説見明雩篇。暮春，四月也。周之四月，正歲二月也。二月之時，龍星始出，故傳曰：「龍見而雩。」龍星見時，歲已啓蟄，□□□：「□□而雩。」先孫曰：此文有譌，疑當作「故又曰啓蟄而雩」。今本脱五字。餘注明雩篇。春雩之禮廢，秋雩之禮存，故世常脩靈星之祀，到今不絶。嵩高山記：「漢武遊登五岳，尊事靈星，遂移祠置南岳郊，築作殿壇。」（御覽五三二。）古今注：「元和三年初爲郡國立稷及祠社靈星禮器也。」（後漢書祭祀志注。）後漢書東夷傳：「高句驪好祠鬼神社稷零星。」名變於舊，故世人不識；禮廢不具，故儒者不知。世儒案禮，不知靈星何祀，其難曉而不識説，「而不」當作「不而」。「而」、「能」古通。宋、元本「而」作「亦」。縣官名曰「明星」，縣官，天子也。日鈔引作「又或訛爲明星」。緣明星之名，説曰「歲星」。獨斷曰：「明星神一曰靈星，其象在天。」地理志：「右扶風陳倉縣有明星祠。」亦見封禪書。甘氏星經曰：（説文引。）「太白號上公，妻曰女媧，居南斗，食厲，天下祭之曰明星。」蓋當時有誤明星爲靈星者。太白爲明星，説爲歲星，更誤之甚者。杜佑通典曰：「周制，仲秋之月，祭靈星於國之東南。東南祭之，就歲星之位也。歲星爲星之始，最尊，故就其位。王者所以復祭靈星者，爲民祈時，以種五穀，故報其功也。」亦謂靈星之祭，爲祭歲星，未知何本。歲星，東方也，東方主春，春主生物，故祭歲星，求春之福也。四時皆有力於物，獨求春者，重本尊始也。儒者之説。審如儒者之説，求春之福，及（反）以秋祭，非求春也。「及」，宋、元本作「反」，朱校同，是也。「非」，宋本作「此」，朱校同。月令祭户以春，祭門以秋，各宜其時。白虎通五祀篇曰：「春祭户，户者人所出入，春亦萬物始觸户而出也。秋祭門，門以閉藏自固也，秋亦萬物成熟，内備自守也。」如或祭門以秋，謂之祭户，論者肯然之乎？不然，則明星非歲星也，乃龍星也。龍星二月見，則〔春〕雩祈穀雨；龍星八月將入，則秋雩祈穀實。上「則」下脱「春」字。春雩、秋雩對文。儒者或見其義，語不空生。春雩廢，秋雩興，故秋雩之名，自若爲明星也，實曰「靈星」。靈星者，神也；「星」字衍。漢舊儀、風俗通並云：「靈者，神也。」神者，謂龍星也。史記封禪書：「高祖召令郡國立靈星祠。」集解張晏曰：「龍星左角曰天田，則農祥也。晨見而祭。」正義：漢舊儀云：「五年脩復周家舊祠，祀后稷於東南，爲民祈農，報厥功。夏則龍見而始雩。龍星左角爲天田，右角爲大庭。天田爲司馬，教民種百穀爲稷。靈者，神也。辰之神爲靈星，故以壬辰日祠靈星於東南。」獨斷曰：「舊説曰：靈星，火星也。一曰龍星。火爲天田，厲山氏之子柱及后稷，能殖百穀，以利天下，故祠此三神，以報其功也。」風俗通祀典篇曰：「漢書郊祀志，高祖五年，初置靈星，祀后稷也。歐爵簸揚，田農之事也。謹案：祀典既已立稷，又有先農，無爲靈星復祀后稷也。左中郎〔二〕將賈逵説，以爲龍第三有天田星。靈者，神也，故祀以報功。辰之神爲靈星，故以壬辰日祀靈星於東南。金勝木，爲土相。」後漢書祭祀志：「漢興八年，有言周興而邑立后稷之祀，於是高祖令天下立靈星祠。言祠后稷而謂之靈星者，以后稷又配食星也。舊説星謂天田星也。一曰龍左角爲天田官，主稷，祀用壬辰位祠之。壬爲水，辰爲龍，就其類也。」經義叢鈔：「曾釗曰：獨斷謂之火星者，大火也。月令章句云：『自亢八度至尾四度謂之大火之次，中有房星。』韋昭注周語曰：『農祥，房星也，房星晨正而農事起。』」朱亦棟羣書札記二曰：「『零星』二字切音爲『辰』，此古真青之所以通，猶曰『辰星』云耳。」劉寶楠愈愚録二曰：「靈星即龍星角亢也，故又曰角星。龍屬辰，爲大火，故又曰火星。辰爲農祥，故又曰農祥，又曰天田星。星色赤，又曰赤星。靈通作零，又曰零星。」以上諸文，並謂靈星爲龍星，與仲任義同。靈星祀后稷，應仲遠已駁之。仲任以爲雩禮，意亦不然祠后稷也。后稷配食靈星，於義自無齟齬，周語、晉語、後漢祭祀志、前漢郊祀志注引服虔注，並有此説。論語發微曰：「論衡以靈星爲龍星，龍與靈，聲之轉。張晏以爲農祥農見而祭，王充以爲二月祭，並非禮正。要之靈星之祭，即左傳龍見而雩，確然無疑。」黄震日鈔曰：「論衡釋靈星之名，似矣。實則古之雩祭，只因龍見而雩，祭之候也，未必祭其星也。」陳啓源毛詩稽古編

〔二〕「中郎」，原本作「郎中」，據風俗通乙。

曰：「農祥即房宿，以霜降晨見東方，則祠靈星當在夏九月矣。論衡以靈星即龍星，又謂周制，春雩，秋八月亦雩，今靈星乃秋之雩。此語非是。雩正祭在巳月，祈祭則秋之三月皆可行，春秋非雩之正期。又雩祭祭五帝精，非祭靈星，不得合爲一祭。且八月龍星未見，安得而祭之？通典（禮略一。）亦言：「周制，仲秋之月祭靈星於國之東南。」殆襲充之誤也。盼遂案：此亦音轉之理。昔嘗著淮南許注漢語疏，於要略篇注「中國以鬼神之亡日爲忌，北胡南越皆謂之請龍」一條，詳其條理，今追録之如次。要略篇：「操合開塞各有龍忌。」許注：「中國以鬼神之亡日爲忌，北胡南越皆謂之請龍。」盼遂案：「請龍」二字無義，「龍」當爲「靈」之借。張平子南都賦：「赤靈解角。」李注：「赤靈，赤龍也。」蔡邕獨斷：「靈星，火星也。一曰龍星。」漢書郊祀志：「立靈星祠。」顔注引張晏曰：「龍星左角曰天田，則農祥也。」此皆龍、靈通用之證。又案：詩周頌絲衣序：「高子曰：『靈星之尸也。』」風俗通：「辰之神爲靈星。」亦皆借靈爲龍，謂東宫倉龍七宿角、亢、氐、房、心、尾、箕也。故胡、越語得轉靈作龍，謂請靈爲請龍矣。靈者，本汎言鬼神。（大戴禮、尸子、風俗通、楚辭注。）中國謂爲鬼神忌日，胡、越謂爲請靈，文義實同，惟聲轉作龍，因難知耳。墨子貴義篇：「子墨子北之齊，遇日者曰：『帝以今日殺黑龍於北方，而先生之色黑，不可以行。』」孫仲容閒詁引許君此注，説曰：「案墨子遇日者以五色之龍定吉凶，疑即所謂龍忌。許君請龍之説，未詳所出，恐非吉術也。」孫氏蓋不知淮南龍忌之爲靈忌，請龍之爲請靈，故有是説。實則龍僅爲天地間神祇之一，未能代表諸神也。

羣神謂風伯、雨師、雷公之屬。風以摇之，雨以潤之，雷以動之，四時生成，寒暑變化。日月星辰，人所瞻仰。水旱，人所忌惡。四方，氣所由來。山林川谷，民所取材用。此鬼神之功也。

凡祭祀之義有二：一曰報功，二曰修先。報功以勉力，修先以崇恩，力勉恩崇，功立化通，聖王之務也。是故聖王制祭祀也，法施於民則祀之，以死勤事則祀之，以勞定國則祀之，能禦大災則祀之，能捍大患則祀之。帝嚳能序星辰以著衆，堯能賞均刑法以義終，舜勤民事而野死，鯀勤洪水而殛死，禹能修鯀之功，黄帝正名百物以明民共財，顓頊能脩之，契爲司徒而民成，冥勤其官而水死，湯以寬治民而除其虐，文王以文治，武王以武功去民之災，凡此功烈，施佈於民，「是故聖王」以下，禮祭法文。「鯀勤洪水」，「勤」作「鄣」。鄭注：「著衆，謂使民興事知休作之期也；賞，賞善，謂禪舜封禹、稷等也；能刑，謂去四凶；義終，謂既禪二十八載乃死也。野死，謂征有苗死於蒼梧也。殛死，謂不能成其功也。明民，謂使之衣服有章也。民成，謂知五教之禮也。冥，契六世之孫也，其官玄冥，水官也。虐，菑，謂桀、紂也。烈，業也。」民賴其力，故祭報之。以上報功。宗廟先祖，己之親也，生時有養親之道，死亡義不可背，故修祭祀，示如生存。推人事鬼，神緣生事死，「神」字衍。明雩篇云：「推生事死，推人事鬼。」人有賞功供養之道，故有報恩祀祖之義。以上脩先。

孔子之畜狗死，使子贛埋之，曰：「吾聞之也，弊帷不棄，爲埋馬也；弊蓋不棄，爲埋狗也。丘也貧，無蓋，於其封也，「封」下舊校曰：一本註音「窆」。（「一本註」三字，宋本作「封發」。朱校元本同。）檀弓鄭注：「『封』當爲『窆』。」亦與之席，毋使其首陷焉！」「陷」，當從檀弓作「陷」。崇文本改作「陷」，是也。鄭曰：「陷謂没於土。」延陵季子過徐，新序節士篇云：「將西聘晉。」徐君好其劍，季子以當使於上國，未之許與。新序曰：「致使於晉故。」盼遂案：「之」字爲「心」之誤。漢人書法，之作㞢，與心之隸書極其形似，故易致誤。此句本當爲「心許未與」，故下文得云「前以心許之矣」。自「心」誤爲「之」，淺人因改如今文矣。季子使還，徐君已死，新序云：「死於楚。」按：劉向蓋以此徐君即徐偃王，爲楚文王所滅者。季子解劍帶其冢樹。元本「解」下有「其」字，「其」作「於」，朱校同。史記吴世家作：「乃解其寶劍，繫之徐君冢樹而去。」疑元本是。新序云：「脱劍致之嗣君，嗣君不敢受，於是以劍帶徐君墓樹而去。」史記吴世家正義引括地志云：「徐君廟，在泗州徐城縣西南一里，即延陵季子掛劍之徐君也。」後漢書郡國志下邳國徐縣注引北征記曰：「徐縣北有徐君墓，延陵解劍之處。」御者曰：「徐君已死，尚誰爲乎？」季子曰：「前已心許之矣，可以徐君死故負吾心乎？」負，背也。遂帶劍於冢樹而去。祀爲報功者，其用意猶孔子之埋畜狗也；祭爲不背先者，其恩猶季之帶劍於

冢樹也。「恩」字無義，疑當作「其用意」。「意」誤爲「恩」，又脱「用」字。此文以祀、祭對言。又「之」，朱校元本作「子」。疑今本脱「子」字，元本脱「之」字。盼遂案：「季」下脱一「子」字。論例稱季子。

聖人知其若此，祭猶齋戒畏敬，若有鬼神，修興弗絶，若有禍福。重恩尊功，慇懃厚恩，未必有鬼而享之者。何以明之？以飲食祭地也。人將飲食，謙退，示當有所先。曲禮上：「主人延客祭。」注：「祭，祭先也。君子有事，不忘本也。」疏：「祭者，君子不忘本，有德必酬之，故得食而種種出少許置在豆間之地，以報先代造食之人也。」公羊昭二十五年傳：「昭公蓋祭而不嘗。」注：「食必祭者，示有所先。」**孔子曰：「雖疏食菜羹，瓜祭必齋如也。」**論語鄉黨篇文。南史顧憲之傳亦引爲孔子語，同此。釋文鄭曰：「魯讀『瓜』爲『必』，今從古。」羣經識小曰：「『必』字从八弋，篆文作『㞋』，與『瓜』相近而誤。」潘維城論語古注集箋曰：「公羊襄二十九年傳『飲食必祝』注、論衡祭意篇並引作『瓜』。何休通今文，充書所引，亦多今文，魯論爲今文，並作『瓜』，不作『必』，則知魯論直讀『瓜』爲『必』，非誤字也。鄭所以不從者，以下文又有『必』字，故從古讀如字也。」**禮曰：「侍食於君，君使之祭，然後飲食之。」**儀禮士相見禮：「若君賜之食，則君祭，先飯，徧嘗膳，飲而俟，君命之食，然後食。」禮記玉藻：「若賜之食，而君客之，則命之祭，然後祭，先飯，辯嘗羞，飲而俟。」論語鄉黨篇亦云：「侍食於君，君祭先飯。」**祭，猶**

禮之諸祀也。飲食亦可毋祭，禮之諸神，亦可毋祀也。祭、祀之實一也，用物之費同也。知祭地無神，猶謂諸祀有鬼，不知類也。

經傳所載，賢者所紀，尚無鬼神，況不著篇籍！世間淫祀非鬼之祭，信其有神爲禍福矣。好道學仙者，絶穀不食，與人異食，欲爲清潔也。鬼神清潔於仙人，如何與人同食乎？論之以爲人死無知，「論」上疑脱「實」字。「實論之」，本書常語，説詳變動篇。其精不能爲鬼。辨見論死自然篇：「論之以爲趙國且昌之妖也。」今本亦脱「實」字，正其比。假使有之，與人異食。異食則不肯食人之食，不肯食人之食舊校曰：一有「食」字。則無求於人，無求於人則不能爲人禍福矣。凡人之有喜怒也，有求得與不得。得則喜，不得則怒。喜則施恩而爲福，怒則發怒而爲禍。鬼神無喜怒，舊校曰：一有「其」字。則雖常祭而不絶，久廢而不修，其何禍福於人哉？

論衡校釋卷第二十六

實知篇

盼遂案：論語爲政篇：「子曰：『由，誨女知之乎？知之爲知之，不知爲不知，是知也。』」此篇實即發揮其義。末引見説用不能解不可解之結，尤爲善譬。

儒者論聖人，以爲前知千歲，後知萬世，有獨見之明，獨聽之聰，事來則名，不學自知，不問自曉，故稱聖，〔聖〕則神矣。疑脱一「聖」字，涉重文脱。若蓍、龜之知吉凶，蓍草稱神，龜稱靈矣。賢者才下不能及，智劣不能料，故謂之賢。夫名異則實殊，質同則稱鈞，以聖名論之，知聖人卓絶，與賢殊也。

孔子將死，遺讖書，衆經音義九引三蒼曰：「讖，祕密書也。出河圖。」薛居正孔子集語、御覽七〇六引並作「祕書」。按：書虚篇云：「讖書言，始皇到沙丘而亡。」案書篇云：「讖書云，董仲舒亂我書。」則此作「讖書」不誤。曰：「不知何一男子，自謂秦始皇，上我之堂，踞我之牀，顛倒我衣裳，至沙丘而亡。」其後，秦王兼吞天下，朱校元本「吞」作「并」。號始皇，巡狩至魯，觀孔子宅，乃至沙丘，道病而崩。又曰：「董仲舒亂我書。」亂，理也，或曰煩亂。仲任以爲終也。見案書篇。後漢書鍾離意傳注引意別傳曰：「意爲魯相，到官，出私錢萬三千文，付户曹孔訢修夫子車。身入廟，拭几席劍履。男子張伯除堂下草，土中得玉璧七枚，伯懷其一，以六枚白意。意令立主簿安置几前。孔子教授堂下牀首有懸甕，意召孔訢，問其何甕也。對曰：『夫子甕也。背有丹書，人莫敢發也。』意曰：『夫子聖人，所以遺甕，欲以懸示後賢。』因發之，中得素書，（郡國志注引漢晉春秋作「古文策書」。）文曰：『後世修吾書，董仲舒。護吾車，拭吾履，發吾笥，會稽鍾離意。（漢晉春秋云：「亂吾書，董仲舒。治吾堂，鍾離意。」）璧有七，張伯藏其一。』意即召問，伯果服焉。」水經注二十五泗水注言意永平中爲魯相。未審仲任此文，本於意所得素書，抑別有據？ **其後，江都相董仲舒，論思春秋，造著傳記。又書曰：「亡秦者，胡也。」**易緯通卦驗曰：「孔子表洛書摘亡辟曰：『亡秦者，胡也。』丘以推秦白精也。其先皇感河出圖，挺白以胡。』」淮南人間訓曰：「秦皇挾録圖，見其傳曰：『亡秦者，胡也。』」公羊哀十三年傳疏引春秋説云：「趨作法，孔聖没，周姬亡，彗東出，秦正起，胡破術。」**其後二世胡亥，竟亡天下。用三者論之，聖人後知萬世之效也。** **孔子生不知其父，若母匿之，**史記孔子世家云：「孔子疑其父墓處，母諱之也。」禮記檀弓云：「孔子少孤，不知其墓。」鄭注：「孔子之父與徵在野合而生孔子，徵在恥焉不告。」**吹律自知殷宋大夫子氏之世也。**注奇怪篇、詰術篇。 **不案圖、書，不聞人言，吹律精思，自知其世，聖人前知千歲之驗也。**

曰：此皆虚也。

案神怪之言，皆在讖記，所表皆效圖、書。「亡秦者胡」，河圖之文也。孔子條暢增益，以表神怪；或後人詐記，以明效驗。高皇帝封吴王，送之，拊其背曰：「漢後五十年，東南有反者，豈汝邪？」到景帝時，濞與七國通謀反漢。事見史記吴王濞傳。建此言者，或時觀氣見象，處其有反，不知主名；高祖見濞之勇，則謂之是。史記集解應劭曰：「克期五十，占者所知。若秦始皇東巡以厭氣，後劉、項起東南，疑當如此耳。」索隱曰：「案應氏之意，以後五十年東南有亂，本是占氣者所説，高祖素聞此説，自前難未弭，恐後災更生，故説此言，更以戒濞。」按：應説與仲任義同。原此以論，孔子見始皇、仲舒，「見」猶「知」也。下「空見」同。下文明「孔子知始皇、仲舒」之説所從生。盼遂案：「見始皇、仲舒」五字衍。此本文爲「孔子或時但言『將有觀我之宅』、『亂我之書』者」爾，論不謂孔子與始皇、仲舒見也。鈔胥見下文「後人見始皇入其宅，仲舒讀其書」，及「如孔子神而空見始皇、仲舒」諸語，因筆誤書此五字於此爾。或時但言「將有觀我之宅」、「亂我之書」者，後人見始皇入其宅，仲舒讀其書，則增益其辭，著其主名。如孔子神而空見始皇、仲舒，則其自爲殷後子氏之世，亦當默而知之，無爲吹律以自定也。孔子不吹律，不能立其姓；及其見始皇，睹仲舒，亦復以吹律之類矣。「睹」字衍。「見始皇、仲舒」，上文兩見。讖書並未言孔子與始皇、仲舒相見，則此不當言「見始皇，睹仲舒」，明矣。蓋淺人不知「見」訓爲「知」，而誤增「睹」字。案始皇本事，始皇不至魯，安得上孔子之堂，踞孔子之牀，顛倒孔子之衣裳乎？始皇三十七年十月癸丑出游，至雲夢，望祀虞舜於九嶷。浮江下，觀藉柯，度梅渚，史記始皇紀作「海渚」。正義：「括地志云：『舒州同安縣〔一〕東。』按：舒州在江中，疑『海』字誤，即此州也。」盼遂案：史記唐寫本已作「海渚」，應據此改作「梅」。過丹陽，至錢唐，臨浙江，濤惡，乃西百二十里，從陝（狹）中度，「陝中」當從史記作「狹中」。集解徐廣曰：「蓋在餘杭也。」劉昭郡國志吴郡餘杭縣注引史亦作「狹中」，并云：「始皇所過，乃在錢塘、富春，豈近餘杭之界乎？」水經注四十：「錢塘縣東有定、包諸山，皆西臨浙水，水流于兩山之間，江流急濬。秦始皇三十七年將遊會稽，至錢唐，臨浙江，所不能渡，故道餘杭之西津也。」上會稽，祭大禹，立石刊頌，望于南海。還過，從江乘，史作「還過吴，從江乘渡」。疑此脱「吴」字、「渡」字。地理志丹陽有江乘縣，渡謂濟渡也。盼遂案：始皇本紀「過」下有「吴」字，「乘」下有「渡」字，並宜據補。江乘渡在今江蘇句容縣。旁海上，北至琅邪。自琅邪北至勞、成山，因至之罘，遂並海，西至平原津而病，崩於沙丘平臺。既不至魯，盼遂案：史記秦始皇本紀：「二十八年，始皇東至鄒縣，上鄒嶧

〔一〕「同」，原本作「周」，形近而誤，據史記正義改。

山。立石，與魯諸儒生議，刻石頌秦德。乃遂上泰山。」是始皇未嘗不至魯也。仲任僅從史記三十七年之事爲說，疏矣。讖記何見，而云始皇至魯？至魯未可知，其言孔子曰「不知何一男子」之言，亦未可用。「不知何一男子」之言不可用，則言「董仲舒亂我書」，亦復不可信也。行事，文記譎常人言耳，「人」疑「之」誤。謂文記卓躒於恒庸之言耳。盼遂案：章士釗云：「譎當讀爲述。蓋譎與遹同聲，遹又與述古通用也。」非天地之書，則皆緣前因古，有所據狀；如無聞見，則無所狀。凡聖人見禍福也，亦揆端推類，原始見終，從閭巷論朝堂，由昭昭察冥冥。讖書祕文，「祕文」猶言「祕書」，謂緯書也。說文目部、易部引有祕書說。遠見未然，空虛闇昧，豫睹未有，達聞暫見，「達」，朱校元本作「遠」，是也。謂讖緯之書，初聞見之，若非庸口所可言者。若作「達聞」，則與「暫見」意不類矣。禍虛篇曰：「始聞暫見，皆以爲然。」四諱篇曰：「暫聞卒見，若爲小吉。」其立文並同。卓譎怪神，若非庸口所能言。

放象事類以見禍，推原往驗以處來事，〔賢〕者亦能，非獨聖也。朱校元本、程、何本無「賢」字，錢、黃、王、崇文本無「事」字。按：此文脫「賢」字，改「事」作「賢」，非也。前文云：「賢者才下不能及，智劣不能料。」此文即破其說。周公治魯，太公知其後世當有削弱之患；太公治齊，周公睹其後世當有劫弑之禍。呂氏春秋長見篇曰：「呂太公望封於齊，周公旦封於魯，二君相謂曰：『何以治國？』太公曰：『尊賢上功。』周公曰：『親親上恩。』太公曰：

『魯自此削矣。』周公曰：『魯雖弱，有齊者必非呂氏也。』」亦見韓詩外傳十、淮南齊俗訓。**見法術之極，睹禍亂之前矣。紂作象箸而箕子譏（嘰），**「譏」當作「嘰」。淮南繆稱訓正作「嘰」。高注：「嘰，唬也。」淮南説山訓作「唏」。史記十二諸侯年表序同。索隱曰：「唏，歎聲也。」楚詞天問王注：「紂作象箸而箕子歎，預知象箸必有玉杯，玉杯必盛熊蹯豹胎。」本書龍虛篇作「泣」。嘰、唏、嘆、泣義相近。若作「譏」，則非其義矣。（鹽鐵論散不足篇云：「夫一文杯，得銅杯十，賈賤而用不殊。箕子之譏，始在天子，今在匹夫。」「譏」亦「嘰」之誤。韓非子喻老篇、説林上作「怖」。王先慎曰：「作『怖』，是。史記、淮南作『唏』，誤。」其説非也。未檢淮南繆稱訓、天問注及論衡耳。當各依本書。）**魯以偶人葬而孔子嘆，**見淮南繆稱、説山篇。抱朴子嘉遯篇云：「尼父聞偶葬而永歎。」孟子梁惠王篇：「仲尼曰：『始作俑者，其無後乎？』爲其象人而用也。」餘注薄葬篇。**緣象箸見龍干之患，**「干」讀「肝」。注龍虛篇。盼遂案：「干」當爲「肝」字偏傍之脱也。龍虛篇云：「象箸所挾，則必龍肝豹胎。」正與此同一事也。**偶人睹殉葬之禍也。太公、周公，俱見未然；箕子、孔子，並睹未有，所由見方來者，賢聖同也。魯侯老，太子弱，次室之女，倚柱而嘯，**孫曰：潛夫論釋難篇亦作「次室」。列女傳作「漆室」。續漢書郡國志東海郡蘭陵有次室亭。劉昭注，地道記曰：「故魯次室邑。」當即此地。然御覽四百八十八引列女傳作「七室」，注云：「一邑七宮也。」此蓋舊注。漆、七通用，是古本列女傳作「七室」也。暉按：郡國志劉昭注云：「列女傳有漆室之女，或作次室。」初學記十六引琴操曰：「貞女引，魯次室女所作。」御覽五七八引琴操「次」作「漆」。并「次」、「漆」古通之證。由老弱之徵，見敗亂之兆也。列女傳貞女篇：「魯漆室邑之女，過時未適人。當穆公之時，君老太子幼，女倚柱而嘯。旁人聞之，莫不爲之慘者。鄰婦從之遊，謂曰：『何哭之悲？子欲嫁乎？吾爲子求偶。』漆室女曰：『嗟乎！始吾以子爲知，今反無識也。豈爲嫁之故不樂而悲哉？吾憂魯君老而太子少也。』」又御覽四六九引說苑曰：「魯有賢女，次室之子，適二十，常侍立而吟，涕泣如雨。有識謂之曰：『汝欲嫁邪？何悲之甚？』對曰：『魯君年老，太子尚小，憂其奸臣起也。』」說苑今逸。婦人之知，尚能推類以見方來，況聖人君子，才高智明者乎？秦始皇十（七）年，「十」誤，當從史記呂不韋傳作「七年」。嚴襄王母夏太后夢（薨）。「夢」，當從史記呂不韋傳改作「薨」。始皇紀亦云：「七年夏太后死。」夏太后，莊襄王子楚生母也。孝文王后曰華陽后，莊襄王養母。與文王葬壽陵，夏太后〔子〕嚴襄王葬於范陵，「子」字據史記呂不韋傳補。「范陵」，呂不韋傳作「芷陽」。秦本紀索隱云：「葬陽陵。」盼遂案：依史記呂不韋傳，「夢」爲「薨」之誤，「與文王」是爲「孝文王」之誤，「夏太后嚴襄王」是「夏太后子嚴襄王」之誤，「范陵」是「芷陽」之誤，皆宜據之訂正。故夏太后別葬杜陵，呂不韋傳作「杜東」。索隱曰：「杜原之東也。」曰：「東望吾子，子，莊襄王。西望吾夫，夫，孝文王。後百年，旁當有萬家邑。」其後皆如其言。索隱曰：「宣帝元康元年起杜陵。漢舊儀：『武、昭、宣三陵皆三萬户。』計去此一百六十餘年。」必以推類見方來爲聖，次室、夏太后聖也。秦昭王十(七)年，樗里子卒，「十年」，當從史記樗里子傳作「七年」。秦本紀同。葬于渭南章臺之東，曰：「後百年，當有天子宫挾我墓。」至漢興，長樂宫在其東，未央宫在其西，武庫正值其墓，史記本傳文。竟如其言。先知之效，見方來之驗也。如以此效聖，樗里子聖人也；如非聖人，先知、見方來，不足以明聖。「見」，錢、黄、王、崇文本改作「其」，非。然則樗里子見天子宫挾其墓也，亦猶辛有知伊川之當戎。昔辛有過伊川，見被髮而祭者，曰：「不及百年，此其戎乎！」其後百年，晉遷陸渾之戎於伊川焉，見左僖二十二年傳。竟如〔其言〕。「其言」二字舊脱，據上文例增。盼遂案：此下當有「辛有之言」四字，鈔者因下句「辛有之知當戎」一語而誤遺落也。辛有之知當戎，見被髮之兆也；樗里子之見天子〔宫〕挾其墓，據上文，「天子」下當增「宫」字。亦見博平之墓也。吴曰：「墓」疑當作「基」。韓信葬其母，亦行營高敞地，令其旁可置萬家。見史記淮陰侯傳贊。水經淮水注：「淮陰城東有兩冢，西者漂母冢，東一陵即信母冢。」其後竟有萬家處其墓旁。故樗里子之見博平王有宫臺之兆，據史記本傳，長樂宫、未央宫、武庫挾其墓，與博平王無涉，「王」疑是「土」字。盼遂案：「王」當爲「土」之誤。猶韓信之睹高敞萬家之臺也。

先知、之見方來之事，上「之」字涉「知」字聲近而衍。上文云：「先知之效，見方來之驗。」又云：「先知、見方來，不足以明聖。」可證。無達視洞聽之聰明，皆案兆察跡，推原事類。春秋之時，卿大夫相與會遇，見動作之變，聽言談之詭，善則明吉祥之福，惡則處凶妖之禍。齊慶封來聘，其車美，叔孫知其必惡終。鄭伯有賦鶉之賁賁，文子知其將爲戮。並見左襄二十七年傳。明福處禍，遠圖未然，無神怪之知，皆由兆類。以今論之，故夫可知之事者，思慮所能見也；不可知之事，不學不問不能知也。不學自知，不問自曉，古今行事，未之有也。夫可知之事，推精思之，「推」舊作「惟」，從朱校元本正。雖大無難；不可知之事，厲心學問，雖小無易。故智能之士，不學不成，不問不知。

難曰：「夫項託年七歲教孔子。見國策七、淮南修務訓、説林訓注、新序雜事五。御覽四〇四引春秋後語作「十歲」，誤。隸釋童子逢盛碑云：「才亞后橐，當爲師表。」「后、項」，「橐、託」，音近假借。新序雜事五云：「秦項橐。」是項橐秦人。漢書董仲舒傳仲舒對策曰：「此亡異於達巷黨人，不學而自知。」孟康注云：「人，項橐也。」淮南修務訓云：「項託七歲爲孔子師，孔子有以聽其言也。以年之少，爲閭丈夫説，救敲不給，何道之能明也？」似亦以項橐爲里黨人。史記孔子世家又云：「達巷黨人童子。」則孟康蓋本舊説也。以爲秦人者，潘維城曰：「當由甘羅嘗言之。」文選顏延之皇太子釋奠詩注引嵇康高士傳：「孔子問項橐曰：『居何在？』曰：『萬流屋。』

注：『言與萬物同流匹也。』」此更神其説也。盼遂案：戰國策秦策五：「甘羅曰：『夫項槖七歲而爲孔子師。』」淮南子修務、説林皆作項槖。論衡此文作項託，與漢書董仲舒傳孟康注同。蓋古託、槖音同。又案：項託性自知説，亦本董仲舒傳。傳云：「良玉不琢，資質潤美。不待刻琢，此亡異于達巷党人，不學而自知也。」注：「党人項槖也。」此仲任所本。（此則梁玉繩古今人表考三及俞正燮癸巳類藁卷十一項槖考。）案七歲未入小學，王制疏引尚書大傳周傳曰：「王子公卿大夫元士之適子，十三入小學。」又略説曰：「餘子十五入小學。」而教孔子，性自知也。孔子曰：『生而知之，上也；學而知之，其次也。』見論語季氏篇。夫言生而知之，不言學問，謂若項託之類也。王莽之時，勃海尹方年二十一，無所師友，性智開敏，明達六藝。魏都牧淳于倉奏：『方不學，得文能讀誦，論義引五經文，文説議事，厭合人之心。』帝徵方，使射蜚蟲，筴射無非（弗）知者，先孫曰：「非」當爲「弗」。天下謂之聖人。夫無所師友，明達六藝，本不學書，得文能讀，此聖人也。不學自能，無師自達，非神而何？」曰：雖無師友，亦已有所問受矣；不學書，已弄筆墨矣。兒始生産，耳目始開，雖有聖性，安能有知？項託七歲，其三四歲時，而受納人言矣。「而」讀「能」。尹方年二十一，其十四五時，多聞見矣。性敏才茂，獨思無所據，御覽九七〇引作「使聖人空坐獨思」。不睹兆象，不見類驗，却念百世之後，有馬生牛，牛生驢，桃生李，李生

梅，聖人能知之乎？臣弑君，子弑父，仁如顔淵，孝如曾參，勇如賁、育，辯如賜、予，論語云：「言語，宰我、子貢。」聖人能見之乎？孔子曰：「其或繼周者，雖百世可知也。」論語爲政篇子曰：「殷因於夏禮，所損益可知也。周因於殷禮，所損益可知也。其或繼周者，雖百世亦可知也。」又曰：「後生可畏，焉知來者之不如今也？」論語子罕篇文。論損益，言「可知」；稱後生，言「焉知」。後生難處，損益易明也。此尚爲遠，非所聽察也。使一人立於牆東，令之出聲，使聖人聽之牆西，能知其黑白、短長、鄉里、姓字、所自從出乎？溝有流壍（澌），先孫曰：「壍」當作「澌」。四諱篇云：「出見負豕於塗，腐澌於溝。」（淮南泰族訓：「雖有腐髊流漸，弗能污也。」許注云：「漸，水也。」莊逵吉據御覽校改「漸」爲「澌」，與此誤同。）曲禮下鄭注：「死之言澌也，精神斯盡也。」澤有枯骨，髮首陋亡，肌肉腐絶，使〔聖〕人詢之，先孫曰：「使人」當作「使聖人」，此挩一「聖」字。能知其農商、老少、若所犯而坐死乎？「若」猶「與」也。非聖人無知，其知無以知也。知無以知，非問不能知也。不能知，則賢聖所共病也。

難曰：「詹何坐，弟子侍，有牛鳴於門外。弟子曰：『是黑牛也，而白蹄。』詹何曰：『然，是黑牛也，而白其蹄。』」韓非解老篇「蹄」作「角」，下同。「白蹄」，蹄色白；「白其蹄」，蹄非白，而人白之也。使人視之，果黑牛而以布裹其蹄。詹何，賢者也，尚能聽聲而知其色，以聖人之智，反不能知乎？」曰：能知黑牛白其蹄，能知此牛誰之牛乎？白其蹄者以何事乎？夫術數直見一端，不能盡其實。雖審一事，曲辯問之，輒不能盡知。何則？不目見口問，不能盡知也。魯僖公二十九年，介葛盧來朝，舍于昌衍之上，聞牛鳴，曰：「是牛生三犧，皆已用矣。」或問：「何以知之？」曰：「其音云。」人問牛主，竟如其言。見左氏傳。此復用術數，非知所能見也。廣漢楊翁仲（偉）〔能〕聽鳥獸之音，乘蹇馬之野，〔而〕田間有放眇馬〔者〕，相去〔數里〕，鳴聲相聞。翁仲（偉）謂其御曰：「彼放馬知此馬而目眇。」孫曰：「聽鳥獸之音」，「聽」上脱「能」字。「田間有放眇馬，相去鳴聲相聞」，語意不明，當作「田間有放馬者，相去數里，鳴聲相聞」。「眇」字即涉下文諸「眇」字而衍。「馬」下脱「者」字。「相去」下脱「數里」二字。又「彼放馬知此馬而目眇」，語亦複贅，當作「彼放馬目眇」。「知此馬」三字，並涉下文而衍。「而」字疑在上文「田間有放馬者」之上，錯入於此也。類聚九十三引此文云：「廣漢陽翁偉能聽鳥獸之音，乘蹇馬之野，而田間有放馬者，相去數里，鳴聲相聞。翁偉謂其御曰：『彼放馬目眇。』」當據正。劉先生曰：孫説是。御覽八百九十七引亦正同。暉按：高似孫緯略一能六畜條引亦正同。又按：類聚、御覽、緯略、廣記四三五引「翁仲」並作「翁偉」。日鈔引與今本同。「彼放馬知此馬而目眇」，廣記引作「彼放馬目眇」。其御曰：「何以知之？」曰：「罵此轅中馬蹇，此馬亦罵之眇。」類聚、御覽、緯略引作「罵此轅中馬曰蹇馬，（御覽無「曰」字。）蹇馬亦罵之曰眇馬」。廣記引亦並有「曰」字。其御不信，往視之，目竟眇焉。類聚、御覽、緯略引無「其」字。「御」下有「者」字。「往」上有「使」字。（太平廣記四百三十五引同。緯略作「往視」。）「目竟眇焉」，作「馬目果眇」。（緯略作「馬目竟眇」。）疑「焉」爲「馬」字形誤，當在「目」字上。翁仲（偉）之知馬聲，猶詹何、介葛盧之聽牛鳴也，據術任數，相合其意，不達視、（洞）聽、遥見、流目以察之也。「聽」上，疑脱「洞」字。上文云：「先知、見方來之事，無達視、洞聽之聰明。」知實篇云：「又不能達視遥見以審其實。」盼遂案：「聽」字涉下文「聽聲有術」而衍，蓋達視、遥見同爲駢詞。知實篇云：「又不能達視遥見。」可據以正。夫聽聲有術，則察色有數矣。推用術數，若先聞見，衆人不知，則謂神聖。若孔子之見獸，名之曰狌狌；未聞。廣韻十三末，「鴰」字注：「鶬鴰，韓詩云：『孔子渡江見之異，衆莫能名。孔子嘗聞河上人歌曰：鴰兮鶬兮，逆毛衰分，一身九尾長兮，鶬鴰也。』」繹史孔子類記四引衝波傳云：「有鳥九尾，孔子與子夏見之。人以問，孔子曰：『鶬也。』子夏曰：『何以知之？』孔子曰：『河上之謌云云。』」下文云：「孔子名狌狌，聞昭人之謌。」與此相類。太史公之見張良，似婦人之形矣。史記留侯世家贊：「余以爲其人計魁梧奇偉，至見其圖，狀貌如婦人好女。」案孔子未嘗見狌狌，至輒能名之；太史公與張良異世，而目見其形。使衆人聞此言，則謂神而先知。然而孔子名狌狌，聞昭人之歌；太史公之見張良，觀宣室之畫也。朱校元本「畫也」作「圖像」。史記賈誼傳集解蘇林曰：「宣室，未央前正室。」索隱，三輔故事云：「宣室，在未央殿北。」陰見默識，用思深祕。衆人闊略，寡所意識，見賢聖之名物，則謂之神。推此以論，詹何見黑牛白蹄，猶此類也。彼不以術數，則先時聞見於外矣。方今占射事之工，據正術數，術數不中，集以人事。人事於術數而用之者，與神無異。詹何之徒，方今占射事者之類也。如以詹何之徒，性能知之，不用術數，是則巢居者先知風，穴處者先知雨。注變動篇。智明早成，項託、尹方其是也。

難曰：「黃帝生而神靈，弱而能言。注吉驗篇。帝嚳生而自言其名。見大戴禮五帝德篇。史記五帝紀正義引帝王世紀曰：「自言其名曰岌。」未有聞見於外，生輒能言，稱其名，非神靈之效，生知之驗乎？」曰：黃帝生而言，然而母懷之二十月生，注吉驗篇。盼遂案：「二十」下疑本有「五」字，今脱。宋書符瑞志作「孕二十五月而生」，宜據補。論文亦言「計其月數，亦已二歲在母身中矣」，亦于二十五月爲合。計其月數，亦已二歲在母身中矣。帝嚳能自言其名，然不能言他人之名，雖有一能，未能徧通。所謂神而生知者，豈謂生而能言其名乎？乃謂不受而能知之，未得能見之也。「不受能知之，未得能見之」對文，「而」字疑衍。「而」、「能」古通。黃帝、帝嚳雖有神靈之驗，亦皆早成之才也。人才早成，亦有晚就。雖未就師，家問室學。人見其幼成早就，稱之過度。云項託七歲，是必十歲；盼遂案：天中記引圖經云：「項槖，魯人。十歲而亡，時人尸而祝之，號小兒神。」是仲任定項託十歲，竟有據也。俞理初必以論衡爲私議，失之拘墟矣。云教孔子，是必孔子問之；云黄帝、帝嚳生而能言，是亦數月；云尹方年二十一，是亦且三十；云無所師友，有不學書，「有」讀「又」。是亦遊學家習。世俗褒稱過實，毁敗踰惡。世俗傳顔淵年十八歲升太山，望見吴昌門外盼遂案：「十八」疑當爲「三十」之誤。下文云：「定考實顔淵年三十不升太山，不望吴昌門。」則此不爲十八明矣。書虚篇：「或言顔淵與孔子俱上魯太山。孔子東南望，吴閶門外有繫白馬。顔淵曰：『有如繫練之狀。』孔子撫其目而正之，因與俱下。下而顔淵髮白齒落，遂以病死。」據顔子死年三十餘，則此應作三十，不作十八。又其一證矣。有繫白馬。注書虚篇。定考實顔淵年三十不升太山，不望吴昌門。淮南精神訓高注云：「顔淵十八而卒。」此云年十八登太山，據書虚篇謂顔淵登太山即髮白齒落而死，是亦謂年十八而卒也。俗説與高同。後漢郎顗傳顗上書薦黄瓊、李固曰：「顔子十八，天下歸仁。」是漢時多有此説。仲任謂年三十，未知何據。列子力命篇云：「顔淵之才，不出衆人之下，而壽四八。」是謂顔子三十二而卒也。家語弟子解同。（今本誤作「三十一」。史記弟子傳索隱、公羊哀十四年疏引並作「三十二」。）論語雍也篇、先進篇邢疏并云「三十二而卒」，即本家語也。三國志吴志孫登傳登年三十三卒，臨終上疏曰：「顔回夭折，臣過其壽。」然則顔子之壽，漢、魏人俱謂其在三十上下，非王肅私説也。四書考異云：「顏子之死，在哀公十四年，實後伯魚死二年，時當四十一歲。」江永孔子年譜謂：「哀公十三年，孔子七十一歲，顏子卒。」是顏淵四十歲。拜經日記云：「顏子之死，必與獲麟、子路死、夫子卒相先後。」並力駁王肅之非。張惟驤疑年録彙編：「顏子三十二歲，生周景王二十四年庚辰，卒敬王三十年辛亥。」**項託之稱，尹方之譽，顏淵之類也。**

人才有高下，知物由學。學之乃知，不問不識。子貢曰：「夫子焉不學？而亦何常師之有？」見論語子張篇。**孔子曰：「吾十有五而志乎學。」**見論語爲政篇。「志乎學」，漢石經、高麗本同。今邢疏本作「于」，皇疏本作「於」，後知實篇引作「于」，蓋後人依邢疏本改。翟氏考異曰：「『于』疑屬『乎』字傳寫之誤。」**五帝、三王，皆有所師。**韓詩外傳五：「哀公曰：『五帝有師乎？』子夏曰：『臣聞黄帝學乎大填，（今誤「墳」。）顓頊學乎〔一〕録圖，帝嚳學乎赤松子，堯學乎尹壽，舜學乎務成子附，（尹壽、務成子附，次誤倒，引正。）禹學乎西王國，湯學乎貸子相，文王學乎錫疇子斯，武王學乎太公。』」白虎通辟雍篇引論語讖曰：「五帝立師，三王制之。」又引傳，與外傳略同。**曰：**或曰也。**「是欲爲人法也。」曰：精思亦可爲人法，何必以學者？事難空知，**盼遂案：衍一「何」字，遂與下文義相違。**聖賢之才能立也。**句有脱文。

〔一〕「乎」，原本作「夫」，聲近而誤，據韓詩外傳改。

所謂「神」者，不學而知；所謂「聖」者，須學以聖。以聖人學，知其非聖。「聖」當作「神」。既言「須學以聖」，則不得言「以聖人學，知其非聖」也。前文云：「聖人不學自知，不問自曉，故稱聖，聖則神矣。」此文即破其說。以聖人學，知聖人非爲神也。下文云：「僮謡不學而知，可謂神而先知矣。如以聖人爲若僮謡乎？則夫僮謡者妖也。」又云：「巫與聖異，則聖不能神矣。」并證聖人須學以聖，非不學而知之神也。天地之間，含血之類，無性知者。狌狌知往，鳱鵲知來，並注龍虚篇。禀天之性，自然者也。如以聖人爲若狌狌乎？則夫狌狌之類，鳥獸也。僮謡不學而知，可謂神而先知矣。如以聖人爲若僮謡乎？則夫僮謡者，妖也。訂鬼篇謂童謡爲妖言，熒惑之氣使然也。世間聖神，以爲巫與？句有誤。鬼神用巫之口告人。論死篇云：「死人魂，因巫口言。」左傳謂太子申生，因巫而見。舊讀「鬼神」屬上，非。如以聖人爲若巫乎？則夫爲巫者，亦妖也。與妖同氣，則與聖異類矣。巫與聖異，則聖不能神矣。不能神，則賢之黨也。同黨，則所知者無以異也。及其有異，以入道也，聖人疾，賢者遲；賢者才多，聖人智多。所知同業，多少異量；所道一途，步騶相過。

事有難知易曉，賢聖所共關思也。若夫文質之復，禮記表記疏曰：「三正記云：『質再而復始。』則虞質，夏文，殷質，周文。」三教之重，元命包曰：「三王有失，故立三教以相變。」餘注齊世篇。盼遂案：齊世篇引傳：「夏后之王教以忠，其失也小人野。救野莫如敬，故殷之王教以敬，其失也小人鬼。救鬼莫如文，故周之王教以文，其失也小人薄。救薄莫若忠。」此即文質三教之説也。白虎通德論有三教篇，引樂緯稽耀嘉：「顔回問三教變虞、夏何如？曰：『教者所以追補敗政，靡敝溷濁，謂之治也。舜之承堯，無爲易也。』」正朔相緣，注宣漢篇。損益相因，論語爲政篇子曰：「殷因於夏禮，所損益可知也。周因於殷禮，所損益可知也。」賢聖所共知也。古之水火，今之水火也；今之聲色，後世之聲色也。鳥獸草木，人民好惡，以今而見古，以此而知來，千歲之前，萬世之後，無以異也。追觀上古，探察來世，文質之類，水火之輩，賢聖共之；見兆聞象，圖畫禍福，賢聖共之；見怪名物，無所疑惑，賢聖共之。事可知者，賢聖所共知也；不可知者，聖人亦不能知也。何以明之？使聖空坐先知雨也，有脱文。性能一事知遠道，句有捝誤。孔竅不普，未足以論也。所論（謂）先知性達者，「論」當作「謂」。上文云「雖有一能，未能偏通。所謂神而生知者」云云，文意正同。盡知萬物之性，畢睹千道之要也。如知一不通二，達左不見右，偏駮不純，踦校不具，非所謂聖也。如必謂之聖，是明聖人無以奇也。詹何之徒聖，孔子之黨亦稱聖，是聖無以異於賢，賢無以乏於聖也。賢聖皆能，何以稱聖奇於賢乎？如俱任用術數，賢何以不及聖？

實者，聖賢不能[知]性〔知〕，「知性」無義，當作「性知」。「性知」即「生知」，「性」、「生」字通。（亂龍篇「性能執虎」，御覽引作「生而執虎」。）全篇俱明聖人亦學而能，無神而生知之義。上文云：「天地之間，含血之類，無性知者。」須任耳目以定情實。其任耳目也，可知之事，思之輒決；不可知之事，待問乃解。天下之事，世間之物，可思而〔知〕，愚夫能開精；不可思而知，上聖不能省。「可思而知」與「不可思而知」對文。上「知」字各本並脱。孔子曰：「吾嘗終日不食，終夜不寢以思，無益，不如學也。」見論語衛靈公篇。經讀考異曰：「此凡兩讀。一讀『以思無益』句。一讀『以思』屬上二句，自『吾嘗』以下十二字作一氣讀，『無益』另作一讀。義並通。」今按大戴禮勸學篇云：「孔子曰：吾嘗終日思矣，不如須臾之所學。」荀子勸學篇同。是以「以思」二字屬上讀。天下事有不可知，朱校元本「事」上有「之」字。猶結有不可解也。見説善解結，盼遂案：「見説」疑爲人名，乃古之善解結者，故與下文聖人爲對語。又案：「結無有不可解」，衍一有字。下文「聖人知事，事無不可知」，其例也。又案：淮南子説山訓第十六：「兒説之爲宋王解閉結也。」許慎注：「結不可解者而能解之，解之以不解。」此文是仲任所本。則「見説」是「兒説」之誤，「見」與「兒」形極相近故耳。「兒」讀若「倪」。結無有不可解。結有不可解，見説不能解也。非見説不能解也，結有不可解；及其解之，用不能也。聖人知事，事無不可知。事有不可知，聖人不能知。非聖人不能知，事有不可知；

及其知之，用不知也。故夫難知之事，學問所能及也；不可知之事，問之學之，不能曉也。

知實篇

盼遂案：此篇列十六證，以論聖人不能神而先知，須待事以效實。

凡論事者，違實不引效驗，則雖甘義繁説，衆不見信。文選阮嗣宗詠懷詩注引「義」作「議」，「説」作「辭」，「衆」作「終」。議、義，終、衆，并通。「繁説」作「繁辭」，義長。「辭」或作「詞」，故誤爲「説」。論聖人不能神而先知，先知之間，不能獨見，非徒空説虛言，直以才智准況之工也，事有證驗，以效實然。何以明之？

孔子問公叔文子於公明賈曰：「信乎，夫子不言、不笑、不取？有諸？」「有諸」，論語憲問篇作「乎」。前儒增篇同。對曰：「以告者過也。夫子時然後言，人不厭其言；樂然後笑，人不厭其笑；義然後取，人不厭其取。」「其言」、「其笑」、「其取」下當並有「也」字。此依邢疏本妄删。説見儒增篇。孔子曰：「豈其然乎？豈其然乎？」論語上句作「其然」。注見儒增篇。天下之人，有如伯夷之廉，不取一芥於人，未有不言、不笑者也。孔子既不能如心揣度，以決然否，心怪不信，又不能達視遥見，以審其實，問公明賈乃知其情。孔子不能先知，一也。「孔子」，朱校元本、程、何、崇文本并同。王本作「聖人」，是也。此文乃證驗「聖人不能神而先知」。下文并作「聖人不能先知」。

陳子禽問子貢曰：論語學而篇集解鄭曰：「子禽，弟子陳亢也，字子禽也。」**「夫子至於是邦也，必聞其政。求之與？抑與之與？」子貢曰：「夫子温良恭儉讓以得之。」**見論語學而篇。**温良恭儉讓，尊行也。有尊行於人，人親附之。人親附之，則人告語之矣。**此釋舊有數通：集解鄭曰：「言夫子行此五德而得，與人求之異，明人君自願求與爲治也。」此其一。皇疏引顧歡曰：「此明非求非與，直以自得之耳。其故何也？夫五德内充，則是非自鏡也。夫子求知乎己，而諸人訪之於聞。」據顧義，則謂孔子身有此五德之美，推己以測人，故凡所至之邦，必逆聞之。此其二。引梁冀云：「夫子所至之國，入其境，觀察風俗，以知其政教。其民温良，則其君政教之温良也；其民恭儉讓，則政教恭儉讓也。孔子但見其民，則知其君政教之得失也。凡人求聞，見乃知耳，夫子觀化以知之。」此其三。論語述何：「禮經解引夫子曰：『入其國，其教可知也。』温，詩教也。良，樂教也。恭儉讓，禮教也。興於詩，立於禮，成於樂，易、書、春秋之旨已晐之矣。反是，則其政亂可知。孝經：『移風易俗，莫善於樂。安上治民，莫善於禮。』禮云：『王者陳詩以觀民風，不下堂而見天下。』」此與梁冀説義近。仲任云「人告語之」，與以上三説並異。張敬夫曰：「夫子至是邦，必聞其政，而未有能委國而授之以政者。蓋見聖人之儀刑而樂告之者，秉彝好德之良心也。」蓋襲仲任此義，而不然鄭氏「人君自願求與爲治」之説也。**然則孔子聞政以人言，不神而自知之也。齊景公問子貢曰：「夫子賢乎？」子貢對曰：「夫子**

乃聖，豈徒賢哉！」韓詩外傳八：齊景公謂子貢曰：「先生何師？」對曰：「魯仲尼。」曰：「仲尼賢乎？」曰：「聖人也，豈直賢哉！」景公不知孔子聖，子貢正其名；子禽亦不知孔子所以聞政，子貢定其實。對景公云：「夫子聖，豈徒賢哉！」則其對子禽，亦當云：「神而自知之，不聞人言。」以子貢對子禽言之，聖人不能先知，二也。

顔淵炊飯，塵落甑中，欲置之則不清，投地則棄飯，掇而食之。孔子望見，以爲竊食。呂氏春秋任數篇曰：「孔子窮乎陳、蔡之間，藜羹不斟，七日不嘗粒。晝寢，顔回索米，得而爨之。幾熟，孔子望見顔回攫其甑中而食之。選間，食熟，謁孔子而進食，孔子佯爲不見之。孔子起曰：『今者夢見先君，食潔而欲饋。（「欲」，今本作「後」，無義，從御覽八三八引正。家語困誓篇亦見此事。彼文云：「昔予夢見先人，豈或啓祐我哉！子炊而進飯，吾將進焉。」是其義。）』顔回對曰：『不可。嚮者煤炱（御覽引作「炱煤」，家語作「埃墨」。）入甑中，棄食不祥，回攫而食之。』」聖人不能先知，三也。

塗有狂夫，投刃而候；澤有猛虎，厲牙而望。知見之者，不敢前進。如不知見，則遭狂夫之刃，犯猛虎之牙矣。匡人之圍孔子，孔子如審先知，當早易道，以違其害。不知而觸之，故遇其患。以孔子圍言之，聖人不能先知，四也。

子畏於匡，顔淵後。孔子曰：「吾以汝爲死矣。」見論語先進篇。史記孔子世家曰：

「孔子去衛，將適陳，過匡，顏刻爲僕，以其策指之曰：『昔吾入此，由彼缺也。』匡人聞之，以爲魯之陽虎。陽虎嘗暴匡人，匡人於是遂止孔子。孔子狀類陽虎，拘之五日。顏淵後。」云云。如孔子先知，當知顏淵必不觸害，匡人必不加悖。見顏淵之來，乃知不死；未來之時，謂以爲死。聖人不能先知，五也。

陽貨欲見孔子，孔子不見，饋孔子豚。孟子滕文公篇云：「豚非大牲，故用熟饋也。」孔子時其亡也，而往拜之，遇諸塗。見論語陽貨篇。釋文云：「塗」當作「途」。翟氏考異曰：「此引作『途』。」按：各本并作「塗」，未審翟氏所據何本。孔子不欲見，既往，候時其亡，是勢必不欲見也。反，遇於路。以孔子遇陽虎言之，聖人不能先知，六也。

長沮、桀溺耦而耕。孔子過之，使子路問津焉。見論語微子篇。鄭注：「長沮、桀溺，隱者也。耜廣五寸，二耜爲耦。津，濟渡處也。」水經潕水注云：「方城西有黃城山，是長沮、桀溺耦耕之所。有東流水，則子路問津處。」如孔子知津，不當更問。論者曰：「欲觀隱者之操。」集解鄭曰：「長沮、桀溺，隱者也。」皇疏引范升曰：「欲顯之，故使問也。」與此論者義近。則孔子先知，當自知之，無爲觀也。如不知而問之，是不能先知，七也。

孔子母死，不知其父墓，母匿之也。殯於五甫之衢。謂殯其母。江永禮記訓義擇言以「不知其父墓殯於五父之衢」十字連讀，謂不知孔子父墓葬於五父之衢。與漢儒舊説皆異，今不取。左襄十一年傳杜注：「五父衢，道名，在魯國東南。」郡國志：「魯國有五父衢。」注引地道記云：「在城東。」白褒晉記：「在魯國東南門外二里。」**人見之者，以爲葬也。蓋以無所合葬，殯之謹，**盼遂案：吴承仕曰：「禮記檀弓：『其慎也，蓋殯也。』鄭注：『慎讀爲引。』此云『殯之謹』，疑即約記文，與鄭義異。」宋人刻書，恒因避孝宗諱，而改「慎」字作「謹」字。**故人以爲葬也。**檀弓云：「人之見之者，皆以爲葬也。」鄭注：「見柩行於路。」又云：「其慎也，蓋殯也。」鄭注：「慎當爲引。殯引飾棺以輤，葬引飾棺以柳翣。孔子是時以殯引，不以葬引，時人見之，謂不知禮。」按：此文「人見之者」，謂見棺殯於五甫衢也。孔叢子陳士義篇：「孔子母死，殯於五父之衢，人見之，皆以爲孤葬。」與仲任説同。江永曰：「古人埋棺於坎爲殯，殯淺而葬深。今人有權厝，而覆土掩之爲浮葬，正此類。」其説是也。訓「慎」爲「謹」。史記孔子世家云：「孔子母死，乃殯於五父之衢，蓋其慎也。」是亦讀「慎」爲「謹慎」，並與鄭異。此謂殯之謹如葬然。索隱云：「謂孔子不知父墓，乃且殯於五父之衢，是其謹慎也。」則又異義。**鄹人鄹曼甫之母告之，然後得合葬於防。有塋自在防，**謂孔子父自有塋地在防山。御覽〔二〕五六〇引皇覽冢墓記云：「魯大夫叔梁紇冢在魯國東陽聚安泉東北八十五步，曰防冢。」春秋大事表列國地名考異曰：「在今曲阜縣東二十里。」**殯於衢路，聖人不能先知，八也。**

〔二〕「覽」，原本作「覺」，形近而誤，今改。

既得合葬，孔子反。先反虞。門人後，雨甚至。孔子問曰：「何遲也？」曰：「防墓崩。」注論死篇。孔子不應。檀弓鄭注：「以其非禮。」三，鄭曰：「三言之，以孔子不聞。」孔子泫然流涕曰：「吾聞之，古不脩墓。」如孔子先知，當先知防墓崩，比門人至，宜流涕以俟之。人至乃知之，盼遂案：「人至」當是「門人至」。上文累言門人，此承其文。聖人不能先知，九也。

子入太廟，每事問。見論語八佾篇。不知故問，爲人法也。盼遂案：「爲人法也」四字，疑涉下文累言「爲人法」而衍。仲任引論語子入太廟事，所以證孔子不能先知，有時須問乃知，並非故加問難以身作則。下文或人駁難之辭，乃言孔子太廟之事，實已知而復問，所以爲人法也。此實與論義大相觝忤，淺人不察，竟因本文沾此四字，致與文理有違，亟宜刊除。孔子未嘗入廟，廟中禮器，衆多非一，孔子雖聖，何能知之？呂氏春秋用衆篇：「無醜不能，無惡不知。」高注云：「孔子入太廟，每事問。是不醜不能，不惡不知。」與仲任說同。論語後録曰：「此當是入廟助祭，有所職守，當行之事，不敢自專，必咨之主祭者而後行。若問器物，則廟中爲嚴肅之地，夫子必不嬈嬈如是。充說非也。」論語述何曰：「魯自僖公僭禘於太廟，用四代之服器官。其後大夫遂僭大禮。每事問者，不斥言其僭，若爲勿知而問之。若曰『此事昉於何時？其義何居』耳。以天子之事，魯不當有也。」論語別記說同。並諱言孔子不知而問，乃曲爲之說。□□□：

「以嘗見，實已知，盼遂案：自此語至下文「實已知，當復問，爲人法」凡三十二字，乃或人辨難仲任所舉子入太廟之事，頗疑文端本有一「或」字，而今脱也。又案：自「孔子知五經，門人從之學」以下，則仲任解答或人之辭也。揆之文法物理，必如此而後此文可通。特褫譌已久，別無證佐，姑作此大膽之假設耳。而復問，爲人法？」「以嘗見」上，疑脱「論者曰」三字。仲任意孔子不知故問。論者意，實已知而復問。下文「疑思問」云云，即駮「知而復問」爲妄説也。今脱「論者曰」三字，遂使此文上下無屬矣。上文云：「論者曰：欲觀隱者之操。」下文云：「論者曰：孔子自知不用。」其立文並同。孔子曰：「疑思問。」見論語季氏篇。疑乃當問邪？盼遂案：「邪」當爲「也」之誤。論中「邪」、「也」二字雖互用，然疑問之「邪」可作「也」，而肯定之「也」不可作「邪」，則此文出淺人所改，明矣。實已知，當復問，爲人法？疑脱「也」字。本書多有此句例。孔子知五經，舊校曰：一有「問」字。門人從之學，當復行問，以爲人法，何故專口授弟子乎？不以已知五經復問爲人法，獨以已知太廟復問爲人法，聖人用心，何其不一也？以孔子入太廟言之，聖人不能先知，十也。

主人請賓飲食若呼，「主人」，錢、黄、王、崇文本作「生人」。下文云：「不知其家，不曉其實。」疑作「生人」是。賓頓若舍。上「若」猶「或」也。下「若」猶「其」也。文選陸士衡於承明作與士龍詩注云：「頓，止舍也。」賓如聞其家有輕子泊（泊）孫，「泊」當作「泊」。本書屢借「泊」爲

「薄」。「泊」非其義也。盼遂案：「泊」當爲「泊」，形近而誤。「泊」，今之「薄」字。説文解字作「怕」，在心部。注云：「憺也。」此澆薄、輕薄之本字。必教親徹饌退膳，不得飲食；閉館闕舍，不得頓。賓之執計，盼遂案：「賓」上疑當重「賓」字，屬上句讀。則必不往。何則？知請呼無喜，空行勞辱也。如往無喜，勞辱復還，不知其家，不曉其實。人實難知，吉凶難圖。如孔子先知，宜知諸侯惑於讒臣，必不能用，空勞辱己，聘召之到，宜寢不往。君子不爲無益之事，不履辱身之行。無爲周流應聘，以取削跡之辱；「削跡於衛」，注儒增篇。空説非主，以犯絶糧之厄。注儒增篇。由此言之，近不能知。論者曰：「孔子自知不用，聖思閔道不行，民在塗炭之中，庶幾欲佐諸侯，行道濟民，故應聘周流，不避患恥。爲道不爲己，故逢患而不惡；爲民不爲名，故蒙謗而不避。」曰：此非實也。孔子曰：「吾自衛反魯，然後樂正，雅、頌各得其所。」見論語子罕篇。是謂孔子自知時也。謂自知之時。何以自知？魯、衛，天下最賢之國也，魯、衛不能用己，則天下莫能用己也，故退作春秋，删定詩、書。以自衛反魯言之，知行應聘時，未自知也。「行」下當有「道」字。此承上文「行道濟民，故應聘周流」爲文。何則？無兆象效驗，聖人無以定也。魯、衛不能用，自知極也；魯人獲麟，自知絶也。説見指瑞篇。道極命絶，兆象著明，心懷望沮，退而幽思。夫周流不休，猶病未死，禱卜使痊也，死兆未見，冀得活也。然則應聘未見絶證，冀得用也。死兆見舍，「舍」字無義，疑當作「令」。寒温篇：「卜之得兆，人謂天地應令問。」卜還豎絶，攬筆定書。盼遂案：「絶」字疑衍，涉上下文多「絶」字而然。以應聘周流言之，聖人不能先知，十一也。

孔子曰：「游者可爲綸，走者可爲矰。吾友項伯弘曰：「走」字誤。史記老子韓非列傳正作「飛」。暉按：項説是也。龍虚篇亦正作「飛」。至於龍，吾不知。其乘雲風上升！今日見老子，其猶龍邪！」聖人知物知事。老子與龍，人、物也；所從上下，事也，「人」字疑衍。「物也」、「事也」並承上「知物知事」爲文。寒温篇云：「人禽皆物也。」論死篇云：「人，物也。物亦物也。」四諱篇云：「人，物也。子亦物也。」并仲任謂人爲物之證。故此老子與龍，通謂之物。蓋校者嫌老子不當稱「物」，而妄增「人」字。何故不知？如老子神，龍亦神，聖人亦神，神者同道，精氣交連，何故不知？以孔子不知龍與老子言之，聖人不能先知，十二也。

孔子曰：「孝哉，閔子騫！人不間於其父母昆弟之言。」見論語先進篇。舊有二釋：一謂人不非間閔子騫。一謂人不非間其父母昆弟。後漢書劉趙淳于等傳序云：「孔子稱：『孝哉，閔子騫！人不間於其父母昆弟之言。』言其孝皆合於道，莫可復間也。」（今本脱，依惠棟補注引。）集解引陳羣説同。並謂不非間閔子也。漢書杜鄴傳鄴對曰：「善閔子騫守禮不苟〔一〕，從親所行，無非理者，故無可間也。」後漢書范升傳升奏記曰：「升聞子以人不間於其父母爲孝。」注引論語，並云：「子騫子孝，化其父母兄弟，言人無非之者。」據此，則謂不非間其父母昆弟。閔子以孝烝烝，諭父母於道，納昆弟於義，故人言無非其父母昆弟也。此蓋漢儒相承古義，觀此下文云云，則知仲任義同。自集解著陳羣説，而此義泯滅，後儒莫聞。姚範援鶉堂筆記、惠棟九經古義、經義述聞、論語後録、論語補疏、論語稽求篇具表明斯義。虞舜大聖，隱藏骨肉之過，宜愈子騫。瞽叟與象，使舜治廩、浚井，意欲殺舜。注吉驗篇。當見殺己之情，早諫豫止；既無如何，宜避不行，若病不爲。若，或也。何故使父與弟得成殺己之惡，使人聞非父弟，「聞」當作「間」。盼遂案：「聞」疑當爲「閒」，字之誤也。「間」亦「非」也。論語先進篇：「子曰：『孝哉，閔子騫！人不間于其父母昆弟之言。』」集解：「陳羣曰：『人不得有非間之言。』」萬世不滅？以虞舜不豫見，據上文例，「見」下疑脱「言之」二字。聖人不能先知，十三也。

武王不豫，周公請命。壇墠既設，筴祝已畢，不知天之許己與不，乃卜三龜。三龜皆吉。見金縢。注福虛、感類、死僞等篇。如聖人先知，周公當知天已許之，無爲頓復

〔一〕「苟」，原本作「荀」，形近而誤，據漢書改。

卜三龜知。疑「頓」字衍。或「須」字之誤。原無「爲」字。「知」上又脱「乃」字。死僞篇述此事云：「不能知三王許己與否，須占三龜，乃知其實。」故此文謂若聖人先知，則無須復卜三龜乃知也。聖人不以獨見立法，則更請命，祕藏不見。獨見，謂周公知武王九齡之年未盡，宜不死也。鄭玄亦有此義。感類篇云：「人命不可請，獨武王可。」非世常法，故藏於金縢；不可復爲，故掩而不見。」天意難知，盼遂案：「不」字疑涉上下文而衍。此文正申論聖人不能先知，故云周公見意難知，故卜而合兆。今衍一「不」字，則文義乖違矣。故卜而合兆，兆決心定，乃以從事。聖人不能先知，十四也。

晏子聘於魯，堂上不趨，晏子趨；授玉不跪，晏子跪。門人怪而問於孔子。孔子不知，問於晏子。晏子解之，孔子乃曉。韓詩外傳四：「晏子聘魯，上堂則趨，授玉則跪。子貢怪之，問孔子曰：『晏子知禮乎？今者晏子來聘魯，上堂則趨，授玉則跪，何也？』孔子曰：『其有方矣。待其見我，我將問焉。』俄而晏子至，孔子問之。晏子對曰：『夫上堂之禮，君行一，臣行二。今君行疾，臣敢不趨乎？今君之授幣也，卑臣敢不跪乎？』孔子曰：『善，禮中又有禮。賜寡使也，何足以識禮也？』」聖人不能先知，十五也。

陳賈問於孟子曰：「周公何人也？」曰：「聖人。」「使管叔監殷，管叔畔也。二者有諸？」曰：「然。」「周公知其畔而使？不知而使之與？」曰：「不知也。」「然則聖人且有過與？」曰：「周公，弟也；管叔，兄也。周公之過也，不亦宜乎？」見孟子公孫丑下篇。孟子，實事之人也，言周公之聖，處其下，處，度審也。不能知管叔之畔。

聖人不能先知，十六也。

孔子曰：「賜不受命，而貨殖焉，億則屢中。」見論語先進篇。「億」，邢疏本同。皇疏本、高麗本作「憶」。按：並當作「意」。意謂前識，無緣而妄意度也。下文「意貴賤之期，數得其時」，即釋此文，字正作「意」，則知此作「億」者，後人依邢疏本妄改也。下文「子貢億數中」及問孔篇誤同。漢書貨殖傳、隸續録漢陳度碑並作「意」。李觀集陳公燮字序：「夫子謂賜也，意則屢中。」本史記作「意」。蓋漢時論語俱爲「意」字。今弟子傳「意」已作「億」。餘注率性、問孔篇。罪子貢善居積，億貴賤之期，數得其時，故貨殖多，富比陶朱。然則聖人先知也，「也」猶「者」。子貢億數中之類也。聖人據象兆，原物類，億而得之；其見變名物，博學而識之。巧商而善億，廣見而多記，由微見較，若揆之今睹千載，盼遂案：吴承仕曰：「此文疑有脱誤。」所謂智如淵海。孔子見竅睹微，思慮洞達，材智兼倍，彊力不倦，超踰倫等耳！目非有達視之明，知人所不知之狀也。「目」當作「自」。使聖人達視遠見，洞聽潛聞，與天地談，與鬼神言，知天上地下之事，乃可謂神而先知，與人卓異。今耳目聞見，與人無別；遭事睹物，與人無異，差賢一等爾，何以謂神而卓絶？

夫聖猶賢也，人之殊者謂之聖，則聖賢差小大之稱，非絶殊之名也。何以明之？

齊桓公與管仲謀伐莒，謀未發而聞於國。呂氏春秋重言篇注：「發，行。聞，知。」桓公怪之，問管仲曰：「與仲甫謀伐莒，未發，聞於國，其故何也？」呂氏春秋重言篇「未發」上有「謀」字。即此文所本。管仲曰：「國必有聖人也。」少頃，當東郭牙至，管子小匡篇、呂氏春秋重言篇、韓詩外傳四并作「東郭牙」。管子小問篇作「東郭郵」。説苑權謀篇作「東郭垂」。金樓子志怪篇作「東郭邪」。按：説文我字解云：「从戈，从扌。扌，或説古垂字。」蓋本名「垂」，「牙」爲古垂字之誤。「邪」通作「垂」。「郵」爲譌字。王引之春秋名字解詁云：「齊東郭牙，字垂。『牙』讀爲『圉』。爾雅：『圉，垂也。』孫炎云：『圉，國之四垂也。』」疑非確論。管仲曰：「此必是已。」乃令賓延而上之，分級而立。高誘曰：延，引。級，階陛。管〔仲〕曰：「仲」字據錢、黄、王、崇文本補。盼遂案：「管」下應有一「仲」字，今脱。本篇例稱管仲。「子邪，言伐莒？」管子、説苑作「子言伐莒者乎」。（説苑作「也」。）呂覽同此。畢云：「文似倒而實順。」朱校元本作「子言伐莒邪」。對曰：「然。」管仲曰：「我不〔言〕伐莒，子何故言伐莒？」「我不伐莒」，與上文「謀伐莒」義相背。當作「我不言伐莒」。管子小問篇、呂氏春秋重言篇、説苑權謀篇並有「言」字，是其證。對曰：「臣聞君子善謀，小人善意，臣竊意之。」管仲曰：「我不言伐莒，子何以億之？」對曰：「臣聞君子有三色：驩然喜樂者，鍾鼓之色；愁然清净者，衰絰之色；佛然充滿，手足〔矜〕者，兵革之色。「佛然」與「手足」義不相屬，「佛然充滿」四字爲句。孟子公孫丑篇注：「艴然，愠怒色也。」「佛」、「艴」字通。「佛然充滿」與上文「驩然喜樂」、「愁然清净」句例同。「充滿」據氣色言。禮記樂記注：「憤，怒氣充實也。」韓詩外傳四：「猛厲充實，兵革之色也。」説苑權謀篇：「勃然充滿者，此兵革之色也。」是當以「滿」字句絶。「手足者」三字句，義不可通，當作「手足矜者」。仲任此文乃本吕覽，彼文云：「艴然充盈，手足矜者，兵革之色也。」正有「矜」字，是其證。王念孫曰：「矜，猶奮也。言手足奮動也。」按：「手足矜」，猶樂記言「奮末」。鄭注：「奮末，動使四支也。」管子小問篇作「漻然充滿，而手足拇動者，兵甲之色也」。動、矜義同，亦其證也。君口垂不噞，所言莒也；管子房玄齡注：「莒字兩口，故二君開口相對，即知其言莒。」宋翔鳳管子識誤：「注説大非。管子小問篇云：『口開而不闔，是言莒也』。吕氏春秋重言篇作『君呿而不唫，所言者莒也。』高誘注云：『呿開，唫閉。』按：莒字脣音，故言莒則開而不闔。説苑權謀篇作『吁而不吟』。吁亦用脣。論衡知實篇：『君口垂不噞，所言莒也。』凡出莒字，必口垂不噞。若齊、晉字用齒，魯邪字用舌，惟言莒獨異。」梁玉繩瞥記五曰：「字音有齒齶脣舌開合抵蹴等别。周、秦以前，少所論及，兹乃見其一端。顔氏家訓音辭篇曾舉之。而房玄齡注：『莒字兩口，故二君開口相對，即知其言莒。』房注本尹知章僞託，而此注甚謬。口開以音説，不以字形説，而『莒』象脊骨之形，亦非从兩『口』。且但云『兩口相對』，乃是『吕』字，何以知其更从『艸』耶？」暉按：「莒」字古音蓋爲開口呼，故口開不合，則知其言「莒」。顏氏家訓音辭篇云：「北人之音，多以『舉』、『莒』爲『矩』，李季節曰：東郭邪望見桓公口開而不閉，知所言『莒』。則『矩』、『莒』必不同呼。」其説是也。盼遂案：「噞」字不見于説文，唯徐鉉定新附字有之，云：「喁噞，魚口上見也。」然與此處文義不符。疑「噞」當爲「唫」之聲借。管子小問篇載此事作「開而不闔」，吕氏春秋重言篇作「呿而不唫」，説苑權謀篇作「吁而不吟」，顏氏家訓音辭篇作「開而不閉」，諸書皆謂管仲張口言莒，此獨稱口垂不噞，故決斯爲誤也。又案：此四字或原作「口噞不垂」，與别家相同。後人或疑其與今讀不合，（古讀莒或侈口音，今讀極閉口音，説本汪榮寶歌戈魚虞模古讀考及錢玄同附記。見北大國學季刊一卷二期。）而誤顛亂之也。君舉臂而指，所當又莒也。臣竊虞國小諸侯不服者，其唯莒乎！臣故言之。」夫管仲，上智之人也，其别物審事矣。「審事」二字當乙。云「國必有聖人」者，至誠謂國必有也。東郭牙至，云「此必是已」，謂東郭牙聖也。如賢與聖絶輩，管仲知時無十二聖之黨，十二聖見骨相篇。當云「國必有賢者」，無爲言「聖」也。謀未發而聞於國，管仲謂「國必有聖人」，是謂聖人先知也。及見東郭牙，云「此必是已」，謂賢者聖也。東郭牙知之審，是與聖人同也。

客有見淳于髡於梁惠王者，再見之，終無言也。惠王怪之，以讓客曰：「子之稱淳于生，史記孟子荀卿列傳作「淳于先生」。下同。言管、晏不及。及見寡人，寡人未有得也。寡人未足爲言邪？」「爲」猶「與」也。客謂髡。〔髡〕曰：「髡」字涉重文脱，當據史記增。「固也！吾前見王志在遠，後見王志在音，史記兩「王」字并重，疑此脱。「在遠」，史作「在驅逐」。吾是以默然。」客具報。王大駭曰：「嗟乎！淳于生誠聖人也？前淳于生之來，人有獻龍馬者，寡人未及視，會生至。後來，人有獻謳者，未及試，亦會生至。寡人雖屏左右，私心在彼。」夫髡之見惠王在遠與音也，「見」猶「知」也。雖湯、禹之察，不能過也。志在胷臆之中，藏匿不見，髡能知之。以髡等爲聖，則髡聖人也；如以髡等非聖，則聖人之知，何以過髡之知惠王也？觀色以窺心，皆有因緣以准的之。

楚靈王會諸侯。鄭子産曰：「魯、邾、宋、衛不來。」及諸侯會，四國果不至。左昭四年傳：「楚子問於子産曰：『諸侯其來乎？』對曰：『必來。不來者，其魯、衛、曹、邾乎。曹畏宋，邾畏魯，魯、衛偪於齊而親於晉，唯是不來。』夏，諸侯如楚，魯、衛、曹、邾不會。」洪亮吉曰：「論衡引作『魯、邾、宋、衛不來』，非。」史記楚世家云：「晉、宋、魯、衛不往。」杭世駿考證：「春秋經：『魯昭四年夏，楚子、蔡侯、陳侯、鄭伯、許男、徐子、滕子、頓子、胡子、沈子、小邾子、宋世子佐淮夷會於申。』此云『宋不往』，誤。」趙堯爲符璽御史，趙人方與公謂御史大夫周昌曰：「君之史趙堯且代君位。」其後堯果爲御史大夫。見史記周昌傳。集解孟康曰：「方與，縣名。

公，其號。」瓚曰：「方與縣令也。」然則四國不至，子産原其理也；趙堯之爲御史大夫，方與公睹其狀也。原理睹狀，處著方來，有以審之也。魯人公孫臣，孝文皇帝時，上書言漢土德，其符黄龍當見。後黄龍見成紀。注驗符篇。然則公孫臣知黄龍將出，案律曆以處之也。

賢聖之知事宜驗矣。賢聖之才，皆能先知。其先知也，任術用數，或善商而巧意，盼遂案：「善商而巧意」或當是「善意而巧商」之誤倒也。上文「巧商而善意，廣見而多記」，又云「君子善謀，小人善意」，下文「東郭牙善億，以知國情；子貢善億，以得貨利」，皆以善意、巧商各爲駢詞，知此文爲誤也。非聖人空知。神怪與聖賢，殊道異路也。聖賢知不踰，故用思相出入；遭事無神怪，故名號相貿易。故夫賢聖者，道德智能之號；神者，眇茫恍惚無形之實。實異，質不得同；實鈞，效不得殊。聖神號不等，故謂聖者不神，神者不聖。東郭牙善億，以知國情；子貢善億，以得貨利。聖人之先知，子貢、東郭牙之徒也。與子貢、東郭同，則子貢、東郭之徒亦聖也。夫如是，聖賢之實同而名號殊，未必才相懸絶，智相兼倍也。

太宰問於子貢曰：論語子罕篇釋文引鄭曰：「大宰是吴大宰嚭也。」集解孔曰：「或吴或宋未可分。」皇疏、論語稽求篇并從鄭説。經學卮言謂當爲宋大宰。四書釋地謂是陳大宰嚭。「夫子聖者歟？何其多能也？」子貢曰：「故天縱之將聖，又多能也。」程本依論語改「故」作「固」。宋本同此。將者，且也。不言已聖，言「且聖」者，以爲孔子聖未就也。集解孔注訓「將」爲「大」。皇疏、邢疏、潛研堂答問、四書考異並因其說。李賡芸炳燭編：「北宋以前皆訓『將』爲『大』，本爾雅釋詁文。惟論衡知實篇訓『將』爲『且』，集註本之。」孫經世經傳釋詞補曰：「將，語中助詞。『固天縱之將聖』，言天縱之聖也。論衡說，謬甚。」盼遂案：論語子罕篇孔安國注：「言天固縱大聖之德，又使多能也。」荀子堯問篇：「然則荀卿懷將聖之心，蒙佯狂之色。」亦謂「將聖」爲「大聖」。皆與論衡說異。疑仲任引齊論語也。夫聖若爲賢矣，「聖」上疑脱「爲」字。治行厲操，操行未立，則謂「且賢」。今言「且聖」，聖可爲之故也。孔子曰：「吾十有五而志于學，三十而立，四十而不惑，五十而知天命，六十而耳順。」論語爲政篇文。從知天命至耳順，學就知明，成聖之驗也。未五十、六十之時，未能知天命、至耳順也，則謂之「且」矣。當子貢答太宰時，殆三十、四十之時也。

魏昭王問於田詘曰：「寡人在東宫之時，吕氏春秋審應篇注：「東宫，世子也。」聞先生之議曰：『爲聖易。』有之乎？」田詘對曰：「臣之所學也。」吕覽「學」作「舉」，高注：「言有是言。」按：此文作「學」，不誤。蓋所據本不同。昭王曰：「然則先生聖乎？」田詘曰：「未有功而知其聖者，堯之知舜也。待其有功而後知其聖者，市人之知舜也。

今詘未有功，而王問詘曰：『若聖乎？』敢問王亦其堯乎？」夫聖可學爲，故田詘謂之易。如卓與人殊，禀天性而自然，焉可學？而爲之安能成？田詘之言「爲易聖」，當作「爲聖易」。盼遂案：「爲易聖」三字，當倒作「爲聖易」。此斥上文田詘爲「聖易」之議也。論衡凡較正他人之語，皆遠疊前文，此亦宜然。未必能成；田詘之言爲易，朱校元本無「未必能成」以下十字，疑是。未必能是。盼遂案：「能成田詘之言爲易未必能」凡十一字，疑當係衍文。此文本爲田詘之言「爲聖易」未必是，言「臣之所學」蓋其實也，文義暢適，與上下相貫。若今書，便成兩橛矣。言「臣之所學」，蓋其實也。賢可學盼遂案：「賢」當爲「聖」之誤字。論正詰駁田詘「學聖易」之非，故此處全就聖人爲説。兹獨作「賢」，明爲字誤。爲，「賢」下當有「聖」字。勞佚殊，故賢聖之號，仁智共之。子貢問於孔子：「夫子聖矣乎？」孔子曰：「聖則吾不能，我學不饜，而教不倦。」子貢曰：「學不饜者，智也；教不倦者，仁也。仁且智，孔子既聖矣。」見孟子公孫丑上篇。由此言之，仁智之人，可謂聖矣。孟子曰：「子夏、子游、子張得聖人之一體，冉牛、閔子騫、顔淵具體而微。」見同上。六子在其世，皆有聖人之才，或頗有而不具，頗，偏頗也。或備有而不明，然皆稱聖人，聖人可勉成也。孟子又曰：「非其君不事，非其民不使，治則進，亂則退，伯夷也。何事非君，何使非民，治亦進，亂亦進，伊尹也。可以仕則仕，可以已則已，可以久則久，可以速則速，孔子也。皆古之聖人也。」見同上。又曰：「聖人，百世之師也，伯夷、柳下惠是也。故聞伯夷之風者〔一〕，頑夫廉，懦夫有立志；聞柳下惠之風者，薄夫敦，鄙夫寬。奮乎百世之上，百世之下聞之者，莫不興起，非聖而若是乎？「而」讀作「能」。而況親炙之乎？」見孟子盡心下篇。「頑夫廉」，錢大昕謂當作「貪夫廉」。説見率性篇。夫伊尹、伯夷、柳下惠不及孔子，而孟子皆曰「聖人」者，賢聖同類，可以共一稱也。宰予曰：「以予觀夫子，賢於堯、舜遠矣。」見孟子公孫丑上篇。孔子聖，宜言「聖於堯、舜」，而言「賢」者，聖賢相出入，故其名稱相貿易也。

〔一〕「者」，原本作「也」，據通津草堂本改。

論衡校釋卷第二十七

定賢篇

聖人難知，賢者比於聖人爲易知。世人且不能知賢，安能知聖乎？世人雖言知賢，此言妄也。知賢何用？知之如何？以仕宦得高官身富貴爲賢乎？則富貴者天命也。命富貴不爲賢，命貧賤不爲不肖。必以富貴效賢不肖，是則仕宦以才不以命也。

以事君調合寡過爲賢乎？夫順阿之臣，佞倖之徒是也。准主而説，適時而行，無廷逆之郄，則無斥退之患。或骨體嫺麗，「嫺」，元本作「蘭」，朱校同。按：逢遇篇「形佳骨嫺」，宋、元本及字彙引，「嫺」并作「蕑」。疑元本「蘭」爲「蕑」之誤。面色稱媚，上不憎而善生，恩澤洋溢過度，未可謂賢。

以朝庭選舉皆歸善爲賢乎？則夫著見而人所知者舉多，幽隱人所不識者薦少，「而人所知」，疑當作「人所而知」，與「人所不識」對文。「而」、「能」古通，校者不達古語而妄乙也。虞舜是也。堯典曰：「明明揚側陋。師錫帝曰：『有鰥在下曰虞舜。』」堯求，則咨於鯀、共工，則嶽已不得。堯典：「帝曰：『疇咨，若時登庸。』驩兜曰：『都！共工方鳩僝功。』」又云：「帝曰：『咨，四岳！下民其咨，有能俾乂。』僉曰：『於！鯀哉！』」即仲任所據爲說。「岳」今文作「嶽」。此文當有脱誤。盼遂案：句有脱誤。由此言之，選舉多少，未可以知實。「實」疑爲「賢」誤。「選舉多少未可以知賢」，與上文「以朝庭選舉皆歸善爲賢乎」相承爲文。或德高而舉之少，或才下而薦之多。明君求善察惡於多少之間，時得善惡之實矣。且廣交多徒，求索衆心者，人愛而稱之；清直不容鄉黨，志潔不交非徒，失衆心者，人憎而毁之。故名多生於知（和）謝，毁多失於衆意。孫曰：「知謝」義不可通。「知」當作「和」。「和謝」即書梓材之「和懌」。「謝」、「懌」聲同，古多通用。盼遂案：章士釗云：「『意』當爲『愛』之誤。古愛作㤅，與意形近也。而『知謝』又與『衆愛』互倒。本作『名多生於衆愛，毁多失於知謝』，于文方合。」齊威王以毁封即墨大夫，以譽烹阿大夫。見史記田敬仲世家、劉向列女傳。即墨有功而無譽，阿無效而有名也。子貢問曰：「鄉人皆好之，何如？」孔子曰：「未可也。」朱校元本無「孔」字，下「曰」字上有「子」字，並與論語子路篇同。「鄉人皆惡之，何如？」曰：「未可也。不若鄉人之善者好之，其不善者惡之。」「若」，朱校元本作「如」，與今本論語同。公羊莊十七年傳注引論語亦作「若」。夫如是，稱譽多而小大皆言善者，非賢也。善人稱之，惡人毁之，毁譽者半，乃可有賢。「有」當作「目」，又脱「知」字。下文即據此而反詰之。以善人所稱，惡人所毁，可以知賢乎？夫如是，孔子之言可以知賢，此十一字，當爲上文誤奪於此，「孔子」八字，當在上「夫如是」下。不知譽此人者，賢盼遂案：「也」字疑應在「賢」字下。本作「不知譽此人者，賢也」，方與下句「毁此人者，惡也？或時稱者惡而毁者善也」三句一律。三「也」字皆爲問詞，與「邪」字通。也？毁此人者，惡也？舊作「不知譽此人也者賢」。朱校元本、程、何、錢、黄本並同。今據王本、崇文本正。或時稱者惡而毁者善也？人眩惑無别也。

以人衆所歸附、賓客雲合者爲賢乎？則夫人衆所附歸者，或亦廣交多徒之人也，衆愛而稱之，則蟻附而歸之矣。或尊貴而爲利，或好士下客，盼遂案：次「或」字衍文。此處本以「或尊貴而爲利，好士下客，折節俟賢」凡十四字爲一事，闌入一「或」字，則斷爲兩橛，不可通矣。折節俟賢。下「或」字疑衍。不然，則「或尊貴而爲利」句於義無取矣。信陵、孟嘗、平原、春申，食客數千，稱爲賢君。大將軍衛青及霍去病，門無一客，稱爲名將。故賓客之會，在好下之君，利害之賢。或不好士，不能爲輕重，則衆不歸而士不附也。

以居位治人，得民心歌詠之爲賢乎？則夫得民心者，與彼得士意者，無以異也。爲虛恩拊循其民，民之欲得，即喜樂矣。「樂」，元本作「心」。何以效之？齊田成子、越王句踐是也。成子欲專齊政，以大斗貸、小斗收而民悅；見韓非子外儲說右上、史記田敬仲世家。句踐欲雪會稽之耻，拊循其民，弔死問病而民喜。二者皆自有所欲爲於他，而僞誘屬其民，朱校元本「自」作「志」，「屬」作「厲」。誠心不加，而民亦說。孟嘗君夜出秦關，雞未鳴而關不闓，下坐賤客，鼓臂爲雞鳴，朱校元本作「鼓掌僞鳴」。而雞皆和之，關即闓，而孟嘗得出。又(夫)雞可以姦聲感，盼遂案：吴承仕曰：「『又』字疑當爲『夫』。」今人高魁光依藝文類聚校改「又」爲「夫」，是也。則人亦可以僞恩動也；孫曰：亂龍篇「又」作「夫」，是也。此「又」字即「夫」字形近之譌，當改正。人可以僞恩動，則天亦可巧詐應也。動致天氣，宜以精神，而人用陽燧取火於天，消鍊五石，五月盛夏，鑄以爲器，乃能得火。今又但取刀、劍、恒銅鉤之屬，御覽二二引無「恒」字，疑是衍文。「銅」字疑涉「鉤」字譌衍，下文正作「刀劍鉤」。三者各自爲物，亦見率性、亂龍篇。切磨以嚮日，盼遂案：「又」當爲「人」之誤字，以言「又」則無所承也。「恒」字疑涉下文「恒非聖賢」而衍。率性篇：「今妄以刀劍之鉤刃，(依孫詒讓校。)摩拭朗白，仰以向日，亦得火焉。」亂龍篇：「今妄取刀劍偃月之鉤，摩以向日，亦能感天。」二文皆無「恒」字，足證此文之衍。亦得火焉。夫陽燧、刀、劍、鉤能取火於日，恒非賢聖亦能動氣於天。「恒」疑作「則」。上言「夫」，下言「則」，義正相承。上文

「夫鷄可以姦聲感，則人亦可以僞恩動也」，句例同。若董仲舒信土龍之能致雲雨，蓋亦有以也。夫如是，應天之治，尚未可謂賢，況徒得人心，即謂之賢，如何？

以居職有成功見效爲賢乎？夫居職何以爲功效？以人民附之，則人民可以僞恩説也。陰陽和，百姓安者，時也。時和，不肖遭其安；不和，雖聖逢其危。如以陰陽和而效賢不肖，則堯以洪水得黜，湯以大旱爲殿下矣。後漢書百官志注引胡廣曰：「課第長吏不稱職者爲殿。」如功效謂事也，身爲之者，功著可見；以道爲計者，效没不章。鼓無當於五音，五音非鼓不和；師無當於五服，五服非師不親；水無當於五采，五采非水不章。此文出禮記學記。鄭注：「當猶主也。五服，斬衰至緦麻之親。」御覽五八一引五經要義曰：「鼓所以檢樂，爲羣音之長也。」道爲功本，功爲道效，據功謂之賢，是則道人之不肖也。「人」下疑有「謂」字。高祖得天下，賞羣臣之功，蕭何爲賞首。何則？高祖論功，比獵者之縱狗也，見史記蕭相國世家。狗身獲禽，功歸於人。羣臣手戰，「手」，元本作「力」，朱校同。其猶狗也；蕭何持重，其猶人也。必據成功謂之賢，是則蕭何無功。功賞不可以效賢，一也。盼遂案：「賞」字疑爲衍文，「功」字上脱一「是」字。本作「是功不可以效賢，一也」，與下文「此功不可以效賢，二也」，「是功不可以效賢，三也」，文法一致。

夫聖賢之治世也有術，得其術則功成，失其術則事廢。譬猶醫之治病也，有方，篤劇猶治；無方，毚微不愈。盼遂案：「毚」爲「纔」之聲母，得叚借爲「纔」。三蒼云：「纔，劣也，僅也。」漢書注：「纔，淺也。」故論衡以「毚微」連文。夫方猶術，病猶亂，醫猶吏，藥猶教也。方施而藥行，術設而教從，教從而亂止，藥行而病愈。治病之醫，未必惠於不爲醫者。上「醫」字，程、王、崇文本作「藥」，非也。「爲」亦「治」也。「惠」讀作「慧」。然而治國之吏，未必賢於不能治國者，偶得其方，遭曉其術也。治國須術以立功，亦有時當自亂，雖用術，功終不立者；亦有時當自安，雖無術，功猶成者。故夫治國之人，或得時而功成，或失時而無效。術人能因時以立功，不能逆時以致安。良醫能治未當死之人命，如命窮壽盡，方用無驗矣。故時當亂也，堯、舜用術，不能立功；命當死矣，扁鵲行方，不能愈病。射御巧技，百工之人，皆以法術，然後功成事立，效驗可見。觀治國，百工之類也；功立，猶事成也。謂有功者賢，是謂百工皆賢人也。趙人吾丘壽王，武帝時待詔，漢書本傳云：「以善格五，召待詔。」上使從董仲舒受春秋，高才，通明於事。後爲東郡都尉。上以壽王之賢，不置太守。時軍發，軍旅數發也。民騷動，歲惡，盜賊不息。上賜壽王書曰：「子在朕前時，輻湊並至，孫曰：「輻湊並至」，義無所屬。漢書吾丘壽王傳作「子在朕前之時，知略輻輳」。疑論衡「輻輳」上有脱文。以爲天下少雙，海内寡二，至連十餘城之勢，任四千石之重，師古曰：「郡守、都尉皆二千石，以壽王爲都尉，不置太守，兼總二任，故云四千石也。」而盜賊浮船行攻取於庫兵，甚不稱在前時，何也？」壽王謝言難禁。盼遂案：難禁猶言不勝任。復召爲光禄大夫，常居左右，論事説議，無不是者。才高智深，通明多見，然其爲東郡都尉，歲惡，盜賊不息，人民騷動，不能禁止。不知壽王不得治東郡之術邪？亡將東郡適當復亂，而壽王之治偶逢其時也？盼遂案：「亡將」爲疊韻連綿字，與晉朝諸人所習之將亡義同。「亡將」與「無慮」亦爲陰陽對轉字。廣雅釋訓：「嫴榷、提封、無慮，都凡也。」是「無慮」爲「大概」之意。「亡將」義亦同也。亂龍篇：「亡也將匈奴敬鬼，精神在木也。」吴氏校云：「衍上『也』字。」「亡將」之義與此文同。夫以壽王之賢，治東郡不能立功，必以功觀賢，則壽王棄而不選也。恐必世多如壽王之類，而論者以無功不察其賢。燕有谷，氣寒，不生五穀。鄒衍吹律致氣，既寒更爲溫，燕以種黍，黍生豐熟，到今名之曰黍谷。注寒温篇。夫和陰陽，當以道德至誠。然而鄒衍吹律，寒谷更温，黍穀育生。推此以況諸有成功之類，有若鄒衍吹律之法。故得其術也，不肖無所能；失其數也，賢聖有不治。此功不可以效賢，二也。

人之舉事，或意至而功不成，事不立而勢貫山，荆軻、醫夏無且是矣。荆軻入秦之計，本欲劫秦王生致於燕，邂逅不偶，「邂逅不偶」，猶言遭遇不偶也。爲秦所擒。當荆軻之逐秦王，秦王環柱而走，醫夏無且以藥囊提荊軻。既而天下名軻爲烈士，秦王賜無且金二百鎰。事見史記荊軻傳。夫爲秦所擒，生致之功不立。藥囊提刺客，〔無〕益於救主，以上下文義求之，「益」上疑脱「無」字。然猶稱賞者，意至勢盛也。天下之士不以荊軻功不成不稱其義，秦王不以無且無見效不賞其志。志善不效成功，義至不謀就事。義有餘，效不足；志巨大，而功細小，智者賞之，愚者罰之。必謀功不察志，論陽效不存陰計，存亦察也。是則豫讓拔劍斬襄子之衣，見史記豫讓傳。不足識也；伍子胥鞭笞平王尸，不足載也；張良椎始皇，誤中副車，不足記也。三者道地不便，計畫不得，有其勢而無其功，懷其計而不得爲其事。是功不可以效賢，三也。

以孝於父、弟於兄爲賢乎？則夫孝弟之人，有父兄者也，父兄不慈，孝弟乃章。老子曰：「六親不和，有孝慈。」舜有瞽瞍，參有曾晳，孝立名成，衆人稱之。如無父兄，父兄慈良，無章顯之效，孝弟之名，無所見矣。忠於君者，亦與此同。龍逢、比干忠著夏、殷，桀、紂惡也；稷、契、皋陶忠闇唐、虞，堯、舜賢也。故螢火之明，掩於日月之光；忠臣之聲，蔽於賢君之名。死君之難，出命損身，與此同。臣遭其時，死其難，故立其義而獲其名。大賢之涉世也，翔而有（後）集，盼遂案：「有」當爲「后」之誤。隸書「有」與「后」形極近似。「后」古通「後」。吳承仕曰：「有讀爲又。」色斯而舉，先孫曰：「有」當作

「後」。暉按：孫説是也。此文本論語鄉黨篇，「後」一作「后」，故譌爲「有」。翟氏四書考異以「有」爲異文，失之。集解周生烈曰：「迴翔審觀而後下止也。」經義述聞曰：「斯猶然也。色斯者，狀鳥舉之疾也。吕氏春秋審應篇：『蓋聞君子猶鳥也，駭則舉。』哀六年公羊傳：『諸大夫皆色然而駭。』何注：『色然，驚駭貌。』與此相近。漢人多以『色斯』二字連讀，與集解馬説異。」盼遂案：二語見論語鄉黨篇。東漢文辭率以「色斯」二字連用，碑版中尤習見。如議郎元賓碑「翻翥色斯」，堂邑令費鳳碑「色斯輕揚，翻然高絜」，費鳳別碑「功成事就，色斯高舉」，皆其證也。亂君之患不累其身，危國之禍不及其家，安得逢其禍而死其患乎？齊詹（侯）問於晏子曰：「齊詹」當作「齊侯」。「侯」一作「矦」，與「詹」形近而誤。此事見晏子春秋問上。晏子作「景公問於晏子」，説苑臣術篇作「齊侯問於晏子」，是其證。下文「詹曰」，亦當作「齊侯曰」。「侯」譌爲「詹」，又脱「齊」字。晏子作「公不説曰」，説苑作「君曰」。盼遂案：劉向新序雜事記此事作「齊侯問」，疑此「詹」爲「侯」之形誤。「侯」正體作「矦」，與「詹」形近。「忠臣之事其君也，若何？」對曰：「有難不死，出亡不送。」詹曰：「列地而予之，踈爵而貴之，君有難不死，出亡不送，可謂忠乎？」對曰：「言而見用，臣奚死焉？諫而見從，「諫」，晏子作「謀」，下同。説苑此亦作「謀」，下作「諫」。當從晏子兩「諫」字并作「謀」。終身不亡，臣奚送焉？若言不見用，有難而死，是妄死也；諫而不見從，出亡而送，是詐僞也。故忠臣者能盡善於君，不能與陷於難。」案晏子之對，以求賢於世，死君之難、立忠節者不應科矣。是故大賢寡可名之節，小賢多可稱之行。可得箠(垂)者小，盼遂案：章士釗云：「箠字當爲箅之形誤。」吴承仕曰：「箠當爲垂，即錘字。今人稱稱之權爲錘，故與量對文。」而可得量者少也。「箠」字無義，說文箠部曰：「箠，所以擊馬也。」「箠」當作「垂」，俗作「錘」，權輕重也。下「箠」誤同。惡至大，箠弗能；「惡」疑是「量」字之誤。盼遂案：「惡至大」不可解，疑「惡」爲「物」之聲誤，北音讀「物」如「惡」而致譌耳。「惡」與「數」爲對文。「箠」字宜依章說改爲「箅」。數至多，升斛弗能。有小少易名之行，又發於衰亂易見之世，故節行顯而名聲聞也。浮於海者，迷於東西，大也；行於溝，咸識舟檝之跡，小也。小而易見，衰亂亦易察。故世不危亂，奇行不見；主不悖惑，忠節不立。鴻卓之義，發於顛沛之朝；清高之行，顯於衰亂之世。

以全身免害，不被刑戮，若南容懼白圭者爲賢乎？論語先進篇：「南容三復白圭。」則夫免於害者幸，而命禄吉也，非才智所能禁，推行所能却也。「推行」疑當作「操行」。神蛇能斷而復屬，不能使人弗斷；淮南說山篇語。聖賢能困而復通，不能使人弗害。南容能自免於刑戮，論語公冶長篇：「子謂南容邦有道不廢，邦無道免於刑戮。」公冶以非罪在縲絏，論語公冶長篇云：「子謂公冶長可妻也，雖在縲紲之中，非其罪也。」伯玉可懷於無道之國，論語衛靈公篇：「子曰：『君子哉，蘧伯玉！邦有道則仕，邦無道則可卷而懷之。』」文王拘羑里，孔子厄陳、蔡，非行所致之難，掩己而至，則有不得自免之患，累己而滯矣。夫不能自免於患者，猶不能延命於世也。命窮，賢不能自續；時厄，聖不能自免。

以委國去位，棄富貴就貧賤爲賢乎？則夫委國者，有所迫也。若伯夷之徒，昆弟相讓以國，耻有分争之名，見史記伯夷傳。及大王亶甫重戰重戰，謂矜惜不忍戰。其故民，皆委國及去位者，孫曰：下「及」字疑涉上「及」字而衍。下文云：「故委國去位，皆有以也。」與此文正相應。暉按：事見孟子梁惠王篇、莊子讓王篇、詩緜篇毛傳、尚書大傳、呂氏春秋審爲篇、淮南〔一〕道應訓。盼遂案：「重戰其民」斷句。重，難也。「故」字屬下句讀。次「及」字疑涉句端「及」字而衍。道不行而志不得也。如道行志得，亦不去位。故委國去位，皆有以也，謂之爲賢，無以者，可謂不肖乎？且有國位者，故得委而去之，無國位者何委？夫割財用及讓下受分，與此同實。無財何割？口飢何讓？倉廩實，民知禮節，衣食足，〔民〕知榮辱。「知」上脱「民」字。此文出管子。治期篇不誤。讓生於有餘，争生於不足。人或割財助用，袁將軍再與兄子分家財，多有以爲恩義。劉盼遂曰：「多」字當爲

〔一〕「淮」，原本作「誰」，形近而誤，今改。

「已」字之誤。漢隸「多」字作「多」，與「已」形恒似。談天篇云：「女媧多前。」「多」亦「已」之誤，即其例矣。此文「家財已有」者，謂已與兄子分後之家財也。暉按：「多」字不誤，謂人多以爲恩義之行也。盼遂案：「多」字疑當爲「已」之誤字。漢隸「多」字與「已」字恒相似。談天篇「女媧多前」，「多」又爲「已」之誤。皆因形近而致。作「已」作「己」均可。「家財已有」者，家之財，已之有也。「家財已有」者，已與兄子分後之家財也。崑山之下，以玉爲石；彭蠡之濱，以魚食犬豕。御覽三八引作「鍾山之上，以玉抵鵲」，又無「豕」字。九三五引同。與今本稍異。鹽鐵論〔一〕崇禮篇亦云：「崑山之旁，以玉璞抵烏鵲。」使推讓之人，財若崑山之玉，彭蠡之魚，家財再分，不足爲也。韓信寄食於南昌亭長，見史記淮陰侯傳。何財之割？顏淵簞食瓢飲，論語雍也篇：「子曰：『賢哉，回也！一簞食，一瓢飲，在陋巷，人不堪其憂，回也不改其樂。賢哉，回也！』」何財之讓？管仲分財取多，見史記管晏列傳。無廉讓之節，貧乏不足，志義廢也。

以避世離俗，清身潔行爲賢乎？是則委國去位之類也。富貴，人情所貪；高官大位，人之所欲樂，去之而隱，生不遭遇，志氣不得也。長沮、桀溺避世隱居，伯

〔一〕「鐵」，原本作「鐶」，形近而誤，今改。

夷、於陵去貴取賤，非其志也。此下疑有脱文。意林引論衡云：「伯夷、叔齊爲庶兄奪國，餓死首陽山，非讓國與庶兄也，豈得稱賢人乎？」疑即出此。

〔以〕恬憺無欲，志不在於仕，苟欲全身養性爲賢乎？盼遂案：「恬」字上應有「以」字，今脱。是則老聃之徒也。齊曰：「恬」上脱「以」字，本篇文例可證。道人與賢殊科者，盼遂案：「者」字應在「賢」字下。憂世濟民於難，是以孔子棲棲，墨子遑遑。論語憲問篇微生畝謂孔子曰：「丘何爲是栖栖者與？」班固答賓戲曰：「棲棲遑遑，孔席不煖。」後漢書蘇竟傳：「仲尼棲棲，墨子遑遑。」不進與孔、墨合務，而還與黄、老同操，非賢也。

以舉義千里，師將朋友無廢禮爲賢乎？則夫家富財饒、筋力勁彊者能堪之。匱乏無以舉禮，羸弱不能奔遠，不能任也。是故百金之家，境外無絶交；千乘之國，同盟無廢贈，財多故也。使穀食如水火，雖貪恡之人，越境而布施矣。淮南主術訓：「爲惡者，尚布施也。」故財少則正禮不能舉一，有餘則妄施能於千。家貧無斗筲之儲者，難責以交施矣。舉擔千里之人，材筴越疆之士，盼遂案：吴承仕曰：「『擔』當作『儋』，『材』字疑當作『挾』。『舉儋』與『挾策』對文。」「材」當爲「杖」之誤字。杖者，持也，與上句「舉檐千里之人」對文。「魯連子曰：『連卻秦軍，平原君欲封之』。遂杖策而去。」（文選左思招隱詩注引。）後漢書鄧禹傳：「聞光武安集河北，即杖策北渡，追及于鄴。」此杖策之事也。方言曰：「木細枝曰策。」古之策，殆猶今之手杖矣。手足胼胝，面目驪黑，無傷感不任之疾，筋力皮革必有與人異者矣。推此以況爲君要證之吏，身被疾痛而口無一辭者，亦肌肉骨節堅彊之故也。堅彊則能隱事而立義，軟弱則誣時而毀節。豫讓自賊，妻不能識；見趙策一。貫高被箠，身無完肉，見史記張耳陳餘傳。實體有不與人同者，則其節行有不與人鈞者矣。

以經明帶徒聚衆爲賢乎？則夫經明，儒者是也。儒者，學之所爲也。儒者學；學，儒矣。傳先師之業，習口説以教，無胷中之造，思定然否之論。郵人之過書，韋昭釋名曰：「督郵主諸縣罰負殿糾攝之也。」辨位曰：「言督郵書掾者，郵，過也，此官不自造書，主督上官所下所過之書也。」（見文選長笛賦注。）門者之傳教也，封完書不遺，教審令不遺誤者，盼遂案：次「遺」字涉上句而誤。此「封完書不遺」句，承「郵人之過書」而言；「教審令不誤」，承「門者之傳教」而言也。則爲善矣。下「遺」字衍。「封完書不遺，教審令不誤」相對爲文。傳（儒）者傳學，盼遂案：上「傳」字是「儒」字之誤。下文「是則傳者之次也」，「傳」亦「儒」之誤。不妄一言，「傳者」當作「儒者」。仲任意，儒者經明帶徒，傳先師之業，無胸中之造，與郵人門者同耳。下文「是則儒者之次也」，「儒」今譌「傳」，可互證。先師古語，到今具存，雖帶徒百人以上，位博士、文學，郵人、門者之類也。

以通覽古今，祕隱傳記無所不記爲賢乎？是則傳（儒）者之次也。「傳」當作「儒」。上文云：「則夫經明，儒者是也。」此蒙彼爲文，故以通覽古今爲「儒者之次」。「傳」、「儒」形近而誤，義遂不通。才高好事，勤學不舍，若專成之苗裔，「專成」當作「專城」，猶典城也。自紀篇云：「則夫專城食土者，材賢孔、墨。」辨祟篇云：「專城長邑。」有世祖遺文，得成其篇業，觀覽諷誦。若典官文書，若太史公及劉子政之徒，有主領書記之職，則有博覽通達之名矣。意林引新論曰：「太史公不典掌書記，則不能條悉古今。」

以權詐卓譎，能將兵御衆爲賢乎？「卓譎」讀作「趠趫」，注佚文篇。「詐」，朱校元本作「謀」。是〔則〕韓信之徒也。「是」下脱「則」字。上文：「是則委國去位之類也。」又云：「是則老聃之徒也。」又云：「是則儒者之次也。」下文：「是則長沮、桀溺之類也。」句例正同。戰國獲其功，稱爲名將；世平能無所施，還入禍門矣。高鳥死，良弓藏，狡兔得，良犬烹。權詐之臣，高鳥之弓，狡兔之犬也。安平身無宜，則弓藏而犬烹。安平之主，非棄臣而賤士，世所用助上者，非其宜也。向令韓信用權變之才，爲若叔孫通之事，安得謀反誅死之禍哉？有功彊之權，無守平之智，「功」當作「攻」，聲之誤也。「攻彊」、「守平」對文。曉將兵之計，不見已定之義，居平安之時，爲反逆之謀，此其所以功滅國絶，不得名爲賢也。「名」，朱校元本作「稱」。

〔以〕辯於口，言甘辭巧爲賢乎？孫曰：「辯」上脱「以」字。上下文例可證。則夫子貢之徒是也。子貢之辯勝顏淵，孔子序置於下。論語先進篇：「德行，顏淵、閔子騫、冉伯牛、仲弓。言語，宰我、子貢。政事，冉有、季路。文學，子游、子夏。」史記弟子傳四科之次，一德行，二政事，三言語，四文學。鹽鐵論殊路篇同。後漢書文苑傳注四科謂德行、政事、文學、言語。又以言語居文學下。實才不能高，口辯機利，人決能稱之。夫自文帝「自」當作「以」。「以」一作「目」，故形譌爲「自」。尚多虎圈嗇夫，少上林尉，張釋之稱周勃、張相如，文帝乃悟。見史記張釋之傳。夫辯於口，虎圈嗇夫之徒也，難以觀賢。

以敏於筆，文墨兩（雨）集爲賢乎？先孫曰：「兩」當作「雨」，形近而誤。後自紀篇云：「筆瀧漉而雨集，言潏淈而泉出。」文選王褒四子講德論云：「莫不風馳雨集。」夫筆之與口，一實也。口出以爲言，筆書以爲文。口辯，才未必高，然則筆敏，知未必多也。且筆用何爲敏？以敏於官曹事？事之難者，莫過於獄，獄疑則有請讞。惠棟九經古義曰：「請讞之法，當在漢興律篇中。胡廣漢官篇解詁曰：『廷尉當疑獄。』（北堂書鈔引。）漢書景帝後元年詔：『獄疑者讞有司。有司所不能決，移廷尉。有令讞而後不當，讞者不爲失。』杜周傳：『周爲廷尉，二千石繫者新故相因，不減百餘人。郡吏大府，舉之廷尉，一歲至千餘章，大者連逮證案數百，小者數十，遠者數千里，近者數百里，會獄。』注云：『舉，皆也，言郡吏大府獄事，皆歸廷尉也。』陳湯傳：『廷尉增壽議，以爲臣下承用失其中，故移獄廷尉。』如淳曰：『移獄廷尉，如今讞罪輕重。』于定國傳：『定國爲廷尉，冬月治請讞，飲酒益精明。』是漢時疑獄，皆讞於廷尉。後漢襄楷上疏曰：『頃數十歲以來，州郡玩習，又欲避請讞之煩，輒託疾病，多死牢獄。』蓋自安、順而後，請讞之法稍弛矣。」**蓋世優者，莫過張湯，張湯文深，**文法深刻。**在漢之朝，不稱爲賢。太史公序累，以湯爲酷，**見史記酷吏傳。盼遂案：「太史公序累」五字，疑爲「太史公史記」之別名。今史記一百二十二酷吏傳有張湯，即仲任所指。程材篇「太史公序累置於酷部」同此。道虛篇云：「太史公記誄五帝，亦云黃帝封禪已仙去。」是又名史記爲「太史公記誄」矣。（累與誄古字通叚。）惟超奇、案書、對作等篇，則又作「太史公書」，亦不一致。**酷非賢者之行。魯林中哭婦，虎食其夫，又食其子，不能去者，善政不苛，吏不暴也。**「魯林中」，遭虎篇同。檀弓云：「過泰山側。」新序云：「北之山戎。」癸巳存稿：「此路蓋經泰山西。今泰山西，桃峪上源，有老虎窩、猛虎溝，云是當日遺跡。此稱『林中』者，殆齊『配林』之類，魯得祭泰山，亦有配林。續漢志注引盧植禮器『齊配林』注：『小山林麓配泰山者。』」**夫酷，苛暴之黨也，難以爲賢。**

以敏於賦頌，爲弘麗之文爲賢乎？則夫司馬長卿、楊子雲是也。文麗而務巨，言眇而趨深，然而不能處定是非，辯然否之實。雖文如錦繡，深如河、漢，民不覺知是非之分，無益於彌爲崇實之化。彌，弭也。「爲」讀作「僞」。

以清節自守，不降志辱身爲賢乎？　是則避世離俗，長沮、桀溺之類也。　雖不離俗，節與離世者鈞，清其身而不輔其主，守其節而不勞其民。　大賢之在世也，時行則行，時止則止，銓可否之宜，以制清濁之行。　子貢讓而止善，子路受而觀（勸）德。「觀」當作「勸」，形譌。　淮南齊俗訓：「子路撜溺而受牛謝，孔子曰：『魯國必好救人於患。』子貢贖人而不受金於府，孔子曰：『魯國不復贖人矣。』子路受而勸德，子貢讓而止善。」即此文所本，是其證。　又見呂氏春秋察微篇、淮南道應訓、說苑政理篇。　夫讓，廉也；受則貪也。　貪有益，廉有損，推行之節，不得常清眇也。　「推行」當作「操行」。　答佞篇：「推行有謬誤。」與此誤同。伯夷無可，孔子謂之非。　論語微子篇：「子曰：『不降其志，不辱其身者，伯夷、叔齊與！』謂『柳下惠、少連降志辱身矣』。　我則異於是，無可無不可。」後漢書黃瓊傳注引鄭玄曰：「不爲夷、齊之清，不爲惠、連之屈，故曰異於是也。」按鄭注「不爲夷、齊之清」釋「無可」，「不爲惠、連之屈」釋「無不可」。　法言淵騫篇：「不屈其意，不累其身，曰：『是夷、惠之徒與？』曰：『不夷不惠，可否之間。』」黃瓊傳李固以書逆遺瓊曰：「君子謂伯夷隘，柳下惠不恭，故傳曰不夷不惠，可否之間。　蓋聖賢居身之所珍也。」亦以伯夷爲「無可」者，並與仲任說同。　集解馬曰：「亦不必進，亦不必退，惟義所在。」皇疏：「我則退不拘於世，故與物無異，所以是無可無不可也。」則以「無可無不可」據孔子言。　蓋三家異說。　操違於聖，難以爲賢矣。　或問於孔子曰：　子夏問也。　「顏淵何人也？」曰：「仁人也，丘不如也。」「子貢何人也？」曰：「辯人也，丘弗如也。」「子路何人也？」曰：「勇人也，丘弗如也。」客曰：「三子者皆賢於夫子，而爲夫子服役，何也？」孔子曰：「丘能仁且忍，辯且詘，孫氏孔子集語引作「訥」，蓋依淮南改。史記萬石君傳贊徐廣曰：「訥字多作詘，古字假借。」勇且怯。以三子之能，易丘之道，弗爲也。」孔子知所設施之矣。此文本淮南人間訓。列子仲尼篇、説苑雜言篇、家語六本篇多「子張」一節，並四人。有高才潔行，無知明以設施之，則與愚而無操者同一實也。

夫如是，皆有非也。無一非者，可以爲賢乎？是則鄉原之人也。孟子曰：「非之，無舉也；刺之，無刺也。同於流俗，合於污世，居之似忠信，行之似廉潔，衆皆説之，自以爲是，而不可與入堯、舜之道。故孔子曰：『鄉原，德之賊也。』」見孟子盡心下。似之而非者，孔子惡之。

夫如是，何以知實賢？知賢竟何用？

世人之檢，苟見才高能茂，有成功見效，則謂之賢。若此甚易，知賢何難？書曰：「知人則哲，惟帝難之。」注答佞篇。據才高卓異者，則謂之賢耳，何難之有？然而難之，獨有難者之故也。夫虞舜不易知人，而世人自謂能知賢，誤也。然則賢者竟不可知乎？曰：易知也。而稱難者，不見所以知之，則難（雖）聖人不易知也；

「難」當作「雖」。「不見所以知之，則雖聖人不易知也」，與下文「及見所以知之，中才能察之」正反相承。今「雖」譌作「難」，屬上讀，遂使「聖人不易知也」句於義無屬矣。及見所以知之，中才而察之。而能古通。譬猶工匠之作器也，曉之則無難，不曉則無易。賢者易知於作器。「於作器」三字疑衍。世無别，故真賢集於俗士之間。「集」疑爲「襍」之壞字。俗士以辯惠之能，據官爵之尊，望顯盛之寵，遂專爲賢之名。賢者還在閭巷之間，貧賤終老，被無驗之謗。若此，何時可知乎？然而必欲知之，觀善心也。

夫賢者，才能未必高也而心明，智力未必多而舉是。盼遂案：「多」字下依上句例應有「也」字，今脱。何以觀心？必以言。有善心，則有善言。以言而察行，有善言則有善行矣。言行無非，治家親戚有倫，盼遂案：依下句例，則「治家」下應有「則」字。治國則尊卑有序。無善心者，白黑不分，善惡同倫，政治錯亂，法度失平。故心善，無不善也；心不善，無能善。心善則能辯然否。然否之義定，心善之效明，雖貧賤困窮，功不成而效不立，猶爲賢矣。

故治不謀功，要所用者是；行不責效，期所爲者正。正、是審明，則言不須繁，事不須多。故曰：「言不務多，務審所謂；行不務遠，務審所由。」見荀子哀公問篇、家語五儀解。言得道理之心，口雖訥不辯，辯在胷臆之内矣。故人欲心辯，不欲口辯。

心辯則言醜而不違，口辯則辭好而無成。孔子稱少正卯之惡曰：「言非而博，順非而澤。」見荀子宥坐篇、淮南氾論訓、説苑指武篇、白虎通誅伐篇。內非而外以才能飭之，衆不能見，則以爲賢。夫內非外飭是，盼遂案：「飭」字涉上文「內非而外以才能飭之」致衍。下文「夫內是外無以自表者，衆亦以爲不肖矣」，此「外是」與彼「內是」爲對文。世以爲賢，則夫內是外無以自表者，衆亦以爲不肖矣。

是非亂而不治，聖人獨知之。人言行多若少正卯之類，賢者獨識之。「者」，朱校元本作「聖」。世有是非錯繆之言，亦有審誤紛亂之事，決錯繆之言，定紛亂之事，唯賢聖之人爲能任之。聖心明而不闇，賢心理而不亂。用明察非，非無不見；用理銓疑，疑無不定。與世殊指，雖言正是，衆不曉見。何則？沉溺俗言之日久，不能自還以從實也。是故正是之言，爲衆所非；離俗之禮，爲世所譏。管子曰：「君子言堂滿堂，言室滿室。」見管子牧民篇。房注：「言堂室事而令滿，取其露見不隱也。」按：韓非子難三云：「管仲之所謂『言室滿室，言堂滿堂』，必謂大物。人主大物，非法則術。法莫如顯，而術不欲見，是以明主言法，則境內卑賤莫不聞知也，不獨滿於堂；用術，則親愛近習，莫之得聞也，不得滿室。管子非法術之言。」據此，與房注義同。此文則謂滿恰於心，後自紀篇義同。盼遂案：語見管子牧民篇。房注：「言堂室事而令滿，取其露見不隱也。」言堂室之人皆滿意也。怪此之言，何以得滿？如正是之言出，堂之人皆有正是之知，盼遂案：「堂」下疑脱一「室」字。此承上文管子滿堂滿室而言。下文又言：「君子言之，堂室安能滿。」皆堂室連文。然後乃滿。如非正是，人之乖刾異，字疑衍。安得爲滿？盼遂案：「刾」乃「刺」之俗體。「乖刺」字從「朿」不從「束」。此處「乖刺」字又因與「刺」形近而誤作「刾」。「異」字疑出衍文，或即「乖刺」之傍注而誤入也。「如非正是」者，指言説。易繫辭：「子曰：『君子居其室，出其言不善，則千里之外違之，況其邇者乎？』」與論義正同。夫歌曲妙者，和者則寡；言得實者，然者則鮮。和歌與聽言，同一實也。曲妙人不能盡和，言是人不能皆信。魯文公逆祀，去者三人；定公順祀，畔者五人。見公羊定七年傳。貫於俗者，貫，慣通。則謂禮爲非。曉禮者寡，則知是者希。君子言之，當作「之言」。堂室安能滿？

夫人不謂之滿，世則不得見口談之實語，筆墨之餘跡，陳在簡筴之上，乃可得知。故孔子不王，作春秋以明意。明王意也。注超奇篇。案春秋虛文業，以知孔子能王之德。孔子，聖人也。有若孔子之業者，雖非孔子之才，斯亦賢者之實驗也。夫賢與聖同軌而殊名，「軌」，朱校元本作「實」。賢可得定，則聖可得論也。

問：「周道不弊，孔子不作春秋。」「問」下當有「曰」字。春秋之作，起周道弊也。孟子滕文公下：「世衰道微，邪説暴行有作，臣弑其君者有之，子弑其父者有之。孔子懼，作春秋。」

如周道不弊，孔子不作者，未必無孔子之才，無所起也。夫如是，孔子之作春秋，未可以觀聖；有若孔子之業者，未可知賢也。」曰：周道弊，孔子起而作之，文義褒貶是非，得道理之實，無非僻之誤，以故見孔子之賢，實也。夫無言，則察之以文；無文，則察之以言。設孔子不作，猶有遺言，言必有起，猶文之必有爲也。觀文之是非，不顧作之所起，世間爲文者衆矣，「世間」，朱校元本作「執簡」。是非不分，然否不定，桓君山論之，可謂得實矣。論文以察實，則君山漢之賢人也。陳平未仕，割肉閭里，分均若一，能爲丞相之驗也。「未仕」，朱校元本作「宰社」。事見史記陳丞相世家。亦見超奇篇。夫割肉與割文，同一實也。如君山得執漢文有脱誤。盼遂案：「執漢」語不辭，此中有脱誤，不可校。平，用心與爲論不殊指矣。孔子不王，素王之業，在於春秋。注超奇篇。然則桓君山〔不相〕，二字據元本補。朱校同。素丞相之跡，先孫曰：元本無「丞」字。按：「素相」亦見超奇篇。暉按：朱校元本無「素」字，蓋所見本不同。存於新論者也。

論衡校釋卷第二十八

正說篇

盼遂案：此篇可作兩漢經學源流讀。

儒者說五經，多失其實。前儒不見本末，空生虛說；後儒信前師之言，隨舊述故，滑習辭語，苟名一師之學，趨爲師教授，及時蚤仕，汲汲競進，不暇留精用心，考實根核。故虛說傳而不絕，實事沒而不見，五經並失其實。尚書、春秋事較易，略正題目麤粗之說，「麤粗」，朱校元本、程本同。錢、黃、王、崇文本作「麤麤」，非。盧文弨鍾山札記二曰：「說文：『麤，行超遠也，倉胡切；粗，疏也，徂故切。』兩音兩義。昔人多以『麤粗』連用成文。繁露俞序篇〔一〕：『始於麤粗，終於精微。』論衡正說篇：『略正題目麤粗之說。』莊子則陽篇釋文司馬云：『鹵莽猶麤粗也。』改作『麤麤』，便不成文理。」以照篇中微妙之文。舊本段。

說尚書者，或以爲本百兩篇，尚書序正義引尚書緯云：「孔子求書，得黃帝玄孫魁之書，迄於秦穆公，凡三千二百四十篇，（史記伯夷傳索隱引作「三千三百三十篇」。）斷遠取近，定可爲世

〔一〕「序」，原本作「予」，據春秋繁露改。

法者，百二十篇。以百二篇爲尚書，十八篇爲中候。」後遭秦燔詩、書，遺在者二十九篇。

夫言秦燔詩、書，是也；言本百兩篇者，妄也。蓋尚書本百篇，孔子以授也。藝文志曰：「書之所起遠矣。至孔子纂焉，上斷於堯，下訖於秦，凡百篇。而爲之序，言其作意。」遭秦用李斯之議，燔燒五經，濟南伏生抱百篇藏於山中。孝景皇帝時，始存尚書。存，立也。「景帝」當爲「文帝」之誤，說見下。伏生已出山中，景帝遣鼂錯往從受尚書二十餘篇。漢書儒林傳：「伏生，濟南人，故爲秦博士。孝文時求能治尚書者，天下亡有。聞伏生治之，欲召，時伏生年九十餘，老不能行，於是詔太常掌故鼂錯往受之。」史、漢錯傳亦云文帝遣之。此云「景帝」，誤也。後漢書翟酺傳酺言：文帝始置一經博士。蓋即謂始存尚書。藝文志序曰：「孝文時頗登用，孝景不任儒。」充謂景帝始存尚書，亦非也。漢書儒林傳注張晏曰：「名勝。伏生碑云。」後書伏湛傳云：「九世祖勝，字子賤。」伏生老死，書殘不竟。鼂錯傳於倪寬。至孝宣皇帝之時，河內女子發老屋，得逸易、禮、尚書各一篇，盼遂案：隋書經籍志云：「及秦焚書，周易獨以卜筮得存，唯失說卦三篇。」知論所云逸易者，即今說卦三篇也。唯論衡云「一篇」，隋志作「三篇」。不同者，蓋說卦本合序卦、雜卦而爲一篇，故韓康伯注本及唐石經仍以說卦、序卦、雜卦爲一卷。後人猥稱爲三篇，實不足究。逸書一篇，則自來認爲太誓。隋書經籍志及經典釋文敍録皆明言之，可云無疑。惟逸禮一篇，究不能知爲某本某章，姑存疑而已。奏之。宣帝下示

博士，然後易、禮、尚書各益一篇，而尚書二十九篇始定矣。尚書序疏曰：「王充論衡及後漢史獻帝建安十四年黄門侍郎房宏等説云：宣帝本始元年，河内女子有壞老子屋，得古文泰誓三篇。論衡又云：『以掘地所得者。』」案：「掘地所得」，今書無此文。經義叢鈔徐養原曰：「充言益一篇，不知所益何篇。以他書攷之，易則説卦，書即太誓。唯禮無聞。而史、漢皆言高堂生傳士禮十七篇，初未嘗有所缺。」又按：書序疏云：「史記及儒林傳皆云：『伏生獨得二十九篇。』案馬融云：『泰誓後得。』鄭玄書論亦云：『民間得泰誓。』別録曰：『武帝末，民有得泰誓書於壁内者，獻之，與博士使讀説之，數月皆起傳以教人。』則泰誓非伏生所傳，而言二十九篇者，以司馬遷在武帝之世，見泰誓出，而得行入於伏生所傳内，故爲史揔之，并云伏生所得，不復曲別分析。」又云：「司馬遷時，已得泰誓，以并歸於伏生，不得云宣帝時始出也。則云宣帝時女子所得，亦不可信。或者爾時重得之，故於後亦據而言。」今按：關于泰誓，諸説莫一：有謂伏生前已見太誓。有謂泰誓後得，而「後得」又有二説：一謂得於武帝時，一謂於宣帝時。有謂伏書本有泰誓，所謂後得者，重得耳。有謂得於宣帝時，乃傳聞之誤。詳戴東原集尚書今古文考、陳壽祺左海經辨今文尚書大誓後得説、孫志祖讀書脞録、王鳴盛尚書後案、朱彝尊經義考、王引之經義述聞、經義叢鈔、徐養原今古文尚書增太誓説、錢大昕潛揅堂集、俞正燮癸巳類稿、皮錫瑞尚書通論、劉師培答方勇書、顧實漢書藝文志講疏、吴承仕經典釋文序録講疏。**至孝景帝時，**盼遂案：孝景皇帝爲孝武皇帝之誤。案書篇亦云：「孝武皇帝時，魯共王壞孔子教授堂以爲宮。」決此「景」字爲誤。**魯共王壞孔**

子教授堂以爲殿，得百篇尚書於牆壁中。閻若璩曰：「云『孝景時魯共王壞孔子宅』，較漢志『武帝末』三字則確甚。何也？魯恭王以孝景前三年丁亥徙王魯，徙二十七年薨，則薨於武帝元朔元年癸丑，武帝方即位十三年，安得云『武帝末』乎？且恭王初好治室，季年好音，則其壞孔子宅，以廣其宮，正初王魯之事，當作『孝景時』三字爲是。」暉按：佚文篇、案書篇並謂武帝時，則此作「孝景」，蓋傳寫之誤。漢志亦本作「武帝初」，「末」字譌也。武帝使使者取視，注佚文篇。莫能讀者，遂祕於中，外不得見。至孝成皇帝時，徵爲古文尚書學。東海張霸當作「東萊」，注見佚文篇。盼遂案：漢書儒林傳及經典釋文敍録並作東萊張霸。考東萊郡與東海郡非一地，疑論衡誤也。案百篇之序，空造百兩之篇，獻之成帝。帝出祕百篇以校之，皆不相應，於是下霸於吏。吏白霸罪當至死。成帝高其才而不誅，亦惜其文而不滅。故百兩之篇傳在世間者，傳見之人則謂尚書本有百兩篇矣。舊本段。

或言秦燔詩、書者，燔詩經之書也，其經不燔焉。聖人作經，賢者作書。言「燔詩書」，謂燔詩經之傳。

夫詩經獨燔「獨」疑爲「猶」形誤。猶，均也。言詩經亦燔，不獨傳。其詩。書，五經之總名也。傳曰：「男子不讀經，則有博戲之心。」未知何出。子路使子羔爲費宰，孔子曰：「賊夫人之子。」子路曰：「有民人焉，有社稷焉，何必讀書，然後爲學？」論語先進篇文。五經總名爲書。傳（儒）者不知秦燔書所起，故不審燔書之實。「傳者」當作「儒者」。秦始皇三十四年，「三」舊作「二」，依史記始皇紀正。語增篇不誤。置酒咸陽宮，博士七十人前爲壽。僕射周青臣進頌秦始皇。齊人淳于越進諫，以爲始皇不封子弟，卒有田常、六卿之難，無以救也；譏青臣之頌，謂之爲諛。秦始皇下其議丞相府，丞相斯以爲越言不可用，因此謂諸生之言惑亂黔首，乃令史官盡燒五經，有敢藏諸（詩）書百家語者刑，「諸書」當作「詩書」。史記始皇紀、前語增篇可證。唯博士官乃得有之。五經皆燔，非獨諸（詩）家之書也。「諸」當作「詩」。上文「或言秦燔詩、書者，燔詩經〔一〕之書也，其經不燔焉」，此文即破其說。傳（儒）者信之，「傳者」當作「儒者」。見言「詩書」，則獨謂〔詩〕經謂之書矣。下「謂」字，即「詩」字之譌，文又誤倒。舊本段。

傳（儒）者或知尚書爲秦所燔，「傳者」當作「儒者」。而謂二十九篇，其遺脱不燒者也。

審若此言，尚書二十九篇，火之餘也。七十一篇爲炭灰，二十九篇獨遺邪？夫伏生年老，鼂錯從之學時，適得二十餘篇，伏生死矣，故二十九篇獨見，七十一篇遺

〔一〕「燔詩」，原本作「詩燔」，據正文乙。

脱。遺脱者七十一篇，反謂二十九篇遺脱矣。舊本段。**或説尚書二十九篇者，法曰斗七宿也。**「曰」，朱校元本、程、何、錢、黄本同。王本作「四」，崇文本作「北」。江聲尚書集注音疏引「曰」在「法」字上，蓋以意乙，屬上爲句，與上下文例不合，非也。王鳴盛引作「法北斗七宿」。王引之經義述聞引作「法斗，四七宿也」。蓋亦意正。疑是。**四七二十八篇，其一曰斗矣，**盼遂案：上「曰」字當爲「四」字之誤，而又與「斗」字互倒。孔叢子連叢上：「孔藏與侍中從弟安國書云：『且曩所謂今學，亦多所不信。唯聞尚書二十八篇，取象二十八宿，謂爲自然也。河圖、洛書乃自百篇也。』」是太誓未出以前，尚書學通以二十八篇法四七宿矣。法斗者，太誓出後，尚書家以比二十八有斗星也。**故二十九。**江聲曰：「伏生尚書，實二十八篇，無序。故論衡云『或説尚書二十八篇者曰，法斗七宿也』云云。假使伏生尚書有敍，則百篇之名目具見，雖妄人亦不造此『法斗七宿』之説也。」經義述聞：「某孝廉曰：『此以四七宿當二十八篇，以序當斗，言序之隱括二十八篇，猶之臨制四鄉。若大誓，不足當斗矣。』王引之曰：論衡引或説『尚書二十九篇者』云云，而駁之曰：『案百篇之序，闕遺者七十一篇，猶爲二十九篇立法如何？』夫曰『百篇之序，闕遺者七十一篇，獨爲二十九篇立法』，則『法斗，四七宿』者，經文二十九篇，而序不與矣。」孔叢子連叢篇：「孔臧與弟書：『臧聞尚書二十八篇，取象二十八宿，何圖乃有百篇邪？』」漢書劉歆傳臣瓚注：「當時學者謂尚書唯有二十八篇，不知本有百篇也。」王引之曰：「蓋晉人始有是説。魏、晉間僞古文尚書已出，以僞作之大誓爲增多伏生之篇，而擯伏生之大誓而不數，故但云今文尚書二十八篇也。王充所謂其一曰斗者，非指太誓；所謂四七二十八篇，亦非除太誓計之也，特分言法宿法斗，以合成二九篇之數耳。孔叢子陽襲其説，而陰違其意，輒除太誓計之，而稱二十八篇取象二十八宿，則妄矣。」皮錫瑞曰：「伏生傳書二十九篇，有康王之誥而無太誓。史公云：『伏生獨得二十九篇。』亦當不數太誓。其後歐陽、夏侯三家，併入太誓，遂與二十九篇之數不符，乃以康王之誥合於顧命。兩漢人言今文尚書者，皆以爲二十九篇，無二十八篇之説。然史公所謂二十九篇者，當分顧命、康誥爲二篇數之；班孟堅、王仲任所謂二十九篇者，在三家增入太誓之後，當合顧命、康王之誥爲一篇數之。其後僞孔書出，別撰泰誓三篇，不數漢人太誓，又當顧命、康王之誥二篇合併之後，於是尚書止有二十八篇，而僞孔叢子及臣瓚漢書劉歆傳注遂有今文尚書二十八篇之説矣。」

夫尚書滅絶於秦，其見在者二十九篇，安得法乎？宣帝之時，得佚尚書及易、禮各一篇，禮、易篇數亦始足，焉得有法？案百篇之序，闕遺者七十一篇，獨爲二十九篇立法，如何？陳壽祺曰：「所引或説，乃今文家言。其駁詰，亦據今文爲説。若古文，則按百篇之序，二十九篇外，尚有逸書二十四篇，不得云『闕遺者七十一篇』。」或説曰：「孔子更選二十九篇，二十九篇獨有法也。」經義述聞載某孝廉書云：「論衡又引或説云云。按王仲任在東漢世，久見太誓在尚書中，故并數爲二十九，與前斗四七宿，又別爲一説，自不同也。」王引之曰：「所云『孔子更選二十九篇，二十九篇有法』，此今文家説也。曰『選二十九篇』，則爲經文甚明。若謂其一是序，則史記、漢書皆以序爲孔子所作，豈得自作之而自選之乎？又曰：『二十九篇獨有法。』出於或説，非仲任數之爲二十九也。或説二十九篇數大誓，而不數序，與史記儒林傳合。此二十九篇不計序之明證。又曰『二十九篇獨有法』，即承『法斗四七宿』而言，不得分以爲二。」蓋俗儒之説也，未必傳記之明也。二十九篇殘而不足，有傳之者，因不足之數，立取法之説，失聖人之意，違古今之實。夫經之有篇也，猶有章句也；有章句，「也」字舊在下「句」字下，今從崇文本正。盼遂案：「也」字崇文本在上「章句」下，宜依之。「猶有章句也」，「猶有文字也」，兩「猶」字皆爲「由」之借字。言篇之成立由於章句，章句之成立由於文字也。古書由、猶多通用。禮記雜記：「猶是附於王父也。」鄭注：「猶當作由。」雜記又云：「則猶是與祭也。」鄭注：「猶亦當爲由。」與論衡此處用法正同。猶有文字也。文字有意以立句，句有數以連章，章有體以成篇，篇則章句之大者也。謂篇有所法，是謂章句復有所法也。詩經舊時亦數千篇，孔子删去複重，正而存三百篇，毛詩正義曰：「孔子删古詩三千餘篇，上取諸商，下取諸魯，皆絃歌以合韶、武之音，凡三百一十一篇。至秦滅學，亡六篇，今在者，有三百五篇。」猶二十九篇也。謂二十九篇有法，是謂三百五篇復有法也。詩譜序疏：「據今者及亡詩六篇，凡有三百一十一篇。云三百五篇者，或闕其亡者，以見在爲數。或不見詩序，不知六篇亡失，謂其唯有三百五篇。」

或說春秋〔十二公，法〕十二月也。「或說春秋十二月也」，語意不具，當作「或說春秋十二公，法十二月也」。下文云：「春秋十二公，猶尚書之有百篇，百篇無所法，十二公安得法？」即駁或說十二公法十二月之妄。今脱「十二公法」四字，則使下文所論無據矣。公羊隱元年何注：「所以二百四十二年者，取法十二公，天數備足。」哀十四年疏曰：「何氏以爲公取十二，則天之數。」此云「法十二月」，即法天數之義。

春秋十二公，猶尚書之百篇，百篇無所法，十二公安得法？說春秋者曰：「二百四十二年，人道浹，王道備，善善惡惡，撥亂世，反諸正，莫近於春秋。」公羊哀十四年傳：「春秋何以始乎隱？祖之所逮聞也。何以終乎哀十四年？曰：備矣。君子曷爲爲春秋？撥亂世，反諸正，莫近諸春秋。」何注曰：「人道浹，王道備。撥猶治也。孔子仰推天命，俯察時變，却觀未來，豫解無窮，知漢當繼大亂之後，故作撥亂之法以授之。」疏：「正以三代異辭，因父以親祖，以親曾祖，以曾祖親高祖，骨肉相親，極于此，故云人道浹也。云『王道備』者，正以撥亂于隱公，功成于獲麟，懔懔治之，至于太平，故曰『王道備』也。」春秋繁露玉杯篇、史記太史公自序、說苑至公篇亦有此說。若此者，人道、王道適具足也。三軍六師萬二千人，足以陵敵伐寇，橫行天下，令行禁止，未必有所法也。白虎通三軍篇：「三軍者何法？法天地人也。以爲五人爲伍，五伍爲兩，四兩爲卒，五卒爲旅，五旅爲師，五師爲軍，二千五百人爲師，萬二千五百人爲一軍，三軍三萬七千五百人也。雖有萬人，猶謙讓自以爲不足，故復加二千人，〔「二」本作「五」，依抱經堂本校改。)因法月數。月者,羣陰之長也。十二月足以窮盡陰陽,備物成功。萬二千人,亦足以征伐不義,致天下太平也。」此云「未必有所法」,與孟堅説異。周禮夏官序曰:「凡制軍,萬有二千五百人爲軍,王六軍,大國三軍,次國二軍,小國一軍。二千有五百人爲師。」六師,即六軍也。穀梁襄十一年傳曰:「古者天子六師。」詩大雅常武曰:「整我六師。」又棫樸曰:「周王于邁,六師及之。」小雅瞻彼洛矣曰:「以作六師。」皆謂六軍爲六師。孔子作春秋,紀魯十二公,猶三軍之有六師也;士衆萬二千,猶年有二百四十二也。六師萬二千人,足以成軍;十二公二百四十二年,足以立義。説事者好神道恢義,不肖以遭禍,文有脱誤。是故經傳篇數,皆有所法。考實根本,論其文義,與彼賢者作書,詩無以異也。「詩」字衍。故聖人作經,賢者作書,義窮禮竟,文辭備足,則爲篇矣。其立篇也,種類相從,科條相附。殊種異類,論説不同,更別爲篇。意異則文殊,事改則篇更,據事意作,安得法象之義乎? 舊本段。

或説春秋二百四十二年者,上壽九十,中壽八十,下壽七十,文選養生論注,養生經:「人生上壽百二十,中壽百年,下壽八十。」左僖三十二年正義同。呂氏春秋安死篇:「人之壽,久之不過百,下壽不過六十。」莊子盜跖篇、意林引王孫子並云:「上壽百歲,中壽八十,下壽六十。」淮南原道訓:「凡人中壽七十歲。」晉書周訪傳陳訓謂陶侃上壽,周得下壽。後陶年止七十六,周止六十一。蓋壽有三品，古説如是。而各品實數則不齊也。**孔子據中壽三世而作，三八二十四，故二百四十年也。**春秋繁露楚莊王篇：「春秋分十二世以爲三等：有見，有聞，有傳聞。有見三世，有聞四世，有傳聞五世。故哀、定、昭，君子之所見也。襄、成、宣、文，君子之所聞也。僖、閔、莊、桓、隱，君子之所傳聞也。所見六十一年，所聞八十五年，所傳聞九十六年。」公羊隱元年注：「所見者，謂昭、定、哀，己與父時事也。所聞者，謂文、宣、成、襄，王父時事也。所傳聞者，謂隱、桓、莊、閔、僖，高祖曾祖時事也。所以三世者，禮爲父母三年，爲祖父母期，爲曾祖父母齊衰三月。立愛自親始，故春秋據哀録隱，上治祖禰。所以二百四十二年者，取法十二公，天數備足。」徐疏：「論象天數，則取十二；緣情制服，則爲三世。」據此，何休分三世，乃緣情制服，非據「中壽八十」也。徐疏又曰：「鄭氏云，九者陽數之極，九九八十一，是人命終矣，故孝經援神契云：『春秋三世，以九九八十一爲限。』然則隱元年盡僖十八年爲一世，自僖十九年盡襄十二年又爲一世，自襄十三年盡哀十四年又爲一世。所以不悉八十一年者，見人命參差不可一齊之義。又顔安樂以襄二十一年孔子生後即爲所見之世。」是鄭、顔又與何氏異義，而并與此據中壽之説不同。**又説爲赤制之中數也。**公羊傳「隱公第一」下疏曰：「春秋説云：『伏羲作八卦，丘合而演其文。瀆而出其神，作春秋以改亂制。』又云：『丘攬史記，援引古圖，推集天變，爲漢帝制法。』陳敍圖録又云：『丘水精，治法爲赤制功。』」漢史晨碑云：「伏念孔子乾坤所挺，西狩獲麟，爲漢制作。」又云：「昔在仲尼，主爲漢制，道審可行，乃作春秋。」又引尚書考靈耀曰：「丘生倉際，觸期稽度爲赤制，故作春秋。」韓勑碑云：「孔子近聖，爲制定道。」孔廟置守廟百石卒史碑云：「孔子大聖，則象乾坤，爲漢制作。」類聚九十引孔演圖曰：「孔提命，作應法，爲赤制。」須頌篇云：「春秋爲漢制法。」佚文篇云：「孔子爲漢制文。」以上諸文，皆以春秋爲赤制也。蓋出緯書及今文家說。「中數」未聞。盼遂案：揚子法言孝至篇：「漢興二百一十載而中天，其庶矣乎？」說者謂子雲豫知漢祚應享四百五十二歲，故云二百一十載而中天。仲任引春秋說二百四十二年，爲赤制之中數。意其時緯候之學，必盛此種傳說。又後漢書公孫述傳：「述夢人語之曰：『八厶子系，十二爲期。』」述好爲符命鬼神瑞應之事，妄引讖記，以爲孔子作春秋爲赤制，而斷十二公。明漢至平帝十二代，曆數盡也，一姓不得受命。是論衡所引春秋赤制中數之說，必本於符命讖記之事矣。又說二百四十二年，人道浹，王道備。注見前。

夫據三世，則浹備之說非；言浹備之說爲是，則據三世之論誤。二者相伐，而立其義，聖人之意何定哉？凡紀事言年月日者，詳悉重之也。洪範五紀，歲、月、日、星。紀事之文，非法象之言也。紀十二公享國之年，凡有二百四十二，凡此以立三世之說矣。實孔子紀十二公者，以爲十二公事，適足以見王義邪？據三世，三世之數，適得十二公而足也？孫曰：「三世」二字不當重，或即下「三世」二字當作「三八」。下文云：「如據三世，取三八之數，二百四十年而已，何必取二。」如據十二公，則二百四十二年不爲三世見也；如據三世，取三八之數，二百四十年而已，何必取「二」？說者又曰：「欲合隱公之元也。不取二年，隱公元年不載於經。」夫春秋自據三世之數而作，何用隱公元年之事爲始？須隱公元年之事爲始，是竟以備足爲義，據三世之說不復用矣。說（設）隱公享國五十年，先孫曰：「說」當作「設」，形聲相近而誤。將盡紀元年以來邪？中斷以備三八之數也？如盡紀元年以來，三八之數則中斷；如中斷以備三世之數，則隱公之元不合，何如？且年與月日，小大異耳；其所紀載，同一實也。二百四十二年謂之據三世，二百四十二年中之日月必有數矣。年據三世，月日多少何據哉？夫春秋之有年也，猶尚書之有章，章以首義，年以紀事。謂春秋之年有據，是謂尚書之章亦有據也。舊本段。

說易者皆謂伏羲作八卦，文王演爲六十四。注謝短篇。

夫聖王起，河出圖，洛出書。伏羲王，河圖從河水中出，易卦是也。禹之時，得洛書，書從洛水中出，洪範九章是也。劉歆說同，見漢書五行志。注詳感虛篇。故伏羲以卦治天下，禹案洪範以治洪水。古者烈山氏之王得河圖，夏后因之曰連山；烈山（歸藏）氏之王得河圖，殷人因之曰歸藏；伏羲氏之王得河圖，周人（因之）曰周易。先孫曰：此文多譌挩。夏、殷二易，不宜同出烈山。下「烈山氏」當作「歸藏氏」。「周人曰周易」，當作「周人因之曰周易」。朱震漢上易傳引姚信云：「連山氏得河圖，（烈、連一聲之轉。）夏人因之曰連山；歸藏氏得河圖，商人因之曰歸藏；伏羲氏得河圖，周人因之曰周易。」（玉海三五同。）並與此説同。當據以校正。暉按：王應麟漢書藝文志考證、路史發揮一并引山海經云：「伏羲氏得河圖，夏后氏因之曰連山；黄帝氏得河圖，商人因之曰歸藏；列山氏得河圖，周人因之曰周易。」帝王世紀亦言：「殷人因黄帝曰歸藏。」與姚信説異。此文既謂夏人因烈山爲連山，周人因伏羲曰周易，則殷人因歸藏曰歸藏，當同姚信説也。餘注謝短篇。

其經卦〔皆八，其別〕皆六十四。

周禮春官：「大卜掌三易之法，一曰連山，二曰歸藏，三曰周易。其經卦皆八，其別皆六十有四。」鄭注：「三易卦別之數亦同，其名、占異也。每卦八，別者重之數。」疏云：「經卦皆八者，連山、歸藏、周易皆以八卦乾、坤、震、巽、坎、離、艮、兑爲本。據周易以八卦爲本，是八卦重之，則得六十四。」據此，則「卦」下脱「皆八其別」四字。若作「經卦皆六十四」，則差之遠矣。

文王、周公因彖十八章究六爻。

漢書藝文志曰：「文王重易六爻，作上下篇。」易正義曰：「周公作爻辭。」按諸儒以易爲三聖重業，即伏羲、文王、孔子。（漢書藝文志、前謝短篇同。）言周公，自此始。

世之傳説易者，言伏羲作八卦；不實其本，則謂伏羲真作八卦也。伏羲得八卦，非「作」之；文王得成六十四，非「演」之也。演作之言，生於俗傳。苟信一文，使夫真是幾滅不存。

既不知易之爲河圖，又不知存於俗何家易也，或時連山、歸藏，或時周易。案禮夏、殷、周三家相損益之制，較著不同。如以周家在後，論今爲周易，則禮亦宜爲周禮。漢人稱士禮曰禮，即今儀禮。注謝短篇。六典不與今禮相應，六典，注謝短篇。今禮未必爲周，則亦疑今易未必爲周也。案左丘明之傳，引周家以卦，與今易相應，殆周易也。

說禮者，皆知禮也。[爲]禮（爲）何家禮也？孫曰：「爲禮何家禮也」，當作「禮爲何家禮也」。「禮爲」二字誤倒。下文云：「夏、殷、周各自有禮，方今周禮邪？夏、殷也？」故此云：「禮爲何家禮也？」若作「爲禮何家禮也」，不可通矣。孔子曰：「殷因於夏禮，所損益可知也。周因於殷禮，所損益可知也。」見論語爲政篇。由此言之，夏、殷、周各自有禮。方今周禮邪？夏、殷也？謂之周禮，周禮六典，案今禮經不見六典。或時殷禮未絕，而六典之禮不傳，世因謂此爲周禮也？案周官之法，不與今禮相應，然則周禮六典是也。其不傳，猶古文尚書、春秋左氏不興矣。後漢書儒林傳云：「建初中，大會諸儒于白虎觀，肅宗親臨稱制，又詔高才生受古今尚書，雖不立學官，皆擢第爲講郎，給事近署。」章帝紀建初八年詔曰：「其令羣儒選高才生受學左氏、穀梁春秋、古文尚書、毛詩，以扶微學，廣異義焉。」是於仲任時，古文學已盛。此云「不興」者，蓋據不立學官言也。荀悅漢紀論中興後經學曰：「古文尚書、毛詩、左氏春秋、周官，通人學者，多好尚之，然希得立於學官。」舊本段脱。未知孰是。

說論者，島田翰曰：「論」即「論語」省略，古書往往有此例。或云「論」下當有「語」字，此誤脱。未知孰是。**皆知說文解語而已，不知論語本幾何篇；但〔知〕周以八寸爲尺，**島田翰曰：「但」下當有「知」字。此蓋誤。禮記王制鄭注曰：「周尺之數，未詳聞也。按禮制，周猶以十寸爲尺。蓋六國時，多變亂法度，或言周尺八寸。」說文夫部：「周制八寸爲尺。」尺部：「中婦人手長八寸，謂之咫，周尺也。」白虎通曰：（通典禮十五引。今佚。）「夏法日，日數十也。日無不照，尺所度無所不極，故以十寸爲尺。殷法十二月，言一歲之中無所不成，故以十二寸爲尺。周據地而生，地者陰也，以婦人爲法，婦人大率奄八寸，故以八寸爲尺。」**不知論語所獨一尺之意。**

夫論語者，弟子共紀孔子之言行，鄭玄曰：「論語，仲弓、子夏等所定。」困學紀聞七曰：「或問論語首篇之次章，即述有子之言，而有子、曾子猶以子稱，何也？曰：程子謂此書成於有子、曾子之門人也。羅豫章二程語録曰：『伊川曰：論語，曾子、有子弟子論撰。所以知者，唯曾子、有子不名。』」按：論語載有孔子弟子言行，此云「共紀孔子」者，論語子夏曰「雖小道必有可觀者焉」云云，藝文志引作「孔子曰」。又有子曰「君子務本，本立而道生」，說苑建本篇作「孔子曰」，是諸弟子亦述師聞也。**勑記之時甚多，數十百篇，**四書考異總考九論語原始曰：「王氏云，論語本數十百篇，殊覺駭聽。然溯未輯論時言之，亦未可謂其夸誕。王此言，當時必更有本，今不可稽。」**以八寸爲尺，紀之約省，懷持之便也。以其遺非經，傳文紀識恐忘，故但以八寸**

尺，不二尺四寸也。島田翰曰：「以但」當作「但以」，此蓋誤倒。暉按：王本、崇文本作「但以」，今據乙。精簡二尺四寸，傳記一尺。詳謝短篇。量知篇云：「大者爲經，小者爲傳記。」尚書序疏：「漢武帝謂東方朔云：『傳曰：時然後言，人不厭其言。』又漢東平王劉雲與其大師策書云：『傳曰：陳力就列，不能者止。』是漢世通謂論語爲傳。以非先王之書，是孔子所傳説，故謂之傳。」四書考異論語稱傳考曰：「論語、孝經等博士，當時亦稱傳記博士。其所以謂傳，邢氏論語疏與書正義説同，孔、邢二氏之説，必無以易。」**漢興失亡。至武帝發取孔子壁中古文，得二十一篇，**隋書經籍志：「古論語與古文尚書同出。分子張爲二篇，故有二十一篇。」「同出」謂出孔壁而安國獻之也。此云武帝發取，其説獨異。注佚文篇。**齊、魯二，河間九篇，三十篇。**孫世揚論語考曰：「『魯』字疑衍，下『齊、魯』同。『九』當作『七』，合齊、古乃爲三十篇。」章太炎曰：「漢書藝文志論語家有孔子家語及孔子徒人圖法二書，太史公述仲尼弟子又提及弟子籍一書，三十篇中，或者有以上三書在内。」孫曰：「『齊、魯二，河間九篇』，當作『齊、魯、河間九篇』。『二』字涉上下諸『二』字而衍。合齊論語、魯論語、河間論語爲九篇，加古論語二十一篇，正得三十篇。至於仲任此説，與漢儒所言並異。翟灝四書考異論之曰：『河間論語，不惟漢志不載，諸儒皆絶口不言。據云古文二十一篇，齊、魯、河間九篇，本三十篇。當時齊論已多於古二篇，則河間論語當有七篇。漢志論語十二家，有燕傳説三卷。燕傳猶言燕論語，疑即河間論語。河間故趙地，偪近於燕，或河間獻王得自燕境，因一稱燕傳歟？』劉寶楠論語正義曰：「魯論、齊論已見前志，不得別有齊、魯合河間爲九篇，出於漢志之外，又合古論爲三十篇。古論久入孔氏，昭帝女何由得讀？既帝女能讀，而宣帝博士轉難曉，此皆無稽之説，不足與深辨也。」黄以周儆季文鈔曰：「漢初稱論語，本不專指今所傳之二十篇。凡孔門師弟子討論之語，皆謂之論語。漢志論語十二家，如孔子家語、孔子三朝諸書皆屬焉。其在漢初所稱論語，尚不止孔子家語、孔子三朝諸書。時河間獻王好古學，所得論語有數十百篇，本不止三十篇。自昭帝女專讀孔壁諸篇，於是二十一篇勒成一書。仲任斯説，最爲覈實。攷古文論語與魯論語目本同，所異者，古文分堯曰篇『子張』以下别爲一篇，故魯論二十篇，古文有二十一篇，齊論又别有問王、知道，爲二十三篇。河間又附以孔子三朝七篇，爲三十篇。論衡於古文二十一篇之下，當云『齊、河間九篇』。『魯』字衍文也。」竊謂諸家所考，似難憑信。「魯」字亦非衍文。疑漢代所傳論語，各本互異，班志本於七略，與王充所論異，不可强同。漢志稱魯扶卿傳魯論，王充謂孔安國授魯扶卿，此又不同。且王充又云：「今時稱論語二十篇，又失齊、魯、河間九篇。」可知齊、魯、河間論語中所無者，或古文有之；古文中所無者，或齊、魯、河間有之。以四種論語較之，折累而言，即以齊、魯、河間論語所有而爲古論所無者，得九篇而已。若謂齊論比古論多二篇，河間論語多七篇，以符九篇之數，必不合矣。蓋班氏所注，與王氏所見之書，自不同也。

至昭帝女讀二十一篇。孫世揚曰：「女」字疑誤。昭帝讀之，而曰「未云有明」。見本紀。

宣帝下太常博士，時尚稱書難曉，名之曰傳；後更隸寫以傳誦。初，孔子孫孔安國以教魯人扶卿，官至荆州刺史，始曰論語。藝文志曰：「孔子應答弟子時人，及弟子相與言而接聞於夫子之語也。當時各弟子有所記，夫子既卒，門人相與輯而論纂，故謂之論語。」文選劉孝標辯命論注引傅子曰：「仲尼既殁，仲弓之徒追論夫子之言，謂之論語〔一〕。」論語皇疏序曰：「語是孔子在時所説，而論是孔子没後方論。」并謂弟子論纂孔子之語。故曰「論語」。章太炎曰：「論語命名，非孔子及七十子所定，乃扶卿所名。」即本此文爲説。四書考異論語稱傳考曰：「論語名，見禮坊記及今家語弟子解。今家語不可信，坊記可信也。蓋自孔氏門人相論纂畢，隨題之爲論語矣。漢文帝朝已置論語博士，王充云：『孔安國以授扶卿，始曰論語。』非也。」孫世揚曰：「據論衡此文，則扶卿之學，傳自孔安國。而藝文志以爲扶卿傳魯論，是魯論本出於古文也。藝文志傳齊論者有王吉以下六人，皆後於孔安國。其膠東庸生，則孔之再傳弟子也。（見儒林傳。）似壁中古文未出以前，不得有論語之書；古文出，而孔安國以教扶卿，始曰論語，似前此亦不得有論語之名。考坊記引論語曰：『三年無改於父之道，可謂孝矣。』則論語之名，不自安國始名。陸賈新語、賈誼新書、董仲舒春秋繁露諸多稱引，是論語之書，不自古文始傳。蓋『論語』之名，初甚廣泛，凡記孔門言行者，如三朝記及仲尼閒居、孔子燕居之類，以及家語二十七篇、孔子徒人圖法二篇，悉以爲稱，故王充言論語有數十百篇也。秦火以後，傳誦不絶，而未有專師授受，故賈、董輩雖肄業及之，而史不明言其傳授。王充言漢興亡失者，亦謂其散亂不治而已。魯共王壞孔子

〔一〕「語」，原本作「論」，形近并涉上「論」字而誤，據文選注改。

宅，得壁中古文論語，（見藝文志及說文序。）還之孔氏安國，以授扶卿，自是論語之名始有限制，論語之學始有專師。此王充所謂始曰論語，別於前此之泛稱論語者矣。」今時稱論語二十篇，又失齊、魯、河間九篇。本三十篇，分布亡失；或二十一篇。〔篇〕目或少或多，文讚或是或誤。元本重「篇」字，今據補。「讚」字疑誤。說論語者，但知以剝解之問，以纖微之難，不知存問本根篇數章目。溫故知新，可以爲師；今不知古，稱師如何？謝短篇亦有此文。作「古今不知」。舊本段。

孟子曰：「王者之迹熄而詩亡，詩亡然後春秋作。晉之乘，楚之檮杌，魯之春秋，一也。」見孟子離婁上。若孟子之言，春秋者，魯史記之名，乘、檮杌同。孔子因舊故之名，以號春秋之經，未必有奇說異意，深美之據也。今俗儒說之：「春者歲之始，秋者其終也。春秋之經，可以奉始養終，故號爲春秋。」此蓋出春秋緯也。公羊傳卷一徐疏，春秋說云：「始於春，終於秋，故曰春秋者，道春爲生物之始，而秋爲成物之終，故云始於春，終於秋，故曰春秋也。」春秋之經，何以異尚書？〔說〕尚書者，以爲上古帝王之書，「說」字今以意增。或以爲上所爲下所書，春秋說題辭曰：「尚者，上也，上世帝王之遺書也。」又曰：「尚書者，二帝之迹，三王之義，所以推期運，明受命之際。」（類聚五五、御覽六〇九。）僞孔書序曰：「伏生以其上古之書，謂之尚書。」疏引馬融曰：「上古有虞氏之書，故曰尚書。」以上諸文，并與仲任所引前説同。後一説，亦見須頌篇，彼文云：「或説尚書曰：尚者上也，上所爲，下所書也。下者誰也？曰：臣子也。」王肅曰：「上所言，下爲史所書，故曰尚書也。」（釋文序録。）義與後説同。漢人解「尚書」之義，有出此二説之外者。書序疏引鄭玄書贊曰：「孔子尊而命之曰尚書。尚者，上也，尊而重之，若天書然，故曰尚書。璿璣鈐云：『因而謂之書，加上以尊之。』又曰：『書務以天言之。』」史通六家篇引尚書璇璣鈐云：「尚者上也，上天垂文以布節度，如天行也。」鄭氏本璇璣鈐，爲今文，而與仲任不同者，皮錫瑞曰：「仲任所引皆今文説，而與鄭不同者，仲任習歐陽尚書，所引蓋歐陽説；鄭君殆用夏侯説，故不同歟？」又按：釋名釋典藝曰：「尚書，尚，上也。以堯爲上，始而書其時事也。」與上列三説並異。授事相實而爲名，不依違作意以見奇。説尚書者得經之實，説春秋者失聖之意矣。春秋左氏傳：「桓公十有七年冬十月朔，日有食之，不書日，官失之也。」謂官失之言，蓋其實也。元本「謂」作「言」，「言」作「者」，朱校同。按：元本義長。史官記事，若今時縣官之書矣，縣官謂天子。其年月尚大難失，日者微小易忘也。蓋紀以善惡爲實，不以日月爲意。若夫公羊、穀梁之傳，日月不具，輒爲意使。公羊、穀梁皆以日月爲例。公羊隱元傳：「公子益師卒，何以不日？遠也。」何注：「大夫卒，無罪者日録；有罪者不日，略之。」又三年傳：「日食，則曷爲或日，或不日？或言朔，或不言朔？曰：『某月某日朔，日有食之』者，食正朔也。其或日，或不日，或失之前，或失之後。失之前者，朔在前也；失之後者，朔在後也。」又云：「葬者，曷爲或日，或不日？不及時而日，渴葬也；不及時而不日，慢葬也；過時而日，隱之也；過時而不日，謂之不能葬也；當時而不日，正也。」桓十七年傳：「冬十月朔，日有食之。」何注：「去日者，著桓行惡，故深爲内懼，其將見殺無日。」穀梁隱元年傳：「不日，其盟渝也。」楊疏：「左氏惟大夫卒，及日食以日月爲例，自餘皆否。此傳凡是書經皆有日月之例者，以日月相承，其事可悉，史官記事，必當具文，豈有大聖脩撰，而或詳或略？故知無日者，仲尼略之，見褒貶耳。」傳又云：「卑者之盟不日。」又云：「大夫日，卒正也；不日，卒惡也。」又八年傳：「外盟不日。」凡此之例，皆謂故使日月不具也。唐陸淳春秋纂例謂公、穀以日月爲例，皆穿鑿妄説。**失（夫）平常之事，有怪異之説；徑直之文，有曲折之義，**先孫曰：「失」當爲「夫」。**非孔子之心。夫春秋實及言（冬）夏，**盼遂案：「及」疑當爲「冬」之誤字，古「冬」與「及」字形極近。「冬」與「言」又互倒。文本爲「夫春秋實言冬夏」。**不言者，亦與不書日月，同一實也。**「夏」上脱「冬」字。釋名釋典藝曰：「春秋，言春秋冬夏終而成歲，舉春秋則冬夏可知也。」孟子離婁篇趙注：「春秋以一始舉四時。」杜預左傳序：「史之所記，必表年以首事，年有四時，故錯舉以爲所記之名也。」穀梁傳楊疏曰：「名曰春秋者，以史官編年記事，年有四時之序，春先於夏，秋先於冬，故舉春秋二字以包之。」并其義也。按：所以名「春秋」者，除此所引俗儒及仲任己意二説外，尚有二通：賈逵曰：「取法陰陽之中，春爲陽中，萬物以生，秋爲陰中，萬物以成，欲使人君動作不失中也。」（左傳杜序疏。）服虔、何休義同。（據公羊疏。）釋名釋典藝云：「春秋書人事，卒歲而究備，春秋温涼中，象政和也，故舉以爲名也。」亦與賈、服不異。又一説曰：「春秋説云：哀十四年春，西狩獲麟作春秋，九月書成，以其書春作秋成，故云春秋也。」（公羊傳疏。）此二説，皆妄爲華葉之言。春秋之名，當以錯舉四時之説爲正。賀道養、孔穎達、楊士勛、徐彦言之詳矣。舊本段。

唐、虞、夏、殷、周者，土地之名。堯以唐侯嗣位，詩唐風鄭譜：「唐者，帝堯舊都之地，今曰太原晉陽，是堯始居此，後乃遷河東平陽。」是鄭以堯爲諸侯於唐，即漢晉陽；爲天子居平陽。皇甫謐曰：「堯始封於唐，今中山唐縣是也。後徙晉陽。及爲天子都平陽，於詩爲唐國。」（詩譜疏。）則謐説又異，以堯爲唐侯時，居中山唐縣。漢志中山國唐縣注應劭曰：「故唐國也，唐水在西。」張晏曰：「堯爲唐侯，國於此。」餘注吉驗篇。**舜從虞地得達，**左哀元年傳：「逃奔有虞。」杜注：「虞，舜後諸侯也。梁國有虞縣。」春秋大事表七之四：「堯典：『嬪于〔一〕虞。』虞在河東大陽縣西，山上有虞城，（皇甫謐〔二〕語。）今爲山西解州平陸縣，舜因以爲有天下之號。周興，封仲雍之後爲虞國，正是其地。而禹受舜禪，封商均于虞，却在梁國虞縣，今爲河南歸德府虞城縣。」餘注本性篇。**禹由夏而起，**史記夏本紀正義：「夏者，帝禹國號也。」帝王紀云：「禹受封爲夏伯，在豫州

〔一〕「于」，原本作「子」，形近而誤，據堯典改。
〔二〕「謐」，原本作「謚」，形近而誤，今改。

外方之南。」今河南陽翟是也。漢書地理志：「潁川郡陽翟縣，夏禹國，周末韓景侯自新鄭徙此。」注應劭曰：「夏禹都也。」臣瓚曰：「世本：禹都陽城，汲郡古文亦云居之，不居陽翟也。」師古曰：「陽翟本禹所受封耳。應、瓚之説皆非。」按：師古説是也。水經注云：「河南陽翟縣有夏亭城，夏禹始封於此，爲夏國。」詩唐風譜疏引皇甫謐曰：「禹受舜禪，都平陽，或於安邑，或於晉陽。」則是禹初封陽翟，後即天子位於平陽，或安邑，或晉陽。陽翟有夏亭，禹由夏而起，故重本不忘始，因以爲號。通鑑外紀云：「禹都安邑，或云平陽，亦云晉陽，及韓。」據漢志，韓即陽翟，乃始封地，與即位後所都混言不別，蓋襲皇甫謐説而不一考漢志與水經注也。又通鑑前編曰：「禹踐天子位于韓。」注引通志曰：「禹受帝舜之禪，踐天子之位於安邑，即韓國也。」謂韓即安邑，其説殊謬。**湯因殷而興，**商頌玄鳥鄭箋：「湯始居亳之殷地而受命。」疏曰：「書序云：『自契至於成湯八遷，湯始居亳。』又云：『盤庚五遷，將治亳殷。』於湯言居亳，於盤庚言亳殷，是殷是亳地之小別名。」書序鄭注、地理志并以殷都亳在河南偃師。皇甫謐謂湯都在穀熟，臣瓚謂在濟陰薄縣，與鄭玄、班固説不同。顔師古漢志注、孔穎達玄鳥疏、王鳴盛尚書後案并辯其誤。史記項羽紀云：「洹水南殷虚。」集解應劭曰：「洹水在湯陰界，殷虚故殷都也。」瓚曰：「洹水在今安陽縣北，去朝歌殷都一百五十里。然則此殷虚非朝歌也。汲冢古文曰『盤庚遷於此』，汲冢曰『殷虚南去鄴三十里』。是舊殷虚，然則朝歌非盤庚所遷者。」索隱：「釋例云『洹水出汲郡林慮縣，東北至長樂入清水』是也。」今按：偃師漢志屬河南郡；朝歌、湯陰、林慮屬河内郡。圖經曰：「安陽在淇、洹二水之間，本殷虚也。」是偃師殷都，與安陽殷都，二説不同。二十年前，河南安陽縣出土龜甲文字，足證後説非安。蓋殷都數遷，偃師亦其一，不可執此以規班、鄭之非。俞正燮癸巳類稿、魏源書古微據史記六國表序「湯起於亳」，以爲湯因起之亳後以爲得天下之大名者，在陝西商州，非河南偃師，偃師爲其得天下後所遷之地。又按：詩譜疏曰：「成湯之初，以商爲號，及盤庚遷於殷以後，或呼爲殷，故書序曰：『盤庚五遷將治亳殷。』注云：『商家改號曰殷。』」此云「湯因殷而興」，則非盤庚後始改稱殷也。孔疏沿鄭玄之誤。毛奇齡經問曰：「盤庚無易國號之理，殷即商，同在亳都，皆在河南。盤庚云：『紹先王之大業。』正謂此殷地，即契所封，而湯所都，皆先王大業耳。況盤庚以前，早有殷名；盤庚以後，仍稱商號，皆前後互稱。」馮氏解春集〔一〕亦謂「殷侯」，自夏帝泄以來皆然也。路史後記十二注引作「湯因商而興」。改「殷」爲「商」者，蓋以湯因契所封商地而興，因爲代號，不得言「殷」，亦失之未考也。**武王階周而伐**，地理志：「右扶風美陽縣中水鄉，周太王所邑。」郡國志：「美陽有岐山，有周城。」注杜預曰：「城在縣西北。」帝王世紀曰：「周太王所徙，南有周原。」史記周本紀集解引皇甫謐曰：「邑於周地，故始改國曰周。」商頌鄭譜疏曰：「周即處邰，處豳，國號變易，太王來居周地，其國始名曰周。文王以周受命，當以周爲號，不得遠取邰也。」盼遂案：吴承仕曰：「伐疑當爲代。」**皆本所興昌之地，重本不忘始，故以爲號，若人之有姓矣。説尚書**

〔一〕「春」，原本作「舂」，形近而誤，今改。

謂之有天下之代號唐、虞、夏、殷、周者，功德之名，盛隆之意也。故唐之爲言「蕩蕩」也，虞者「樂」也，夏者「大」也，殷者「中」也，周者「至」也。堯則蕩蕩民無能名；舜則天下虞樂；禹承二帝之業，使道尚蕩蕩，民無能名；殷則道得中；以上下文例之，「殷」下當有「湯」字。周武則功德無不至。白虎通號篇曰：夏、殷、周者，有天下之大號也。百王同天下，無以相別，改制天下之大號，（「號」上舊衍「禮」字。）以自別於前，所以表著己之功業也。故受命王者，必擇天下美號表著己之功業。夏者，大也，明當守持大道。殷者，中也，明當爲中和之道也；聞也，見也，謂當道著見中和之爲也。（句有誤。）周者，至也，密也，道德周密，無所不至也。或曰：唐，虞者，號也。唐，蕩蕩也；蕩蕩者，道德至大之貌也。虞者，樂也，言天下有道，人皆樂也。其立義美也，其褒五家大矣，然而違其正實，失其初意。唐、虞、夏、殷、周，猶秦之爲秦，漢之爲漢。秦起於秦，史記秦紀：「非子居犬丘，好馬及畜，善養息之。犬丘人言之周孝王。孝王召使主馬于汧、渭之間，馬大蕃息。孝王曰：『昔柏翳爲舜主畜，畜多息，故有土，賜姓嬴。今其後世，亦爲朕息馬，朕其分土爲附庸。』邑之秦，使復續嬴氏祀，號曰秦嬴。」集解徐廣曰：「今天水隴西縣秦亭也。」水經渭水注：「秦川有故秦亭，秦仲所封也，秦之爲號始自是。」漢興於漢中，蜀志先主傳：「夫漢者，高祖本所起定天下之國號也。」史記六國表序云：「漢自蜀漢。」公羊傳序疏云：「漢者，巴、漢之間地名也。項羽自立爲西楚霸王，分天下爲十八國，更立沛公爲漢王，王巴、漢之間，四十一縣，都於南鄭。至漢王五年冬十月乃破項羽軍，斬之。六年（阮校當作「其年」。）正月，乃稱皇帝，遂取漢爲天下號，若夏、殷、周既克天下，乃取本受命之地爲天下號。」**故曰猶秦、漢。**「猶」字衍。**猶王莽從新都侯起，故曰亡新。**漢書本傳：「成帝永始元年封莽爲新都侯，國南陽新野之都鄉，千五百户。」王鳴盛十七史商榷：「新野是南陽郡屬縣，而都鄉則新野之鄉也，故名新都侯。」盼遂案：亡新非莽初起之稱，特後漢人沿稱已久，仲任語焉不察爾。**使秦、漢在經傳之上，說者將復爲秦、漢作道德之說矣。**皮錫瑞曰：「此引當時博士今文家言，仲任非之，而自爲之說。其說雖不同，而以唐、虞、夏、殷、周爲五家則同。鄭君書贊曰：（堯典疏。）『三科之條，五家之教。』三科者，古文家說，謂虞、夏一科，商一科，周一科也。五家者，今文家說，謂唐一家，虞一家，夏一家，商一家，周一家也。」舊本段。

堯老求禪，四嶽舉舜。堯曰：「我其試哉！」說尚書曰：「試者，用也；我其用之爲天子也。」「說尚書」下，疑脱「者」字。上文「說論語者」、「說春秋者」句例同。「我其試哉」，堯典文。有「堯曰」二字，史記五帝紀同。今文經有「帝曰」二字也。僞孔本因之。正義曰：「馬、鄭、王本說此經皆無『帝曰』，當時庸生之徒漏之也。」段玉裁曰：「鄭、馬、王本，爲壁中真本，本無『帝曰』二字。枚頤僞本用今文尚書增之。故三家說皆不云有『帝曰』，直以『我其試哉』爲四岳語。」皮錫瑞曰：「古文以『我其試哉』爲四岳語，其義殊不可通。」按：此引書說，今文說也。「用爲天子」，與鄭注「試以爲臣之事」義異。**文爲天子也。文又曰：「女于時觀厥刑于二女。」**史記曰：「於是堯妻之二女，觀其德於二女。」用今文説。古文説以爲四岳説，謂四岳請堯以女妻舜。**觀者，觀爾（示）虞舜於天下，不謂堯自觀之也。**此引當時今文書説。段玉裁曰：「觀爾」乃「觀示」之誤。「尒」形近「示」，又誤爲「爾」也。**若此者，高大堯、舜，以爲聖人相見已審，不須觀試，精耀相炤，曠然相信。又曰：「四門穆穆，入于大麓，**堯典「入」作「納」。段曰：「今文作『入』，古文作『納』。」皮錫瑞曰：「夏侯本作『納』，歐陽本作『入』。」**烈風雷雨不迷。」**堯典「不」作「弗」。段、皮并云：此今文也。**言大麓，三公之位也。**宋翔鳳過庭録書説上曰：「『麓』當作『録』。此書古文説也。」並非。燕然山銘：「納于大麓。」案銘上云：「寅亮聖皇，登翼王室。」是以「大麓」爲大録三公之位。訓「麓」爲「録」，與此文同。不必改作「録」。餘詳下。**居一公之位，大總録二公之事，衆多並吉，若疾風大雨。**臧〔二〕氏經義雜記十一曰：「以上今文家説。以下王仲任義。」皮錫瑞曰：「據伏生、史公之義，則今文説以『大麓』爲『山麓』，伏生不以『麓』爲『録』。訓『麓』爲『録』，由漢博士傅會，改其師説。此文『言大麓三公之位』云云，即夏侯博士以『麓』訓『録』之説。而以『烈風雷雨』爲『衆多並吉』之喻，又傅士異説也。段玉裁以『山麓』之説爲古文，『大録』之説爲今文，蓋徒見今文説之誤者，解爲『大録』，（指夏侯説。）不知今文説之不

〔二〕「臧」，原本作「藏」，形近而誤，今改。

誤者，正解爲『山麓』。伏生、史公皆非古文説也。陳喬樅説，以『山麓』爲歐陽説，『大録』爲大、小夏侯説，證以史公與王仲任皆用歐陽尚書，周堪、孔霸俱事夏侯勝，授元帝經，則元帝報于定國，乃用夏侯尚書。分别甚確。」夫聖人才高，未必相知也。聖成事，「聖」字衍。「成事」二字爲句，總冒下文，本書常語。注書虚篇。舜難知佞，使皋陶陳知人之法。注答佞篇。佞難知，聖亦難别。堯之才，猶舜之知也，舜知佞，堯知聖。堯聞舜賢，四嶽舉之，心知其奇，而未必知其能，故言：「我其試哉！」「哉」，舊誤作「我」，今據錢、黄、王、崇文本正。試之於職，經義雜記曰：「鄭注云：『試以爲臣之事。』王肅云：『試之以官。』皆與仲任『試之於職』説合。」妻以二女，觀其夫婦之法，淮南泰族訓：「妻以二女，以觀其内；任以百官，以觀其外。」職治脩而不廢，夫道正而不僻。復令人(入)〔大〕庶(鹿)之野。盼遂案：文選齊竟陵文宣王行狀云：「置之虚室，人野何辨。」即本此文。善注引孟子「深山野人」之言，失之。而觀其聖，先孫曰：此用書舜典「納于大麓」義。「人庶之野」，當作「入大鹿之野」。「入」譌爲「人」，「鹿」譌爲「庶」，又挩「大」字。（麓、鹿字通。魏公卿上尊號奏、受禪表並作「大鹿」。前吉驗篇云：「堯使舜入大麓之野。」）宋翔鳳説同。逢烈風疾雨，終不迷惑。堯乃知其聖，授以天下。吉驗篇曰：「堯聞徵用，試之於職，官治職脩，事無廢亂，使入大麓之野，虎狼不搏，蝮蛇不噬，逢烈風疾雨，行不迷惑。」亂龍篇曰：「舜以聖德，入大麓之野，虎狼不犯，蟲蛇不害。」感類篇曰：「舜入大麓，烈風雷雨。」并與此同。仲任用今文歐陽説。前所引書説「大麓」爲「三公位」，乃夏侯説，仲任不從也。臧琳經義雜記曰：「書大傳云：『堯納舜大麓之野。』五帝本紀云：『堯使舜入山林川澤，暴風雷雨，舜行不迷。』此仲任之説所本。馬、鄭注尚書亦從其義。」皮錫瑞曰：「王仲任引其時博士書説，以爲試者，用之爲天子；觀者，觀之於天下。聖人相信，不待試之觀之。而仲任非之，以爲試者，試之於職；觀者，觀其夫婦之法也。二説皆今文義，而仲任之説爲長。後漢書章帝紀引建武詔書曰：『堯試臣以職，不直以言語筆札。』後漢紀楊賜上疏曰：『昔堯用舜，猶尚先試考績，以成厥功。』皆以爲堯試舜以職。楊賜習歐陽尚書者，故與仲任説同，無四岳試舜之説。」夫文言觀、試，觀試其才也。説家以爲譬喻增飾，使事失正是，誠（滅）而不存；「誠」疑爲「滅」字形誤。上文「使夫真是，幾滅不存」，句意與同。曲折失意，使僞説傳而不絶。

造説之傳，失之久矣。後生精者，苟欲明經，不原實，而原之者，亦校古隨舊，重是之文，「之」猶「其」也。以爲説證。經之傳不可從，五經皆多失實之説。尚書、春秋行事成文，較著可見，故頗獨論。

書解篇

或曰：士之論高，何必以文？

答曰：夫人有文質乃成。物有華而不實，有實而不華者。易曰：「聖人之情見乎辭。」易繫詞。出口爲言，集札爲文，「札」，舊作「扎」，今據朱校元本、程本正。文辭施設，實情敷烈。夫文德，世服也。空書爲文，實行爲德，著之於衣爲服。故曰：德彌盛者文彌縟，德彌彰者人（文）彌明。「人」當作「文」。上下文俱論「文」、「德」，不得轉入「人」也。「人」、「文」形近之誤。說苑修文篇：「德彌盛者文彌縟，中彌理者文彌章。」句意正同。是其證。儀禮士冠禮注：「彌猶益也。」大人德擴其文炳，小人德熾其文斑，官尊而文繁，德高而文積。華而晥者，大夫之簀，曾子寢疾，命元起易。事見檀弓。注感類篇。由此言之，衣服以品賢，賢以文爲差，愚傑不別，須文以立折。「折」疑爲「析」形誤。盼遂案：「折」讀爲「折獄制刑」之「折」及「折衷於夫子」之「折」，意言斷也。非唯於人，物亦咸然。龍鱗有文，於蛇爲神；盼遂案：「蛇」字當是「蚍」字之誤。說文十三云：「蚍，蟲之總名也。」十四云：「龍，鱗蟲之長。」龍亦蟲也，故仲任云龍於蚍爲神。人少見「蚍」字，遂訛爲「蛇」，不通矣。鳳羽五色，於鳥爲君；注講瑞篇。虎猛，毛蚡蜦；「蚡蜦」當作「紛綸」。漢書司馬相如傳：「紛輪威蕤。」張揖曰：「亂貌。」史記作「紛綸」。龜知，背負文。四者體不質，於物爲聖賢。孫曰：「不」當作「文」。暉按：今本不誤。且夫山無林，則爲土山；地無毛，則爲瀉土；公羊宣十二年傳注：「墝埆不生五穀曰不毛。」博物志曰：「地以草木爲之毛，土爲之肉。」「瀉」當作「潟」，聲之誤也。注超奇篇。人無文，則爲僕人。「僕」，元本同。錢、黄、王、崇文本改作「樸」，是。土山無麋鹿，瀉土無五穀，人無文德，不爲聖賢。上天多文而后土多理，意林引論衡佚文曰：「天有日月辰星謂之文，地有山川陵谷謂之理。」易通卦驗鄭注：「天文者，謂三光也。地理者，謂五土也。」二氣協和，聖賢稟受，法象本類，故多文彩。瑞應符命，莫非文者。晉唐叔虞、魯成季友、惠公夫人號曰仲子，生而怪奇，文在其手。注雷虚、自然篇。張良當貴，出與神會，老父授書，卒封留侯。事詳紀妖篇。河神，故出圖；洛靈，故出書。注感虚篇。竹帛所記怪奇之物，不出潢洿。物以文爲表，人以文爲基。棘（革）子成（城）欲彌文，子貢譏之。「棘子成」，朱校元本作「革子城」，下「子成」同。按：作「革子城」是也。論語顔淵篇：「棘子城曰：『君子質而以已矣，何以文爲？』子貢曰：『惜乎！夫子之説君子也，駟不及舌。文猶質也，質猶文也，虎豹之鞹，猶犬羊之鞹也。』」鄭注：舊説云：「棘子城，衛大夫也。」即仲任所據。邢疏本作「棘子成」，皇疏本、高麗本并作「棘子城」，注同。漢書古今人表、三國志蜀志秦宓傳作「革子成」。論語後録、羣經義證、拜經日記并據詩「匪棘其欲」，禮記引作「匪革其猶」，謂「棘」、「革」古通。拜經日記又謂古論語作「棘」，今論語作「革」。即毛詩爲古文，禮記爲今文，可證。然則仲任多引魯論，元本作「革子城」，是也。今本乃後人據邢疏本妄改。說文心部：「悈，止也。」經典作「弭」，作「彌」，並借字。謂文不足奇者，子成之徒也。舊本段。

著作者爲文儒，說經者爲世儒，章太炎國故論衡下原儒曰：「文儒者，九流六藝大史之屬。世儒者，即今文家。以此爲別，似可就部。然世儒之稱，又非可加諸劉歆、許慎也。」二儒在世，未知何者爲優。或曰：文儒不若世儒。世儒說聖人之經，解賢者之傳，義理廣博，無不實見，故在官常位；位最尊者爲博士，門徒聚衆，招會千里，身雖死亡，學傳於後。文儒爲華淫之說，於世無補，故無常官，弟子門徒不見一人，身死之後，莫有紹傳。此其所以不如世儒者也。

答曰：不然。夫世儒說聖情，□□□□□，共起並驗，俱追聖人。事殊而務同，言異而義鈞。「情」下脱「文儒」云云五字。文儒、世儒並言，故謂其「共起並驗，俱追聖人，事殊而務同，言異而義鈞」也。今本脱此五字，則「世儒」失所較矣。何以謂之文儒之說無補於世？世儒業易爲，故世人學之多，非事可析第，盼遂案：吴承仕曰：「『非事』二字疑誤。」故官廷設其位。文儒之業，卓絶不循，人寡其書，業雖不講，門雖無人，書文奇偉，世人亦傳。彼虛説，此實篇，折累二者，孰者爲賢？「折累」疑當作「析累」，析累猶「序累」也。注程材篇。佚文篇分文爲五品，造論著説之文爲上，即此所云「文儒」也。案古俊乂著作辭説，自用其業，自明於世。世儒當時雖尊，不遭文儒之書，其跡不傳。周公制禮樂，名垂而不滅；禮記明堂位：「周公踐天子之位以治天下，六年，朝諸侯於明堂，制禮作樂。」孔子作春秋，聞傳而不絶。周公、孔子，難以論言。漢世文章之徒，陸賈、司馬遷、劉子政、楊子雲，其材能若奇，其稱不由人。「若」字誤，未知所當作。世傳詩家魯申公、書家千乘歐陽、公孫，孫曰：公孫疑指公孫弘。弘傳春秋，非尚書。且本書多詩、書、春秋連用，「公孫」上當有脱文。不遭太史公，世人不聞。史記儒林傳：「申公者，獨以詩經爲訓以教，無傳，疑者則闕不傳。」（「疑」字重出，今删。）又曰：「伏生能治尚書，教濟南張生及歐陽生。」漢書儒林傳：「歐陽生字和伯，千乘人。」夫以業自顯，孰與須人乃顯？夫能紀百人，孰與廑能顯其名？舊本段。

或曰：著作者，思慮間也，「間」當作「閒」。下「思慮間」同。未必材知出異人也。居不幽，思不至。韓非子詭使篇：「閒靜安居，謂之有思。」説苑雜言篇：「孔子曰：居不幽，則思不遠。」（荀子宥坐篇「幽」作「隱」。）吴越春秋勾踐入臣外傳：「范蠡曰：『聞古人曰：居不幽，志不度；形不愁，思不遠。』」使著作之人，總衆事之凡，典國境之職，汲汲忙忙，或暇著作？

孫曰：「或」當作「何」。下文云「何暇優游爲美麗之文於筆札」，與此文正相應。此作「或」者，蓋涉上文「或曰」而誤。暉按：「或」疑「曷」聲誤。案書篇：「或蹈驥哉。」「或」亦當作「曷」，是其比。**試使庸人積閑暇之思，亦能成篇八十數。文王日昃不暇食，周公一沐三握髮，**並注見下。**何暇優游爲麗美之文於筆札？孔子作春秋，不用於周也；司馬長卿不預公卿之事，故能作子虛之賦；楊子雲存中郎之官，**錢、黄、王、崇文本作「宫」，誤。盼遂案：吴承仕曰：「『存』疑當爲『在』誤。」**故能成太玄經，就法言。**意林引新論曰：「揚雄不貧，則不能作玄、言。」**使孔子得王，春秋不作；長卿、子雲爲相，賦、玄不工籍。**「籍」字疑涉下文「答」字譌衍。朱校元本「工」作「二」。盼遂案：「籍」字疑當在句首「長卿、子雲」之前。籍亦使也。鈔胥誤置于此，亟宜更正。

答曰：文王日昃不暇食，此謂演易而益卦。尚書無逸曰：「文王自朝至于日中昃，不遑暇食，用威和萬民。」漢書董仲舒傳册曰：「周文王至于日昃不暇食。」對曰：「當此之時，紂尚在上，尊卑昏亂，百姓散亡，故文王悼痛而欲安之，是以日昃而不暇食也。」楚語左史倚相引周書曰：「文王至於日中昊不皇暇食，惠于小民，惟政之恭。」説之云：「文王不敢驕。」此文謂因演易而不暇食，未知所據。楚語注：「日昳曰昊。」公羊定十五年傳注：「昊，日西也。」**周公一沐三握髮，爲周改法而制。**韓詩外傳三：「周公誡伯禽曰：子無以魯國驕士，吾一沐三握髮，一飯三吐哺，猶恐失天下之士。」又見史記魯世家、説苑敬慎篇。并謂敬賢下士而然。此謂因爲周改法，又異説也。又「握髮」，他書並同。朱校元本上文及此并作「捉髮」，羣書治要引説苑同，與今本亦異。書鈔十一引帝王世紀云：「一沐三捉，一食三起。」蓋傳書有作「捉髮」者。又按：「爲周改法而制」，「而」字未妥，疑「立」字之誤。王本、崇文本并乙「而制」二字，屬下文讀作「爲周改法制而周道不弊」，非也。説見下。盼遂案：「而」讀若「如」，與也。坊本作「改法制」，以「而」字屬下句，始由昧于古訓而然。**周道不弊，孔子不作，休思慮間也，周法闊疏，不可因也。**「休」字疑誤。仲按：文當作「非思慮間也」。上文或曰：「孔子作春秋，不用於周也。」明孔子因「思慮間」而作。仲任意：孔子因周道弊，周法闊疏，不可因循，故作春秋，非思慮間也。定賢篇云：「周道不弊，孔子不作春秋，春秋之作，起周道弊也。」案書篇云：「孔子作春秋，周民弊也。是故周道不弊，則民不文薄；民不文薄，春秋不作。」説苑君道篇：「孔子曰：夏道不亡，商道不作；商德不亡，周德不作；周德不亡，春秋不作。春秋作，而後君子知周道亡也。」亦即此義。或以「周道不弊」屬上讀者，非也。**夫稟天地之文，發於胸臆，豈爲間作不暇日哉？**「不」疑當作「於」。**感僞起妄，源流氣烝。**起，因也。**管仲相桓公，致於九合；商鞅相孝公，爲秦開帝業，然而二子之書，篇章數十。**漢志道家：筦子八十六篇。法家：商君二十九篇。兩書皆見管子、商鞅後事，或疑非其手著，以爲先秦諸子，皆門弟子或賓客或子孫撰定，而無私人著述。按：超奇篇云：「商鞅相秦，功致於霸，作耕戰之書。」案書篇云：「商鞅作耕戰之術，管仲造輕重之篇。」本篇下文云：「管仲、晏嬰，功書並作；商鞅、虞卿，篇治俱爲。」是仲任不疑管仲、商鞅手著其書也。然管子小稱篇：「毛嬙、西施，天下之美人。」小問篇：「百里徯，秦國之飯牛者，秦穆公舉而相之。」輕重甲篇稱「梁、趙」，戊篇稱「代、趙」，商君書稱「秦孝公」之謚，皆爲非其手著之證。則充説不足據。傅玄、俞正燮并以爲後人附益之耳。長卿、子雲，二子之倫也。倶感，故才並；才同，故業鈞。皆士而各著，不以思慮間也。問事彌多而見彌博，官彌劇而識彌泥。「而」猶「則」也。「泥」疑爲「深」字形誤。此文義無取於「泥」也。居不幽則思不至，思不至則筆不利。「居不幽」，「不」字衍。或即「而」字形誤。此即破上文「居不幽，思不至」之説。下文：「嚚頑之人，有幽室之思，雖無憂，不能著一字。」即申明「居幽則思不至，思不至則筆不利」之義。嚚頑之人有幽室之思，雖無憂，不能著一字。蓋人材有能，無有不暇。有無材而不能思，無有知而不能著；有鴻材欲作而無起，無起，謂無所感動因起。〔無〕細知以問（閒）而能記。句上脱「無」字，「問」爲「閒」字形譌。「有鴻材欲作而無起，無細知以閒而能記」對文，與上「有無材而不能思，無有知而不能著」句法相同。上文云：「嚚頑之人有幽室之思，雖無憂不能著一字。」即此「無細知以閒而能記」之義。蓋奇有無所因，無有不能言；兩有無所睹，「兩」字誤。無不暇造作。舊本段。

或曰：凡作者精思已極，居位不能領職。蓋人思有所倚着，則精有所盡索。著作之人，書言通奇，其材已極，其知已罷。「罷」讀「疲」。案古作書者，多位布散槃解；句有誤。輔傾寧危，非著作之人所能爲也。夫有所偪，有所泥，則有所自，篇章數百。當有脱文。呂不韋作春秋，舉家徙蜀；事見史記本傳。淮南王作道書，禍至滅族；事見史本傳。餘注道虚篇。韓非著治術，身下秦獄。見史本傳。身且不全，安能輔國？夫有長於彼，安能不短於此？深於作文，安能不淺於政治？「作文」，朱校元本作「作著」。疑此文原作「深於著作」。

答曰：人有所優，固有所劣；人有所工，固有所拙。非劣也，志意不爲也；非拙也，精誠不加也。志有所存，顧不見泰山；思有所至，有身不暇徇也。「有」字疑涉「身」字譌衍。盼遂案：下「有」字錯簡，本作「身有不暇徇也」。稱干將之利，「稱」上當有「世」字。刺則不能擊，擊則不能刺，非刃不利，不能一旦（且）二也。「旦」當作「且」。公羊文五年傳何注：「且，兼辭也。」蛢彈雀則失鷜（鷃），射鵲則失鴈；先孫曰：「蛢」疑「羿」，下同。「鷜」，黄氏日鈔引作「鷃」，當據校正。方員畫不俱成，左右視不並見，人材有兩爲，不能成一。使干將寡刺而更擊，蛢捨鵲而射鴈，則下射無失矣。人委其篇章，專爲政治，盼遂案：「攻」當爲「政」之誤。案書篇「劉子政」作「劉子攻」，誤與此同。政治本連文，此正承上文「安能不淺於政治」之語而爲言也。則子産、子賤之跡不足侔也。「政」舊作「攻」，今從崇文本校正。廣雅釋詁：「侔，齊也。」子賤，宓不齊字，治單父，彈琴，身不下堂而治。**古作書者，多立功不用也。管仲、晏嬰，功書並作；**管仲，注見前。漢志儒家：晏子八篇。柳宗元疑爲墨子之徒有齊人者爲之。崇文總目以爲後人輯嬰行事爲之。梁章鉅意同。孫星衍以爲其賓客爲之。並不謂其手著。充説未塙。**商鞅、虞卿，篇治俱爲。**商鞅注見前。虞卿注超奇篇。**高祖既得天下，馬上之計未敗，陸賈造新語，高祖粗納采。**史記陸賈傳：「陸生時時前説稱詩、書，高帝罵之曰：『迺公居馬上而得之，安事詩、書？』陸生曰：『居馬上〔一〕得之，寧可以馬上治之乎？』高帝不懌而有慙色，迺謂陸生曰：『試爲我著秦所以失天下，吾所以得之者何，及古成敗之國。』陸生迺粗述存亡之徵，著十二篇，號其書曰新語。」餘注超奇篇。**呂氏橫逆，劉氏將傾，非陸賈之策，帝室不寧。**注超奇篇。**蓋材知無不能，在所遭遇，遇亂則知立功，有起則以其材著書者也。**「有起」，謂有所感動因起也。上文云：「感僞起妄。」又云：「有鴻材欲作而無起。」**出口爲言，著文爲篇。古以言爲功者多，以文爲敗者希。呂不韋、淮南王以他爲過，不以書有非；**呂不韋與太后私通，始皇壯，不韋恐，乃進嫪毐〔二〕。太后私與通。事覺，連

〔一〕「馬上」，原本作「上馬」，據漢書乙。

〔二〕「毐」，原本作「毒」，形近而誤，據史記改。

不韋，始皇以書責之。不韋恐誅，乃飲酖而死。淮南王安以父厲王死，時欲畔逆。事發，治其罪，遂自剄殺。并見史記本傳。**使客作書，不身自爲，**藝文志雜家：「吕氏春秋二十六篇，秦相吕不韋輯智略士作。」史記本傳：「使其客人人著所聞，集論以爲八覽六論十二紀，二十餘萬言，以爲備天地萬物古今之事，號曰吕氏春秋。」高誘淮南子序曰：「安爲辨達，善屬文，天下方術之士多往歸焉。於是遂與蘇飛、李尚、左吴、田由、雷被、毛被、伍被、晉昌等八人及諸儒大、小山之徒，共講論道德，總統仁義，而著此書。」意林引新論曰：「淮南不貴盛富饒，則不能廣聘俊士，使著文作書。」**如不作書，猶蒙此章章之禍。人古今違屬，**「人」，王本、崇文本改作「夫」，非。「違屬」疑「連屬」之誤。盼遂案：二「章」字，疑皆當爲「辜」之字誤。「違屬」疑當爲「連屬」，亦形似之誤。此文本作「如不作書，猶蒙此辜。辜之禍人，古今連屬」。**未必皆著作材知極也。鄒陽舉疏，免罪於梁；徐樂上書，身拜郎中。**並注超奇篇。**材能以其文爲功於人，何嫌不能營衛其身？韓蚤信公子非，國不傾危。及非之死，李斯如（妬）奇，非以著作材極，**盼遂案：「如」當爲「始」之譌脱。斯奇非於死後，嘆爲材極，蓋藉以掩媢嫉之咎歟？**不能復有爲也。**「如」爲「妬」字形誤。禍虚篇云：「李斯妬同才，幽殺韓非於秦。」是其義。上文或意：「韓非著治術，身下秦獄。」此即破其説，以爲乃李斯嫉妬，非關著作也。**春物之傷，或死之也；殘物不傷，秋亦大長。假令非不死，秦未可知。**朱校元本「假」作「嚮」，下缺一字，無「令」字。疑此文有誤。故才人能令其行可尊，不能使人必法己；能令其言可行，不能使人必采取之矣。舊本段。

或曰：古今作書者非一，各穿鑿失經之實，「失」，舊作「夫」，程、錢本同。今依黃、王、鄭、崇文本正。傳違〔傳〕聖人(之)質，「傳違聖人質」，當作「違傳之質」。「聖」字涉下文諸「聖」字衍。「人」爲「之」字形譌。「違傳」二字誤倒。此文以「經」、「傳」並言，傳謂傳經，若章句者；書謂諸子。謂諸子之書，皆失經之實，違傳之質。下文仲任難之曰：「何以獨謂經傳是，他書記非？」又云：「彼見經傳，傳經之文，經須而解，故謂之是；他書與傳相違，故謂之非。」則知或意以經傳爲是，他書記爲非。然則此文不當言「傳違聖人質」，明矣。謂「古今作書者，失經之實，違傳之質」，故仲任難以「何以獨謂經傳是」。若作「傳違聖人質」，則仲任詰難，失所據矣，是其證。盼遂案：「夫」當爲「失」之脱壞，「傳」疑當在「經」之下。此文本爲「各穿鑿失經傳之實，違聖人質」。故謂之蕞殘，比之玉屑。故曰：「蕞殘滿車，盼遂案：吴承仕曰：「蕞殘，蕞當爲菆，因譌爲菆，故轉爲蕞。」不成爲道；玉屑滿篋，不成爲寶。」鹽鐵論相刺篇：「玉屑滿篋，不成其(「成其」今作「爲有」，依意林引。)寶。誦詩、書，負笈，不爲有道。要在安國家，利人民，不苟文繁衆辭而已。」前人近聖，猶爲蕞殘，況遠聖從後復重爲者乎？其作必爲妄，其言必不明，安可采用而施行？

答曰：聖人作其經，賢者造其傳，述作者之意，採聖人之志，故經須傳也。釋名釋典藝云：「傳，傳也，以傳示後人也。」張華博物志文籍考：「聖人制作曰經，賢人著述曰傳。」儀禮士冠禮賈疏：「孔子之徒言傳者，取傳述之意。」俱賢所爲，何以獨謂經傳是，他書記非？正説篇云：「聖人作經，賢者作書。」釋名釋典藝云：「記，紀也，紀識之也。」儀禮士冠禮賈疏：「凡言記者，皆是記經不備，兼記經外遠古之言。鄭注燕禮云：後世衰微，幽、厲尤甚，禮樂之書，稍稍廢棄，蓋自爾之後有記乎！」彼見經傳，傳經之文，經須而解，故謂之是。孫曰：此文當作「彼見經傳之文，經須傳而解，故謂之是」。他書與書（傳）相違，更造端緒，故謂之非。孫曰：依上文校之，「他書」下疑脱「記」字。暉按：本文以書、傳、經三者相較爲論。上文「書記」，下文「何以獨謂文書失經之實」之「文書」二字，並爲變文，此似不必據增。此句誤在「書」字。「他書與書相違」句出兩「書」字，文不成義。下「書」字當作「傳」。上文或意「古今作書者違傳之質」，故仲任以書所以與傳違者，因其更造端緒，不願沿襲傳説也。若此者，韙是於五經。使言非五經，雖是不見聽。使五經從孔門出，到今常（尚）令人不缺滅，「常」爲「尚」字形誤。「令人」二字爲「今」字譌衍。「到今尚不缺滅」，謂未遭秦火也。謂之純壹，信之可也。今五經遭亡秦之奢侈，觸李斯之横議，燔燒禁防，伏生之休（徒），先孫曰：「休」當作「徒」。盼遂案：「休」當爲「徒」之壞字。伏生之徒，謂張蒼、申公、田何諸人是矣。抱經深藏。漢興，收五經，經書缺滅而不明，篇章棄散而不具。鼂錯之輩，各以私意分拆文字，師徒相因相授，不知何者爲是。亡秦無道，敗亂之也。秦雖無道，不燔諸子，趙岐孟子章句題辭亦謂秦不焚諸子。文心雕龍諸子篇：「煙燎之毒，不及諸子。」諸子尺書，尺書，注謝短篇。文篇具在，可觀讀以正說，可采掇以示後人。後人復作，猶前人之造也。夫俱鴻而知，盼遂案：吴承仕曰：「鴻知二字，疑係連文。案書篇云『鴻智所言，參貳經傳』，即與此同。」皆傳記所稱，文義與經相薄，何以獨謂文書失經之實？由此言之，經缺而不完，書無佚本，經有遺篇，折累二者，孰與蕞殘？「折累」當作「柝累」，下同。易據事象，詩采民以爲篇，樂須不（民）驩，吴曰：「不」當作「民」。樂記云：「樂者樂也，君子樂得其道，小人樂得其欲。」是其義。此文云：「詩采民以爲篇，樂須民驩，禮待民平。」並以民事爲說。誤「民」作「不」，義不可通。暉按：下文云：「四經有據，篇章乃成。」則謂樂待民驩而後成。春秋元命苞曰：「王者不空生樂。樂者和盈於内，動發於外，應其發時，制禮作樂以成之。」宋均注：「和盈於内，鄉人邦國咸歌之；發於外形，四方之風也。」（初學記十五。）是其義。吴校「不」作「民」，是也。引樂記，未得其義。禮待民平。四經有據，篇章乃成。尚書、春秋，采掇史記。公羊傳隱公第一疏引六藝論云：「春秋者，國史所記人君動作之事，左史所記爲春秋，右史所記爲尚書。」又引解疑論云：「乃遺子夏等求周史記百二十國寶書脩爲春秋。」尚書僞孔序疏引尚書緯云：「孔子求書，得黃帝玄孫帝魁之書，迄於秦穆公，凡三千二百四十篇，斷遠取近，定可爲世法者百二十篇，以百二篇爲尚書，十八篇爲中候。」史記興（與）〔書〕無異，書「興無異書」，文不成義，當作「與書無異」。「興」、「與」形近而誤，「書」字又誤奪在下，遂使此文不通矣。史記非「經」，故云「與『書』無異」。尚書、春秋本於史記，故下文云：「由此言之，書亦爲本。」以民、事一意。六經之作皆有據。由此言之，書亦爲本，經亦爲末，末失事實，本得道質，折累二者，孰爲玉屑？知屋漏者在宇下，知政失者在草野，知經誤者在諸子。諸子尺書，文明實是。説章句者，終不求解扣明，「求」，朱校元本作「味」。「扣」，元本作「何」，朱校同。此文有誤。師師相傳，初爲章句者，非通覽之人也。盼遂案：「初」疑當爲「仍」之形誤。既言「師師相傳」，不得云「初爲章句」。上文「説章句者，不知求解扣明」，此云「師師」，師即章句師也。

論衡校釋卷第二十九

案書篇

盼遂案：本篇尾云：「六略之録萬三千篇，略借不合義者，案而論之。」

儒家之宗，孔子也；墨家之祖，墨翟也。且案儒道傳而墨法廢者，「且」，元本作「儒」，朱校同。按：此文不當有「且」字，蓋「儒」字涉上下文衍，校者則妄改作「且」。儒之道義可爲，而墨之法議難從也。何以驗之？墨家薄葬、右鬼，道乖相反違其實，此文有誤。日鈔引作「自相乖反」。薄葬篇云：「墨家之議，自違其術。」宜以難從也。乖違如何？使鬼非死人之精也，右之未可知。今墨家謂鬼審〔死〕人之精也，孫曰：「審」下疑脱「死」字。上云：「使鬼非死人之精也，右之未可知。」與此文正反相應。厚其精而薄其屍，此於其神厚而於其體薄也。薄厚不相勝，華實不相副，則怒而降禍，雖有其鬼，終以死恨。「有」疑當作「右」，形聲相近而誤。薄葬篇云：「雖右鬼，其何益哉？」語意正同。此文乃明墨家右鬼薄葬，自違其術，義無取於鬼之有無也。若作「有鬼」，則與「薄厚不相勝，華實不相副」之義不相屬矣。人情欲厚惡薄，神心猶然。用墨子之法，事鬼求福，福罕至而禍常來也。

以一況百，而墨家爲法，皆若此類也。廢而不傳，蓋有以也。舊本段。

春秋左氏傳者，蓋出孔子壁中。孝武皇帝時，魯共王壞孔子教授堂以爲宮，得佚春秋三十篇，左氏傳也。春秋左氏傳出於孔壁，佚文篇說同，恐非事實。許慎說文序曰：「北平侯張蒼獻春秋左氏傳。」隋志：「左氏，漢初出於張蒼之家。」是左氏傳張蒼所獻也。劉歆移太常博士書曰：「魯共王壞孔子宅，得古文於壞壁中，逸禮三十有九，書十六篇。」漢書藝文志曰：「魯共王壞孔子宅，得古文尚書及禮記、論語、孝經凡數十篇。」許慎說文敘：「魯共王壞孔子宅，得禮記、尚書、春秋、（段玉裁謂春秋經。或曰：「春秋」二字衍文，非也。三國志魏志劉劭傳注引衛恒四體書勢序曰：「漢武帝時，魯恭王壞孔子宅，得尚書、春秋、論語、孝經。」）論語、孝經。」是並未言左氏傳出於孔壁也。劉貴陽說經殘稿曰：壁中古文之數，詳於漢藝文志曰：「魯共王壞孔子宅，欲以廣其宮，得古文尚書及禮記、論語、孝經。」是也。其分列諸經，尚書家首列尚書古文經四十六卷，爲五十九篇。禮家首列禮古經五十六卷。論語家首列論語古二十一篇，出孔子壁中。孝經家首列孝經古孔氏一篇，二十二章。惟記不一種。禮家有記百三十一篇，明堂陰陽三十三篇，王史氏二十一篇。樂家有樂記二十三篇。論語家有孔子三朝七篇。此五種皆古文。隋書經籍志稱劉向考校經籍，得此五種記，共二百十四篇，而經典釋文敍録引劉向別録云：「古文記二百十（今脱此字。）四篇。」可證。然春秋家首列春秋古經十二篇，此亦當出自孔壁。說文敍云：「魯共王得禮記、尚書、春秋、論語、孝經。」是壁中原有春秋。班氏總敍處少此種，或文脱耳。說文敍又云：「左丘明春秋傳以古文，北平侯張蒼獻春秋左氏傳。」蓋春秋古文經出壁中，古文傳出張蒼所獻。段氏注説文，謂「班志春秋古經十二篇，左氏傳三十卷，皆謂蒼所獻。説文以春秋係孔壁，恐非事實」。此徒見志上列春秋古經十二篇，下列春秋經十一卷，云公羊、穀梁二家後，列左氏、公羊、穀梁三家之傳，意十一卷之經屬公、穀，十二篇之古經則屬左氏。不知孔壁之經，志皆首列，加以「古文」，此孟堅之特重古文也。張蒼有傳無經，即有經，亦以孔壁古文該之可耳。論衡説左氏傳出共王壁中，正見經出孔壁，即傳亦誤歸之矣。若記五種，不加「古」字，文省也。**公羊高、穀梁寘、胡母氏皆傳春秋，各門異户**，漢藝文志：公羊傳十一卷。公羊傳何序疏引春秋説題辭云：「傳我書者，公羊高也。」戴宏序云：「子夏傳與公羊高。」四庫總目以爲「不盡出於公羊高，定爲公羊壽撰，而胡母子都助成之」。舊本首題高名，蓋未審也」。漢志：穀梁傳十一卷，穀梁子，魯人。先孫曰：漢書藝文志顔注云：「穀梁子名喜。」經典釋文序録引桓譚新論云：「穀梁赤。」又引七録及楊士勛疏並云：「穀梁子名淑，字元始。」（孝經正義「淑」作「俶」。）陸淳春秋纂例引風俗通亦云：「名赤。」並與此異。暉按：「名俶」，亦見元和姓纂一屋引尸子。作「淑」，形誤。「名赤」，亦見前漢紀二十五。漢書儒林傳：「胡母生，字子都，齊人也。治公羊春秋，爲景帝博士，與董仲舒同業，仲舒著書稱其德。」**獨左氏傳爲近得實。**漢志：左氏傳三十卷。御覽六一〇引新論曰：「左氏經之與傳，猶衣之表裏，相待而成。經而無傳，使聖人閉門思之，十年不能知也。」**何以驗之？禮記造於孔子之堂，**漢志：禮記百三十一篇。注：「七十子後學者所記也。」隋志説同，故云：「造於孔子之堂。」「禮記」之目，後儒相承指戴聖所傳四十九篇。志云「百三十一篇」者，合大戴所傳大戴禮，及小戴之禮記而言。（錢大昕二十二史考異説。王先謙漢書補注、顧實漢志講疏從之。）仲任意指小戴，抑包大戴，今不可知。**太史公漢之通人也，左氏之言與二書合，**與范升相難者，亦以太史公多引左氏。見後漢書范傳。**公羊高、穀梁寘、胡母氏不相合。又諸家去孔子遠，遠不如近，聞不如見。**左傳杜序疏引嚴氏春秋引觀周篇云：「孔子將修春秋，與左丘明乘如周，觀書於周史。歸而修春秋之經，丘明爲之傳，共爲表裏。」御覽六一〇引新論曰：「左氏傳遭戰國寢藏，（四字，經典釋文序録引有。）後百餘年，魯穀梁赤爲春秋，殘略多所遺失。又有齊人公羊高緣經文作傳，彌離其本事矣。」公羊隱二年傳何注：「孔子畏時遠害，又知秦將燔詩、書，其説口授，相傳至漢公羊氏及弟子胡母生等，乃始記於竹帛。」公羊大題疏：「公羊者，子夏口授公羊高，高五世相授，至漢景帝時，公羊壽共弟子胡母生，乃著竹帛。胡母生題親師，故曰公羊。穀梁者，亦是題其親師，故曰穀梁。」是公、穀雖受經於子夏，（從楊士勛、徐彦説。）而其書則晚出也。**劉子政玩弄左氏，童僕妻子皆呻吟之。**新論曰：「劉子政、子駿、伯玉三人，尤珍重左氏，教子孫，下至婦女，無不誦讀。」（書鈔九八、御覽六一六。）盼遂案：此二語本於桓譚新論。馬總意林引新論云：「劉子政、子駿，子駿兄弟子伯玉，俱是通人，尤重左氏，教授子孫，下至婦女，無不讀誦，此亦蔽也。」仲任正本斯文。又案：子政習左氏傳，漢書劉向傳所不載，唯言向治穀梁學而已。恐漢書向傳出自其子子駿之意，故削去左氏之學。君山之言，或反屬實録也。**光**

武皇帝之時，陳元、范叔（升）上書連屬，條事是非，左氏遂立。先孫曰：「范叔」當作「范升」。下並同。陳元與范升議立左氏博士事，並見後漢書本傳。「升」與「叔」艸書相似，古書多互誤。（後漢書周章傳：「字次叔。」李注云：「叔或作升。」）范叔（升）尋因罪罷。元、叔（升）天下極才，講論是非，有餘力矣。陳元言訥，盼遂案：「訥」疑當爲「納」，涉上「言」字而誤。後漢書陳元傳：「建武初，時議欲立左氏傳博士。范升奏，以爲左氏淺末不宜立。元詣闕上疏爭之。書奏，下其議。范升復與元相辨難，凡十餘上。帝卒立左氏學，太常選博士四人，元爲第一。帝以元新忿爭，乃用其次司隸從事李封。」此論所謂陳元言納、范叔章詘之事也。言納者，言見采納也。范叔（升）章詘，左氏得實，明矣。言多怪，頗與孔子不語怪力相違返也。論語述而篇：「子不語怪力亂神。」盼遂案：「返」本爲「反」，涉「違」字而誤沾「辵」也。呂氏春秋亦如此焉。劉逢祿左氏春秋考證曰：「左氏春秋與鐸氏、虞氏、呂氏并列，則非傳春秋也。故曰：『左氏春秋』，舊名也；曰春秋左氏傳，則劉歆所改也。」章太炎曰：「以左氏春秋同呂氏春秋者，亦本論衡。案書篇云：『左氏言多怪，頗與孔子不語怪力相違反也。呂氏春秋亦如此焉。』然仲任固云：『春秋左氏傳者，蓋出孔子壁中。』又云：『公羊高、穀梁寘、胡母氏皆傳春秋，各門異户，獨左氏傳爲近得實。』又云：『國語，左氏之外傳也，左氏傳經，辭語尚略，故復選録國語之辭以實。然則左氏、國語，世儒之實書也。』據此諸語，仲任固以左氏爲傳，且謂勝彼二家。則其與呂氏春秋並論者，特吐言之庇謬耳。」（春秋左傳讀敍録。）**國語，左氏之外傳也，左氏傳經，辭語尚略，故復選録國語之辭以實。** 漢志：「國語二十一篇，左丘明著。」司馬遷傳贊：「孔子因魯史記而作春秋，而左丘明論輯其本事，以爲之傳； 又纂異同爲國語。」國語韋昭解序：「孔子發憤於舊史，垂法於素王。 左丘明因聖言以攄意，託王義以流藻。 雅思未盡，故復采録前世穆王以來，下訖魯悼、智伯之誅，以爲國語。 其文不主於經，故號曰外傳。」釋名釋典藝：「國語，記諸國君臣相與言語謀議之得失也。 又曰外傳。」説文、風俗通引國語「稱春秋國語」，以國語爲春秋外傳故也。 漢書律曆志引國語「少昊之衰，九黎亂德」等語，稱春秋外傳。 隋志：「春秋外傳國語二十卷，賈逵注。」以上諸文，并以國語爲外傳者。 至所以名「外傳」者，韋昭謂：「其文不主於經，故號曰外傳。」釋名曰：「春秋以魯爲内，以諸國爲外，外國所傳之事也。」畢沅曰：「外傳亦有魯語，則此語爲不可通。」韋説得之。」案： 仲任以國語爲補左傳之略，則義近韋説。 又按： 左襄二十六年傳正義曰：「劉炫謂國語非丘明作。」葉少藴曰：「古有左氏、左丘氏，太史公稱『左丘失明，厥有國語』。 今春秋傳作左氏，而國語爲左丘氏，則不得爲一家，文體亦自不同，其非一家書，明甚。 左氏蓋左史之後以官氏者。」朱文公謂左氏乃左史倚相之後，故其書説楚事爲詳。（並見困學紀聞六。）王安石左氏解疑左氏爲六國時人，鄭樵六經奥論舉八證以明左氏非丘明，葉夢得〔一〕春秋考以左丘明爲戰國周、秦之

〔一〕「葉」，原本作「棄」，形近而誤，今改。

間人。以上諸説，不以國語爲左氏外傳也。竊以後説爲是。**然則左氏、國語，世儒之實書也。**「實」，元本作「寶」。舊本段。盼遂案：「實書」疑當作「寶書」。古稱良史爲寶書。元刊本作「寶」。

公孫龍著堅白之論，析言剖辭，務折曲之言，無道理之較，無益於治。漢志名家：「公孫龍子十四篇，趙人。」列子釋文：「字子秉。」有堅白論篇。莊子秋水篇：「公孫龍合同異，離堅白，然不然，可不可，困百家之知，窮衆口之辯。」淮南齊俗訓云：「公孫龍析辯抗辭，別同異，離堅白。」又詮言訓注：「公孫龍以白馬非馬，冰不寒，炭不熱爲論。」新論云：「公孫龍，六國時辯士也。爲堅白之論，假物取譬，謂白馬爲非馬，非馬者，言白所以爲色，馬所以爲形也。色非形，形非色。」（御覽四六四。）別録曰：「公孫龍持白馬之論以過關。」（初學記七。）呂氏春秋高注亦云：「乘白馬，禁不得度關，因言馬白非白馬。」羅振玉刻古籍叢殘，有唐寫本古類書第一種，白馬注：「公孫龍度關，關司禁曰：馬不得過。公孫龍曰：我馬白，非馬。遂過。」**齊有三鄒衍之書，瀇洋無涯，其文少驗，多驚耳之言。**先孫曰：「三鄒衍」當作「三鄒子」。史記孟子荀卿傳説齊有三騶子，（騶、鄒字通。）衍其一也。暉按：「衍」當作「子」，是也。「三」疑當作「二」。漢志不見鄒忌書，史記孟荀傳亦只言其以琴干威王耳。漢志陰陽家有鄒子四十九篇，鄒子終始五十六篇，並鄒衍所説。又鄒奭子十二篇。史記孟荀傳曰：「鄒衍觀陰陽消息，作怪迂之變，其語閎大不經。」別録曰：「鄒奭者，頗采鄒衍之術，迂大而閎辯，文具難勝。」（御覽四六四。）**案大才之人，率多侈縱，無實是之驗；華虛誇誕，無審察之實。商鞅相秦，作耕戰之術。**注超奇篇。**管仲相**

齊，造輕重之篇。管子有輕重甲、乙等篇。梁章鉅曰：「輕重甲篇稱梁、趙，戊篇稱代、趙，皆非其真。」按此文，則以爲管仲手著。史記管晏傳贊曰：「吾讀管氏牧民、山高、乘馬、輕重、九府，詳哉其言之矣。既見其著書，欲觀其行事。」是與王義同。富民豐國，彊主弱敵，「弱」下舊校曰：一作「威」。公賞罰，與鄒衍之書〔不可〕並言，而太史公兩紀，世人疑惑，不知所從。疑此文當作「與公孫龍、鄒衍之書不可並言，而太史兩紀」。「公賞罰」爲「公孫龍」之誤，又誤奪在「與」字上，又脱「不可」二字。若此文有「公賞罰」句，則當在「富民」句上。知者，「公賞罰」乃其治術；「富民豐國，彊主弱敵」乃其政治所致之效。先言其效，後言其術，無此文理。其證一。此節乃評司馬遷史記之失，以公孫龍、鄒衍之虚誕無益於治，不當與商鞅、管仲並言。今本作「與鄒衍之書不可並言」，則上文公孫龍云云於義無取矣。其證二。知脱「不可」二字者，下文「二者不可兩傳，而太史公兼紀不别」，立文相同，可證。日鈔引作：「公孫龍、鄒衍書虚誇，與管、商書相反，而太史公兼紀。」雖約舉此文，但可推證此文原謂管、商書與公孫龍、鄒衍書不可並言也。則今本脱「公孫龍」三字，「不可」二字，甚明。太史公紀公孫龍，亦見孟荀傳。案張儀與蘇秦同時，蘇秦之死，儀固知之。盼遂案：史記張儀傳：「儀説楚王曰：蘇秦與燕王謀破齊。入齊，齊王大怒，車裂蘇秦於市。」是儀所説與史記蘇秦傳齊大夫争寵而刺秦者殊遠矣。自以儀説爲實也。儀知各審，「各」疑「秦」誤。盼遂案：章士釗云：「各當爲秦之誤字。」宜從儀言，以定其實，而説

不明，兩傳其文。史記蘇秦傳曰：「蘇秦詳爲得罪於燕，亡走齊，爲客卿，欲破敝齊而爲燕。其後齊大夫多與之争寵者，而使人刺之，不死，殊而走。齊王使人求賊，不得。蘇秦且死，乃謂齊王曰：『臣若死，車裂臣以狥於市，曰：蘇秦爲燕作亂於齊，如此則臣之賊必得矣。』於是如其言，而殺蘇秦者果自出，齊王因而誅之。蘇秦既死，其事大泄。齊後聞之，乃恨怒燕。」張儀傳：「儀説楚王曰：『蘇秦相燕，即陰與燕王謀伐〔一〕破齊而分其地；乃詳有罪出走入齊，齊王因受而相之。居二年而覺，齊王大怒，車裂蘇秦於市。』」是於秦之死，兩傳抵牾也。**東海張（馮）商亦作列傳，**孫曰：漢無張商補史記者。「張商」當作「馮商」，此涉上文「張儀」而誤。漢書藝文志春秋家：馮商續太史公書七篇。又張湯傳贊：「馮商稱張湯之先與留侯同祖，而司馬遷不言，故闕焉。」注引如淳曰：班固目録：「馮商，長安人，成帝時，以能續書待詔金馬門，受詔續太史公書十餘篇。」師古曰：劉歆七略云：「商，陽陵人，治易，事五鹿充宗，能屬文，博通强記，與孟柳俱待詔，頗序列傳，未卒，會病死。」史通正史篇：「史記所書，止漢武太初，已後闕而不録。其後劉向，向子歆，及諸好事者，若馮商、衛衡、揚雄、史岑、梁審、肆仁、晉馮、段肅、金丹、馮衍、韋融、蕭奮、劉恂等，相次撰續。迄於哀、平間，猶名史記。」據此，則當作「馮商」無疑。惟劉歆言商陽陵人，班固言長安人，仲任言東海人，三説不同。漢代長安屬京兆，陽陵屬左馮翊。後漢以陽陵改屬京兆。長安、陽陵

〔一〕「伐」，原本作「代」，形近而誤，據史記改。

相去甚近，東海太遠，豈傳聞之異歟？豈蘇秦商之所爲邪？何文相違甚也？三代世表言五帝三王皆黄帝子孫，自黄帝轉相生，不更禀氣於天。作殷本紀，言契母簡狄浴於川，遇玄鳥墜卵，吞之，遂生契焉。及周本紀，言后稷之母姜嫄野出，見大人跡，履之，則妊身，生后稷焉。夫觀世表，則契與后稷，黄帝之子孫也；讀殷、周本紀，則玄鳥、大人之精氣也。二者不可兩傳，而太史公兼紀不別。案帝王之妃，不宜野出，浴於川水。今言浴於川，吞玄鳥之卵；出於野，履大人之跡，違尊貴之節，誤是非之言也。奇怪篇亦辯其妄。舊本段。

新語，陸賈所造，注超奇篇。蓋董仲舒相被服焉，余嘉錫曰：漢書河間獻王傳云：「被服儒術，造次必於儒者。」注師古曰：「被服，言常居處其中也。」通鑑卷十八胡注云：「被服者，言以儒術衣被其身也。」與顏注雖異，而意亦不甚相遠。王先謙漢書補注定從胡注，未爲不可。乃又云：「史記作被服造次必於儒者，則謂不服奇衺，不苟行止也。」此則純出臆説，未免畫蛇添足。如此文之「董仲舒相被服」，可以不服奇褥解之乎？皆言君臣政治得失，言可采行，事美足觀。鴻知所言，參貳經傳，雖古聖之言，不能過增。陸賈之言，未見遺闕；而仲舒之言雩祭可以應天，土龍可以致雨，注明雩、亂龍篇。頗難曉也。夫致旱者以雩祭，不夏郊之祀，元本作「夏郊不之祀」。案：當作「夏郊不祀」。元本衍「之」字，今本後人妄改。豈晉侯之過邪？以政失道，陰陽不和也。晉廢夏郊之祀，晉侯寢疾，用鄭子產之言，祀夏郊而疾愈。詳死僞篇。如審雩不脩，龍不治，與晉同禍，爲之再也。「再」疑爲「可」誤。以政致旱，宜復以政。復，消復也。政虧，而復脩雩治龍，其何益哉？春秋公羊氏之說，亢陽之節，足以復政。順鼓篇引春秋說曰：「人君亢陽致旱，沈溺致雨。」陰陽相渾，旱湛相報，天道然也，何乃脩雩設龍乎？雩祀神喜哉？或雨至，亢陽不改，亢陽致旱，今雨至而亢陽不改，明變復說妄。旱禍不除，變復之義，安所施哉？且夫寒溫與旱湛同，俱政所致，其咎在人。與寒溫、譴告、治期之旨相違。獨爲亢旱求福，不爲寒溫求祐，未曉其故。如當復報寒溫，宜爲雩、龍之事。鴻材巨識，第兩疑焉。舊本段。

董仲舒著書，不稱子者，意殆自謂過諸子也。法言君子篇：「諸子者，以其知異於孔子者也。」漢志儒家：「董仲舒百二十三篇。」本傳云：「仲舒所著，皆明經術之意及上疏條教，凡百二十三篇。而說春秋事得失，聞舉〔一〕、玉杯、蕃露、清明、竹林之屬，復數十篇。」王先謙曰：「此百二十三篇早亡，不在繁露諸書內也。」今按：百二十三篇者，乃上疏條教，非仲任所指。實知篇云：「孔子云：董仲舒亂我書。其後仲舒論思春秋，造著傳記。」則知仲任殆指其「說春秋事得失」

〔一〕「聞」，原本作「間」，形近而誤，據漢書改。

者。而今傳春秋繁露八十二篇，玉杯第二，竹林第三，總名蕃露，與本傳不相應，或疑其後人採綴而成。仲任謂其不稱子，已見其題曰「繁露」歟？漢作書者多，司馬子長、楊子雲，河、漢也；其餘，涇、渭也。文選廣絶交注引「多」作「以」。然而子長少臆中之説，「臆」，舊誤从「耳」，今據各本正。感虚篇云：「太史公書漢世實事之人。」子雲無世俗之論。仲舒説道術奇矣，北方三家尚矣。「北」，元本作「比」。按：作「比」是。「三」當作「二」，以仲舒比方子長、子雲也，不當言「北方三家尚矣」。讖書云：「董仲舒，亂我書。」蓋孔子言也。實知篇力闢此語之妄，而於兹反信爲孔子之言，何也？讀之者或爲「亂我書」者，以下文例之，「或」下疑有「以」字。煩亂孔子之書也；或以爲亂者，理也，理孔子之書也。共一「亂」字，理之與亂，相去甚遠。然而讀者用心不同，不省本實，故説誤也。夫言煩亂孔子之書，才高之語也；其言理孔子之書，亦知奇之言也。出入聖人之門，亂理孔子之書，子長、子雲無此言焉。世俗用心不實，省事失情，二語不定，轉側不安。案仲舒之書，不違儒家，不及（反）孔子。先孫曰：「及」當爲「反」，形近而誤。其言煩亂孔子之書者，非也；孔子之書不亂，其言理孔子之書者，亦非也。孔子曰：「師摯之始，關雎之亂，洋洋乎盈耳哉！」論語泰伯篇文。引之者，明「亂」當訓「終」。集解鄭曰：「師摯，魯太師之名也。始猶首也。周道既衰微，鄭、衛之音作，正樂廢而失節，魯太師摯識關雎之聲，而首理其亂者。

洋洋乎盈耳哉，聽而美也。」晉書司馬彪傳：「春秋不修，則孔子理之；關雎之亂，則師摯修之。」并讀「亂」爲「治亂」之「亂」，非謂樂之卒章也。論語駢枝曰：「始者樂之始，亂者樂之終。樂記曰：『始奏以文，復亂以武。』又曰：『再始以著往，復亂以飭歸。』皆以始亂對舉，其義可見。凡樂之大節，有歌有笙，有間有合，是爲一成。始於升歌，終於合樂。是故升歌謂之始，合樂謂之亂。周禮大師職：『大祭祀，帥瞽登歌。』儀禮燕及大射，皆大師升歌。摯爲大師，是以云『師摯之始』也。合樂，周南關雎、葛覃、卷耳，召南鵲巢、采蘩、采蘋，凡六篇，而謂之『關雎之亂』者，舉上以該下，猶言『文王之三』、『鹿鳴之三』云耳。」禮經釋例說同。足證仲任訓「亂」爲「終」之說。**亂者，於（終）孔子言也。**孫曰：「於」字無義，「於」當作「終」，草書形近而誤。下云：「孔子生周，始其本；仲舒在漢，終其末。」又云：「孔子終論，定於仲舒之言。」並解釋此文。亂龍篇云：「劣則董仲舒之龍說不終也，論衡終之，故曰亂龍，亂者終也。」並其切證。**孔子生周，始其本；仲舒在漢，終其末。班叔皮續太史公書，蓋其義也。**「班叔」舊作「盡也」。先孫曰：「盡也」當作「班叔」。暉按：孫說是也。朱校元本「盡」正作「班」，可證。超奇篇亦見此文。今據正。**賦頌篇下其有「亂曰」章，蓋其類也。**離騷「亂曰」，王注：「亂，理也，所以發理詞指，總撮其要也。」魯語亦以商頌那篇之卒章爲「亂」。韋注：「篇章既成，撮其大要以爲亂辭也。」按：仲任訓「亂」爲「終」，與王逸異。**孔子終論，定於仲舒之言，其修雩治龍，**「治龍」亦見上文，各本誤作「始龍」，今依崇文本改。必將有義，未可怪也。舊本段。

顔淵曰：「舜何人也？予何人也？」見孟子滕文公上。五帝三王，顔淵獨慕舜者，知己步驟有同也。知德所慕，默識所追，同一實也。仲舒之言道德政治，可嘉美也；質定世事，論説世疑，桓君山莫上也。故仲舒之文可及，而君山之論難追也。論，新論也。超奇篇云：「君山作新論，論世間事，辯照然否，虚妄之言，僞飾之辭，莫不證定。」驥與衆馬絶跡，或蹈驥哉？或疑「曷」聲誤。謂何能蹈驥跡也。超奇篇曰：「卓爾蹈孔子之跡。」書解篇：「汲汲忙忙，或暇著作？」或亦「曷」之誤。是其比。有馬於此，足行千里，終不名驥者，與驥毛色異也。有人於此，文偶仲舒，論次君山，終不同於二子者，姓名殊也。故馬效千里，不必驥騄；人期賢知，不必孔、墨。何以驗之？君山之論難追也。兩刃相割，利鈍乃知；二論相訂，是非乃見。是故韓非之四難，韓非子有難一、二、三、四，凡四篇。古人行事或有不合理者，韓非立義以難之。桓寬之鹽鐵，漢志儒家：「桓寬鹽鐵論六十篇。」師古曰：「寬字次公，汝南人也。孝昭帝時，丞相御史與諸賢良論鹽鐵事，寬撰次之。」君山新論之類也。世人或疑，言非是僞，論者實之，論，謂著論者。故難爲也。卿決疑訟，獄定嫌罪，是非不決，曲直不立，世人必謂卿獄之吏才不任職。至於論，不務全疑，「全」當作「詮」。兩傳并紀，不宜明處，「宜」當作「肯」。處謂辯證也。薄葬篇：「故其立語，不肯明處。」孰與剖破渾沌，解決亂絲，言無不可知，文無不可曉哉？案孔子作春秋，采毫毛之善，貶纖介之惡。可褒，則義以明其行善；以下句例之，知此文誤。可貶，則明其惡以譏其操。新論之義，與春秋會一也。新論曰：（據孫馮翼輯。）「余爲新論，述古今，亦欲興治也，何異春秋褒貶耶！」

夫俗好珍古不貴今，謂今之文不如古書。夫古今一也，才有高下，言有是非，不論善惡而徒貴古，是謂古人賢今人也。案東番鄒伯奇、注感類篇。臨淮袁太伯、袁文術、江南通志云：「越絶書外傳記卷末有隱語云：『以去爲姓，得衣乃成，厥名爲米，覆之以庚。』爲『袁康』二字。書爲袁康作也。康臨淮人，字文術，或曰字文伯。其書有經，子貢作；有内傳，吴平作；其外傳與記，乃袁康爲之。」袁文術名康，未知何據。會稽吴君高、周長生之輩，注超奇篇。位雖不至公卿，誠能知之囊橐，文雅之英雄也。觀伯奇之元思，太伯之易章句，「章」舊作「童」。元本作「易章句」，崇文本已校改作「章」，今據正。文術之咸銘，孫曰：「咸」疑「箴」之壞字。盼遂案：「咸銘」者，「函銘」也。枕函、杖函、劍函皆可謂之咸矣。周禮秋官伊耆氏：「掌國之大祭祀，共其杖咸。」鄭玄注：「咸讀爲函。老臣杖于朝，有司以此函藏之。」此「咸銘」即「函銘」之説也。昔武王有帶銘、杖銘，（大戴禮記踐祚篇。）後漢李尤有經襓銘、（藝文類聚五十五引。）匱匣銘，（太平御覽七百十四引。）與咸銘之意尤近。或謂「咸」爲「箴」之壞體，不如此不破字之爲愈也。君高之越紐録，孫曰：吴君高事見書虚、超奇諸篇。此云越紐録，即越絶書也。越絶篇敍外傳記云：「以『去』爲生，（按「生」當作「姓」。）得『衣』乃成。厥名有『米』，覆之以『庚』。禹來東征，死葬其疆。不直自斥，託類自明。寫精露愚，略與事類，俟告後人。文屬辭定，自于邦賢。邦賢以『口』爲姓，丞（與承同。）之以『天』，楚相屈原，與之同名。」楊慎云：「此以語隱語見其姓名也。『去』得『衣』乃『袁』字，『米』覆『庚』乃『康』字。禹葬之鄉，則會稽也。是乃會稽人袁康。其曰『不直自斥，託類自明』，厥旨昭然，欲後人知也。以『口』承『天』，『吴』字。屈原同名，『平』字。與康共著此書者，乃吴平也。」按：楊説最塙，然則君高殆吴平之字矣。長生之洞歷，注超奇篇。劉子政、揚子雲不能過也。「政」，各本誤「攻」，今從朱校元本、崇文本正。盼遂案：史記留侯世家正義引周樹洞歷云：「用里先生姓周，名術，字道原。太伯之後。」是周樹殆是長生之名矣。又考北堂書鈔卷七十三引謝承後漢書云：「周樹達于法，善能解煩釋疑，八辟從事。」太平御覽卷七十三引謝承後漢書云：「周樹爲從事，刺史孟觀有罪，俾樹作章，陳事敍要，得無罪。」謝書云「周樹爲從事」，與仲任所云「位不至公卿」合，決長生即周樹也。善（蓋）才有淺深，無有古今；孫曰：「善」疑「蓋」字之誤。文有僞真，無有故新。廣陵陳子迴、顔方，朱曰：楊州府志：「陳子迴、顔方，皆廣陵人，與王充同時。」今尚書郎班固，蘭臺令楊終、傅毅之徒，注別通篇。盼遂案：「令」下疑當有「史」字。蘭臺令爲長吏，史則其屬員，未可混而一之也。後漢書楊終傳：

「徵詣蘭臺，拜校書郎。」傅毅傳：「建初中〔一〕，以毅爲蘭臺令史，拜郎中，與班固、賈逵共典校書。」二人皆未嘗爲蘭臺令也。**雖無篇章，賦頌記奏，文辭斐炳，賦象屈原、賈生，奏象唐林、谷永，**注效力篇。**並比以觀好，其美一也。**「好」當在「其」字下。**當今未顯，使在百世之後，則子政、子雲之黨也。韓非著書，李斯采以言事；**李斯阿二世，以書對，引韓子曰：「慈母有敗子，而嚴家無格虜。」又引韓子曰：「布帛尋常，庸人不釋，鑠金百鎰，盜跖不搏。」見史記本傳。**楊子雲作太玄，侯鋪子隨而宣之。**方以智曰：「侯芭字鋪子。」惠棟漢書補注說同。並據此文也。俞曰：侯鋪即侯芭，「芭」與「鋪」一聲之轉也。世知侯芭，不知侯鋪，故表而出之。暉按：漢書揚雄傳贊云：「鉅鹿侯芭常從雄居，受其太玄、法言焉。」隋志有楊子法言六卷，侯芭注，亡。又案：侯芭字鋪子，疑方、惠說是。**非、斯同門，雲、鋪共朝，**「斯」舊作「私」。先孫曰：「私」當作「斯」，音近而誤。暉按：先孫說是也，朱校元本正作「斯」，今據正。非、斯俱受業荀卿。**覩奇見益，不爲古今變心易意；實事貪善，不遠爲術併肩以迹相輕，**句有衍誤。齊世篇：「楊子雲作太玄，造法言，張伯松不肯一觀。與之併肩，故賤其言。」此文「併肩」，意當與同。齊曰：「益」爲「異」字之誤，「遠」、「術」二字衍。**好奇無已，故奇名無窮。楊子雲反離騷之**

〔一〕「建初中」，原本作「建中初」，據後漢書乙。

經。漢書揚雄傳：「雄作書，往往摭離騷文而反之，名曰反離騷。」辭載本傳。王逸楚辭章句離騷下著「經」字，并云：「離騷經者，屈原之所作也。離，別也。騷，愁也。經，徑也。言已放逐離別，中心愁思，猶依道徑，以風諫君也。」洪興祖曰：「太史公曰：『離騷者，猶離憂也。』班孟堅曰：『離猶遭也，明己遭憂作辭也。』顔師古云：『憂動曰騷。』余按：古人引離騷，未有言『經』者。蓋後世之士，祖述其詞，尊之爲經耳，非屈原意也。逸説非是。」暉按：洪説是也。據此文，則充亦謂「離騷經」，非逸一人也。蓋當時詞人有此語。**非能盡反，一篇文往往見非，反而奪之。**文誤脱，不可讀。

六略之録，萬三千篇，藝文志：「大凡書，六略三十八種，五百九十六家，萬三千二百六十九卷。」阮孝緒七録序曰：「劉向別集衆録，謂之別録。子歆撮其指要，著爲七略。一篇即六篇之總最，故以輯略爲名。次六藝略，次諸子略，次詩賦略，次兵書略，次數術略，次方技略。」七略而稱「六略」者，沈欽韓曰：「其輯略即彙別羣書，標列指趣，若志之小序，實止有六略耳。」抱朴子自敍、廣弘明集引阮孝緒七録序、續博志并云別録、漢志「萬三千二百（七録誤作「三百」。）六十（抱朴子誤作「九十」。）九卷」。則此云「萬三千」者，舉成數。篇即卷也。亦見對作篇。隋志、舊唐書志、文獻通考「一萬」并作「三萬」，誤不足據。盼遂案：漢書藝文志云：「大凡書，六略三十八種，五百九十六家，萬三千二百六十九卷。」余嘗實考算之，得一萬二千九百九十四篇，則仲任所説萬三千篇之數較相近也。**雖不盡見，指趣可知，略借不合義者，案而論之。**

對作篇

翟灝曰：「論衡以對作篇爲序，其後更有自紀一篇，則附傳也。」盼遂案：篇內「論衡〔一〕者，所以銓輕重之言，立真僞之平。盡思極心〔二〕，以譏世俗」。又云：「故夫有益也，雖作無害也。」此數語本篇主旨。

或問曰：「賢聖不空生，必有以用其心。上自孔、墨之黨，下至荀、孟之徒，教訓必作垂文，何也？」對曰：聖人作經，藝（賢）者傳記，「藝」，各本同，王本、崇文本作「賢」，是也。正説篇云：「聖人作經，賢者作書。」案書篇云：「聖人作其經，賢者造其傳。」盼遂案：「者」當爲「著」之形殘。「著傳記」與「作經藝」對文。「匡濟薄俗」以下，所以言其效也。匡濟薄俗，驅民使之歸實誠也。案六略之書，萬三千篇，注案書篇。增善消惡，割截橫拓，驅役遊慢，期便道善，盼遂案：「道」讀作「導」，動詞。歸正道焉。孔子作春秋，周民弊也。故采求毫毛之善，盼遂案：「求」字涉「采」字形近而衍。貶纖介之惡，撥亂世，反諸正，人道浹，王道備，注正説篇。所以檢柙靡薄之俗者，「柙」舊誤作「押」，今正。齊世篇云：「檢柙守持，

〔一〕「衡」字原本脱，據正文補。

〔二〕「盡思極心」，原本作「盡心極思」，據正文乙。

備具悉極。」悉具密致。夫防決不備，有水溢之害；網解不結，有獸失之患。是故周道不弊，則民不文薄；民不文薄，春秋不作。齊世篇、定賢篇、書解篇並見此義。楊、墨之學不亂傳義，盼遂案：「傳」當「儒」之誤。則孟子之傳不造；孟子滕文公下：「孟子曰：『楊、墨之道不息，孔子之道不著，是邪説誣民，充塞仁義也。吾爲此懼，閑先聖之道，距楊、墨，放淫辭，邪説者不得作。』」韓國不小弱，法度不壞廢，則韓非之書不爲；史記本傳：「非見韓之削弱，數以書諫韓王，韓王不能用。於是韓非疾治國不務修明其法制，執勢以御其臣下，富國彊兵，而以求人任賢，反舉浮淫之蠹，而加之於功實之上。觀往者得失之變，故作孤憤〔一〕、五蠹、内外儲、説林、説難十餘萬言。」漢志法家：「韓子五十五篇。」高祖不辨得天下，馬上之計未轉，則陸賈之語不奏；書解篇云：「高祖既得天下，馬上之計未敗，陸賈造新語。」注見彼篇。衆事不失實，凡論不壞亂，則桓譚之論不起。注超奇、案書篇。故夫賢聖之興文也，起事不空爲，因因不妄作。下「因」字，朱校元本作「可」。作有益於化，化有補於正，故漢立蘭臺之官，校審其書，以考其言。「蘭臺」注別通篇。董仲舒作道術之書，頗言災異政治所失，「所」當作「得」。案書篇云：「新語皆言君臣政治得失。」書成文具，表在漢室。主父偃嫉之，

〔一〕「孤」，原本作「狐」，形近而誤，據史記改。

誣奏其書。天子下仲舒於吏，當謂之下愚。盼遂案：當，判決書也。仲舒當死，天子赦之。史記本傳：「仲舒廢爲中大夫，居舍，著災異之記。是時遼東高廟災，主父偃疾之，取其書奏之天子。天子召諸生，示其書，有刺譏。董仲舒弟子呂步舒不知其師書，以爲下愚。於是下董仲舒吏，當死，詔赦之。」史謂書未奏，主父偃竊奏之。此文則謂書成已奏，主父偃嫉而誣之，義稍不同。夫仲舒言災異之事，孝武猶不罪而尊其身，況所論無觸忌之言，核道實之事，收故實之語乎？故夫賢人之在世也，進則盡忠宣化，以明朝廷；退則稱論貶說，以覺失俗。俗也盼遂案：「也」字疑當在第一「俗」字下。其第二「俗」字屬下句讀。文本爲「退則稱論貶說，以覺失俗也。俗不知還，則立道輕爲非」。不知還，則立道輕爲非；論者不追救，則迷亂不覺悟。

是故論衡之造也，起衆書並失實，虛妄之言勝真美也。故虛妄之語不黜，則華文不見息；華文放流，盼遂案：「華文」下當有「不」字，今脱。上句「虛妄之語不黜，則華文不見息」，與此句爲駢偶也。則實事不見用。故論衡者，所以銓輕重之言，立真僞之平，非苟調文飾辭，爲奇偉之觀也。其本皆起人間有非，故盡思極心，以譏世俗。世俗之性，好奇怪之語，說虛妄之文。「說」讀「悅」。何則？實事不能快意，而華虛驚耳動心也。是故才能之士，好談論者，增益實事，爲美盛之語；「盛」下舊校曰：一作「盛溢」。

用筆墨者，造生空文，爲虛妄之傳。聽者以爲真然，説而不舍；「説」讀「悦」。覽者以爲實事，傳而不絶。不絶，則文載竹帛之上；不舍，則誤入賢者之耳。至或南面稱師，賦姦僞之説；典城佩紫，並注命禄篇。讀虛妄之書。明辨然否，疾心傷之，安能不論？孟子傷楊、墨之議大奪儒家之論，引平直之説，褒是抑非，世人以爲好辯。孟子曰：「予豈好辯哉？予不得已！」見滕文公篇〔一〕。今吾不得已也。虛妄顯於真，實誠亂於僞，世人不悟，是非不定，紫朱雜廁，瓦玉集糅，以情言之，豈吾心所能忍哉！衛驂乘者越職而呼車，惻怛發心，恐上之危也。「上」舊誤「土」，朱校元本同。今從錢、黄、鄭、王本正。事亦見幸偶篇。夫論説者閔世憂俗，與衛驂乘者同一心矣。愁精神而幽魂魄，動胷中之静氣，賊年損壽，無益於性，禍重於顔回，効力篇謂顔淵力不任，劣倦罷極，髮白齒落，有仆頓之禍。違負黄、老之教，非人所貪，不得已，故爲論衡。文露而旨直，辭姦而情實。「辭姦」非其義，「姦」疑爲「訐」之譌。「姦」或作「奸」，與「訐」形誤。説文：「訐，面相斥罪也。」後漢書袁安傳：「言辭驕訐。」注：「訐，謂發揚人之惡。」盼遂案：姦與露、直、實同列，則姦非惡詞。下文「被棺斂者不省」，「奉送藏者不約」，「爲明器者不姦」，又以姦與約、省

〔一〕「滕文公篇」，原本誤作「文公篇滕」，今乙。

同用。自紀篇「言姦辭簡，指趣妙遠」，又以姦與簡同用。然則姦殆即簡約質實，言無華澤之意矣。又按：「姦」疑「蕑」之簡寫。「蕑」相傳與「姸」同字，則此「辭姦而情實」，謂遺辭雖姸妙，而抒情卻真實也。黄暉説「姦」爲「訐」之譌，失之。其政務言治民之道。政務，本傳、隋志並未載，蓋久佚矣。論衡諸篇，實俗間之凡人所能見，與彼作者無以異也。若夫九虚、三增、論死、訂鬼，世俗所久惑，人所不能覺也。人君遭弊，改教於上；人臣愚（遇）惑，作論於下。「愚惑」無義，當作「遇惑」，與「遭弊」對文。本書屢以「遭」、「遇」、「適」、「偶」相對成義。〔下〕實得，則上教從矣。「下」字據朱校元本補。今本涉重文脱。冀悟迷惑之心，使知虚實之分。實虚之分定，而華僞之文滅；「而」下舊校曰：一有「後」字。華僞之文滅，則純誠之化日以孳矣。舊校曰：「純誠」一作「純厚」。舊本段。

或曰：聖人作，賢者述，以賢而作者，非也。論衡、政務，可謂作者。曰：非作也，舊本「非」在「曰」字上。孫曰：「『非曰作也』，當從元本作『曰非作也』。『曰』乃答詞。」今据正。亦非述也，論也。論者，述之次也。五經之興，可謂作矣。太史公書、即今史記。漢時則曰「太史公」，（漢書藝文志。）曰「太史公記」，（漢書楊惲傳、前漢紀十四、風俗通卷一、卷六。）曰「太史公書」，（漢書宣元六王傳、班彪論略、論衡。）曰「太史記」。（風俗通二。）王先謙曰：「隋志題史記，蓋晉後著録，改從今名。」詳史記考異、愈愚録。劉子政序、漢志：「劉向所序六十七篇。」注：「新序、説苑、世説、列女傳頌圖也。」按：「所序」謂其所序累者也。（「序累」二字，屢見本書。）顧實曰：「猶今之叢書。」似非其義。班叔皮傳，彪續太史公書，作後傳數十篇。見本傳。可謂述矣。桓山君新論，盼遂案：當是「桓君山」。鄒伯奇檢論，可謂論矣。今觀論衡、政務，桓、鄒之二論也，非所謂作也。造端更爲，前始未有，若倉頡作書，奚仲作車是也。易言伏羲作八卦，前是未有八卦，伏羲造之，故曰作也。文王圖八，自演爲六十四，故曰衍。正説篇以伏羲非作，文王非演，演作之言，生於俗傳。此又因俗傳爲説。謂論衡之成，猶六十四卦，而又非也。六十四卦以狀衍增益，其卦溢，其數多。孫曰：「溢其數多」，疑當作「溢多其數」。今論衡就世俗之書，訂其真僞，辯其實虛，非造始更爲，無本於前也。儒生就先師之説，詰而難之；文吏就獄卿之事，盼遂案：「獄卿」當乙爲「卿獄」。案書篇：「卿決疑訟，獄定嫌罪。」又云：「卿獄之吏，才不任職。」皆以「卿獄」聯文。覆而考之，案書篇：「卿決疑訟，獄定嫌罪。」謂論衡爲作，儒生、文吏謂作乎？

上書奏記，陳列便宜，皆欲輔政。今作書者，猶〔上〕書奏記，「上」字依朱校元本補。盼遂案：「猶」下疑脱一「上」字。上句「上書奏記，陳列便宜，皆欲輔政」，以「上書奏記」四字爲詞，此承疊其文也。説發胷臆，文成手中，其實一也。夫上書謂之奏，奏記轉易其名謂之書。盼遂案：二「奏」字蓋衍其一。「奏記」句絕。建初孟年，中州頗歉，潁川、汝南民流四散。聖主憂懷，詔書數至。章帝時，兗、豫、徐三州比年大旱，詔免租芻。詳後漢書本紀。論衡之人，奏記郡守，宜禁奢侈，以備困乏。言不納用，退題記草，名曰備乏。酒麋五穀，生起盜賊，沉湎飲酒，盜賊不絶，奏記郡守，禁民酒。退題記草，名曰禁酒。由此言之，夫作書者，上書奏記之文也。記謂之造作，上書上書奏記是作也？「記謂之造作上書」，文不成義，疑當作「論衡謂之造作」。上文「謂論衡爲作，儒生、文吏謂作乎」文例正同。「記」爲「論衡」之誤，又衍「上書」二字。盼遂案：「上書」二字誤重，當删去其一。

晉之乘，而楚之檮杌，魯之春秋，見孟子離婁上。人事各不同也。易之乾坤，春秋之元，公羊傳隱元年何注：「變一爲元，元者氣也。無形以起，有形以分，造起天地，天地之始也。」疏：「春秋説云：『元者端也。』『氣泉』注云：『元爲氣之始，如水之有泉，泉流之原，無形以起，有形以分。窺之不見，聽之不聞。』宋氏云：『無形以起，在天成象；有形以分，在地成形也。』然則有形與無形，皆生乎元氣而來，故言造起天地，天地之始也。」漢書董仲舒傳仲舒對策曰：「謹案春秋謂一元之意，一者萬物之所從始也，元者辭之所謂大也。謂一爲元者，視大始而欲正本也。」繁露二端、王道、玉英等篇並釋稱「元」之義。楊氏之玄，後漢書張衡傳注引新論曰：「揚雄作玄書，以爲玄者天也，道也。言聖賢制法作事，皆引天道以爲本統，而因附續萬類，王政人事法度。故宓羲氏謂之易，老子謂之道，孔子謂之元，而揚雄謂之玄。」卜氣號不均也。由此言之，唐林之奏，谷永之章，唐林、谷永，漢之善章奏者。見效力篇。論衡、政務，同一趨也。漢家極筆墨之林，書論之造，漢家尤多。陽成子張作樂，先孫曰：「張」當作「長」。超奇篇云：「陽城子長作樂經。」即此。暉按：新論亦作「張」。「張」、「長」字通。楊子雲造玄，二經發於臺下，讀於闕掖，卓絶驚耳，「卓絶」，朱校元本作「逴詭」，疑原作「逴譎」。佚文篇：「才高卓譎。」（元本作「譎」。）定賢篇：「權詐卓譎。」不述而作，材疑聖人，朱校元本「疑」作「擬」。而漢朝不譏。況論衡細説微論，解釋世俗之疑，辯照是非之理，使後進曉見然否之分，恐其廢失，著之簡牘，祖經章句之説，先師奇説之類也。文有脱誤。朱校元本無「祖」字，空一格。「先」下，「其」下，並空一字。其言伸繩，彈割俗傳。朱校元本「俗傳」二字作「憎」，屬下讀。疑非。俗傳蔽惑，僞書放流，賢通之人，疾之無已。孔子曰：「詩人疾之不能默，丘疾之不能伏。」是以論也。鹽鐵論相刺篇：「孔子曰：詩人疾之不能默，丘疾之不能伏，是以東西南北七十説而不用，然後退而修王道，作春秋，垂之萬載之後，天下折中焉。」玉亂於石，人不能別；或若楚之王尹以玉爲石，「王」，王本、崇文本作「工」。卒使卞和受刖足之誅。注變動篇。是反爲非，虚轉爲實，安能不言？俗傳既過，俗書又僞。若夫鄒衍謂今天下爲一州，四海之外有若天下者九州。注談天篇。盼遂案：「州」字疑涉上句之尾「州」字而衍。淮南書言共工與顓頊争爲天子，不勝，怒而觸不周之山，使天柱折，地維絶。注談天篇。堯時十日並出，堯上射九日。注感虚篇、説日篇。魯陽戰而日暮，援戈麾日，日爲卻還。注感虚篇。世間書傳，多若等類，浮妄虚僞，没奪正是。心漬涌，筆手擾，安能不論？論則考之以心，效之以事，浮虚之事，輒立證驗。若太史公之書，據許由不隱，見史記伯夷傳。「據」，疑當作「處」。「處」猶「辯」也。校者未審其義，則改作「據」。燕太子丹不使日再中，注感虚篇。讀見之者，莫不稱善。

政務爲郡國守相、縣邑令長陳通政事所當尚務，欲令全民立化，奉稱國恩。論衡九虚、三增，所以使俗務實誠也；論死、訂鬼，所以使俗薄喪葬也。孔子徑庭麗級，被棺斂者不省；劉子政上薄葬，奉送藏者不約；並注薄葬篇。光武皇帝草車茅馬，爲明器者不姦。何「姦」字誤。光武營陵地於臨平亭南，務從省約，曰：「古者帝王之葬，皆木車茅馬，使後世之人不知其處。」見東觀記、後書本紀。世書俗言不載？信死之語汶濁之也。今著論死及死僞之篇，明〔人〕死無知，不能爲鬼，「明」下疑脱「人」字。論死篇云：「人死不爲鬼，無知，不能害人。」冀觀覽者將一曉解約葬，更爲節儉。斯蓋論衡有益之驗也。言苟有益，雖作何害？倉頡之書，世以紀事；注奇怪篇。奚仲之車，世以自載；注謝短篇。伯余之衣，以辟寒暑；淮南氾論訓：「伯余作衣。」高注：「『伯余，黄帝臣。』世本曰：『伯余制衣裳。』一曰：『伯余，黄帝。』」路史後紀五：「黄帝名荼。注：字或作『余』，故世本云：『伯余作衣裳。』淮南子『伯余之初作衣』，許注云：『黃帝。』」**桀之瓦屋，以辟風雨。**史記褚先生補龜策傳曰：「桀爲瓦室。」博物志曰：「桀作瓦。」世本曰：「昆吾作陶。」古史考曰：「昆吾作瓦。」（御覽一八八。）龜策傳集解曰：「蓋是昆吾爲桀作也。」**夫不論其利害，而徒譏其造作，是則倉頡之徒有非，世本十五家皆受責也。**禮記明堂位疏曰：「世本有作篇，其篇記諸作事。」漢志：「世本十五篇。」史記集解序，索隱引劉向曰：「古史官明於古事者所記。」皇甫謐謂左丘明作，非也。其書久佚，清人有輯本。**故夫有益也，雖作無害也。雖無害，何補？**文不成義。疑當作「故夫有益也，雖作無害；若其無益，雖述何補」。自紀篇云：「爲世用者，百篇無害；不爲用者，一章無補。」文例同。盼遂案：二語間有脫文，文義不相承。

古有命使采爵，欲觀風俗，知下情也。「爵」疑「詩」誤。藝文志曰：「古有采詩之官，王者所觀風俗，知得失，自考正也。」劉歆與揚雄書曰：「三代、周、秦軒車使者，遒人使者，以歲八月巡路，求代語僮謠歌戲。」即此文所指。謝短篇云：「古者采詩。」**詩作民間，聖王可云「汝民也，何發作」，因罪其身，殁滅其詩乎？今已不然，故詩傳亞今。**「亞」字誤。盼遂案：「亞」字因與「至」形近而致誤。**論衡、政務，其猶詩也，冀望見采，而云有過。斯蓋論衡之**

書所〔一〕以興也。且凡造作之過，意其言妄而謗誹也。意，發語詞也。劉盼遂改作「惡」，非。盼遂案：「意」字疑當爲「惡」之譌，形相似也。又或爲「忌」之譌，聲韻皆近。黄暉説「意」爲發語詞，似非。論衡實事疾妄，齊世、宣漢、恢國、驗符、盛褒、須頌之言，劉盼遂曰：盛褒，佚篇名。盼遂案：盛褒今無可考。惟盛褒名義與須頌爲偶，蓋亦姊妹篇之亡佚者。能聖、實聖，姊妹篇之全佚者。（須頌篇説。）答佞、覺佞，同見答佞篇，今覺佞無考，此姊妹篇之偏佚者。無誹謗之辭，造作如此，可以免於罪矣。

〔一〕「所」，原本作「有」，據通津草堂本改。

論衡校釋卷第三十

自紀篇

抱朴子自敍篇云：「昔王充年在耳順，道窮望絶，懼身名之偕滅，故自紀終篇。」

王充者，會稽上虞人也，字仲任。其先本魏郡元城一姓。元本「姓」上空一字，朱校元本「城」下空二字，無「一」字，則此有脱文。韓愈後漢三賢贊孫注云：「其先魏郡元城人。」當即本此。按王莽傳，莽封曾祖翁孺爲孺王，於魏郡元城，爲元城王氏。然則，仲任與莽同族也？孫盼遂案：漢書百官公卿表：「元帝初元三年丞相司直南郡李延壽。」蕭望之傳有丞相司直緐延壽，是李延壽一姓緐。漢書功臣侯表陳武，文紀作柴武，臣瓚注以爲二姓。一人二姓。殆兩京時有此風尚歟？孫一幾世嘗從軍有功，「孫一」二字誤。封會稽陽亭。一歲倉卒國絶，「國」，元本作「道」，朱校同。因家焉，以農桑爲業。世祖勇任氣，卒咸不揆於人。歲凶，横道傷殺，怨讎衆多。會世擾亂，恐爲怨讎所擒，朱校元本作「害」。祖父汎舉家檐載，「檐」，朱校元本从「扌」。就安會稽，留錢唐縣，以賈販爲事。元本作「業」，朱校同。生子二人，長曰蒙，少曰誦。誦即充父。祖世任氣，至蒙、誦滋甚，故蒙、誦在錢唐，勇勢凌人。末

復與豪家丁伯等結怨，元本「末」作「本」，「伯」作「某」，朱校同。先孫曰：「本」疑「卒」之誤。盼遂案：孫詒讓曰：「案元本『末』作『本』，『伯』作『某』。『本』疑『卒』之誤。」孫校非也。末字不誤，末者對上在會稽横道殺傷，在錢唐任氣滋甚爲言，故云末，以言後日之事也。**舉家徙處上虞。**十七史商榷曰：「王充傳：『充少孤，鄉里稱孝。』案：充自紀篇歷詆其祖父之惡，恐難稱孝。」史通序傳篇、惠棟於後漢書本傳補注、錢大昕養新録并詆訶之。暉按：王褒集僮約注云：「漢時官不禁報怨。」（引見御覽。）桓譚疏曰：「今人相殺傷，雖已伏法，而私結怨讎，子孫相報，後忿深前，至於滅户殄業，而俗稱豪健，故雖怯弱，猶勉而行之。」是世風所尚，非可謂其意在詆毁也。

建武三年，充生。爲小兒，與儕倫遨戲，不好狎侮。儕倫好掩雀、捕蟬，戲錢、林熙，充獨不肯。先孫曰：「林熙」，「林」疑當作「休」，「熙」與「嬰」通。（説文女部云：「嬰，説樂也。」）「戲錢」蓋即「意錢」，後漢書梁冀傳李注引何承天纂文云：「詭億一曰射意，一曰射數，即攤錢也。」孫曰：孫詒讓謂「林」疑當作「休」，非也。「掩雀、捕蟬，戲錢、林熙」，乃四種遊戲之名。林熙者，即攀援樹木之戲也。淮南子脩務篇云：「木熙者，舉梧檟，據句枉。」高注：「熙，戲也。舉，援也。梧桐、檟梓皆大木也。句枉，曲枝也。」又云：「木熙者非眇勁。」高注：「眇，絶也，言其非能自有絶眇之强力也。」淮南子「木熙」，論衡「林熙」，其義一也。若改爲「休」，失其旨矣。**誦奇之。六歲教書，恭愿仁順，禮敬具備，矜莊寂寥，有巨人之志。**「巨」舊作「臣」，鄭本同，今依錢、黄、王、崇文本正。父未嘗笞，母未嘗非，十駕齋養新録七曰：充傳云：「充少孤。」按此文，不云「少孤」也。閭里未嘗讓。八歲出於書館，書館小僮百人以上，皆以過失袒謫，元本作「相摭」，朱校同。或以書醜得鞭。充書日進，又無過失。手書既成，辭師受論語、尚書，日諷千字。經明德就，謝師而專門，援筆而衆奇。所讀文書，亦日博多。才高而不尚苟作，口辯而不好談對，非其人，終日不言。其論説始若詭於衆，極聽其終，衆乃是之。以筆著文，亦如此焉；操行事上，亦如此焉。在縣位至掾功曹，後漢書百官志：「郡國及縣，諸曹皆置掾史。」又曰：「功曹主選署功勞。」注引漢書音義曰：「正曰掾，副曰屬。」在都尉府位亦掾功曹，百官志：「每屬國置都尉一人，比二千石。」漢官解故曰：「都尉，郡各一人，副佐太守，言與太守俱受銀印部符之任，爲一郡副將。然俱主其武職，不預民事。舊時常以八月都試講習其射力，以備不虞，皆絳衣戎服，示揚威武，折衝厭難者也。」（書鈔六三。）在太守爲列掾五官功曹行事，百官志：「每郡置太守一，二千石。」「行事」，程本作「從事」，誤。續漢書百官志五：「郡守都尉皆置諸掾史。」本注曰：「有功曹，主選署功勞；有五官掾，署功曹及諸曹事。」「列掾五官」，猶言列爲五官掾也。「功曹行事」，蓋即署功曹事。入州爲從事。百官志：「每州皆有從事史。」續漢志：郡國有從事，主督文書，察主非法，皆州自辟除，故通爲百石。不好徼名於世，不爲利害見將。「將」猶「從」也。言不爲利害動。常言人長，希言人短。專薦未達，解已進者過。及所不善，亦弗譽；有過不解，亦弗復陷。能釋人之大過，亦悲夫人之細非。「夫」，元本作「忘」，朱校同。疑當作「亦忘人之細非」，與「能釋人之大過」句法一律。校者改「忘」作「夫」，不知「悲」即「忘」之譌衍也。好自周，不肯自彰，勉以行操爲基，恥以材能爲名。衆會乎坐，不問不言；賜見君將，不及不對。在鄉里，慕蘧伯玉之節；在朝廷，貪史子魚之行。論語衛靈公篇：「子曰：直哉〔一〕，史魚！邦有道如矢，邦無道如矢。君子哉，蘧伯玉！邦有道則仕，邦無道則可卷而懷之。」集解孔曰：「史魚，衛大夫史鰌也。」左襄二十九年傳「史鰌」，杜注：「史魚。」杜氏世族譜：「衛雜人史鰌。」蓋鰌名，魚其字。見汙傷，不肯自明；位不進，亦不懷恨。貧無一畝庇身，志佚於王公；賤無斗石之秩，意若食萬鍾。類要二六鄉閭高士類、貧類引「庇身」並作「之貲」，疑是。又「志佚於王公」與「意若食萬鍾」兩句先後次倒。得官不欣，失位不恨。處逸樂而欲不放，居貧苦而志不倦。淫讀古文，甘聞異言。世書俗説，多所不安，幽處獨居，考論實虛。舊本段。

充爲人清重，遊必擇友，不好苟交。所友位雖微卑，年雖幼稚，行苟離俗，必與之友。好傑友雅徒，不氾結俗材。俗材因其微過，蜚條陷之，盼遂案：後漢書宦者傳：

〔一〕「哉」，原本作「或」，形近而誤，據論語改。

「競欲咀嚼，造作飛條。」章懷太子注：「飛條，飛書也。」案：殆如今世之匿名信，明季之没名揭帖矣。然終不自明，亦不非怨其人。或曰：「有良材奇文，無罪見陷，胡不自陳？羊勝之徒，摩口膏舌；鄒陽自明，入獄復出。羊勝讒鄒陽，注超奇篇。苟有全完之行，不宜爲人所缺；既耐勉自伸，不宜爲人所屈。」答曰：不清不見塵，不高不見危，不廣不見削，不盈不見虧。士茲多口，孟子盡心下：「士憎茲多口。」爲人所陷，蓋亦其宜。好進故自明，憎退故自陳。吾無好憎，故默無言。羊勝爲讒，或使之也；鄒陽得免，或拔之也。孔子稱命，孟子言天，偶會篇曰：「公伯寮愬子路於季孫，孔子稱命；魯人臧倉讒孟子於平公，孟子言天。」吉凶安危，不在於人。昔人見之，故歸之於命，委之於時，浩然恬忽，無所怨尤。福至不謂己所得，禍到不謂己所爲。故時進意不爲豐，時退志不爲虧。不嫌虧以求盈，不違險以趨平；不鬻智以干禄，不辭爵以弔名；盼遂案：「弔名」當是「釣名」之誤。漢書公孫弘傳：「飾詐欲以釣名。」師古曰：「釣，取也。言若釣魚。」則「釣名」正與「干禄」相對。不貪進以自明，不惡退以怨人。同安危而齊死生，鈞吉凶而一敗成，遭十羊勝，謂之無傷。動歸於天，故不自明。舊本段。

充性恬澹，不貪富貴。爲上所知，拔擢越次，不慕高官。不爲上所知，貶黜抑屈，不恚下位。比爲縣吏，無所擇避。或曰：「心難而行易，好友同志，仕不擇地，濁操傷行，世何效放？」答曰：可效放者，莫過孔子。孔子之仕，無所避矣。爲乘田委吏，無於邑之心；孟子萬章下：「孔子嘗爲委吏矣，曰：會計當而已矣。嘗爲乘田矣，曰：牛羊茁壯長而已矣。」注：「委吏，主委積倉庾之吏也。乘田，苑囿之吏也，主六畜之芻牧者也。」爲司空相國，無説豫之色。史記孔子世家曰：「孔子由中都宰爲司空，由司空爲大司寇，由大司寇行攝相事。」舜耕歷山，若終不免；史記五帝紀：「舜耕歷山，歷山之人皆讓畔。」盼遂案：孟子盡心下篇：「舜之飯糗茹草也，若將終身焉。」仲任此處，正同孟意。若世説新語排調篇：「劉夫人戲謂謝安曰：『大丈夫不當如此乎？』安乃捉鼻曰：『但恐不免耳。』」則自謂不免於富貴，與論衡謂舜不免，自指貧賤而言，固自不同。及受堯禪，若卒自得。憂德之不豐，不患爵之不尊；恥名之不白，不惡位之不遷。垂棘與瓦同櫝，公羊僖二年傳：「垂棘之白璧。」注：「垂棘，出美玉之地。」呂氏春秋權勳篇高注：「垂棘，美玉所出之地，因以爲名。」明月與礫同囊，淮南覽冥篇高注：「隋侯之珠，蓋明月珠也。」許慎淮南子注：「夜光之珠，有似明月，故曰明月也。」高以隋侯爲明月，許以夜光爲明月，兩説不同。始皇逐客，李斯上書曰：「有隋和之寶，垂明月之珠。」則斯不以隋侯爲明月。班固四都賦：「隨侯、明月，錯落其間；懸黎、垂棘，夜光在焉。」則固不以夜光爲明月，亦不以隋侯爲明月，而别爲三。苟有二寶之質，不害爲世所同。世能知善，雖賤猶顯；不能别白，雖尊猶辱。處卑與尊齊操，位賤與貴比德，斯可矣。舊本段。

俗性貪進忽退，收成棄敗。充升擢在位之時，衆人蟻附；廢退窮居，舊故叛去。志俗人之寡恩，齊曰：「志」疑是「恚」之壞字。故閑居作譏俗節義十二篇。冀俗人觀書而自覺，故直露其文，集以俗言。或譴謂之淺。答曰：以聖典而示小雅，「雅」疑當作「稚」。盼遂案：「小雅」之「雅」，古祇作「牙」，小兒之稱也。後漢書崔駰傳云：「甘羅以童牙而報趙。」章懷太子注：「童牙，謂幼小也。」後加子旁作「犽」。集韻九麻：「吴人呼赤子曰犽子。」「牙」與「吾」古同音，故古籍亦作「吾子」。管子海王篇：「吾子食鹽二升少半。」房玄齡注：「吾子，謂小男小女也。」今中國江、淮之域，尚多呼小兒爲小牙者。論衡之「小雅」，自係當時之習語矣。又案：「稚」字形與「雅」近，此「小雅」或亦「小稚」之誤爾。以雅言而説丘野，不得所曉，無不逆者。故蘇秦精説於趙，而李兑不説；趙策一：蘇秦説李兑曰：「願見於前，口道天下之事。」李兑曰：「先生以鬼之言見我則可，若以人之事，兑盡知之。」蘇秦曰：「臣固以鬼之言見君，非以人之言也。」李兑見之。蘇秦曰：「今日臣之來也暮，後郭門，藉席無所得，寄宿人田中，傍有大叢。夜半，土梗與木梗鬭曰：『汝不如我，我者乃土也。使我逢疾風淋雨，壞沮，乃復歸土。今汝非木之根，則木之枝耳。汝逢疾風淋雨，漂入漳、河，東流至海，氾濫無所止。』臣竊以爲木梗勝也。今君殺主父而族之，君之立於天下，危於累卵。君聽臣計則生，不聽臣計則死。」李兑曰：「先生就舍，明日復來見兑也。」蘇秦出。李兑舍人謂李兑曰：「君能聽蘇公之計乎？」李兑曰：「不能。」舍人曰：「君即不能，願君堅塞兩耳，無聽其談也。」明日復見，終日談而去。舍人出送蘇君，蘇秦謂舍人曰：「昨日我談粗而君動，今日精而君不動，何也？」舍人曰：「先生之計大而規高，吾君不能用也。乃我請塞兩耳，無聽談者。」商鞅以王説秦，而孝公不用。注逢遇篇。夫不得心意所欲，雖盡堯、舜之言，猶飲牛以酒，啖馬以脯也。故鴻麗深懿之言，關於大而不通於小。「關」讀作「貫」，貫亦通也。不得已而强聽，人胸者少。孔子失馬於野，野人閉不與；子貢妙稱而怒，馬圄諧説而懿（憙）。俗曉〔形〕露之言，勉以深鴻之文，先孫曰：「懿」，黄氏日鈔引作「喜」，疑當爲「憙」之誤。（馬圄事，見淮南子人間訓，亦見前逢遇篇。）孫曰：孫氏據黄氏日鈔疑「懿」爲「憙」之誤，是也。惟以「馬圄諧説而憙俗」爲句，則非。「子貢妙稱而怒，馬圄諧説而憙」，（馬圄事見呂氏春秋必己篇、淮南子人間篇，亦見前逢遇篇。抱朴子塞難篇云：「子貢不能悦禄馬之野人。」）皆六字句，相對成文。「俗曉露之言」，本當作「曉俗之言」。「露」字涉上「直露其文」而衍，又誤將「俗」字倒置於上，故文句不安。詳日鈔引作「曉俗而以鴻文」，雖有删節，而「曉俗」二字未倒，當是論衡原本如此。暉按：孫據日鈔以「俗曉露之言」當作「曉俗之言」，非也。「露」字不衍，「俗曉」二字亦不倒置。「露」上脱「形」字，「形露」二字連文。下文云：「充書形露易視。」又曰：「譏俗之書，欲悟俗人，故形露其指，爲分別之文。」「形露之言」與「深鴻之文」相對成義。日鈔引作「曉俗而以鴻文」，義自可通。若作「曉俗之言，免以深鴻之文」，則於義不貫。孫氏不得據彼改此。又按：朱校元本「懿」作「意」，足爲先孫説「懿」當作「憙」之證。猶和神仙之藥以治齀欬，盼遂案：「齀」當是「鼽」之誤體。說文鼻部：「鼽，病寒鼻窒也。」故與「欬」字並舉。制貂狐之裘以取薪菜也。且禮有所不待，事有所不須。斷決知辜，不必臯陶；調和葵韭，方以智曰：古人竟以葵爲呼菘菜野菜之通稱耳。晉以後曰菘，今謂菜，古謂葵。昔楚相拔園葵，韓詩外傳：「馬踐園葵。」古歌井上生族：「采葵待作羹。」王維詩：「松下清齋折露葵。」直謂菜也。暉按：量知篇：「地種葵韭，山樹棗栗，名曰美園茂林。」此文云：「調和葵韭。」下文云：「舒戟采葵。」並謂葵爲菜也。不俟狄牙；狄牙即易牙，注譴告篇。類要三二譬喻語類、官未達類引「不俟」并作「不事」。閭巷之樂，不用韶、武；論語八佾篇孔注：韶，舜樂名也。武，武王樂也。里母之祀，日鈔引作「祝」。不待太牢。既有不須，而又不宜。牛刀割雞，舒戟采葵，鈇鉞裁箸，盆盎酌巵，大小失宜，善之者希。何以爲辯？喻深以淺。何以爲智？喻難以易。賢聖銓材之所宜，盼遂案：「銓」當爲「輇」，形近之誤，猶下文「訂詮」之訛爲「釘銓」也。輇者，說文車部云：「輇，蕃車下庳輪也。」由「庳輪」引申爲凡庳小之義。莊子外物篇：「而後世輇人諷說之徒。」「輇人」謂「小人」也。論以「輇材」與「賢聖」相對，故下云文有深淺之差。故文能爲深淺之差。「銓」當作「詮」，謂詮訂材能之宜，以爲深淺之文。材謂讀者之材。舊本段。

充既疾俗情，作譏俗之書；又閔人君之政，徒欲治人，不得其宜，不曉其務，愁精苦思，不睹所趨，故作政務之書。又傷僞書俗文多不實誠，故爲論衡之書。夫賢聖殁而大義分，蹉跎殊趨，各自開門。通人觀覽，不能釘（訂）銓（詮）。先孫曰：「釘銓」當爲「訂詮」。薄葬篇云：「是非信聞見於外，不詮訂於内。」遥聞傳授，筆寫耳取，在百歲之前。歷日彌久，以爲昔古之事，所言近是，信之入骨，不可〔一〕自解，故作實論。其文盛，其辯争，浮華虚僞之語，莫不澄（證）定。孫曰：「澄」當作「證」。問孔篇云：「證定是非。」超奇篇云：「莫不證定。」並其證。没華虚之文，存敦厖之朴；撥流失之風，反宓戲之俗。舊本段。

充書形露易觀。或曰：「口辯者其言深，筆敏者其文沉。案經藝之文，賢聖之言，鴻重優雅，難卒曉睹。世讀之者，訓古乃下。蓋賢聖之材鴻，故其文語與俗不通。玉隱石間，珠匿魚腹，非玉工珠師，莫能采得。寶物以隱閉不見，實語亦宜深沉難測。譏俗之書，欲悟俗人，故形露其指，爲分别之文；論衡之書，何爲復然？豈材有淺極，不能爲〔深〕覆？孫曰：「覆」上疑脱「深」字。下文云：「故爲深覆。」正申此文。又云：「深覆典雅，指意難睹。」並其證。暉按：朱校元本「覆」作「復」。下兩「深覆」並作「深復」。

〔一〕「可」，原本作「能」，據通津草堂本改。

盼遂案：「覆」上疑脱一「深」字。下文「玉隱石間，珠匿魚腹，故爲深覆」，此深覆連文之證，且又上承此文，明此文爲脱誤矣。何文之察，與彼經藝殊軌轍也？」答曰：玉隱石間，珠匿魚腹，故爲深覆。及玉色剖於石心，珠光出於魚腹，其猶隱乎？舊本「猶」字在「乎」字下，屬下讀，今以意正。吾文未集於簡札之上，盼遂案：「其隱乎猶」，當是「其猶隱乎」之誤倒。藏於胸臆之中，猶玉隱珠匿也。及出荴露，疑當作「形露」。下文「筆辯以荴露爲通」，誤同。盼遂案：「荴」字不見于字書，疑爲「核」字之誤。「核露」者，顯著之義。下文「筆辯以荴〔一〕露爲通」，亦與此同。猶玉剖珠出乎！爛若天文之照，順若地理之曉，嫌疑隱微，盡可名處。「名」當作「明」，聲之誤也。薄葬篇：「故其立語，不肯明處。」案書篇：「兩傳並紀，不宜明處。」並其證。處謂辯定之也。且名白，事自定也。「名」，疑當作「明」。論衡者，論之平也。口則務在明言，筆則務在露文。高士之文雅，言無不可曉，指無不可睹。觀讀之者，曉然若盲之開目，聆然若聾之通耳。三年盲子，卒見父母，不察察相識，安肯説喜？「卒」讀「猝」。「説」讀「悦」。道畔巨樹，塹邊長溝，所居昭察，人莫不知。使樹不巨而隱，溝不長而匿，以斯示人，堯、舜猶惑。人面色部七十有餘，頰肌明潔，五色分別，

〔一〕「荴」，原本作「護」，形近而誤，據正文改。

隱微憂喜，皆可得察，占射之者，十不失一。潛夫論相列篇曰：「骨法爲主，氣色爲候，五色之見，王廢有時。」史記淮陰侯傳蒯通曰：「僕嘗受相人之術，貴賤在於骨法，憂喜在於容色。」長短經察相篇注引相經曰：「五色並以四時判之，春三月青色王，赤色相，白色囚，黃、黑二色皆死。夏三月赤色王，白色、黃色皆相，青色死，黃色囚。秋三月白色王，黑色相，赤色死，青、黃二色皆囚。冬三月黑色王，青色相，白色死，黃與赤二色囚。若得其時，色王相者吉；不得其時，色王相若囚死者凶。」使面黝而黑醜，垢重襲而覆部，盼遂案：章士釗云：「覆部駢詞。『部』古通作『蔀』。易豐卦：『豐其蔀。』王弼注：『蔀覆，障礙光明之物也。』此覆部與易注同意。」占射之者，十而失九。夫文由語也，或淺露分別，或深迂優雅，孰爲辯者？故口言以明志，言恐滅遺，故著之文字。文字與言同趨，何爲猶當隱閉指意？獄當嫌辜，決罪曰當。卿決疑事，渾沌難曉，與彼分明可知，孰爲良吏？夫口論以分明爲公，筆辯以荴露爲通，吏文以昭察爲良。深覆典雅，指意難覩，唯賦頌耳。經傳之文，賢聖之語，古今言殊，四方談異也。當言事時，非務難知，使指〔意〕閉隱也。孫曰：「指」下疑脱「意」字。上文云：「何爲猶當隱閉指意。」又云：「指意難睹。」並有「意」字。後人不曉，世相離遠，此名曰語異，不名曰材鴻。淺文讀之難曉，名曰不巧，不名曰知明。秦始皇讀韓非之書，嘆曰：「猶獨不得此人同時。」「猶」疑涉「獨」字譌衍。佚文篇作「始皇歎曰：獨不得與此人同時」，無「猶」字。王、崇文本「猶」作「朕」，非。其文可曉，故其事可思。如深鴻優雅，須師乃學，投之於地，何嘆之有？夫筆著者，欲其易曉而難爲，不貴難知而易造；口論務解分而可聽，不務深迂而難睹。孟子相賢，以眸子明瞭者；注本性篇。察文，以義可曉。舊本段。

充書違詭於俗。或難曰：「文貴夫順合衆心，不違人意，百人讀之莫譴，千人聞之莫怪〔一〕。故管子曰：『言室滿室，言堂滿堂。』注定賢篇。今殆説不與世同，故文刺於俗，不合於衆。」答曰：論貴是而不務華，事尚然而不高合。論説辯然否，安得不譎常心、逆俗耳？衆心非而不從，故喪黜其僞，而存定其真。如當從衆順人心者，循舊守雅，諷習而已，何辯之有？孔子侍坐於魯哀公，公賜桃與黍，孔子先食黍而〔後〕啖桃，可謂得食序矣，孫曰：「啖桃」上脱「後」字。韓非子外儲説左作「先飯黍而後啗桃」。家語子路初見篇作「先食黍而後食桃」。並有「後」字。可證。然左右皆掩口而笑，韓非子外儲説左下：「孔子侍坐於魯哀公，哀公賜之桃與黍。哀公曰：『請用。』仲尼先飯黍，而後啗桃。左右皆揜口而笑。哀公曰：『黍者非飯之也，以雪桃也。』仲尼對曰：『丘知之矣。夫黍者，五穀之長

〔一〕「怪」，原本作「怨」，據通津草堂本改。

也，祭先王爲上盛。果蓏有六，而桃爲下，祭先王不得入廟。丘聞之也，君子以賤雪貴，不聞以貴雪賤。今以五穀之長雪果蓏之下，是從上雪下也。丘以爲妨義，故不敢以先於宗廟之盛也。』」貫俗之日久也。今吾實猶孔子之序食也，俗人違之，猶左右之掩口也。善雅歌，於鄭爲人(不)悲；禮舞，於趙爲不好。「爲人悲」無義，當作「爲不悲」。「人」爲「不」之壞字。古人以音悲爲善。雅歌於鄭爲不悲，鄭聲淫，故不以雅歌爲善也。書虛篇云：「夔性知音律，故調聲悲善。」感虛篇云：「鳥獸好悲聲，耳與人耳同也。」超奇篇：「聞音者皆欲悲。」本篇下文云：「師曠調音，曲無不悲。」又云：「悲音不共聲，皆快於耳。」王仲宣公讌詩：「管弦發徽音，曲度清且悲。」潘安仁金谷集詩：「揚桴撫靈鼓，簫管清且悲。」陸機文賦云：「猶弦么而徽急，故雖和而不悲。」皆古人以悲音爲善之證。堯、舜之典，伍伯不肯觀；「伍」，元本作「五」。孔、墨之籍，季、孟不肯讀。季、孟，魯季孫、孟孫也。盼遂案：「季、孟」猶俗言「張三、李四」，不知誰何之人也，故與伍伯閭巷俗人並列。黄暉釋爲「魯季孫、孟孫」，失之固矣。孟子告子篇下：「趙孟能貴之，趙孟能賤之。」昔人固嘗以趙大、趙某釋之，不以爲晉卿也。寧危之計，黜於閭巷；撥世之言，訾於品俗。有美味於斯，俗人不嗜，狄牙甘食。有寶玉於是，俗人投之，卞和佩服。孰是孰非？可信者誰？禮俗相背，何事不然？魯文逆祀，畔者三人。「三人」舊作「五人」。孫曰：定賢篇云：「魯文逆祀，去者三人。」公羊定七年傳亦作「三人」。今據正。蓋獨是之語，「獨」舊作「猶」。孫曰：「猶」字當從元本作「獨」，形近之譌。今據正。高士不舍，俗夫不好；惑衆之書，賢者欣頌，愚者逃頓。舊本段。盼遂案：章士釗云：「逃頓即逃遯。本書遯字鈍字均以頓爲之。」「惑衆」之「惑」疑誤。惑衆，則愚者不逃頓，賢者不欣頌矣。不審是何字之誤。又案：當係「賢」、「愚」二字互倒致誤。

充書不能純美。或曰：「口無擇言，筆無擇文。孝經曰：「口無擇言，身無擇行。」呂刑曰：「敬忌罔或有擇言在身。」王引之曰：「擇」讀爲「斁」。洪範：「彝倫攸斁。」鄭注訓「斁」爲「敗」。（史記宋世家集解。）說文：「殬，敗也。」引商書曰：「彝倫攸殬。」斁、殬、擇，古音並同。文必麗以好，言必辯以巧。言瞭於耳，則事味於心；文察於目，則篇留於手。故辯言無不聽，麗文無不寫。今新書既在論譬，說俗爲戾，「爲」是「僞」之壞字。上文「衆心非而不從，故喪黜其僞〔一〕，而存定其真」，即此文據以爲說也。下文「爲文欲顯白其爲」，「爲」亦當作「僞」。盼遂案：「爲」疑當是「譌」或「僞」之形殘。又不美好，於觀不快。蓋師曠調音，曲無不悲；狄牙和膳，肴無澹味。然則通人造書，文無瑕穢。呂氏、淮南，懸於市門，觀讀之者，無訾一言。史記呂不韋傳：「不韋乃使其客人人著所聞，集論以爲八覽六論十二紀二

〔一〕「僞」，原本作「爲」，據正文改。

十餘萬言，以爲備天地萬物古今之事，號曰呂氏春秋。布咸陽市門，懸千金其上，延諸侯游士賓客，有能增一字者，予千金。」高誘呂氏春秋序云：「不韋乃集儒士，（據書鈔九九及意林引。今誤「儒書」。）使著其所聞，名爲呂氏春秋。暴之咸陽市門，懸千金其上，有能增損一字者，與千金。時人無能增損者。誘以爲時人非不能也，蓋憚相國，畏其勢耳。」文選揚德祖答臨淄侯牋注引桓譚新論曰：「秦呂不韋請迎高妙，作呂氏春秋；漢之淮南王，聘天下辯通以著篇章。書成皆布之都市，懸置千金，以延示衆士，而莫有能變易者，乃其事約艷，體具而言微也。」今無二書之美，文雖衆盛，猶多譴毁。」答曰：夫養實者不育華，調行者不飾辭。豐草多華英，茂林多枯枝。「華英」當作「落英」。豐草落英，正反成義，與「茂林多枯枝」句法一律，以喻華實不能相兼也。若作「華英」，則失其旨矣。爲文欲顯白其爲，安能令文而無譴毁？救火拯溺，義不得好；辯論是非，言不得巧。入澤隨龜，不暇調足；「隨」字疑誤。深淵捕蛟，不暇定手。言姦辭簡，指趨妙遠；語甘文峭，務意淺小。以上文例之，當作「意務淺小」。稻（舀）穀千鍾，糠皮太半；孫曰：程榮本亦作「稻」，崇文局本作「滔」，皆非也。字當作「舀」，說文：「舀，抒臼也。」「舀穀千鍾」與「閱錢滿億」對文。閱錢滿億，穿決出萬。廣雅釋詁：「閱，數也。」大羹必有澹味，朱校元本作「淡味」。揚雄解難曰：「大味必淡。」師古曰：「淡謂無至味也。」至寶必有瑕穢，大簡必有大好，「大好」當作「不好」。良工必有不巧。然則辯言必有所

屈，通文猶有所黜。言金由貴家起，文糞自賤室出。淮南、呂氏之（文）〔不〕無累害，劉先生曰：仲任此文正謂淮南、呂覽亦不能無累害也。今作「淮南、呂氏之無累害」，非其指矣。御覽六百二引此文作「淮南、呂覽文不無累害」，當從之。今本「文」譌爲「之」。（草書「文」、「之」二字形近易譌。）淺人不達，又删「不」字耳。盼遂案：此言「淮南、呂氏無累害」，正承「言金由貴家起」而云，倘加不字，則義意乖忤。**所由出者，**御覽引「由」作「以」。**家富官貴也。夫貴，故得懸於市；富，故有千金副。觀讀之者，惶恐畏忌，雖見乖不合，焉敢譴一字？**呂氏春秋制樂篇高注：「曝咸陽市門，無敢增益一字者，明畏不韋之埶耳。故揚子雲恨不及其時，車載其金而歸也。」舊本段。

充書既成，或稽合於古，不類前人。孫曰：此文不當有「或」字，疑即「成」字之譌衍。盼遂案：「或」字係沿下文諸「或」字而增。**或曰：「謂之飾文偶辭，或徑或迂，或屈或舒。**「謂之飾文偶辭」，疑當作「飾文調辭」。「謂」爲「調」字譌衍。「之」爲「文」字譌衍，又誤置「飾」字上。「偶」爲「調」之形譌。超奇篇云：「雕文飾辭，爲華葉之言。」案書篇云：「調文飾辭爲奇偉之觀。」下文云：「調辭以務似者失情。」又云：「或調辭以巧文。」並其證。「或徑或迂，或屈或舒」，即狀「飾文調辭」也。**謂之論道，實事委瑑，文給甘酸，**字有誤。**諧於經不驗，**孫曰：說文：「諧，詥也。」廣雅釋詁四：「諧，耦也。」是其義。**集於傳不合，稽之子長不當，内之子雲不**

入。文不與前相似，安得名佳好，稱工巧？」答曰：飾貌以彊類者失形，調辭以務似者失情。百夫之子，不同父母，殊類而生，不必相似，各以所稟，自爲佳好。文必有與合然後稱善，是則代匠斲不傷手，然後稱工巧也。老子曰：「夫代大匠斲者，稀有不自傷其手。」文士之務，各有所從，或調辭以巧文，或辯僞以實事。必謀慮有合，文辭相襲，是則五帝不異事，三王不殊業也。美色不同面，皆佳於目；悲音不共聲，皆快於耳。酒醴異氣，飲之皆醉；百穀殊味，食之皆飽。謂文當與前合，是謂舜眉當復八采，禹目當復重瞳。堯眉八采，舜目重瞳。注骨相篇〔一〕。舊本段。

充書文重。或曰：「文貴約而指通，言尚省而趍明。「趍」，元本作「趨」，朱校作「趣」。「趣」一作「趨」，「趍」俗字，作「趣」是也。文選東京賦注：「趣，意也。」「指通」、「趣明」對文。辯士之言要而達，文人之辭寡而章。今所作新書，出萬言，繁不省，朱校元本「不」上有「而」字。則讀者不能盡；篇非一，則傳者不能領。被躁人之名，以多爲不善。語約易言，文重難得。玉少石多，多者不爲珍；意林、高似孫子略並引作「石多玉寡，寡者爲珍」。龍少魚衆，少者固爲神。」意林、御覽六〇二、又九二九、子略引並無「固」字。答曰：有

〔一〕「骨」，原本作「首」，形近而誤，今改。

是言也。蓋寡言無多，盼遂案：「寡」當是「要」之形誤。「要言無多」者，與「華文無寡」爲對文。猶何晏贊管輅曰：「可謂要言不煩。」同意矣。而華文無寡。「寡言」當作「實言」。「實言無多，而華文無寡」，正反成義。佚文篇：「張霸推精思至於百篇，漢世寡類。」今譌作「實類」。此「實」譌「寡」，彼「寡」譌「實」，正其比。爲世用者，百篇無害；不爲用者，一章無補。如皆爲用，則多者爲上，少者爲下。累積千金，比於一百，孰爲富者？蓋文多勝寡，財富愈貧。「財富」舊作「財寡」，今據意林、御覽六〇二引正。世無一卷，意林、子略引「卷」並作「引」。類要二一自敍文類引同今本。吾有百篇，人無一字，吾有萬言，孰者爲賢？今不曰所言非，而云泰多；不曰世不好善，而云不能領，斯蓋吾書所以不得省也。夫宅舍多，土地不得小；户口衆，簿籍不得少。今失實之事多，華虚之語衆，指實定宜，辯争之言，安得約徑？韓非之書，一條無異，篇以十第，文以萬數。夫形大，衣不得褊；事衆，文不得褊。事衆文饒，水大魚多。帝都穀多，王市肩磨。書雖文重，所論百種。按古太公望，近董仲舒，傳作書篇百有餘，漢志道家：「太公二百三十七篇：謀八十一篇，言七十一篇，兵八十五篇。」又儒家：「董仲舒百二十三篇。」又春秋：「公羊董仲舒治獄十六篇。」後漢應劭傳曰：「董仲舒作春秋決獄二百三十二事。」又前書本傳云：「説春秋事得失，聞舉〔二〕、玉杯、蕃露、清明、竹林之屬，復數九篇。」即見存繁露。**吾書亦纔出百，**本傳載論衡八十五篇。今缺招致一篇。此云「出百」者，佚失實多，其本當在一百篇以外也。説詳劉盼遂論衡篇數殘佚考。**而云泰多，**盼遂案：論衡今存八十五篇，招致一篇有録無書。今云「吾書出百」，而佚文篇亦云「論衡篇以百數」。「百」，今本訛爲「十」，絶不合于情實。縱不計佚篇，論衡亦將九十矣。此其佚篇最少亦應在十五以上矣。今考論衡佚篇見于本書中者，有覺佞篇，（答佞篇「故覺佞之篇曰」云云。）有能聖篇，有實聖篇，（須頌篇云：「能聖、實聖所以興也。」）有時旱篇，有禍湛篇，（須頌篇云：「故順鼓、明雩爲漢應變，時旱、禍湛爲漢論災。」案：順鼓、明雩在論衡第十五卷，而時旱、禍湛俄空焉，亦當是論衡篇名而今佚者。）有盛褒篇。（對作篇云：「論衡實事疾妄，齊世、宣漢、恢國、驗符、盛褒、須頌之言，無誹謗之辭。」齊世等五篇見存論中，則盛褒爲篇名無疑。）馬總意林卷三引論衡云：「天門在西北，地户在東南。地最下者，楊、兗二州，洪水之時，二土最被水害。」又引：「伯夷、叔齊爲庶兄奪國，餓死首陽山，非讓國與庶兄也，豈得稱賢人乎？」又引：「天有日月星辰謂之文，地有山川陵谷謂之理。」凡上三條，皆不見于本書。又酉陽雜俎卷十石駝溺條云：「拘夷國北山有石駝溺，水溺下，以金銀銅鐵瓦木等器盛之皆漏，以掌盛之亦透，唯瓢不漏。服之

〔二〕「聞」，原本作「間」，形近而誤，據漢書改。

令人身上臭毛落盡，得仙。出論衡。」北齊書樊遜傳云：「劉向之信洪寶，没有餘責〔一〕；王充之非黄帝，比爲不相。」又陸佃埤雅卷四引論衡：「鹿制於犬，猨伏於鼠。」考此數處文義，似仍出于上舉五篇之外，則論衡佚篇，其多可見。仲任所云「吾書數纔出百」，及云「篇以百數」，蓋皆信史，非妄語也。**蓋謂所以出者微，觀讀之者不能不譴呵也。河水沛沛，比夫衆川，孰者爲大？蟲蠒重厚，稱其出絲，孰爲多者？**王本、崇文本改作「孰者爲多」，是。舊本段。

充仕數不耦，御覽六〇二引作「遇」。**而徒著書自紀。或虧（戲）曰：**先孫曰：「虧」當爲「戲」，「戲」隸書或作「戱」，（見韓勑造禮器碑。）「虧」俗通作「虧」，（見干禄字書。）左皆從「虚」，故古書多互譌。**「所貴鴻材者，仕宦耦合，身容説納，事得功立，故爲高也。今吾子涉世落魄，仕數黜斥，材未練於事，力未盡於職，故徒幽思屬文，著記美言，何補於身？衆多欲以何趍乎？」答曰：材鴻莫過孔子。孔子才不容，斥逐，**鹽鐵論國病篇：「孔子斥逐於魯君。」又詔聖篇：「孔子治魯不遂，見逐於齊。」莊子山木篇、讓王篇、盜跖篇並云：「孔子再逐於魯。」**伐樹，接淅，**伐樹於宋，注儒增篇。先孫曰：「接淅」，元本作「涜淅」，字當爲「滰淅」。説文水部云：「滰，浚乾漬米也。」孟子曰：「孔子去齊，滰淅而行。」元本「涜」即「滰」之誤。明刻作

〔一〕「責」，原本作「貴」，形近而誤，據北齊書改。

「接」，乃淺學依今本孟子萬章篇文改。見圍，削迹，見圍於匡，注知實篇。削迹於衛，注儒增篇。困餓陳、蔡，門徒菜色。論語衛靈公篇：「在陳絶糧，從者病，莫能興。」今吾材不逮孔子，不偶之厄，「偶」，元本作「遇」，朱校同。未與之等，偏可輕乎？「偏」，元本作「偏」，朱校同。且達者未必知，窮者未必愚。遇者則得，不遇失之。故夫命厚禄善，庸人尊顯；命薄禄惡，奇俊落魄。必以偶合稱材量德，則夫專城食土者，材賢孔、墨。身貴而名賤，則居潔而行墨，「則」，疑涉〔一〕「賤」字譌衍。食千鍾之禄，無一長之德，乃可戲也。若夫德高而名白，官卑而禄泊，非才能之過，未足以爲累也。士願與憲共廬，不慕與賜同衡；莊子讓王篇：「原憲居魯，環堵之室，茨以生草，蓬户不完，桑以爲樞，而甕牖二室，褐以爲塞，上漏下溼，匡坐而弦。子貢乘大馬，中紺而表素，軒車不容巷，往見原憲。原憲華冠縰履，杖藜而應門。子貢曰：『嘻！先生何病？』原憲應之曰：『憲聞之，無財謂之貧，學而不能行謂之病。今憲貧也，非病也。』子貢逡巡而有愧色。原憲笑曰：『夫希世而行，比周而友，學以爲人，教以爲己，仁義之慝，輿馬之飾，憲不忍爲也。』」樂與夷俱旅，不貪與蹠比迹。高士所貴，不與俗均，故其名稱不與世同。身與草木俱朽，聲與日月並彰，行與孔子比窮，文與楊雄爲雙，

〔一〕「涉」，原本作「衍」，依文意改。

吾榮之。身通而知困，官大而德細，於彼爲榮，於我爲累。偶合容說，盼遂案：孟子盡心：「有事君人者事是君，則爲容悅者也。」趙注：「爲苟容以悅君者也。」說、悅古同字。古亦作「容閱」。身尊體佚，百載之後，與物俱歿，名不流於一嗣，文不遺於一札，官雖傾倉，文德不豐，非吾所臧。臧，善也。德汪濊而淵懿，知滂沛而盈溢，筆瀧漉而雨集，說文：「瀧，雨瀧瀧也。涿，流下滴也。」方言：「瀧涿謂之霑漬。」瀧涿、瀧漉語之轉。言溶（潏）滬而泉出，「溶」下舊校曰：一有「窟」字。孫曰：「溶」當作「潏」，形近之誤。「潏滬」疊韻連語，涌出之貌。正用上林賦「潏潏淈淈」之文。文選陸士衡文賦注引正作「潏」。富材羨知，貴行尊志，體列於一世，名傳於千載，乃吾所謂異也。舊本段。

充細族孤門。或啁之曰：「宗祖無淑懿之基，文墨無篇籍之遺，雖著鴻麗之論，無所稟階，終不爲高。夫氣無漸而卒至曰變，物無類而妄生曰異，不常有而忽見曰妖，詭於衆而突出曰怪。吾子何祖？其先不載。況未嘗履墨涂，出儒門，吐論數千萬言，宜爲妖變，安得寶斯文而多賢？」答曰：鳥無世鳳皇，獸無種麒麟，人無祖聖賢，物無常嘉珍。才高見屈，遭時而然。士貴故孤興，物貴故獨產。文孰常在，盼遂案：章士釗云：「『孰』疑當爲『族』，聲之誤也。『孰』與『族』疊韻。」章說「孰」爲「族」誤，是也。至謂本于疊韻，則非也。廣韻族、孰雖同在入聲一屋，然疊韻相借，古籍罕見。毋寧謂本于雙聲，

「族」爲昨木切，「孰」爲殊六切，同爲齒音，故得相叚。**有以放賢，**字有訛誤。**是則澧（醴）泉有故源，而嘉禾有舊根也。**錢、黄、王、崇文本「泉」作「水」，非。孫曰：「澧泉」當作「醴泉」。醴泉與嘉禾同爲吉祥之物。本書屢言醴泉，皆不作「澧」。盼遂案：「返」本爲「反」，涉「違」字而誤沾「辵」也。**屈奇之士見，倜儻之辭生，度不與俗協，庸角（甬）不能程。**「角」，元本作「用」，朱校同。先孫曰：「用」當作「甬」。「庸甬」見方言。盼遂案：吴承仕曰：「月令曰：『正鈞石，角斗甬。』疑『庸』爲『甬』，聲之誤。或王仲任讀月令與今本異。要之，『庸角』爲量之具，無可疑者。」**是故罕發之迹，記於牒籍；希出之物，勒於鼎銘。五帝不一世而起，伊、望不同家而出。千里殊跡，百載異發。士貴雅材而慎興，不因高據以顯達。母驪犢騂，**盼遂案：「母驪犢騂」一語，蓋本論語「犂牛之子騂且角」，惟「犂」作「驪」，與何晏所據本異。皇侃疏：「犂或音梨，謂耕牛。」陸氏釋文：「犂，又力兮反。耕犂之牛也。」不破字之説也。若何注「犂，雜文」，則與仲任之意符矣。**無害犧牲；**論語雍也篇：「子謂仲弓曰：『犂牛之子騂且角，雖欲勿用，山川其舍諸？』」集解：「犂，雜文也。騂，赤色也。角者，角周正，中犧牲也。雖欲以其所生犂而不用，山川寧肯舍之乎？言父雖不善，不害於其子之美也。」王引之述聞三一曰：「犂者，黄黑相雜之名也。驪與犂通。」**祖濁裔清，不牓奇人。**舊校曰：「牓」讀爲「妨」。**鯀惡禹聖，叟頑舜神。伯牛寢疾，仲弓潔全。**錢大昕曰：「伯牛與仲弓並在德行之科，俱出冉氏而族之親疏未聞。獨此文云：『鯀惡禹聖，叟頑舜神。伯牛寢疾，仲弓潔全。顏路庸固，回傑超倫。』是以伯牛爲仲弓之父矣。充言多誕妄，不可信。」沈濤銅熨斗齋隨筆七曰：「據此，是以仲弓爲伯牛子，當必古論語家相傳舊説。竊意仲弓爲伯牛之子，故孔子有『犂牛騂角』喻，以其字爲戲耳。否則，欲譽其子，而斥其父爲牛，恐聖人不如是也。史記仲尼弟子列傳亦有仲弓父賤之説，疑後人據王肅僞撰家語竄改。」嚴可均鐵橋漫稿曰：「史遷爲弟子傳，于父子宗族不著明，如曾蒧不云曾參父，其例也。如仲任説，則伯牛、仲弓父子，論衡非短書，嚮未舉出。」「寢疾」，謂病厲也。注命義篇。**顏路庸固，回傑超倫。孔、墨祖愚，丘、翟聖賢。**家語弟子解：「叔梁紇以力聞。」又本性解：「叔梁紇身長十尺，武絶倫，性嚴。」博物志曰：「叔梁紇，淫夫也。徵在，失行也。」**楊家不通，卓有子雲；桓氏稽可，**盼遂案：「稽可」未詳。**遹出君山。**朱校元本「可」作「古」，「遹」作「譎」。**更稟於元，故能著文。**元，謂更稟元氣於天也。書解篇云：「二氣協和，聖賢稟受，法象本類，故多文彩。」舊本段。

充以元和三年書鈔七三、意林、御覽六〇二引並作「章和二年」，非也。**徙家辟〔難〕，**書鈔、意林、御覽引並作「徙家避難」，則「辟」下今脱「難」字。「辟」、「避」字通。**詣楊州部丹陽、九江、廬江。**百官志：「楊州部郡國六。」吴郡、豫章、會稽，合此三，凡六。所監爲部。**後入爲治中，**百官志：「每州皆有從事史。其功曹從事，爲治中從事。」通志職官略第六曰：「治中從事史一人，居中治事，主衆曹文事，漢制也。」盼遂案：馬總意林引作「充章和二年徙家避難」。太平御覽六百二引作「充以章和二年徙家避難楊州丹陽，入爲治中」。據二書，則「避」下應有「難」字，宜補入。唯「元和三年」作「章和二年」則非是。下文云：「歷年寢廢。章和二年，罷州家居。」元和三年至章和二年凡歷三載，故云「歷年」。若既經章和二年，安得歷年復至章和二年耶？此亦文理所不許，故決意林、御覽爲誤也。**材小任大，職在刺割，**「割」，御覽引作「劾」。百官志：「郡國從事，每郡國各一人，主督促文書，察舉非法，皆州自辟除，秩百石。」光武傳：「從事司察。一如舊章。」前書朱博傳：「其民爲吏所寃，及言盜賊辭訟事，各使屬其部從事。」則從事之職權可知。**筆札之思，歷年寢廢。****章和二年，罷州家居。**御覽引作「三年」，文選盧子諒贈劉琨詩注引作「二年」。章和止二年，作「三」誤也。文選潘安仁懷舊賦注、又悼亡詩注、謝靈運鄰里相送方山詩注、盧子諒贈劉琨詩注，引此文「罷州」下並有「役」字。**年漸七十，**盼遂案：御覽引作章和三年，非是。考漢章帝章和止二年，無三年。此緣御覽既譌元和三年爲章和二年，則不得改此爲三年耳。**時可懸輿。**公羊桓五年傳何注：「禮七十縣車致仕。」疏云：春秋説文。謂之縣輿者，淮南子曰：「日至於悲谷，是謂晡時；至於淵隅，是謂高春；至於連石，是謂下春；至於悲泉，爰止其女，爰息其馬，是謂縣輿。」舊説云：「日在縣輿，一日之暮；人年七十，亦一世之暮，而致其政事於君，故曰縣輿致仕也。亦有作縣車者。」**仕路隔絶，志窮無如。****事有否然，身有利害。****髮白**

齒落，日月踰邁，御覽六〇二、類要二六引「踰」並作「逾」。呂氏春秋高注：「逾，益也。」爾雅釋言：「邁，行也。」儔倫彌索，鮮所恃賴。類要引作「怙賴」。貧無供養，志不娛快。曆數冉冉，離騷王注：「冉冉，行貌。」五臣云：「漸漸也。」庚辛域際，「域」讀作「或」。說文戈部「或」字重文「域」。注云：「『或』又从『土』。」是「域」即「或」。惠士奇曰：「古文『域』作『或』，猶『記』作『己』。」說文：「際，壁會也。」孟子趙注：「際，接也。」訂鬼篇云：「病人且死，殺鬼之至者，庚辛之神也。」「庚辛或際」，謂將殞歿也。盼遂案：「庚辛」者，和帝永元十二年庚子，十三年辛丑，時王君年七十四五。蓋章和二年，王君年漸七十。明此「庚辛」，當和帝晚年矣。雖懼終徂，愚猶沛沛，方以智曰：「沛沛」即「怖怖」。「怖」與「邁」近。邁邁，雋永貌，去去而不相顧也。乃作養性之書凡十六篇。意林、類要引作「六十篇」，非。孫曰：御覽六百二引「性」作「生」，與會稽典録合。（見下條。）下有「論衡造於永平末，定於建初之年耳」十四字，頗似仲任自注之語。養氣自守，適食則酒，盼遂案：「則」當爲「節」，聲之誤也。古「則」與「即」同聲通用，「節」從「即」聲。閉明塞聰，愛精自保，適輔服藥引導，臧琳經義雜記四曰：「以上疑用十六篇之目。」暉按：此文云「養氣自守」，文心雕龍養氣篇云：「王充著述，制養氣之篇。」似足爲臧説旁證。庶冀性命可延，斯須不老。孫曰：此節韻語。「適輔服藥引導」句有竄脱。御覽七百二十引會稽典録曰：「王充年漸七十，乃作養生之書，凡十六篇。養氣自守，閉明塞聰，愛精自輔，服藥道引，庶幾獲道。」此蓋節録論衡之語，亦難以據校也。既晚無還，垂書示後。惟人性命，長短有期，人亦蟲物，生死一時。年歷但記，先孫曰：「記」當爲「訖」，形近而誤。孰使留之？猶入黄泉，消爲土灰。上自黄、唐，下臻秦、漢而來，折衷以聖道，析理於通材，如衡之平，如鑑之開，幼老生死古今，罔不詳該。命以不延，吁嘆悲哉！朱校元本「嘆」作「嗟」。

盼遂案：「上自黄、唐」迄「罔不詳該」八句，蓋論衡自贊，與此處上下文語氣不貫，疑係錯簡闌入者，應删去，而系以「命以不延」二語，與上「消爲土灰」之語相接。自「惟人性命」起，至此十句，乃仲任自撰絶命之辭，其病榻綿惙垂死命筆之狀，蓋可想見。賢者自矜惜其作品，真性命以之哉。仲任絶筆之後二十年，汝南許沖表上其父許慎所著説文解字。表云：「慎以文字未定，未奏上。今慎已病，遣臣齎詣闕。」段玉裁注云：「古人著書，不自謂是。未死以前，不自謂成。許書雖綱舉目張，而文字實繁，聞疑稱疑，不無待於更正。逮病且死，則自謂不能復致力，而命子奏上矣。」盼遂沖年，肄業太原，讀説文至此，未嘗不反袂沾袍。迄今，老淚又爲仲任隕矣。

論衡校釋附編一

論衡佚文

伯夷、叔齊爲庶兄奪國，餓死首陽山，非讓國與庶兄也，豈得稱賢人乎？意林。周廣業曰：「此似出刺孟篇。而文異，義亦未安，疑有誤。」按：此出定賢篇。

天門在西北，又見御覽二、事類賦一。道虛篇亦見此句。地户在東南。地最下者，揚、兗二州，洪水之時，二土最被水害。意林、御覽三六。按：此文似出談天篇。

天有日月星辰謂之文，地有山川陵谷謂之理。又見御覽三六、天中記、事類賦六。地理上向，天文下向，天地合氣，而萬物生焉，天地，夫婦也。意林。「天地，夫婦也」句，見説日篇，而按其文義，不能據補，姑定爲彼篇佚文。

亡獵犬于山林，大呼犬名，則號呼而應。御覽九○五引作「其犬則鳴號而應其主」。人犬異類而相應者，御覽作「聞呼而應者」。識其主也。意林。周廣業曰：「似出招致篇。」

赦令將至，繫室籥動，獄中人當出，故其感應令籥動也。初學記二十。意林引作

「將有赦，獄犴動，感應也」。周廣業曰：「出招致篇。」

蠶合絲而商弦易，御覽八一四作「絶」。新穀登而舊穀缺，按子生而父母氣衰。意林。御覽引作「按子生而父氣衰，新絲既登，故體者自壞耳」。按：此似出亂龍篇「東風至，酒湛溢，鯨魚死，彗星出」數語之間。淮南子覽冥訓亦以酒湛、商弦、彗星並言。周廣業以爲招致篇佚文，疑非。

雷震百里，制以萬國，故雷聲爲諸侯之政教。白帖二。

孟嘗君叛出秦關，鷄未鳴，關不開。下座賤客鼓臂爲鷄鳴，而羣鷄和之，乃得出關。夫牛馬以同類相應，而鷄人亦以殊音相和，應和之驗，未足以效同類也。藝文類聚九一。亂龍篇、定賢篇文略同。

楊璇爲零陵太守時，桂陽賊起。璇乃制馬車數十乘，以囊盛石灰於車上。及會戰，從風揚灰向賊陳，因鳴鼓擊賊，大破之。藝文類聚九三。按：此事見後漢書本傳及謝承書，（書鈔一三九、御覽四四八引。）並爲靈帝時事，則王充不及見。類聚誤。

日月五星隨天而西移，行遲天耳。譬若磑石之上行蟻，蟻行遲，磑轉疾，内雖異行，外猶俱轉。御覽二、事類賦一。此疑出説日篇。

桀無道，兩日並照，在東者將起，在西者將滅。費昌問馮夷曰：「何者爲殷？

何者爲夏？」馮夷曰：「西，夏也；東，殷也。」於是費昌徙族歸殷。御覽四、事類賦日部。博物志七文略同，當即引此。路史後紀十三注引作「時日並出，東者焰，西者沉。費昌問，馮夷答云：『東者爲商，西爲夏。』乃徙族之商」。

周公時，雨不破塊，風不鳴條，旬而一雨，雨必以夜，丘陵高下皆熟。御覽十一。治期篇文略同。鹽鐵論水旱篇亦有此文。

子路感雷精而生，尚剛好勇，親涉衛難，結纓而死，孔子聞而覆醢。每聞雷鳴，乃中心惻怛，亦復如之。故後人忌焉，以爲常也。御覽十三、事類賦三。按：四諱篇有作醬惡聞雷語。

陽氣動于下，而陰氣應之也。御覽二七引風俗通注。

燧之取火於日，方諸取露於月。天地之間，巧歷所不能與其數乎！然以掌握之中，引類於太極之上，而水火可立致者，陰陽固相動也。御覽五九。淮南覽冥訓亦見此文。

世人固有身瘠而志立、體小而名高者。於聖則否。是以堯眉八采，舜目重瞳，禹耳參漏，文王四乳。然則世亦有四乳者，此則駑馬一毛似驥耳。御覽七三一。長短經卷一察相第六亦見此文。類聚七五引作陳王曹植相論。

宋臣有公孫吕者，長七尺，面長三尺，廣三尺，明天啓本、明鈔本、張刻本作「寸」。此從趙刻本。名震天下。若此之狀，蓋遠代而求，非一世之異也。使形殊於外，道合於中，名震天下，不亦宜乎？語云：「無憂而戚，憂必及之；無慶而歡，樂還之。」此心有先動，而神有先知，則色有先見也。故扁鵲見桓公，知其將亡；申叔見巫臣，知其竊妻而逃也。荀子以爲，天不知人事邪？則周公有風雷之災，宋景有三次之福；知人事乎？則楚昭有弗禜之應，邾文無延期之報。由是言之，則天道之與相占，可知而疑，不可無也。御覽七三一。

春者以杵擣臼，杵臼鼓動地，動地二字疑衍。臨池水河水震蕩。御覽七六二。杵，木也。水與木、土，三者殊類而相應，首相叩動，其勢然也。御覽七六二。天啓本、張刻本「杵」上有「又曰」二字，與上條另爲一行。今從之。趙刻本「又曰」作「夫臼」二字，屬上合爲一條。

芝草一莖三葉，食之令人眉壽慶世，蓋仙人之所食。御覽八七三、合璧事類十。驗符篇：「芝草延年，仙者所食。」文略同。

儒者説麟爲聖王來，此言妄也。章帝之時，麒麟五十一至，章帝豈聖人哉？御覽八八九。「儒者」兩句，見指瑞篇。「章帝」云云，似其佚文。東觀漢記亦云章帝時麟五十一見。

雷二月出地，百八十日，雷出則萬物出；八月入地，百八十日，雷入則萬物入。入則除害，出則興利，人君之象也。古今事文類聚四、合璧事類三。

桓子新論曰：「關東語曰：『人聞長安樂，則出門西向而笑。』」古今事文類聚後集二一。

羿請不死藥於西王母，羿妻嫦娥竊以奔月。淮南覽冥訓亦有此文。託身於月，是爲蟾蜍。事類賦一。張衡靈憲（御覽四。）亦有此文。

拘夷國北山有石駞溺，水溺下，以金銀銅鐵瓦木等器盛之，皆漏；掌承之，亦透；唯瓢不漏。服之，令人身上臰毛落盡，得仙。酉陽雜俎卷十異物。

人五歲，以心爲主。心發智慧，而四藏從之。肝爲之喜，肺爲之怒，腎爲之哀，脾爲之樂。故聖人節之，恐傷性也。蕭吉曰：「論衡以四時論藏。」見五行大義卷四論情性。

三苗之亡，五穀變種，鬼哭于郊。路史後紀十二注。

幽居而靜處，恬澹自守。文選謝靈運酬從弟惠連詩注，又石門新營所住詩注。

呼於坑谷之中，嚮立應。文選頭陀寺碑文注。

武王伐紂，升舟，陽侯波起，疾風逆流。武王操黄鉞而麾之，風波畢除。中流白魚入于舟，燔以告天，與八百諸侯咸同此盟。尚書所謂「不謀同辭」也。故曰孟津，亦曰盟津。尚書所謂「東至于孟津」者也。水經注河水注卷五。後漢書明帝紀注引作「武王伐紂，八百諸侯同於此盟，故曰盟津」。按：感虛篇文略同。

芝英，紫色之芝也，其栽如豆。劉賡稽瑞。按：初禀篇有「紫芝之栽如豆」句。

論衡校釋附編二

王充年譜

光武建武三年　　公元二七　　充生於上虞

王充字仲任，會稽上虞人也，其先自魏郡元城徙焉。後漢書本傳。

王充者，會稽上虞人也，字仲任。其先本魏郡元城一姓。孫一幾世嘗從軍有功，封會稽陽亭。一歲倉卒國絶，因家焉，以農桑爲業。世祖勇任氣，卒咸不揆於人。歲凶，横道傷殺，怨讎衆多。會世擾亂，恐爲怨讎所擒，祖父汎舉家擔載，就安會稽，留錢唐縣，以賈販爲事。生子二人，長曰蒙，少曰誦。誦即充父。祖世任氣，至蒙、誦滋甚，故蒙、誦在錢唐，勇勢凌人。末復與豪家丁伯等結怨，舉家徙處上虞。建武三年，充生。自紀篇。

按：漢書元后傳：「陳完犇齊，齊桓公以爲卿，姓田氏。十一世田和有齊國，三世稱王。至王建爲秦所滅。項羽起，封建孫安爲濟北王。至漢興，安失國，齊人謂之王家，因以爲氏。文、景間，安孫遂，字伯紀，處東平陵，生賀，字翁孺。爲武帝繡衣御史，以奉使不稱免。既免，而與東平陵終氏爲怨，迺徙魏郡元城。」王莽傳：「姚、嬀、陳、田、王氏，其令天下上此五姓名籍于秩宗，皆以爲宗室，世世復，無有〔一〕所與。其元城王氏勿令相嫁娶，以別族理親焉。」仲任特著「其先本魏郡元城」，其明爲王翁孺之支庶歟？「其先本魏郡元城一姓」，「一姓」疑爲「王姓」之譌。「元城王姓」，以別於其他族望也。

又按：諸子類函稱仲任爲「宛委子」，未見所據。蓋因會稽宛委山而名，然亦太肊造矣。書林清話稱明人刊書，喜改舊目，信然。

光武建武四年　公元二八　充二歲

光武建武五年　公元二九　充三歲

光武建武六年　公元三〇　充四歲

光武建武七年　公元三一　充五歲

光武建武八年　公元三二　充六歲

是歲大水。後漢書光武紀。

〔一〕「有」，原本作「所」，據漢書王莽傳改。

光武建武九年　公元三三　充七歲

六歲教書，恭愿仁順，禮敬具備，矜莊寂寥，有巨人之志。父未嘗笞，母未嘗非，閭里未嘗讓。自紀篇。

按：御覽三八五引會稽典録云：「七歲教書數。」與自紀篇差一年。

光武建武十年　公元三四　充八歲

八歲出於書館，書館小僮百人以上，皆以過失袒謫，或以書醜得鞭。充書日進，又無過失。自紀篇。

光武建武十一年　公元三五　充九歲

手書既成，辭師受論語、尚書，日諷千字。自紀篇。

按：八歲出於學館，手書之成，尚須時日。受論語、尚書，當爲隔年事，故誌於此。

光武建武十二年　公元三六　充十歲

光武建武十三年　公元三七　充十一歲

爲小兒，與儕倫遨戲，不好狎侮。儕倫好掩雀、捕蟬，戲錢、林熙，充獨不肯。誦奇之。自紀篇。

充少孤，鄉里稱孝。本傳。謝承書同。

按：充六歲時，父母尚存，則其父歿，當在此數年間，故誌於此。

光武建武十四年　公元三八　充十二歲

會稽大疫，死者萬數。後書光武紀、鍾離意傳。

光武建武十五年　公元三九　充十三歲

光武建武十六年　公元四〇　充十四歲

始行五銖錢。光武紀。

光武建武十七年　公元四一　充十五歲

道士劉春，熒惑楚王英。雷虛篇。

按：後書楚王英傳，建武十七年，英爲楚王。

光武建武十八年　公元四二　充十六歲

罷州牧，置刺史。光武紀。

光武建武十九年　公元四三　充十七歲

光武建武二十年　公元四四　充十八歲

班固年十三，王充見之，拊其背謂彪曰：「此兒必記漢事。」謝承書、（後漢書班固傳注。）司馬彪書。（書鈔六二引。）

王仲任撫班固背曰：「此兒必爲天下知名。」抱朴子。（意林引，今本捝。）

按：班固生於建武八年，（公元二十三。）固年十三，則爲建武二十年，時仲任十八歲，長孟堅五歲，據理，不得以「兒」稱固。且是時仲任仍在鄉里，未與彪晤，此不足信。

光武建武二十一年　公元四五　充十九歲

光武建武二十二年　公元四六　充二十歲

光祿大夫劉琨，前爲弘農太守。初稟篇。

按：後書儒林劉昆傳建武二十二年，昆爲光祿勳。

光武建武二十三年　公元四七　充二十一歲

光武建武二十四年　公元四八　充二十二歲

在縣，位至掾功曹。在都尉府，位亦掾功曹。在太守，爲列掾五官功曹行事。自紀篇。

按：許慎説文序：「尉律：學僮十七已上，始試。諷籀書九千字，乃得爲史。」後漢書百官志：「郡太守、郡丞、縣令若長、縣丞、縣尉，各置諸曹掾史。」是仲任爲掾功曹，當在十七歲以後，二十一二以前。因二十三四以後，已詣洛陽，則其得爲功曹，當在此數年中，故誌於此。

仕郡爲功曹，以數諫争不合去。本傳。

按：此二句，叙在「後歸鄉里，屏居教授」後，蓋並前事言之，非歸鄉里後，才爲郡功曹也。論衡起草於明帝初年，據自紀篇，譏俗、政務之書作於論衡之前，而譏俗書又爲廢退窮居而作。其廢退窮居，當即指罷功曹也，故知爲功曹，必在此時。

廢退窮居，舊故叛去，故閑居作譏俗節義十二篇。既疾俗情，作譏俗之書。又閔人君之政，故作政務之書。自紀篇。

光武建武二十五年　公元四九　充二十三歲

光武建武二十六年　公元五〇　充二十四歲

光武建武二十七年　公元五一　充二十五歲

光武建武二十八年　公元五二　充二十六歲

光武建武二十九年　公元五三　充二十七歲

光武建武三十年　公元五四　充二十八歲

後到京師，受業大學，師事扶風班彪。好博覽而不守章句。家貧無書，常遊洛陽市肆，閲所賣書，一見輒能誦憶，遂博通衆流百家之言。本傳。謝承書略同。

充幼聰明，詣太學。袁山松後漢書。

按：後漢書班彪傳：「光武雅聞彪才，因召入見，舉司隸茂才，拜徐令，以病免。後數應三公之命，輒去。彪復辟司徒王況府。」光武紀：「建武二十三年，王況爲司徒。」則叔皮于建武二十三年已在洛。但其時，仲任方二十一二，窮居鄉里。彪傳又云：「後察司徒廉，爲望都長，吏民愛之，建武三十年卒官。」是叔皮晚年，已離洛之官。則仲任師事叔皮，必在其二十三四以後，二十七八以前。

又按：水經穀水注：漢順帝陽嘉元年立碑，文云：「建武二十七年造太學。」則仲任入太學師事叔皮，必在此數年。但光武紀：「建武五年，初起太學，車駕還宫，幸太學，賜博士弟子各有差。」與陽嘉元年碑説異。存之俟考。

光武建武三十一年　公元五五　充二十九歲

蝗起太山郡，西南過陳留、河南。商蟲篇。

按：後書光武紀：「三十一年夏蝗。」古今注：「建武三十一年，郡國大蝗。」（後書五行志注。）

光武中元元年　公元五六　充三十歲

陳留雨穀，穀下蔽地。感虚篇。

光武皇帝升封，天晏然無雲。宣漢篇。

按：光武紀：「中元元年二月辛卯，柴望岱宗，登封太山。」袁山松書：「光武封泰山，雲氣成宫闕。」（初學記五、御覽三十九。）漢光武封禪儀曰：「建武三十二年，封泰山，時天清和無雲。」

光武中元二年　公元五七　充三十一歲

明帝永平元年　公元五八　充三十二歲

觀天子臨辟雍，作六儒論。袁山松後漢書。

按光武紀，中元元年冬，起明堂辟雍。明帝紀，永平元年，冬十月，幸辟雍。翟酺傳，酺上言：「光武初興，起太學，博士舍内外講堂，諸生横卷，爲海内所集。明帝時，辟雍始成，欲毁大學。太尉趙熹以爲，太學辟雍，皆宜兼存，故並傳至今。」據此，則辟雍起於光武，成於明帝，則此「觀天子臨辟雍」當爲明帝時事，故誌於此。

東海相宗叔庠廣召幽隱。程材篇。

按後書宗均（今誤「宋均」。）傳，永平元年，遷東海相。

明帝永平二年　公元五九　充三十三歲

後歸鄉里，屏居教授。充好論説，始若詭異，終有實理。以爲俗儒守文，多失其真，乃閉門潛思，絶慶弔之禮，户牖牆壁，各置刀筆，著論衡八十五篇，二十餘萬言。本傳。

王充於宅内門户牆柱，各置筆硯簡牘，見事而作，著論衡八十五篇。謝承書。（據汪文臺輯本。）

傷僞書俗文多不實誠，故爲論衡之書。自紀篇。

按：講瑞篇云：「此論草於永平之初。」會稽典録云：「論衡造於永平末，定於建初之年。」蓋永平初，已屬草，時輟時作，至永平末，方專精一志也。又須頌篇云：「論衡之人，在古荒流之地。」與本傳謂仲任歸鄉里作論衡相合。

明帝永平三年　公元六〇　充三十四歲

京師及郡國七，大水。明帝紀。

夏旱。後漢書鍾離意傳。

明帝永平四年　公元六一　充三十五歲

比來水旱饑饉，加有軍旅。司馬彪書（御覽九二。）載永平四年詔。

明帝永平五年　公元六二　充三十六歲

班固爲尚書郎。別通篇、超奇篇、案書篇。

按謝承書，（御覽四八四。）永平五年，班固被召詣校書。范書班超傳同。

明帝永平六年　公元六三　充三十七歲

鼎見。宣漢篇。

按明帝紀，永平六年二月，王雒山出寶鼎，廬江太守獻之。

明帝永平七年　公元六四　充三十八歲

明帝永平八年　公元六五　充三十九歲

虞延爲司徒公。吉驗篇。

按虞延傳，事在永平八年。

明帝永平九年　公元六六　充四十歲

明帝永平十年　公元六七　充四十一歲

廣陵王荆迷於薆巫，孝明三宥，王吞藥。恢國篇。

按明帝紀，永平十年春二月，廣陵王荆有罪自殺，國除。

明帝永平十一年　公元六八　充四十二歲

廬江皖侯國際有湖出金。太守遣吏收取，遣門下掾奉獻。驗符篇。

明帝致麟、醴泉、白雉、嘉禾。金出。宣漢篇。

按明帝紀，永平十一年，漅湖出黄金。時麒麟、白雉、醴泉、嘉禾所在出焉。

明帝永平十二年　公元六九　充四十三歲

永昌郡有金。驗符篇。

按明帝紀，永昌郡，永平十二年置。郡國志注云：「二年。」誤。

楊子山爲上計吏，見三府作哀牢傳，不能成，歸郡作上，孝明奇之，徵在蘭臺。佚文篇。

按：明帝紀：「永平十二年，益州徼外夷哀牢王，相率内屬，於是置永昌郡。」西南夷傳曰：「罷益州西部所領六縣，合爲永昌郡，置哀牢、博南二縣。」郡國志：「永昌郡哀牢縣，永平中置，故牢王國。」

明帝永平十三年　公元七〇　充四十四歲

明帝永平十四年　公元七一　充四十五歲

帝立廣陵王荆子。恢國篇。

按明帝紀，永平十四年封故廣陵王荆子元壽爲廣陵侯。

楚王英惑於俠客，王吞藥。恢國篇。

按明帝紀，永平十四年四月，楚王英卒。

明帝永平十五年　公元七二　充四十六歲

蝗蟲起泰山郡，流徙郡國，薦食五穀，彌衍兗、豫，過陳留、壽張界，飛逝不集。謝承書。（後書虞延傳注、書鈔三十五。）

明帝永平十六年　公元七三　充四十七歲

明帝永平十七年　公元七四　充四十八歲

永平中，神雀羣集，百官頌上。佚文篇。

按：東觀漢記十八賈逵傳曰：「永平十七年，公卿以神雀五采，翔集京師，奉觴上壽。上召逵，敕蘭臺給筆札，使作神雀頌。」范書逵傳亦云：「永平中。」

明帝時，致甘露、神雀、紫芝，離木復合。宣漢篇。

按：明帝紀：「永平十七年正月，甘露降於甘陵。是歲，甘露仍降。樹枝內附，芝草生前殿。神雀五色，翔集京師。」東觀漢記：「明帝永平十七年正月，夜夢見先帝太后，覺悲不能寐。明日上陵，樹葉有甘露，上令百官採之。」（類聚九十八。）

明帝永平十八年　公元七五　充四十九歲

章帝建初元年　公元七六　充五十歲

建初孟年，北州連旱。明雩篇。

建初孟年，無妄氣至。恢國篇、須頌篇。

歲遭氣運，穀頗不登。宣漢篇。

按：章帝紀：「永平十八年，是歲牛疫，京師及三州大旱。詔勿收兗、豫、徐州田租芻稾。其以見穀賑給貧民。」又建初元年丙寅詔曰：「比年牛疫，墾田減少，穀價頗貴，人以流亡。」

地動。恢國篇。

按章帝紀，事在建初元年三月。

第五司空，股肱國維。恢國篇。

按章帝紀，永平十八年八月即帝位，十一月第五倫爲司空。

隱彊侯傅〔一〕，縣書市里，誹謗聖政，今上海恩，犯奪爵土。恢國篇。

按後漢紀十一云：「建初元年三月丙午，傅〔二〕坐驕溢，免爲庶人。」

章帝建初二年　公元七七　充五十一歲

元二之間，嘉德布流。恢國篇。

建初孟年，中州頗歉，潁川、汝南民流四散。聖主憂懷，詔書數至。論衡之

〔一〕「傅」，原本作「傳」，據恢國篇改。

〔二〕「傅」，原本作「博」，形近而誤，今改。

人，奏記郡守，宜禁奢侈，以備困乏。言不納用，退題記草，名曰備乏。酒縻五穀，生起盜賊，沉湎飲酒，盜賊不絶，奏記郡守，禁民酒。退題記草，名曰禁酒。對作篇。

按章帝紀，建初二年三月辛丑詔曰：「比年陰陽不調，饑饉屢臻。」後漢紀十一，建初二年夏四月太后詔曰：「今水旱連年，民流滿道，至有餓餒者。」

帝立楚王英子。恢國篇。

按楚王英傳，建初二年，封英子爲楚侯。

章帝建初三年　公元七八　充五十二歲

零陵生芝草五本。恢國篇、驗符篇。

按章帝紀，建初三年，零陵獻芝草。

章帝建初四年　公元七九　充五十三歲

夏六月，雷擊殺羊五頭，皆死。雷虚篇。

甘露降五縣。恢國篇、驗符篇。

按章帝紀，建初四年，甘露降泉陵、洮陽二縣。

章帝建初五年　公元八〇　充五十四歲

芝草復生泉陵六本。黃龍見，大小凡八。驗符篇、恢國篇。

按章帝紀，建初五年，零陵獻芝草。有八黃龍見於泉陵。

章帝建初六年　公元八一　充五十五歲

章帝建初七年　公元八二　充五十六歲

章帝建初八年　公元八三　充五十七歲

章帝元和元年　公元八四　充五十八歲

章帝元和二年　公元八五　充五十九歲

元和二年，始用四分厤，時待詔張盛、京房、志作「景房」。鮑業等以四分厤請，與待詔楊岑等共課歲餘。盛等所中多，四分之厤，始頗施行。見後漢書章帝紀及注引續漢書。後書律曆志云在永平五年。

章帝時，麒麟五十一至。御覽八八九引論衡佚文。

按東觀漢記，元和二年以來，至章和元年，麒麟五十一至。

元和、章和之際，此篇謂講瑞篇。已成。講瑞篇。

按：會稽典録云：「論衡造於永平末，定於建初之年。」故至元和、章和之際，講瑞篇稿已成。論衡各篇，據其徵引史實，而可推定其造作先後者：恢國篇、驗符篇言章帝建初六年事。（芝草生六本，黃龍見。）齊世篇云：「方今聖朝，承光武，襲孝明。」佚文篇云：「孝明文雄會聚，今上即命，詔求亡失。」又云：「楊子山見三府作哀牢傳不成，歸郡作上，孝明奇之。」哀牢內屬，在永平十二年。既云「孝明」，又稱「今上」、「聖朝」，則齊世篇、佚文篇亦於章帝時作。須頌篇言章帝建初元二年災。講瑞篇、指瑞篇、是應篇、治期篇、齊世篇、宣漢篇、恢國篇、驗符篇、須頌篇、佚文篇並爲宣漢恢國而作，故並定爲章帝時所撰。譴告篇避明帝諱，稱楚莊王爲嚴王；明雩篇言章帝建初元二年災；遭虎篇言楚王英死，按英死於永平十四年，則遭虎篇當作於明帝永平十四年以後；商蟲篇言蝗起太山郡，事在建武三十一年。自然、感類、寒温、譴告、變動、明雩、順鼓、亂龍、遭虎、商蟲等篇皆屬於爲漢應變論災之作，則可據譴告、明雩等篇定爲章帝時作品也。程材篇言宗均爲東海相，事在永平元年，則程材篇必作於永平以後；別通篇稱孝明；超奇篇言孟堅爲尚書郎，事在永平五年，則超奇篇必作於明帝永平五年以後；別通篇作於明帝後，章帝時也。答佞、程材、量知、謝短、效力、別通、超奇、狀留等篇，俱爲校量賢佞知操之作，當屬於一時，則並定爲章帝時作。實知篇避明帝諱稱莊襄王爲嚴襄王，則亦爲章帝時作。實知、知實、定賢三篇同一旨趣，當屬於一時之作。九虛、三增、談天、説日、問孔〔一〕、刺孟蓋屬一時。雷虛篇，雷擊殺羊五頭，事

〔一〕「問」，原本作「非」，據論衡改。

在建初四年，則諸篇同爲建初前後之作。正説、書解、案書、對作又屬一類。案書篇言班固爲尚書郎，事在明帝永平五年；對作篇載建初二年奏記郡守事，則此諸篇作於章帝建初前後。逢遇、初稟等篇蓋當爲一時之作。吉驗篇言虞延爲司徒，事在永平八年，則吉驗篇必作於明帝永平以後。初稟篇目見恢國篇，恢國篇作於章帝元和中，則知逢遇諸篇當作於永平以後，元和以前。唯論死、祭意等篇爲祛迷讖術之作，無以推定。通覽全書，可知其先後順序之例。如初稟、寒温、譴告等篇屬稿在先，則居於自然、恢國等篇之前。（初稟篇目見恢國篇，初稟第十二，恢國第五十八。寒温篇目見自然篇，寒温第四十一，自然第五十四。可證。）據此，則論死以下等篇，必成於宣漢、驗符諸篇之後。總上所考，則知論衡大半作於章帝時。講瑞篇云：「此論草於永平之初。」至和帝永元中，還改定舊稿。則仲任於此書致力前後凡三十年，亦云勤矣。

章帝元和三年　公元八六　充六十歲

徙家辟難，詣揚州部丹陽、九江、廬江。自紀篇。

入州爲從事。自紀篇。

刺史董勤辟爲從事。本傳。

按自紀篇「入州爲從事」句，次於「在縣，位至掾功曹。在都尉府，位亦掾功曹。在太守，爲列掾五官功曹行事」句下，乃通前後事言之，非爲從事、爲功曹並一時事也。「入州爲從事」，即本傳所云「刺史董勤辟爲從事」。自紀篇云「後入爲治中」，即本傳「轉治中」。王充明言「從家辟難，詣揚州部丹陽、九江、廬江，後入爲治中」，則「入州爲從事」當在此時也。

章帝章和元年　公元八七　充六十一歲

後入爲治中，材小任大，職在刺割，筆札之思，歷年寢廢。自紀篇。

轉治中。本傳。

按：云「歷年寢廢」，則「轉治中」與「爲州從事」當隔一年，故誌於此。

元和章和之際，嘉瑞奇物，同時俱應。鳳皇麒麟，連出並見。講瑞篇。

永平以來，訖於章和，甘露常降。講瑞篇。

按：後漢紀十二：「元和二年二月鳳皇集於肥。五月丙戌詔曰：『鳳皇、黄龍、鸞鳥比集七郡。神雀、甘露降自京都。』」東觀漢記：「元和二年以來，至章和元年，凡三年，鳳皇三十九見郡國，麒麟五十一，白虎二十九，黄龍三十四，青龍、黄鵠、鸞鳥、神馬、神雀、九尾狐、三足烏、赤烏、白兔、白鹿、白燕、白鵲、甘露、嘉瓜、秬秠、明珠、芝英、華苹、朱草、連理，實日月不絶，載於史官，不可勝紀。」古今注：「元和二年，甘露降河南，三足烏集沛國，麒麟見陳，一角，端如葱葉，色赤黄，芝生沛，如人冠。」

章帝章和二年　公元八八　充六十二歲

罷州家居。自紀篇。

自免還家。本傳。

友人同郡謝夷吾上書薦充才學。肅宗（章帝。）特詔公車徵，病不行。本傳。

謝夷吾薦充曰：「充之天才，非學所加。雖前世孟軻、孫卿，近世揚雄、劉向、司馬遷，不能過也。」謝承書。（范書本傳注。）

和帝永元元年　公元八九　充六十三歲

續講瑞篇稿。

按：講瑞篇云：「至元和、章和之際，孝章耀德。」則其續稿，已在章帝殁後，故誌於此。

和帝永元二年　公元九〇　充六十四歲

年漸七十，時可懸輿，乃作養性之書，凡十六篇。自紀篇。

年漸七十，志力衰耗，乃作養性書十六篇，裁節嗜欲，頤神自守。本傳。

按：臧琳經義雜記四曰：後漢書王充傳：「充年漸七十，志力衰耗，乃造性書十六篇，裁節嗜欲，頤神自守。」案充所著論衡八十五篇，今本無缺，而性書失傳，隋、唐志亦無著録。論衡末有自紀云：「章和二年，罷州家居，年漸七十，作養性之書十六篇。養氣自守，適食則酒，閉明塞聰，愛精自保，適輔服藥引導，（以上疑用十六篇之目。）庶冀性命可延，斯須不老。既晚無還，垂書示後。惟人性命，長短有期，人亦蟲物，生死一時。年歷但記，孰使留之？猶入黄泉，消爲土灰。上自黄、唐，下臻秦、漢而來，折衷以聖道，枅理於通材，如衡之平，如鑑之開，幼老生死古今，罔不詳該。命以不延，吁歎悲哉！」讀此，可想見其書之彷彿。

年漸七十，乃作養生之書，凡十六篇。會稽典録。

昔王充著述，制養氣之篇，驗已而作，豈虚語哉？文心雕龍養氣篇。

年七十餘，乃作養性一十六篇。韓愈後漢三賢贊。

按：會稽典録作「養生」，文心雕龍養氣篇作「養氣」，蓋養氣篇爲養性書之目。「年漸七十」與「七十餘」義異，韓氏失之。「性」、「生」字通。

王充年在順耳，道窮望絶，懼聲名之偕滅，故自紀終篇。抱朴子自序。

按：六十耳順，云「六十」者，舉成數也。仲任六十二罷州家居，年漸七十，作養性書，而養性書目，已見自紀篇，則其自紀篇非六十歲時作也。

和帝永元三年　公元九一　充六十五歲

和帝永元四年　公元九二　充六十六歲

和帝永元五年　公元九三　充六十七歲

和帝永元六年　　公元九四　　充六十八歲

和帝永元七年　　公元九五　　充六十九歲

和帝永元八年　　公元九六　　充七十歲

永元中，病卒于家。本傳。

按：永元共十六年，其云「永元中」，故誌於此。吴榮光歷代名人年譜推定仲任爲八十歲，梁廷燦歷代名人生卒表因之，並未考也。

又按：清唐煦春上虞縣志二十五下：「漢郡功曹王充墓，在縣西南十四都烏石山。（據萬曆志。）嘉慶十二年，邑人林鑑修治。（據嘉慶志。）咸豐五年，林鼎臣、謝簡廷重修立石。」

論衡校釋附編三

論衡舊評

抱朴子：書鈔一百、御覽五九九。謝堯卿東南書士，説王充以爲一代英偉，御覽作「世説王充一代英偉」。漢興以來未有充比。若所著文，時有小疵，猶鄧林之枯枝，若滄海之流芥，未易貶也已。

謝承書：范書本傳注。夷吾薦充曰：充之天才，非學所加，雖前世孟軻、孫卿，近漢揚雄、劉向、司馬遷，不能過也。

會稽典録：三國志吴志虞翻傳注。山陰朱育曰：「王景興以淵妙之才，超遷臨郡，思賢嘉善，樂采名俊，問功曹虞翻曰：『曾聞士人歎美貴邦舊多英俊，功曹好古，寧識其人邪？』翻對曰：『有道山陰趙曄，徵士上虞王充，各洪才淵懿，學究道源，著書垂藻，絡繹百篇，釋經傳之宿疑，解當世之槃結，或上窮陰陽之奥祕，下據人情之歸極。』」

抱朴子：事文類聚別集二。王充好論説，始詭異，終有理。乃閉門潛思，絶慶弔之禮，户牖牆壁各置筆類，著論衡八十五篇。蔡邕入吴，始得之，祕玩以爲談助。後王朗得其書，時稱其才進。或曰：「不見異人，當得異書。」問之，果以論衡之益。

袁山松書：范書本傳注。充所作論衡，中土未有傳者。蔡邕入吴始得之，恒祕玩以爲談助。其後王朗爲會稽太守，又得其書，及還許下，時人稱其才進。或曰：「不見異人，當得異書。」問之，果以論衡之益。由是遂見傳焉。

抱朴子：書鈔九八、御覽六〇二。王充所著論衡，北方都未有得之者。蔡伯喈常到江東得之，嘆其文高，度越諸子。及還中國，諸儒覺其談論更遠，嫌得異書。或搜求至隱處，范書本傳注引作「或搜求其帳中隱處」。果得論衡，捉取數卷持去，伯喈曰：「惟吾與汝共之，弗廣也。」

抱朴子喻蔽篇：抱朴子曰：「余雅謂王仲任作論衡八十餘篇，爲冠倫大才。」有同門魯生難余曰：「夫瓊瑶以寡爲奇，磧礫以多爲賤，故庖犧卦不盈十，而彌綸二儀；老氏言不滿萬，而道德備舉。王充著書，兼箱累袠，而乍出乍入，或儒或墨，屬辭比義，又不盡美。所謂陂原之蒿莠，未若步武之黍稷也。」抱朴子答曰：「且夫作者之謂聖，述者之謂賢，徒見述作之品，未聞多少之限也。吾子所謂竄巢穴之沉昧，不知八紘之無外；守燈燭之霄曜，不識三光之焜朗；遊潢洿之淺狹，未覺南溟之浩汗；滯丘垤之位卑，不悟嵩、岱之峻極也。兩儀所以稱大者，以其涵括八荒，緬邈無表也；山海所以爲富者，以其包龍曠闊，含受雜錯也。若如雅論，貴少賤多，則穹隆無取乎宏燾，而旁魄不貴於厚載也。夫尺水之中，無吞舟之鱗；寸枝之上，無垂天之翼；蟻垤之巔，無扶桑之林；潢潦之源，無襄陵之流。巨鼇首冠瀛洲，飛波淩乎方丈，洪桃盤於度索，建木竦於都廣，沉鯤横於天池，雲鵬戾乎玄象。且夫雷霆之駭，不能細其響；黄河之激，不能局其流；騏騄追風，不能近其迹；鴻鵠奮翅，不能卑其飛。雲厚者雨必猛，弓勁者箭必遠。王生學博才大，又安省乎？吾子云：『玉以少貴，石以多賤。』夫玄圃之下，荆、華之巔，九員之澤，折方之淵，琳琅積而成山，夜光焕而灼天，顧不善也？又引庖犧氏著作不多。若夫周公既繇大易，而加之禮樂；仲尼作春秋，而重之以十篇，過於庖犧，多於老氏，皆當貶也？言少則至理不備，辭寡則庶事不暢，是以必須篇累卷積，而綱領舉也。羲和昇光以啓旦，望舒曜景以灼夜，五材並生而異用，百藥雜秀而殊功。四時會而歲功成，五色聚而錦繡麗，八音諧而簫韶美，羣言合而道藝辨。積猗頓之財，而用之甚少，是何異於原憲也？懷無銓之量，而著述約陋，亦何别於瑣碌也？音爲知者珍，書爲識者傳，瞽曠之調鐘，未必求解於同世，格言高文，豈患莫賞而減之哉？且夫江海之穢物不可勝計，而不損其深也；五嶽之曲木不可訾量，而無虧其峻也。夏后之璜，雖有分毫之瑕，暉曜符彩，足相補也；數千萬言，雖有不豔之辭，事義高遠，足相掩也。故曰四瀆之濁，不方瓮水之清；巨象之瘦，不同羔羊之肥矣。子又譏之：『乍入乍出，或儒或墨。』夫發口爲言，著紙爲書，書者所以代言，言者所以書事，若用筆不宜雜載，是論議當常守一物。昔諸侯訪政，弟子問仁，仲尼答之，人人異辭。蓋因事託規，隨時所急。譬猶治疾之方千百，而針灸之處無常，卻寒以温，除熱以冷，期於救死存身而已，豈可詣者逐一道，如齊、楚而不改路乎？陶朱、白圭之財不一物者，豐也；雲夢、孟諸所生萬殊者，曠也。故淮南鴻烈，始於原道、俶真，而亦有兵略、主術；莊周之書，以死生爲一，亦有畏犧慕龜，請粟救饑。若以所言不純而棄其文，是治珠翳而剜眼，療濕痺而刖足，患荑莠而刈穀，憎枯枝而伐樹也。」

後漢書本傳：充好論說，始若詭異，終有理實。以爲俗儒守文，多失其真，乃閉門潛思，絕慶弔之禮，户牖牆壁各置刀筆，著論衡八十五篇，二十餘萬言。釋物類同異，正時俗嫌疑。

劉知幾史通自敍曰：儒者之書，博而寡要，得其糟粕，失其菁華。而流俗鄙夫，貴遠賤近，傳茲通釋曰：恐作「轉滋」。牴牾，自相欺惑，故王充論衡生焉。

晁公武郡齋讀書志卷十二子類雜家曰：論衡三十卷，王先謙曰：袁本無「十」字。後漢王充仲任撰。充好論説，始如詭異，終有實理。以俗儒守文，多失其真，乃閉門潛思，户牖牆壁各置刀筆，著論衡八十五篇。釋物類同異，正時俗嫌疑。後蔡邕得之，祕玩以爲談助云。漢世文章，温厚爾雅，及其東也，已衰。觀此書與潛夫論、風俗通義之類，比西京諸書，驟不及遠甚，乃知世人之言不誣。

高似孫子略卷四曰：論衡者，漢治中王充所論著也。書八十五篇，二十餘萬言。其爲言皆敍天證，敷人事，析物類，道古今，大略如仲舒玉杯、繁露，而其文詳，詳則禮義莫能覈，而精辭莫能肅而括，幾於蕪且雜矣。漢承滅學之後，文、景、武、宣以來，所以崇勵表章者，非一日之力矣。故學者向風承意，日趨於大雅多聞之習，凡所撰録，日益而歲有加，至後漢盛矣，往往規度如一律，體裁如一家，是足以雋美於一時，而不足以准的於來世。何則？事之鮮純，言之少擇也。劉向新序、説苑奇矣，亦復少探索之功，闕論定之密，其敍事有與史背者不一。二書尚爾，況他書乎！袁崧後漢書云：「充作論衡，中土未有傳者，蔡邕入吴始見之，以爲談助。」「談助」之言，可以了此書矣。客有難充書煩重者曰：「石多玉寡，寡者爲珍；龍少魚衆，少者爲神乎？」充曰：「文衆可以勝寡矣。人無一引，吾百篇；人無一字，吾萬言，爲可貴矣。」予所謂乏精覈而少肅括者，正此謂歟？

陳振孫直齋書録解題：論衡三十卷。漢上虞王充仲任撰。肅宗時人，仕爲州從事治中。初著書八十五篇，釋物類同異，正時俗嫌疑。蔡邕、王朗初傳之時，以爲不見異人，當見異書。自今觀之，亦未見其奇也。

王應麟困學紀聞十諸子曰：論衡蓋蔡中郎所祕玩，而劉氏史通序傳篇。譏之曰：「充自述其父祖不肖，爲州閭所鄙，而答以瞽頑舜神，鯀惡禹聖。盛矜於己，而厚辱其先，何異證父攘羊，學子名母？名教之罪人也。」葛文康公名勝仲，字魯卿。亦曰：「充刺孟子，猶之可也。至詆訾孔子，以繫而不食之言爲鄙，以從佛肸、公山之召爲濁；又非其脱驂舊館，而惜車於鯉；又謂道不行於中國，豈能行於九夷？具見問孔篇。若充者，豈足以語聖人之趣哉？」即二説觀之，此書非小疵也。呂南公謂：「充飾小辯以驚俗，蔡邕欲獨傳之，何其謬哉？」

呂南公題王充論衡後：事文類聚别集二。傳言蔡伯喈初得此書，常祕玩以助談。或搜其帳中，見之，輒抱以去。邕且叮嚀戒以勿廣也。嗟乎！邕不得爲賢儒，豈不宜哉！夫飾小辯以驚俗，充之二十萬言既自不足多道，邕則以欲獨傳爲過人之功，何謬如之？良金美玉，天下之公寶，爲其貴於可用耳。小夫下人，偶獲寸片，則卧握行懷，如恐人之弗知，又兢兢於或吾寇也。而金玉果非天下所無，信以充書爲果可用乎？孰禦天下之同貴？有如不然也，邕之志慮，曾小夫下人之及耶！

黄氏日鈔五七諸子三：王充嘗師班彪，博學有獨見。既仕不偶，退而作論衡二十餘萬言。蔡邕、王朗嘗得其書，皆祕之以爲己助。蓋充亦傑然以文學稱者。惜其初心發於怒憤，持論至於過激，失理之平，正與自名「論衡」之意相背耳。如謂窮達皆出於命，達者未必賢，窮者未必不肖，可矣。乃推而衍之，至以治和非堯、舜之功，敗亡非桀、紂之罪，亦歸之時命，焉可乎？義見治期篇。甚至譏孔、孟義見問孔篇、刺孟篇。而尊老子；義見自然篇。抑殷周而誇大漢；義見宣漢、恢國等篇。謂龍無靈；謂雷無威；義見龍虚、雷虚篇。謂天地無生育之恩，而譬之人身之生蟣蝨；義見物勢、自然等篇。欲以盡廢天地百神之祀，雖人生之父母骨肉，亦以人死無知，不能爲鬼，而忽蔑之。義見論死、訂鬼、祀義、祭意等篇。凡皆發於一念之怨憤，故不自知其輕重失平如此。至其隨事各主一説，彼此自相背馳，如以十五説主土龍必能致雨，見亂龍篇。他日又曰「仲舒言土龍難曉」。見案書篇。如以千餘言力辯虎狼食人非部吏之過矣，見遭虎篇。他日又曰「虎狼之來，應政失也」。見解除篇。凡皆以不平之念，盡欲更時俗之說，而時俗之說之通行者，終不可廢。矯枉過正，亦不自覺其衡決至此也。惟其辯訛正謬，有裨後學見聞。

胡應麟少室山房筆叢卷二十八九流緒論中：王充氏論衡八十四篇，其文猥冗薾沓，世所共輕，而東漢、晉、唐之間特爲貴重。蔡邕祕弗視人；葛洪贊弗容口；劉子玄槌提班、馬不遺餘力，而獨尊信是書。三子皆鴻生碩彦，目無古今，乃昌歜羊棗，異代同心，何哉？秦、漢以還，聖道陸沉，淫詞日熾，莊周、列禦、鄒衍、劉安之屬，捏怪興妖，不可勝紀。充生茅靡瀾倒之辰，而獨岌然自信，攘背其間，刻虚點增，訂訛斷僞，詖淫之旨，遏截弗行，俾後世人人咸得藉爲口實，不可謂非特立之士也。故伯喈尚其新奇，稚川大其宏洽，子玄高其辯才。特其偏愎自是，放言不倫，稍不留心，上聖大賢，咸在訶斥。至於問孔、刺孟等篇，而闢邪之功，不足以贖其横議之罪矣。近世誚充太甚，若何氏、沈氏諸説，或未足以大服其衷，故余稍爲次其功罪，以折衷後之君子。

又曰：中郎以論衡爲談助，蓋目爲稗官野史之流；且此編驟出未行，而新奇可喜，故祕之帳中，如今人收録異書，文固非所論也。自論衡不甚稱後世，究竟舉主，多歸咎中郎者，余特爲一洒之。

又曰：漢王氏論衡煩猥瑣屑之狀，溢乎楮素之間，辯乎其所弗必辯，疑乎其所弗當疑。允矣！其詞之費也。至精見越識足以破戰國以來浮詭不根之習，則東、西京前，邈焉罕覯。當時以新特而過稱之，近世以宂庸而劇詆之，匪充書異昔也，驟出於秦、漢之間，習聞於伊、洛之後，遇則殊也。而宋人窮理之功，昭代上儒之效，亦著矣。

欽定四庫全書總目一二〇子部三〇雜家類四：論衡三十卷。漢王充撰。充字仲任，上虞人。自紀謂在縣爲掾功曹，在都尉府位亦掾功曹，在太守爲列掾五官功曹行事。又稱元和三年，徙家辟詣揚州部丹陽、九江、廬江，後爲治中。章和二年，罷州家居。其書凡八十五篇，而第四十四招致篇有録無書，實八十四篇。考其自紀曰：「書雖文重，所論百種。案古太公望、近董仲舒傳作書篇百有餘，吾書纔出百，而云太多。」然則原書實百餘篇，此本目録八十五篇，已非其舊矣。充書大旨，詳於自紀一篇，蓋内傷時命之坎坷，外疾世俗之虚僞，故發憤著書。其言多激，刺孟、問孔二篇，至於奮其筆端，以與聖賢相軋，可謂誖矣！又露才揚己，好爲物先，至於述其祖父頑很，以自表所長，傎亦甚焉！其他論辨，如日月不圓諸説，雖爲葛洪所駁，載在晉志，然大抵訂譌砭俗，中理者多，亦殊有裨於風教，儲泳袪疑説、謝應芳辯惑篇不是過也。至其文反覆詰難，頗傷詞費，則充所謂「宅舍多，土地不得小；户口衆，簿籍不得少；失實之事多，虚華之語衆，指實定宜，辨争之言，安得約徑」者，固已自言之矣。充所作别有譏俗書、政務書，晚年又作養性書，今皆不傳，惟此書存。儒者頗病其蕪雜，然終不能廢也。高似孫子略曰：「袁山松〔一〕後漢書載：『充作論衡，中土未有傳者，蔡邕入吴始見之，以爲談助。』談助之言，可以了此書矣。」其論可云允愜。此所以攻之者衆，而好之者終不絶歟。

四庫全書，乾隆讀王充論衡：向偶翻閲諸書，見有王充論衡，喜其識博而言辯，頗具出俗之識，其全書則未之覽也。兹因校四庫一書，始得其全卷而讀之，乃知其背經離道，好奇立異之人，而欲以言傳者也。夫欲以言傳者，不衷於聖賢，未有能傳者也。孔、孟爲千古聖賢，孟或可問，而不可刺，充則刺孟而且問孔矣。此與明末李贄之邪説何異？夫時命坎坷，當悔其所以自致坎坷耳，不宜怨天尤人，誣及聖賢。爲激語以自表，則已有犯非聖無法之誅。即有韙其言者，亦不過同其亂世惑民之流耳，君子必不爲也。且其死僞篇以杜伯之鬼爲無，而言毒篇又以杜伯之鬼爲有，似

〔一〕「山」字原本脱，據四庫全書總目補。

此矛盾處，不可屈指數，予故闢而訶之。讀論衡者，效其博辯，取其軼才，則可；效其非聖滅道，以爲正人篤論，則不可。乾隆戊戌孟秋。

學海堂四集譚宗浚論衡跋：論衡三十卷，後漢王充仲任撰。是書四庫全書已著録。其純駁不一處，經劉知幾、晁公武、高似孫、吕南公、黄東發、郎瑛諸人指摘外，固已無庸贅述。揆其闕謬，約有數端：一曰論人之失。如謂堯溷舜濁，見逢遇篇。謂老子、文子德似天地之類是也。見自然篇。一曰論事之失。如謂周公不當下白屋禮士，見語增篇。按：充謂此事非實，非謂周公不當。謂李斯、商鞅爲奉天行誅之類是也。見禍虚篇。一曰論理之失。如謂鬼神爲無憑，謂禍福不關於天命之類是也。見論死、訂鬼、禍虚、福虚等篇。一曰論物之失。如謂日月爲不圓，見説日篇。土龍不能致雨之類是也。見死僞篇、案書篇。其踳駁訛謬，自相矛盾者，猶不可枚舉。蓋文士發憤著書，立詞過激，大抵然矣。然充此書雖近於宂漫，而人品則頗高。當其時讖緯方盛，異説日興，而充獨能指駁偏謬，剖析源流，卓然不爲浮論所惑，其識見有過人者。又陰、竇擅權之際，明、章莅政之初，不聞藉學問以求知，託權門以進取，其淡然榮利，不逐時流，范史特爲取之，有以也。且其中議論甚詳，頗資證據。其足考古事者：如謂堯爲美謚，見須頌篇。則三代以前之謚法。引孔子云：「詩人疾之不能默，丘疾之不能伏。」見對作篇。則足見孔門之軼事。引公孫尼子、漆雕子、宓子諸家之言，見本性篇。按漢志，公孫尼子二十八篇，漆雕子十二篇，宓子十六篇，則足見古時之舊説。謂論語之篇但八寸尺，不二尺四寸者，取懷持之便，見正説篇。則足見古人書册之制。謂始皇未嘗至魯，見實知篇。謂孔子至不能十國，見儒增篇。則足訂太史公之誤。此皆足考古事者也。其足考當時之事者，如謂古人井田，民爲公家耕食，今量租芻何意？一歲〔一〕使民居更一月，何據？年二十三傅〔二〕，十五賦，七歲頭錢二十三，何緣？則足證當時之食貨。謂有尉史、令史，無承長史，何制？兩郡移書曰「敢告卒人」，兩縣不言，何解？郡言事二府曰「敢言之」，司空曰「上」，何狀？賜民爵八級，何法？名曰簪褭、上造，何謂？吏上功曰「伐閲」，名籍墨將，何指？皆足證當時之文案。吏衣黑衣，宮闕赤單，何慎？疑。服革於腰，佩刀於左，何人備？著絇於履，冠在於首，何象？並見謝短篇。則足證當時之儒服。以及所稱鄒伯奇、袁太伯、袁文術、周長生等，見案書篇。後漢文苑傳皆未載。所稱鬱林太守張孟

〔一〕「歲」，原本作「業」，據謝短篇改。
〔二〕「傅」，原本作「儒」，據謝短篇改。

嘗，見別通篇。近人廣東通志表皆未載。驗符篇言甘露降泉陵、零陵、洮陽、始安、冷道五縣，今後漢書僅稱零陵、洮陽二縣。吉驗篇言陳留東莞人虞延位至司徒，今後漢書實作「東昏人」。此皆足考當時之事者也。更有進者。史稱充不爲章句之學，疑其於訓詁必無所解。今觀是書所引，則經學宏深，迥非後人所及。如引康誥云：「冒聞於上帝，帝休，天乃大命文王。」見初稟篇。以「冒」字屬下爲句，則與趙岐孟子注合。「我舊云孩子。」見本性篇。「刻子」作「孩子」，則與今文尚書合。謂康王德缺於朝，故詩作，見謝短篇。則與魯詩説合。引尚書大傳曰：「烟氛郊社不脩，山川不祀，風雨不時，霜雪不降，責於天公。臣殺主，孽多殺宗，五品不訓，責於人公。城郭不繕，溝渠不脩，水泉不隆，水爲民害，責於地公。」見順鼓篇。則與韓詩外傳之説合。「東隣殺牛，不如西隣之礿祭。」見祀義篇。則與荀氏説合。按：孫堂漢魏二十一家易注輯荀爽易注無説。謂成王欲以禮葬周公，天爲感動。見感類篇。則與漢書梅福傳、後漢書寇榮傳合。他如引毛詩「彼姝者子」，傳云：「染之藍則青，染之丹則赤。」見率性篇、本性篇。按今毛傳不見此文。引詩云：「乃眷西顧，此爲予度。」見初稟篇。按此三家無此説。引禮記：「水潦降，不獻魚鼈。」謂水潦暴下，龍蛇化爲魚鼈，臣子敬其君父，故不敢獻。見無形篇。引論語：「浴乎沂，風乎舞雩。」爲雩祭之事。見明雩篇。皆與古義稍殊。知其説必有所本。夫以不爲章句之人，而經義深通尚如此，則當時專經之士，其淹博該洽可知矣。至劉勰文心雕龍養氣篇云：「昔王充著述，制養氣之篇，驗己而作，豈虚也哉？」按今書並無此篇名，此則或出於充他所著述之書，或即論衡中之一篇，而近時佚去，亦未可定。亦猶管、晏、呂覽諸書，經後人竄亂，往往與古本相殊也。若其意淺語冗，過於凡近，則充自紀篇〔一〕所稱「口則務在明言，筆則務在露文。言則無不可曉，旨則無不可睹」者，早已自知之，而自言之，茲不贅云。

黄式三儆居集四讀子集一讀王仲任論衡：後漢王仲任充、王節信符、仲長公理統同傳，范氏論此三子，多謬通方之訓，好申一隅之説，贊曰：「管視好偏，羣言難一，救樸雖文，矯遲必疾。」然則節信潛夫論、公理昌言，傳録其要略，而獨不録論衡，豈非以仲任之書矯枉過正之尤甚邪！讀其書，問孔、刺孟，謬矣。漢世以災異免三公，欲矯其説，而謂災變非政事所召，復謬矣。譏時之厚葬，遂申墨子薄葬之説，而謂人死無知，不能爲鬼，抑又謬矣。物之靈者蓍龜，皆死而有知，人獨無知乎？而仲任所詳言者天命，其説之遺誤後人，而不可不辯者，尤在此也。人之命有三：有

〔一〕「紀」，原本作「敍」，據論衡改。

定命，有遭命，有隨命。隨命者，隨行爲命，遏惡揚善之道也。人生初之所禀，壽有長短，遇有富貴貧賤，是爲定命，孟子所謂「正命」也。長平之坑，老少並陷，萬數之中，必有長命未當死之人；宋、衛、陳、鄭同日災，四國之民，必有禄盛未當衰之人，是謂遭命，遭天之變，天絶人民也。洪範言考終命，凶短折，非獨爲自觸禍者戒，抑亦慮皇極之不建也乎！以是知三命之説，雜見諸書，而白虎通言之已詳，蓋可信矣。仲任詳言命之一定不可易，遂申老子天道自然之説，而謂遏惡揚善，非天之道；且謂國祚之長短，不在政事之得失。其將以易、春秋所紀，詩、書所載，天人交格之義，皆爲虚語乎？仲任師事班叔皮，書中盛稱班孟堅，而孟堅所撰白虎通，辯駁固多，于命義篇既引傳之言三命，宜信而不信乎？書偁論衡，非衡之平也。君子之言，將以俟百世而不惑，不尚矯情以立論。

十七史商榷三六：後漢書應劭傳曰：「應劭〔一〕撰風俗通，以辯物類名號，識時俗嫌疑。文雖不典，後世服其洽聞。」又曰：「甄紀異知，雖云小道，亦有可觀。」按劭，漢俗儒也；風俗通，小説家也。蔚宗譏其不典，又云異知小道，可謂知言。王充

〔一〕「劭」，原本作「召」，據後漢書本傳改。

傳云:「著論衡八十五篇,釋物類同異,正時俗嫌疑。」此與風俗通品題略同,尤爲妙解。蓋兩書正是一類,皆摭拾謏聞,郢書燕説也。

劉熙載藝概:王充、王符、仲長統三家文,皆東京之矯矯者。分按之,大抵論衡奇創,略近淮南子;潛夫論醇厚,略近董廣川;昌言俊發,略近賈長沙。范史譏三子好申一隅之説,然無害爲各自成家。

又曰:王充論衡獨抒己見,思力絶人。雖時有激而近僻者,然不掩其卓詣。故不獨蔡中郎、劉子玄深重其書,即韓退之之性有三品之説,亦承藉於其本性篇也。

意林周廣業注:論衡之成,人固有嫌其太繁者,抱朴子辯之詳矣。漢末王景興、虞仲翔輩俱盛稱之。而蔡中郎〔一〕直祕爲談助,或取數卷去,亟戒勿廣,其珍重如此。宋儒乃以爲無奇,且訾其義乏精覈,詞少肅括。此又稚川所謂守燈燭之輝,遊潢汙之淺者也。夫論之爲體,所以辨正然否,故仲任自言論衡以一言蔽之曰:「疾虛妄。」雖間有過當,然如九虛、三增之類,皆經傳宿疑,當世槃結,其文不可得略,況門户櫨椽,各置筆硯,成之甚非易事。時會稽又有吴君高作越紐録,周長生作洞歷,

〔一〕「中」,原本作「仲」,形聲相近而誤,今改。

仲任極爲推服。趙長君作詩細，蔡中郎以爲長於論衡。見後漢書趙曄傳。今越絶書，説者謂即越紐，而二書皆佚不傳，可惜也。

陳鱣策對四：王符之潛夫論，王充之論衡，仲長統之昌言，自成一家之言，不愧三賢之目。

臧琳經義雜記十六：范書王充傳：「充字仲任，會稽上虞人，師事班彪，好博學而不守章句。論説始若詭異，終有理實。以爲俗儒守文，多失其真，乃閉門潛思，絶慶弔之禮，户牖牆壁各著刀筆，著論衡八十五篇，二十餘萬言。釋物類同異，正時俗嫌疑。」隋志雜家二十九卷，唐志三十卷，今本同。讀其書，好辨論，喜逞機鋒，蔡伯喈祕以爲談助，不虚矣。其友謝夷吾擬之揚、劉、司馬，非其倫也。九虚、三增以禍福感應皆不實，經傳之文多增飾，然則德不必修，惡不必戒，聖賢之言不足憑，此豈所謂信而好古者耶？非韓是矣。問孔、刺孟語多有得罪名教者。蓋充資性雖敏，學力未深，故據其臆見，肆其私言，而不自知其非也。其破往古之妖妄，訂時俗之忌諱，頗足取焉。可見世之陋習，自東漢已深矣。若明雩、順鼓、正説、書解，略得經子端緒，兼存漢儒舊義，又爲不可不讀之書。餘或揣摩秦、儀，文似小説，又每以詞華之士，爲優於章句之儒，見書解篇。皆其所蔽也。學者以此爲漢人著述中有古文故事，可節取爲考索之助，則頗有益。若論其本書大體，似遜於諸子。此書素名重，殆因蔡、王一時之珍祕耳。見本傳注引袁山松後漢書。范書載其著論衡，造性書外，無他表見，止當入文苑、儒林，而范氏特爲大傳，豈亦因論衡歟？

趙坦寶甓齋札記：王充論衡立説乖戾，不足道。其所引尚書，時有古解。

梁章鉅退庵隨筆卷十七：王充論衡，四庫亦列之雜家。紀文達師謂充生當漢季，憤世嫉俗，作此書以勸善黜邪，訂譌砭惑，大旨不爲不正，然激而過當，至於問孔刺孟，無所畏忌，轉至於不可以訓，瑕瑜不掩，當分別觀之。按昔人以論衡爲枕中祕，名流頗重其書，惟其議論支離，文筆冗漫，實不類漢人所爲，故余每竊疑其贋作。近閲杭大宗世駿集中有論王充一篇，直指其自譽而毁祖父爲不孝，又引陳際泰誡子書，至以村學究刻畫所生，其端實自王充發之云云。則所論尤爲嚴正，又不在區區文字之間矣。

章炳麟國故論衡原道上：斷神事而公孟言無鬼，尚裁制而公孫論堅白，貴期驗而王充作論衡，明齊物而儒、名、法不道天志。暉按：此明王充本道家。老子曰：「信言不美，美言不信。」文心雕龍情采篇：「老子疾僞，故稱美言不信。」

又論式篇：後漢諸子漸興，訖魏初幾百種。然深達理要者，辨事不過論衡，議政不過昌言，方人不過人物志，三家差可以攀晚周。其餘雖嫻雅，悉腐談耳。

又檢論卷三學變：漢、晉間學術則五變：董仲舒以陰陽定法令，垂則博士，神人大巫也。使學者人人碎義逃難，苟得利禄，而不識遠略，故揚雄變之以法言。法言持論至豈易，在諸生間峻矣。王逸因之爲正部論，以法言雜錯無主，然已亦無高論，正部論原書已亡，諸家援引，猶見大略。顧猥曰：「顏淵之簞瓢，則勝慶封之玉杯。」藝文類聚七十三、御覽七百五十九引。欲以何明？而比擬違其倫類，蓋忿悁之亢辭也。華言積而不足以昭事理，故王充始變其術曰：「夫筆著者，欲其易曉而難爲，不貴難知而易造；口論務解分而可聽，不務深迂而難睹也。」見自紀篇。作爲論衡，趣以正虚妄，審鄉背，懷疑之論，分析百耑，有所發擿，不避上聖，漢得一人焉，足以振恥，至于今亦尠有能逮者也。然善爲蠭芒摧陷，而無樞要足以持守，惟内心之不光熲，故言辯而無繼。

孫人和論衡舉正序：自嬴秦焚坑而後，古籍蕩然。漢代所收，十僅一二。加之讖緯紛作，殽亂羣經，尚論恢奇，標舉門户。或廢視而任聽，或改古以從今，卒致真僞雜糅，是非倒植。仲任生當兩漢之交，匡正謬傳，暢通鬱結。九虚、三增，啓蒙砭俗；自然所論，頗識道原。雖間逞胸臆，語有回穴，要皆推闡原始，不離於宗。至若徵引故實，轉述陳言，可以證經，可以考史，可以推尋百家。其遠知卓識，精深博雅，自漢以來，未之有也。

張九如與章士釗書：「論衡用客觀的眼光，批評史事，鞭辟入裏，實爲中國有數之作品，惟嫌其中多瑣碎處。公正校讀論衡，期蔚成本邦邏輯之宗，則公於此書，已下過明辨工夫，請即指示其中最精到者，俾便啓示學子。」章士釗答書：吾家太炎，曾盛稱論此書，謂其「正虚妄，審鄉背，懷疑之論，分析百端，有所發擿，不避上聖，漢得一人焉，足以振恥，至於今亦鮮有能逮之者也」。檢論學變篇。允哉斯言！或謂充之所爲，有破無立，「其釋物類也，好舉形似以相質正，而其理之一者，有所未明」。韓性論衡序。不知書以「衡」名，其職即於權物而止。至天人之際，政學之微，直攄己見而成一系統者。充别有一書曰政務，惜不傳矣。韓生所云，非能概充之全書也。此編看似碎細，然持論欲其密合，複語有時不可得避，一觀歐文名著，自悟此理。邦文求簡，往往並其不能簡者而亦去之，自矜義法。曾滌生謂古文不適於辨理，即此等處。充文布勢遣詞，胡乃頗中横文棨檴？殊不可解。釗既就此書而鉤稽者，乃是最要一點。清初湖北熊伯龍以讀八股文之法讀論衡，妄事割截，别爲編列，號無何集，即是未明此竅之故。君以瑣碎爲嫌，釗竊憂之。充書通體一律，難言孰最精到。若初學未能盡讀，則天、日、龍、虎等義，暫爲略去，而注重於九虚、三增也可。實知、知實二首，開東方邏輯之宗，尤未宜忽！甲寅週刊第一卷，第四十一號。以上總評。

文心雕龍論説篇：李康運命，同論衡而過之。

文選劉孝標辯命論：性命之道，窮通之數，夭閼紛綸，莫知其辯，仲任蔽其源，子長闡其惑。

舊唐書吕才傳，才敍禄命曰：謹案史記宋忠、賈誼譏司馬季主云：「夫卜筮者，高人禄命，以悦人心；矯言禍福，以盡人財。」又案王充論衡云：「見骨體而知命録，覩命禄而知骨體。」此即禄命之書行之久矣。多言或中，人乃信之；今更研尋，本非實録。但以積善餘慶，不假建禄之吉；積惡餘殃，豈由劫殺之災？皇天無親，常與善人，福禍之應，其猶影響。故有夏多罪，天命剿絶；宋景修德，妖孛夜移。學也禄在，豈待生當建學？文王勤憂損壽，不關月值空亡；長平坑卒，未聞共犯三刑；南陽貴士，何必俱當六合？歷陽成湖，非獨河魁之上；蜀郡炎燎，豈由災厄之下？今時亦有同年同禄，而貴賤懸殊；共命共胎，而夭壽更異。以上評命禄、命義等篇。

章炳麟國故論衡下辨性上：儒者言性有五家：無善無不善，是告子也；善，是孟子也；惡，是孫卿也；善惡混，是楊子也；善惡以人異殊上中下，是漆雕開、世碩、公孫尼、王充也。五家皆有是，而身不自明其故，又不明人之故，務相斬伐；調之者又兩可。獨有控名責實，臨觀其上，以析其辭之所謂，然後兩解。人有八識，其宗曰「如來藏」。以「如來藏」無所對奄，忽不自知，視若胡、越，則眩有萬物。物各有其分職，是之謂「阿羅耶」。「阿羅耶」者，「臧萬有」既分，即以起「末那」。「末那」者，此言「意根」。「意根」常執「阿羅耶」以爲我，二者若束蘆相依以立，「我愛」、「我慢」由之起。「意根」之動，謂之「意識」。物至而知接，謂之眼、耳、鼻、舌、身、識。彼六識者，或施或受，復歸於「阿羅耶」。「臧萬有」者，謂之「初種」；六識之所歸者，謂之「受熏之種」。諸言性者，或以「阿羅耶」當之，或以「受熏之種」當之，或以「意根」當之。漆雕諸家，亦以「受熏之種」爲性。我愛、我慢其在意根，分齊均也，而意識用之有偏勝，故受熏之種有强弱，復得後有即仁者鄙者殊矣。雖然人之生未有一用愛者，亦未有一用慢者。慢者不過欲盡制萬物，物皆盡，則慢無所施，故雖慢，猶不欲盪滅萬物也。愛者不過能近取，譬人搤我咽，猶奮以解之，故雖愛，猶不欲人之加我也。有偏勝，則從所勝以爲言，故曰有上中下也。去塵埃拚覆，則昏不見泰山；建絳帛萬耑，以圍尺素，則白者若赤。物固有相奪者，然其質不可奪。漆雕之徒不悟，而偏執其一，至以爲無餘，亦過也。以上評本性篇性有三品。

臨安志：事文類聚十一。王充論衡以爲水者地之血脈，隨氣進退。此未之盡。大抵天包水，水承天，而一元之氣，升降於太虚之中，地乘水力以自持，且與元氣升降。方其氣升而地沉，則海水溢上而爲潮；及其氣降而地浮，則海水縮而爲汐。以上評書虚篇「水者地之血脈」。

朱子曰：調燮類編。雷雖只是氣，必有形。據此則雷斧雷字之説，理或有之。必泥王充論衡，則非敬天之道也。

黄式三儆居集雜著三對王仲任雷虚問：雷果爲天怒乎？天之有雷，所以宣陽出滯，不得盡謂之天怒也。在易于豫言作樂，而其象爲雷出地奮。天有雷，人有鐘鼓，一而已矣。然禮言君子之道，遇有疾風、迅雷、甚雨則必變，雖夜必興。論語記聖人之事曰：「迅雷風烈，必變。」雷之迅，其戰陳之鐘鼓也耶？儒者敬天之怒，無敢戲豫游，雷震恐懼修省，心懔懔于此，而漢王仲任專輒發論，以明雷之非天怒。此説也，固非儒者所敢道，顧其言善詰辯，多端發難，不有以破之，疑于其義，而求敬天之誠，弗可得也。仲任之意曰：雷所擊人，問其辠，或甚小也，世有大辠，天胡不擊之？天不擊之，是天不怒也。式三曰：天之誅惡，不盡以雷，凡降災于不善者，皆天之怒矣，而雷尤顯者耳。傳曰：「有鐘鼓曰伐，無曰侵。」人之怒不盡用鐘鼓，天之怒，何獨用雷也？仲任之辯又曰：人君不空喜怒，雷之怒有時不殺人，不折敗物，是天有空怒也。空則妄，妄則失威，天胡若是耶？式三曰：天以好生爲心，而示之以變，所以冀人之反身省察，終于免譴而已，豈必主于殺傷哉？且天之怒，有人事之感焉，抑有陰陽之薄焉。陰薄陽而激爲雷，陰之錮者厚，陽之激者益力。激之益力，其發之也聲大以遠而急疾，因之有調燮之意者所當思也。仲任之辯又曰：雷爲天怒，雨之澍濡者，必爲天喜。喜怒不同時，雷起常與雨俱，曷知其爲怒也？式三曰：雷迅者雨必暴，雷既震怒，雨亦非甘霖。雨，陰也。雷，陽也。疾風、迅雷、甚雨，其陰陽相激之極也乎！今夫天烜之以日，照之以月，凡所以生物者，天之喜也。當其震擊則陰之氣盛，將害于生生之道，天因是而有怒，怒已而雷息，即天之喜也。當其震擊則怒耳。然而天之殺物以秋冬，而雷常怒于夏，仲任因是益疑焉。曰：以天統言之，一陽始于子，盛于巳，至午未之月陰生，而雷之鳴益迅，陽怒而敵陰也；仲秋而雷收聲者，力不能敵陰，則陽退而伏，以保其性也。若以人統言之，陽始寅終未，雷卯震而卯遯，其盛于六陽之末月，抑亦宜矣。孔子所謂「行夏之時」，非以人統之得天乎？仲任胡不思之也？仲任以雷爲虚，而福虚、禍虚大説誤亦類此，而其皐至于慢天。以上評雷虛篇。

廣弘明集二七樊孝謙答沙汰釋李詔表：劉向之信洪寶，殁有餘責。王充之非黄帝，此爲不朽。以上評道虛篇。

俞樾湖樓筆談七：古人文字喜爲已甚之辭，稱其早慧，則曰顔淵十八天下歸仁；語其晚成，則曰曾子七十乃學，名聞天下。王充有語增之篇，非無見也。以上評語增篇。

史通惑經篇：王充設論，有問孔之篇，論語羣經，多所指摘，而春秋雜義，曾未發明。

筆叢九流緒論：論衡之問孔，序意甚明，以仲尼大聖，其語言應迹有絶出常情者，當時門弟子不能極問，故設疑發難，以待後人之荅。藉在孔門固好學之一事，第詞間傷直，旨或過求，此充罪也。劉子玄輩不能詳察，遽從而效之，以譏詆聖人，至堯、舜、禹、湯咸弗能免，猶李斯之學荀況也。

梁玉繩瞥記五：論衡問孔篇最無忌憚，王充之爲人，必傲愎不可近。他若説孔子畏陽虎，卻行流汗，見物勢篇。亦猶莊生稱孔子謁盜跖，尚得以寓言戲談置之。充又言夷、齊以庶兄奪國餓死，今本佚，見意林引。不知何據。以上評問孔篇。

邵博曰：經義考二百三十二。大賢若孟子，其可議乎？後漢王充乃有刺孟，近代何涉有删孟。刺孟出論衡，韓退之贊其閉門潛思，論衡以修矣，則退之於孟子醇乎醇之論，亦或不然也！以上評刺孟篇。

錢塘淮南天文訓補注：王充不信蓋天。不知天以辰極爲中，地以崐崙爲中，二中相值，俱當在人西北。人居崐崙東南，視辰極則在正北者，辰極在天，隨人所視，方位皆同，無遠近之殊，處高故也；崐崙在地，去人有遠近，則方位各異，處卑故也。不妨今天下在極南，自在地東南隅也。以上評談天篇「方今天下，以極言之，不在東南」。

晉書天文志：亦見隋志。渾天理妙，學者多疑。漢王仲任據蓋天之説，以駮渾儀云：「舊説『天轉從地下過』。今掘地一丈，輒有水，天何得從水中行乎？甚不然也。日隨天而轉，非入地。夫人目所望，不過十里，天地合矣。實非合也，遠使然耳。今視日入，非入也，亦遠耳。當日入西方之時，其下之人，亦將謂之爲中也。四方之人，各以其近者爲出，遠者爲入矣。何以明之？今試使一人把大炬火，夜半行於平地，去人十里，火光滅矣。非滅也，遠使然耳。今日西轉，不復見，是火滅之類也。日月不員也，望視之所以員者，去人遠也。夫日，火之精也；月，水之精也。水火在地不員，在天何故員？」故丹陽葛洪釋之曰：「渾天儀注云：『天如鷄子，地如鷄中黄，孤居於天內，天大而地小。天表裏有水，天地各乘氣而立，載水而行。周天三百六十五度四分度之一，又中分之，則半覆地上，半繞地下，故二十八宿半見半隱，天轉如車轂之運也。』諸論天者雖多，然精於陰陽者少。「少」字據隋志補。張平子、陸公紀之徒，咸以爲推步七曜之道，以度歷象昏明之證候，「以」字據隋志補。校以四八之氣，考以漏刻之分，占晷景之往來，求形驗於事情，莫密於渾象者也。張平子既作銅渾天儀，於密室中以漏水轉之，令伺之者閉戶而唱之。其伺之者以告靈臺觀天者曰：『璇璣所加，某星始見，某星已中，某星今没。』皆如合符也。崔子玉爲其碑銘曰：『數術窮天地，制作侔造化，高才偉藝，與神合契。』蓋由於平子渾儀及地動儀之有驗故也。若天果如渾者，則天之出入，行於水中，爲的然矣。故黄帝書曰：『天在地外，水在天外，水浮天而載地者也。』又易曰：『時乘六龍。』夫陽爻稱龍，龍者居水之物，以喻天。天，陽物也，又出入水中，與龍相似，故以比龍也。聖人仰觀府察，審其如此，故晉卦坤下離上，以證日出於地也。又明夷之卦離下坤上，以證日入於地也。需卦乾下坎上，此亦天入水中之象也。天爲金，金水相生之物也。天出入水中，當有何損，而謂爲不可乎？故桓君山曰：『春分日出卯入酉，此乃人之卯酉。天之卯酉，常值斗極爲天中。今視之乃在北，不正在人上。而春秋分時，日出入乃在斗極之南。若如磨右轉，則北方道遠，而南方道近，晝夜漏刻之數，不應等也。』後奏事待報，坐西廊廡下，以寒故，暴背。有頃，日光出去，不復暴背。君山乃告信蓋天者曰：『天若如推磨右轉而日西行者，其光景當照此廊下稍而東耳，不當拔出去。拔出去，是應渾天法也。渾爲天之真形，於是可知矣。』然則天出入水中，無復疑矣。又今視諸星出於東者，初但去地小許耳。漸而西行，先經人上，後遂西轉而下焉，不旁旋也。其先在西之星，亦稍下而没，無北轉者。日之出入亦然。若謂天磨右轉者，日之出入亦然，隋志無此句，是。疑涉上文衍。衆星日月，宜隨天而迴，初在於東，次經於南，次到於西，次及於北，而復還於東，不應横過去也。今日出於東，冉冉轉上，及其入西，亦復漸漸稍下，都不繞邊北去。了了如此，王生必固謂爲不然者，疏矣。今日徑千里，圍周三千里，中足以當小星之數十也。若日以轉遠之故，但當光曜，不能復來照及人耳，宜猶望見其體，不應都失其所在也。日光既盛，其體又大於星多矣。今見極北之小星，而不見日之在北者，明其不北行也。若日以轉遠之故，不復可見，其北入之間，隋志「北」作「比」，是。應當稍小，而日方入之時乃更大，此非轉遠之徵也。王生以火炬喻日，吾亦將借子之矛，以刺子之楯焉。把火之隋志「之」下有「人」字。去人轉遠，其光轉微，而日月自出至入，不漸小也。王生以火喻之，謬矣。又日之入西方，視之稍稍去，初尚有半，如橫破鏡之狀，須臾淪没矣。若如王生之言，日轉北去有半者，隋志無「有半」二字，是。其北都没之頃，宜先如豎破鏡之狀，不應如橫破鏡也。如此言之，日入西方，隋志作「北方」，是也。不亦孤子乎？又月之光微，不及日遠矣。月盛之時，雖有重雲蔽之，不見月體，而夕猶朗然，是月光猶從雲中而照外也。「月」字據隋志增。日若繞西及北者，其光故應如月在雲中之狀，不得夜便大暗也。又日入則星月出焉。明知天以日月分主晝夜，相代而照也。若日常出者，不應日亦入而星月亦出也。下「亦」字，隋志無。又按河、洛之文皆云：『水火者，陰陽之餘氣也。』夫言『餘氣』也，則不能生日月可知也，顧當言日陽精生火者可耳。隋志無「陽」字。若水火是日月所生，則亦何得盡如日月之員乎？今火出於陽燧，陽燧員而火不員也；水出於方諸，方諸方而水不方也。又陽燧可以取火於日，而無取日於火之理，此則日精之生火，明矣。方諸可以取水於月，而無取月於水之道，此則月精之生水，了矣。王生又云：『遠，故視之員。』若審然者，月初生之時，及既虧之後，何以視之不員乎？初學記天部月條引抱朴子曰：「王生云：『月不圓』者，月初生及既虧之後，視之宜如三寸鏡，稍稍轉大，不當如破環漸漸滿也。」而日食或上或下，從側而起，或如鉤至盡。若遠視見員，不宜見其殘缺左右所起也。此則渾天之理，信而有徵矣。」

賀道養渾天記：御覽二、事類賦一。近世有四術，一曰方天，興於王充；二曰軒夜，起於姚信；三曰穹天，聞於虞昺。皆臆斷浮説，不足觀也。

盧肇海湖賦前序：唐文粹五。日傅於天，天右旋，入海而日隨之。古人或以日如平地執燭，遠則不見。何甚謬乎？日之入海，其必然之理，自朔之後，月入不盡，晝常見焉，以至於望；自望之後，月出不盡，晝常見焉，以至於晦。見於晝者，未嘗有光，必待日入於海，隔以應之。

盧肇海潮賦後序：唐文粹五。自古説天有六：一曰渾天，張衡所述。二曰蓋天，周髀以爲法。三曰宣夜，無所法。四曰安天，虞喜作。五曰昕天，姚信作。六曰穹天。虞聳作。自蓋天以下，蓋好奇徇異之説。其增立渾天之術，自張平子始，言天包於地，周旋無端，其形渾渾，故曰渾天。言不及渾天而乖誕者，凡五家：莊子、逍遥篇。玄中記、王仲任論衡、言日不入地。山經、釋氏言四天。並無證驗，不可究尋。王仲任徒肆談天，失之極遠，桓君山攻之已破，此不復云。

楊炯渾天賦：唐文粹卷四。有爲宣夜之學者曰：天常安而不動，地極深而不測。有稱周髀之術者曰：陽動而陰静，天迴而地游，天如倚蓋，地若浮舟。太史公旴衡而告曰：言宣夜者，星辰不可以闊狹有常；言蓋天者，漏刻不可以春秋各半。周三徑一，遠近乖於辰極；東井南箕，曲直殊於河漢。明入於地，仲任言日不入地。葛稚川所以有辭；候應於天，桓君山由其發難。以上評説日篇。

章炳麟國故論衡文學總略：文德之論，發諸王充論衡，論衡佚文篇：「文德之操爲文。」又云：「上書陳便宜，奏記薦吏士，一則爲身，二則爲人。繁文麗辭，無文德之操，治身完行，徇利爲私，無爲主者。」楊遵彦依用之，魏書文苑傳：「楊遵彦作文德論，以爲古今辭人皆負才遺行，澆薄險忌。唯邢子才、王元景、温子昇彬彬有德素。」而章學誠竊焉。以上評佚文篇「文德之操」。書解篇〔一〕云：「夫文德，世服也。空書爲文，實行爲德，著之於衣爲服。故曰：德彌盛者文彌縟，德彌彰者文彌〔二〕明。大人德擴〔三〕其文炳，小人德熾其文斑。官尊而文繁，德高而文積。」亦發揮「文德」之義。

又檢論六原教：諸奉天神地祇物鬽者，皆上世之左道，愚陋下材之所擁樹。獨奉人鬼爲不誣耳。人之死，由浮屠之言，中陰不獨存，必生諸趣。莊生樂焉而説其傳薪。唯儒家公孟亦言無鬼，見墨子公孟篇。王充、阮瞻傳其説以爲典刑，獨未知變

〔一〕「書解」，原本作「案書」，據論衡改。
〔二〕「彌」字原本脱，據書解篇補。
〔三〕「擴」，原本作「廣」，據書解篇改。

化相嬗之道也。言有鬼則爲常見。徒言無鬼不知中陰流轉則爲斷見。以上評論死、死僞等篇。

杭世駿道古堂文集二十二論王充：范史之傳充曰：「充少孤，鄉里以孝稱。」杭子曰：夫孝者己有善不敢以爲善，己有能不敢以爲能，曰：「是吾先人之所留遺也。是吾祖若父之所培植而教誨也。」鄉人曰：「幸哉！有子如此，可謂孝已。」而吾所聞於充者有異焉。充細族孤門，世祖勇任氣，卒咸不揆於人。歲凶，橫道傷殺，怨讎衆多。祖父汎，賈販爲事，生子蒙及誦，任氣滋甚，在錢塘勇勢凌人，誦即充父也。充作論衡，悉書不諱，而乃特創或人問答，揚己以醜其祖先。其尤甚之辭，則曰：「母驪犢騂，無害犧牲；祖濁裔清，不牓奇人。夫禹聖也，而鯀惡；舜神也，而叟頑。」使禹謂聖於鯀，舜謂神於叟，則禹與舜將不得爲神聖，矧復以鯀爲惡，以叟爲頑，而挂諸齒頰，著之心胸，筆之簡牘，即禹亦且不免於惡，舜亦且不免於頑，雖甚神聖，焉得稱孝？充知尚口以自譽而已。唐劉子玄氏謂「責以名教，斯三千之罪人」。旨哉言乎！吾取以實吾言矣。且夫言立將以垂教也，論衡之書雖奇，而不孝莫大，蔡邕、王朗、袁山松、葛洪之徒，皆一代作者，尋其書而不悟其失，殆不免於阿私所好。而范曄又不孝之尤者，隨而附和之，而特書之以孝。嗚呼！孝子固訐親以成名乎？

又曰：充之立論，固不可以訓，而吾特申申辨之不已者，豈以招其過也？蓋有所繩爾。臨川陳際泰，小慧人也，而闇於大道，作書誡子，而以村學究刻畫其所生，禾中無識之徒，刊其文以詔世，而以斯語冠諸首簡，承學之士，胥喜談而樂道之。嗟乎！人之無良，壹至於此乎！而其端實自王充發之。充自矜其論説，始若詭於衆，極聽其終，衆乃是之。審若斯談，匹如中風病易之夫，譫讝不已，不待聽其終而已莫不非而笑之者。不謂後世且有轉相倣效之徒，流傳觚翰，則此壞人心而害世道莫此爲甚也。且充不特敢於瘡疵先人，而亦欲誣衊前哲，顔路譏其庸固，孔、墨謂其祖愚，始以解免其賤微，而既乃擠賢聖而扳之，此其弊，庸詎止詭於衆而已哉？以上評自紀篇。

論衡校釋附編四

王充的論衡　見現代學生第一卷，四、六、八、九期。

胡　適

王充字仲任，是會稽上虞人。他生於建武三年。西曆二七。他的家世很微賤，他的祖父是做「賈販」的，故人笑他「宗祖無淑懿之基」。他後來到京師做太學的學生，跟班彪受業。他也曾做過本縣本郡的小官。元和三年，西曆八六。他已五十九歲了，到揚州做治中。章和二年，西曆八八。罷州家居，他從此不做官了。後漢書本傳説他「永元中病卒於家」。大概他死時在西曆一百年左右。他著書很多，有譏俗節義十二篇，不傳。是用俗話做的，又有政務一書，是談政治的書，不傳。又有論衡八十五篇。今存，但闕招致篇。他老年時做了養性書十六篇。不傳。論衡末卷有他的自敍一篇，可以參看。

王充的時代——西曆二七至一〇〇——是很可注意的，這個時代有兩種特別色彩。第一，那時代是迷信的儒教最盛行的時代。我們看漢代的歷史，從漢武帝提倡種種道士迷信以後，直到哀帝、平帝、王莽的時候，簡直是一個災異符瑞的迷信時代。西漢末年最特别是讖緯的書。讖字訓驗，是一種預言，驗在後來，故叫做讖。緯是對於經而言，織錦的縱絲爲經，横絲爲緯，圖讖之言都叫做緯書，以别於經書。王莽當國的時候，利用當時天人感應的迷信，造作了「麟鳳龜龍衆祥之瑞七百有餘」，還不够用。於是他叫人造作許多預言的「符命」。孺子嬰元年，（西曆六年）孟通浚井，得白石，上有丹書，文曰：「告安漢公莽爲皇帝。」自此以後，符命繁多，王莽一一拜受。初始元年，（西曆八年）有一個無賴少年，名叫哀章，造作銅匱，内藏圖書，言王莽爲真天子。到黄昏時候，哀章穿着黄衣，捧着銅匱，到高廟裏，交給守官。官聞奏，王莽遂親到高廟拜受金匱。明年，莽遂做皇帝。圖讖的起源很有政治和宗教的意味。漢初的儒生用天人感應的儒教來做那「屈民而伸君，屈君而伸天」的事業。後來儒教總算成功了，居然養成了皇帝的尊嚴，居然做到了「辯上下，定民志」的大功。王莽生在儒教已成功之後，想要做皇帝，很不是容易的事。他不能不利用這天人感應的宗教來打破人民迷信漢室的忠心。解鈴還須繫鈴人，儒教造成的忠君觀念，只有儒教可以打破。王莽、劉歆一班人拼命造假的經書和假的緯書，正是這個道理。王莽提倡經術，起明堂、靈臺、辟雍，求古逸書，即是叫人造假書。添設博士員——騙得四十八萬七千五百七十二人上書稱頌他的功德。這是儒教的第一步成功。他那七百多種的祥瑞——白雉，鳳皇，神爵，嘉禾，甘露，醴泉，禾長丈餘，一粟三米——騙得他的九錫。九錫是當時九百零二個大儒根據「六藝通義經文所見周官、禮記宜于今者」所定的古禮。這是儒教的第二步成功。平帝病了，王莽又模倣周公「作策請命於泰畤，載璧秉圭，願以身代，策金縢，置于前殿，敕諸公勿敢言」。不幸平帝没有成王的洪福，一病遂死了。王莽却因此做了周公，「居攝踐阼，如周公故事」。這是儒教第三步成功。但是儒教的周公究竟不曾敢做真皇帝。王莽没有法子，只好造作符命圖讖，表示天命已歸周公，成王用不着了。於是這個新周公乃下書曰：「予以不德，託於皇初祖考黄帝之後，皇始祖考虞帝之苗裔，而太皇太后之末屬。皇天上帝隆顯大佑，成命統序，符契圖文，金匱策書，神民詔告，屬予以天下兆民。赤帝漢氏高皇帝之靈，承天命，傳國金策之書。予甚祗畏，敢不欽受。」明年，遂「順符命，去漢號」。讀策的時候，王莽親執小皇帝的手，流涕歔欷，説道：「昔周公攝位，終得復於明辟，今予獨迫皇天威命，不得如意。」哀嘆良久。這齣戲遂唱完了。這是儒教的第四步大成功。

這是圖讖符命的起源。光武帝中興，也有許多圖讖。李通造讖曰：「劉氏復興，李氏爲輔。」又彊華奏赤伏符曰：「劉秀發兵捕不道，四七之際火爲主。」光武遂即帝位。故光武很相信這些說讖的人，甚至用圖讖來決定嫌疑。後漢書桓譚傳，又鄭興傳。光武末年，西曆五七。初起靈臺、明堂、辟雍，又宣佈圖讖於天下。明帝、西曆五八至七五。章帝七六至八八。繼續提倡這一類的書，遂使讖緯之書佈滿天下。漢人造的緯書，有河圖九篇，洛書六篇，都是說「自黃帝至周文王所受本文」。又別有三十篇，說是自初起到孔子九位聖人增演出來的。又有七經緯三十六篇，都說是孔子所作。七經緯是：易緯六種，書緯五種，詩緯三種，禮緯三種，樂緯三種，孝經緯二種，春秋緯十三種。詳見後漢書樊英傳註。這種書的作僞的痕跡，很容易看出。據尹敏光武時人。說：「其中多近鄙別字，頗類世俗之辭。」後漢書尹敏傳。其實單看那些緯書的書名——鉤命決，是類謀，元命苞，文耀鉤，考異郵等等——也就可以曉得那些書的鄙陋可笑了。又據張衡說：

春秋元命苞中有公輸班與墨翟事，見戰國，非春秋也。又言「別有益州」。益州之置，在於漢世。其名三輔諸陵，世數可知。……至於王莽篡位，漢世大禍，八十篇何爲不戒？則知圖讖成於哀、平之際也。後漢書張衡傳。

這四條證據都是作僞的鐵證。但是漢朝的君主和學者都是神迷了心竅，把這些書奉作神聖的經典，用來改元定曆，決定嫌疑。看律曆志中屢引圖讖之處可證。這種荒謬可笑的迷忌，自然要引起一般學者的反抗。桓譚、鄭興、尹敏在光武時已極力攻擊圖讖的迷信。尹敏最滑稽，他攻擊圖讖，光武不聽，他就也在讖書的闕文上補了一段，說：「君無口，爲漢輔。」光武問他，他說：「臣見前人增損圖書，敢不自量，竊幸萬一。」光武也無可如何。桓譚攻擊圖讖，光武大怒，說他「非聖無法」，要把他拿下去斬首。但是迷信已深，這幾個人又不能從根本上推翻當時的天人感應的儒教，鄭興、尹敏都是信災異之學的，桓譚略好。故不能發生效果。王充也是這種反抗運動的一個代表。不懂得這個時代荒謬迷忌的情形，便不能懂得王充的哲學。

上文説的讖緯符瑞等等的道士迷信，即是儒教迷信。是西曆一世紀的第一種特別色彩。但是那時代，又是一個天文學發展時代。劉歆的三統曆是儒教的天文學，是王莽時代的天文學。建武八年，西曆三二。已有朱浮、許淑等人請修改曆法。從永平五年六二。到元和二年，八五。是四分曆和三統曆競爭最烈的時代。四分曆最後戰勝，遂得頒行。八五。當兩派爭勝的時候，人人都盡力實地測候的工夫。誰的效驗最優，誰便占勝利。故楊岑候月食成績比官曆優，政府就派楊岑署理弦望月食官。六二。後來張盛、景防等用四分法與楊岑比課，一年之中，他們候月食的成績比楊岑多六事，政府就派他們代楊岑署理月食官。六九。四分曆所以能頒行，全靠他的效驗遠勝太初曆。後來賈逵與王充年歲略相同，死於西曆一〇一，年七十二。用這種實驗的方法，比較新舊兩曆，得結果如下：

以太初曆考漢元，前二〇六。盡太初元年，前一〇四。日朔二十三事，其十七得朔，四得晦，二得二日。新曆七得朔，十四得晦，二得三日。舊曆成績比新曆好。

以太初曆考太初元年，盡更始二年，二四。日朔二十四事，十得晦。以新曆，十六得朔，七得二日，一得晦。新曆成績比舊曆好。

以太初曆考建武元年，二五。盡永元元年，八九。二十三事，五得朔，十八得晦。以新曆，十七得朔，三得晦，二得二日。新曆成績比舊曆好。

又以新曆上考春秋中有日朔者，二十四事，失不中者二十三事。新曆成績很壞。

實測的結果指出一個大教訓：「求度數，取合日月星辰。有異世之術，太初曆不能下通於今，新曆不能上得漢元。」

這種實驗態度，是漢代天文學的基本精神。太初曆的成立，在於效驗；（見上章。）四分曆的成立，也在於效驗。這種效驗是真確可靠的，不比那些圖讖緯書的效驗是邈茫無稽的。這種科學的態度，在當時自然不能不發生一點影響。王充生在這個時代；他著書的時候，正當四分曆與太初曆爭論最烈的時期。論衡著作的時期很可研究。講瑞篇說：「此論草於永平之初……至元和、章和之際，孝章耀德天下。」又恢國篇記章帝六年事，稱今上；宣漢篇也稱章帝爲今上；齊世篇稱章帝爲方今聖明。據此可見論衡不是一個時代做的。大概這書初起在永平初年，當西曆六十餘年，正在四分法初通行的時候。後來隨時增添修改，大部分當是章帝時著作。直至和帝初年還在修改，故有稱孝章的地方。此書最後的修正，當在西曆九十年左右，四分曆已頒行了。此書的著作與修正，前後共需三十年。但此後還有後人加入的地方，如別通篇提及蔡伯喈。蔡邕生於西曆一三三年，王充已死了三十多年了。此外尚有許多加入的痕跡。但論衡大體是西曆六十年至九十年之間做的。這是大概可以無疑的。他又是很佩服賈逵的人，又很留心當時天文學上的問題，如說日篇可爲證。故不能不受當時天文學方法的影響。依我看來，王充的哲學，只是當時的科學精神應用到人生問題上去。故不懂得當時的科學情形，也不能了解王充的哲學。

王充的哲學的動機，只是對於當時種種虛妄和種種迷信的反抗。王充的哲學的方法，只是當時科學精神的表現。

先說王充著書的動機。他自己說：

詩三百，一言以蔽之，曰：「思無邪。」論衡篇以十數，亦一言也，曰：「疾虚妄。」佚文篇。

他又説：

充既疾俗情，作譏俗之書；又閔人君之政，徒欲治人，不得其宜，不曉其務，愁精苦思，不睹所趨，故作政務之書；又傷僞書俗文多不實誠，故爲論衡之書。自紀篇。

他又説：

是故論衡之造也，起衆書並失實，虚妄之言勝真美也。故虚妄之語不黜，則華文不見息；華文放流，則實事不見用。故論衡者，所以銓輕重之言，立真僞之平。……其本皆起人間有非，故盡思極心以譏世俗。世俗之性，好奇怪之語，悦虚妄之文。何則？事實不能快意，而華虚驚耳動心也。是故才能之士，好談論者，增益實事，爲美盛之語；用筆墨者，造生空文，爲虚妄之傳。……至或南面稱師，賦姦僞之説；典城佩紫，讀虚妄之書。……孟子曰：「予豈好辯哉？予不得已也。今吾不得已也。」虚妄顯於真，實誠亂於僞。世人不悟，是非不定，紫朱雜廁，瓦玉雜糅。以情言之，吾心豈能忍哉？……人君遭弊，改教於上；人臣愚惑，作論於下。實得，則上教從矣。冀悟迷惑之心，使知虛實之分；實虛之分定，而後華僞之文滅；華僞之文滅，則純誠之化日以孳矣。對作篇。

他又説：

論衡就世俗之書訂其真僞，辨其實虛。……俗傳蔽惑，僞書放流。……是反爲非，虛轉爲實，安能不言？俗傳既過，俗書又僞。若夫……淮南書言共工與顓頊爭爲天子，不勝，怒而觸不周之山，使天柱折，地維絶。堯時，十日並出，堯上射九日。魯陽戰而日暮，援戈揮日，日爲卻還。世間書傳多若等類，浮妄虛僞，沒奪正是。心濆涌，筆手擾，安能不論？同上。

這幾段都可寫出王充著書的動機。他的哲學的宗旨，只是要對於當時一切虛妄的迷信和僞造的假書，下一種嚴格的批評。凡是真有價值的思想，都是因爲社會有了病纔發生的。王充所謂「皆起人間有非」。漢代的大病就是「虛妄」。漢代是一個騙子時代。那二百多年之中，也不知造出了多少荒唐的神話，也不知造出了多少荒謬的假書。我們讀的古代史，自開闢至周朝，其中也不知道有多少部分是漢代一班騙子假造出來的。王莽、劉歆都是騙子中的國手。讖緯之學便是西漢騙子的自然産兒。王充對於這種虚妄的行爲，實在看不上眼。我們看他「心濆涌，筆手擾」，「吾不得已也」，「吾豈能忍哉」的語，便可想見他的精神。他的書名是「論衡」。他自己解釋道：「論衡，論之平也。」自紀。又説：「論衡者，所以銓輕重之言，立真僞之平。」衡即是度量權衡的衡。即是估量，即是評判。論衡現存八十四篇，幾乎没有一篇不是批評的文章。最重要的如：

書虚、第十六。道虚、二四。語增、二五。儒增、二六。藝增、二七。對作八四。等篇，都是批評當時的假書的。

問孔、二八。非韓、二九。刺孟三十。是批評古書的。

變虚、十六。異虚、十八。感虚、十九。福虚、二十。禍虚、二一。龍虚、二二。雷虚二三。是批評假書中紀載的天人感應的事的。

寒温、四一。譴告、四二。變動、四三。招致第四四篇，今闕。四篇，是從根本上批評當時儒教的天人感應論的。

講瑞、五十。指瑞、五一。是應五二。是批評當時的祥瑞論的。

死僞、六三。紀妖、六四。訂鬼、六五。四諱、六八。調時、六九。譏日、七十。卜筮、七一。難歲、七三。詰術七四。等篇，是批評當時的許多迷信的。

論衡的精神只在「訂其真僞，辨其實虚」八個字。所以我説王充的哲學是批評的哲學，他的精神只是一種評判的精神。

現在且説王充的批評方法。上文我説王充的哲學只是當時科學的方法適用到天文學以外的問題上去。當時的天文學者最注重效驗，王充的批評方法也最注重效驗。他批評當時的災異學派説：

變復之家不推類驗之，空張法術惑人君。明雩。

他是屬於自然主義一派的道家的，説見下。但他嫌當時的自然學派也不注重效驗的方法。他説：

道家論自然，不知引物事以驗其言行，故自然之説未見信。自然。

他又説：

凡論事者，違實不引效驗，則雖甘義繁説，衆不見信。知實。

他的方法的根本觀念，只是這「效驗」兩字。他自己説：

事莫明於有效，論莫定於有證。空言虚語，雖得道心，人猶不信。……唯聖心賢意，方比物類，爲能實之。薄葬。

我們若要懂得王充説的「效驗」究竟是什麽，最好是先舉幾條例：

(例一)儒者曰:「日朝見,出陰中。暮不見,入陰中。陰氣晦冥,故没不見。」如實論之,不出入陰中。何以效之?夫夜,陰也,氣亦晦冥。或夜舉火者,光不滅焉。……火夜舉,光不滅,日暮入,獨不見,非氣驗也。夫觀冬日之入出,朝出東南,暮入西南。東南西南非陰,古以北方爲陰。何故謂出入陰中?

且夫星小猶見,日大反滅,世儒之論虚妄也。說日。

(例二)雷者,太陽之激氣也。……盛夏之時,太陽用事,陰氣承之。陰陽分争,則相校軫,校軫則激射。激射爲毒,中人,輒死;中木,木折;中屋,屋壞。人在木下屋間,偶中而死矣。何以驗之?試以一斗水灌冶鑄之火,氣激𤇾裂,若雷之音矣。或近之,必灼人體。天地爲爐大矣,陽氣爲火猛矣,雲雨爲水多矣,分争激射,安得不迅?中傷人身,安得不死?……

雷者,火也。何以驗之?這兩句,今本倒置,今以意改正。以人中雷而死,即詢其身,中頭則鬚髮燒燋,中身則皮膚灼燌,臨其尸,上聞火氣,一驗也。道術之家以爲雷燒石色赤，投於井中，石焦井寒，激聲大鳴，若雷之狀，二驗也。人傷於寒，寒氣入腹，腹中素温，温寒分爭，激氣雷鳴，三驗也。當雷之時，雷光時見，大若火之耀，四驗也。當雷擊時，或燔人室屋及地草木，五驗也。

夫論雷之爲火有五驗，言雷爲天怒無一效，然則雷爲天怒，虛妄之言。雷虛。

古文「效」與「驗」可以互訓。廣雅釋言：「效，驗也。」呂覽察傳篇注及淮南主術注，驗，效也。王充的效與驗也只是一件事。效驗只是實驗的左證。這種左證，大略可分爲兩種：（一）是從實地考察本物得來的。如雷打死人，有燒焦的痕跡，又有火氣，又如雷能燔燒房屋草木，都屬於這一種。（二）是本物無從考驗觀察，不能不用譬喻和類推的方法，如陰中氣可舉火，又可見星，可以推知日入不是入陰氣中；又如用水灌火能發大聲，激射中人能燒灼人，可以推知雷爲陰氣與陽氣的激射，這都屬於第二類。第一種效驗，因當時的科學情形，不容易做到。只有天文學在當時確能做到了。醫學上的驗方也是如此。王充的書裏，用這種實地試驗的地方，比較的很少。他用的效驗，大都是第二種類推的效驗。他說的「推類驗之」與「方比物類」都是這一類的效驗。這種方法，從箇體推知箇體，從這物推知那物，從名學上看來，是很容易錯過的。但是有時這種類推法也很有功效。王充的長處在此，他的短處也正在此。

這種重效驗的方法，依我看來，大概是當時的科學家的影響。但是科學家的方法固然注重證驗，不過我們要知道證驗是科學方法的最後一步。科學方法的第一步是要能疑問。第二步是要能提出假設的解決。第三步方纔是搜求證據來證明這種假設。王充的批評哲學的最大貢獻就是提倡這三種態度：疑問，假設，證據。他知道單有證驗是不够用的，證驗自身還須經過一番評判，方纔站得住。例如墨家説鬼是有的，又舉古代相傳杜伯一類的事爲證驗。墨子明鬼篇。王充駁道：

夫論不留精澄意，苟以外效立事是非，信聞見於外，不詮訂於內，是用耳目論，不以心意議也。夫以耳目論，則以虛象爲言；虛象效，則以實事爲非是。故是非者不徒耳目，必開心意。墨議不以心而原物，苟信聞見，則雖效驗章明，猶爲失實。失實之議難以教，雖得愚民之欲，不合智者之心。薄葬。

這一段説立論的方法，最痛快，最精彩。王充的批評哲學的精神，只是注重懷疑，注重心意的「詮訂於內」。詮訂就是疑問，就是評判。他自己説論衡的方法是：

論則考之以心，效之以事。浮虛之事，輒立證驗。對作。

看他先説「考之以心」，後説「效之以事」，可見他的方法最重心意的詮訂，效驗不過是用來幫助心意提出的假設，使他立脚得住。不曾詮訂過的證驗，王充説：

「雖效驗章明，猶爲失實。」有時詮訂已分明，便可不須再求證驗，也能成立。例如漢儒説上古聖王太平之世，廚房裏自生肉脯，像一種蒲扇摇動生風，寒涼食物，使他不腐敗，故名萐脯。王充駁道：

太平之氣……能使廚自生肉萐，何不使飯自蒸於甑，火自燃於竈乎？……何不使食物自不鼻？何必生萐以風之乎？是應。

儒者又説堯時有蓂莢夾階而生，月朔生一莢，至十五日而十五莢；十六落一莢，至月晦落完。王充駁他道：

夫起視堂下之莢，孰與懸曆日於扆坐旁，顧輒見之也？天之生瑞，欲以娱王者，須起察乃知日數，是生煩物以累之也。且莢，草也。王者之堂，旦夕所坐。古者雖質，宫室之中，草生輒耘，安得生莢而人得經月數之乎？同上。

儒者又説堯時有草名屈軼，生於庭，見了佞人便能指出。王充駁道：

夫天能故生此物以指佞人，不使聖王性自知之，或佞人本不生出，必復更生一物以指明之，何天之不憚煩也？……經曰：「知人則哲，惟帝難之。」人含五常，音氣交通，且猶不能相知；屈軼，草也，安能知佞？如儒者之言是，則太平之時草木踰賢聖也。同上。

王充書裏這一類的懷疑的批評最多，往往不用證驗，已能使人心服。有時他的懷疑或假設，同普通的信仰相去太遠了，不容易使人領會信從，那時他方纔提出證驗來。如上文所引「日不入陰中」及「雷者火也」兩個假設。

總之，王充在哲學史上的絶大貢獻，只是這種評判的精神。這種精神的表現，便是他的懷疑的態度。懷疑的態度，便是不肯糊裏糊塗的信仰，凡事須要經我自己的心意「詮訂」一遍，「訂其真僞，辨其虚實」，然後可以信仰。若主觀的評判還不够，必須尋出證據，提出效驗，然後可以信仰。這種懷疑的態度，並不全是破壞的，其實是建設的。因爲經過了一番詮訂批評，信仰方纔是真正可靠的信仰。凡是禁不起疑問的信仰，都是不可靠的。譬如房屋建在散沙上，當不住一陣風雨，就要倒了。

漢代的許多迷信都掛着「儒教」的招牌。許多極荒謬的書，都假託儒家所謂聖人做的。這種虚妄詐僞的行爲，和當時人迷信假書的奴性，引起了王充的懷疑態度。王充明明的説當時有許多書是假造的。他説：

世信虚妄之書，以爲載於竹帛上者，皆聖賢所傳，無不然之事，故信而是之，諷而讀之。睹真是之傳與虚妄之書相違，則謂短書不可信用。漢代的古書，長二尺四寸，後出新書篇幅減短，僅長一尺，故名短書。看論衡正篇説。……夫世間傳書諸子之語，多欲立奇造異，作驚目之論，以駭世俗之人；爲譎詭之書，以著殊略之名。書虚。

他又說：

才能之士好談論者，增益實事，爲盛溢之語；用筆墨者，造生空文，爲虚妄之傳。聽者以爲真然，說而不舍；覽者以爲實事，傳而不絕。對作。

他不但懷疑那些假造的書，並且攻擊當時儒生說經的種種荒謬。他說：

儒者說五經，多失其實。前儒不見本末，空生妄說。後儒信前師之言，隨舊述故，滑習辭語。苟名一師之學，趨爲師教授，及時早仕，汲汲競進。不暇留精用心，考實根核。故虚說傳而不絕，實事没而不見，五經并失其實。正說。

我們知道當時經師的荒謬，便知道王充說的「五經并失其實」，并非過當的責備。

正說篇引當時說經家的話：「春秋二百四十年者，上壽九十，中壽八十，下壽七十，孔子據中壽三世而作，三八二十四，故二百四十年也。」又：「尚書二十九篇者，法北斗七宿也，四七二十八篇，其一曰斗矣，故二十九。」怪不得王充要痛駡。

王充不但攻擊當時的經師，就是古代的聖賢，也逃不了他的批評。他有問孔、非韓、刺孟三篇，我們可引他對於孔子的態度作例：

世儒學者好信師而是古，以爲賢聖所言皆無非，專精講習，不知難問。夫賢聖下筆造文，用意詳審，尚未可謂盡得實；況倉卒吐言，安能皆是？……案賢聖之言，上下多相違；其文，前後多相伐者，世之學者不能知也。……凡學問之法，不爲無才，難於距師，核道實義，證定是非也。……世之解說人者，非必須聖人教告乃敢言也。苟有不曉解之問，造難孔子，何傷於義？誠有傳聖業之知，伐孔子之說，何逆於理？問孔。

我們雖不必都贊同他的批評，有許多批評是很精到的，例如他批孟子「王何必曰利」一節。但這種「距師」、「伐聖」的精神，是我們不能不佩服的。

王充生平最痛恨的就是當時的天人感應的儒教。從前天文學還在幼稚時代，把人類看作與天地并立的東西，把人看得太重要了，人類遂妄自尊大，以爲「人之所爲，其美惡之極，皆與天地流通而往來相應」，董仲舒語。善政可招致祥瑞，惡政必招致災異。漢書天文志說的「政失於此，則變見於彼，猶景之象形，響之應聲」，可以代表這種迷信。王充所以能打破這種迷信，大概是受了當時天文學進步的影響。天文家測候天象，漸漸的知道宇宙有無窮的大，人類在這個大宇宙之中，真算不得什麽東西。知道了人類的微細，便不會妄自尊大，妄想感動天地了。正如王充說的：

人在天地之間，猶蚤蝨之在衣裳之內，螻蟻之在穴隙之中。蚤蝨螻蟻爲逆順橫縱，能令衣裳穴隙之間氣變動乎？……天至高大，人至卑小。筳不能鳴鐘，而螢火不爨鼎者，何也？鐘長而筳短，鼎大而螢小也。以七尺之細形，感皇天之大氣，其無分銖之驗，必也。（變動。）

天文學的進步，不但打破人類妄自尊大的迷誤，又可使人知道天行是有常度的，是自然的，是不會受人事的影響的。王充說：

在天之變，日月薄蝕。四十二月，日一食。五六月，月亦一食。五六月，湖北局本作「五十六月」。按說日篇云：「大率四十一二月日一食，百八十日月一蝕，蝕之皆有時。」故改正。西漢天文家測定五個月又二十三分之二十爲一個月食之限，故知「五十六月」必誤也。食有常數，不在政治。百變千災，皆同一狀，未必人君政教所致。（治期。）又寒溫篇：「水旱之至，自有期節，百災萬變，殆同一曲。」與此同。

這種議論，自然是天文學發達時代的產物。古代荀子也說：「天行有常，不爲堯存，不爲桀亡。」王充的話，竟可算是荀子的天論新得了科學的根據。

王充說：「日月食有常數，不在政治。百變千災，皆同一狀。」王充對於一切災異，都持這個態度。我們只能舉一條最痛快的駁論，不能偏舉了。他說：

世之聖君莫若堯、湯。堯遭洪水，湯遭大旱。如謂政治所致，則堯、湯惡君也。如非政治，是運氣也。運氣有時，安可請求？世之論者，猶謂「堯、湯水旱，水旱者時也。其小旱湛，皆政也」。假令審然，何用致湛？……世審稱堯、湯水旱，天之運氣，非政所致。夫天之運氣，時當自然，雖雩祭請求，終無補益。而世又稱湯以五過禱於桑林時，立得雨。夫言運氣，則桑林之説絀；稱桑林，則運氣之論消。世之説稱者，竟當何由？救水旱之術，審當何用？明雩。

以上所述，大半都是側重批評破壞一方面的。王充的絶大貢獻就在這一方面。中國的思想若不經過這一番破壞的批評，決不能有漢末與魏、晉的大解放。王充的哲學是中古思想的一大轉機。他不但在破壞的方面打倒迷信的儒教，掃除西漢的烏煙瘴氣，替東漢以後的思想打開一條大路，并且在建設的方面，提倡自然主義，恢復西漢初期的道家哲學，替後來魏、晉的自然派哲學打下一個偉大的新基礎。

我們且看王充哲學的建設方面。

自從淮南王失敗後，自然派的哲學被儒教的烏煙瘴氣遮住了，竟不能發展。祇有道家的一小支派——煉金煉丹的神仙家——居然與天人感應的儒教拉得攏來，合成漢代儒教的一部分。漢武帝與劉向便是絶好的例。但道家理論一方面的天道自然觀念，與天人感應的儒教根本上不能相容，故無人提倡。直到王充起來，他要推翻那天人感應的迷信，要打破那天人同類的天道觀念（Anthropomorphism），不能不用一種自然的天道觀念來代他。試看他的譴告篇說：

夫天道，自然也，無爲。如譴告人，是有爲，非自然也。黄、老之家論説天道，得其實矣。變復之家，損皇天之德，使自然無爲轉爲人事，故難聽之也。

看這寥寥的幾句，可見王充的天道論與他的反對迷信是有密切關係的，又可見他的天道論是從道家哲學裏面産生出來的。物勢篇説：

儒者論曰：「天地故生人。」此言妄也。夫天地〔一〕合氣，人偶自生也，猶夫婦合氣，子則自生也。夫婦合氣，非當時欲得生子，情欲動而合，合而生子矣。夫婦不故生子，以知天地不故生人也。然則人生於天地也，猶魚之於淵，蟣蝨之于人也，因氣而生，種類相産。萬物生天地之間，皆一實也。……天地合氣，物偶自生矣〔二〕。……何以驗之？如天故生萬物，當令其相親愛，不當令之相賊

〔一〕「地」字原本脱，據物勢篇補。

〔二〕「矣」，原本作「也」，據物勢篇改。

害也。或曰：「五行之氣，天生萬物。以萬物含五行之氣，五行之氣更相賊害。」曰：「天自當以一行之氣生萬物，令之相親愛，不當令五行之氣反使相賊害也。」或曰：「欲爲之用，故令相賊害。賊害，相成也。……金不賊木，木不成用；火不爍金，金不成器，故諸物相賊相利，含血之蟲相勝服、相齧噬、相啖食者，皆五行氣使之然也。」曰：天生萬物欲令相爲用，不得不相賊害也，則生虎狼蝮蛇及蜂蠆之蟲皆賊害人，天又欲使人爲之用耶？……凡萬物相刻賊，含血之蟲則相服，至於相啖食者，自以齒牙頓利，筋力優劣，動作巧便，氣勢勇桀。若人之在世，勢不與適，力不均等，自相勝服。以力相服，則以刃相賊矣。夫人以刃相賊，猶物以角齒爪牙相觸刺也。力强，角利，勢烈，牙長，則能勝；氣微，爪短，則誅；膽小，距頓，則服畏也。人有勇怯，故戰有勝負。勝者未必受金氣，負者未必得木精也。物勢。

看這一大段的主意，只是要推翻當時天人同類的「目的論」（Teleology）。老子、莊子、慎到、淮南子一系的哲學，無論怎樣不同，却有一點相同之處，就是不承認天是有意志的，有目的的。王充也只是攻擊一箇「故」字。淮南子說的「智故」、「故曲」，現在俗話說的「故意」，即是故字的意義。天地是無意志的，是無目的的，故不會「故」生人，也不會「故」生萬物。一切物的生死變化，都是自然的。這是道家哲學的公同觀念。王充的自然哲學和古代的自然哲學不同之處，就在王充受了漢代思想的影響，加上了一箇「氣」的觀念。故說：「因氣而生，種類相產，萬物生天地之間，皆一實也。」故說：

試依道家論之。天者，普施氣。……夫天之不故生五穀絲麻以衣食人，由同猶。其有災變不欲以譴告人也。物自生而人衣食之，氣自變而人畏懼之。……如天瑞爲故，自然焉在？無爲何居？自然。

自然主義的天道觀解釋萬物的生長變化，比那目的論的天道觀滿意得多了。王充說：

草木之生，華葉青葱，皆有曲折，象類文章。謂天爲文章，復爲華葉乎？宋人或刻木爲楮葉者，三年乃成。孔子曰：「使地三年乃成一葉，則萬物之有葉者寡矣。」如孔子之言，萬物之葉自爲生也。自爲生也，故生并成。如天爲之，其遲當若宋人刻楮葉矣。觀鳥獸之毛羽，毛羽之采色，通可爲乎？……春觀萬物之生，秋觀其成，天地爲之乎？物自然也？如謂天地爲之，爲之必用手，天地安得萬萬千千手，并爲萬萬千千物乎？諸物之在天地之間也，猶子在母腹中也。母懷子氣，十月而生，鼻、口、耳、目、髮、膚、毛理、血脈、脂腴、骨節、爪齒，自然成腹中乎？母爲之也？偶人千萬，不名爲人者，何也？鼻口耳目，非性自然也。自然。

這一段論自然主義和目的論的優劣，說得明白。我們試想一箇有意志的上帝，在這箇明媚的春光裏，忙著造作萬物，「已拼膩粉塗雙蝶，更著雌黃滴一蜂」，楊誠齋詩。請問這種宇宙觀能使我們滿意嗎？即使有人能承認這種目的論的天道觀，即使有人能承認這箇「無事忙」爲造化者，那麽，天地之間萬物互相殘殺，互相吞吃——大魚吃小魚，人又吃大魚，蚊蟲臭蝨又咬人——難道這都是這個造化者的意志嗎？

王充的自然論一方面要打破一個「故」字，一方面要提出一個「偶」字，故是目的論，偶是因緣論。故他再三說「人偶自生」，「物偶自生」，偶即是無意志的因緣湊合的。他說：

長數仞之竹，大連抱之木，工技之人裁而用之，或成器而見舉持，或遺材而遭廢棄。非工技之人有愛憎也，刀斧之加「之加」二字，湖北本作「加」字，今依下文改。有偶然也。蒸穀爲飯，釀飯爲酒。酒之成也，甘苦異味；飯之熟也，剛柔殊和。

非庖廚酒人有意異也，手指之調有偶適[一]也。調飯也，殊筐而居；甘酒也，異器而處。蟲墮一器，酒棄不飲；鼠涉一筐，飯捐不食。夫百草之類，皆有補益。遭醫人采掇，成爲良藥；或遺枯澤，爲火所爍。等之金也，或爲劍戟，或爲鋒銛。同之木也，或梁于宮，或柱于橋。……幸偶。

凡人操行有賢有愚，及遭禍福，有幸有不幸。舉事有是有非，及觸賞罰，有偶有不偶。并時遭兵，隱者不中。同日被霜，蔽者不傷。中傷未必惡，隱蔽未必善，隱蔽幸，中傷不幸。幸偶。

王充把天地間一切現象和一切變化都看作無意識的因緣偶合，這種幸偶論，一方面是他的自然主義的結果，一方面又是他的命定論的根據。道家本是信命定説的。儒家雖然注重人事，但孔子的天道觀念也是自然主義，如「天何言哉，四時行焉，百物生焉，天何言哉」。也信天道自然無爲，故儒家信「死生有命，富貴在天」。孟子也是信命定論的。儒家只有一個荀子不信命。看他的天論與非相篇。老、莊一系没有不信命的。莊子更説得詳細。墨家信仰一個有意志又能賞善罰惡的天，故不能不反對有

[一]「適」原本作「失」，據幸偶篇改。

命説。墨子説：

執有命者之言曰：「上之所賞，命固且賞，非賢故賞也。上之所罰，命固且罰，非暴固罰也。」……今用執有命者之言，則上不聽治，下不從事。上不聽治則政亂，下不從事則財用不足。墨子非命上。

漢代的儒生要造出一種天人感應的宗教來限制當時的君權，故不能不放棄「原始的儒教」的天命論，換上墨教的「天志」論。古代儒教的天命論，是如孟子説的「莫之爲而爲者，天也；莫之致而至〔一〕者，命也」。孟子萬章篇。孟子又説：「莫非命也，順受其正。」「殀壽不貳，修身以俟之，所以立命也。」盡心篇。這種命定主義與道家「化其萬物而不知其禪之者，焉知其所終，焉知其所始，正而待之而已耳」，正没有一點分别。漢代的新儒教表面上也信天命，但他的天命已不是孟子「莫之致而至，殀壽不貳」的命，乃是孟子最反對的那個「諄諄然命之」的天命。這種「諄諄然命之」的天命論，并不是儒家的遺産，乃是墨家的信條。漢代一切春秋派、洪範派、詩派、易派的天人感應論，都含有這個有意志、能賞罰、能用祥瑞災異來表示喜怒的天帝

〔一〕「至」，原本作「致」，據孟子改。下同。

觀念。

王充因爲要推翻這「諄諄然命之」的天命，故極力主張那「莫之致而至」的命。他説命有兩種：（一）是稟氣厚薄之命，（二）是所當觸值的命。分説如下：

第一，稟氣的命。「夫稟氣渥則其體强，體强則其命長，氣薄則其體弱，體弱則命短」。氣壽。「人稟元氣於天，各受壽夭之命，以立長短之形。……用氣爲性，性成命定。體氣與形骸相抱，生死與期節相須。形不可變化，命不可加減」。無形。這一種命，王充以爲就是「性」。故他説：「用氣爲性，性成命定。」他又解釋子夏「死生有命」一句道：「死生者，無象於天，以性爲主。稟得堅强之性，則氣渥厚而體堅强，堅强則壽命長，壽命長則不夭死。稟性軟弱者，氣少泊而性羸窳，羸窳則壽命短，短則夭死。故言有命，命即性也。」命義。這一種命，簡單説來，只是人受生的時候，稟氣偶然各有不同。人所受的氣，即是性，性即是命，這種命是不可加減的。

第二，觸值的命。這一種是從外面來的。人稟氣也許很强，本可長壽，但有時「遭逢外禍累害」，使他半途夭折。這種外來的累害，屬於觸值的命。王充説：「非唯人行，凡物皆然。生動之類，咸被累害。累害自外，不由其内。……物以春生，人保之；以秋成，人必不能保之。卒然牛馬踐根，刀鐮割莖，生者不育，至秋不成。不成之類，遇害不遂，不得生也。夫鼠涉飯中，捐而不食。捐飯之味與彼不污者鈞，以鼠爲害，棄而不御。君子之累害，與彼不育之物，不御之飯，同一實也。俱由外來，故爲累害。修身正行，不能來福；戰慄戒慎，不能避禍。福禍之至，幸不幸也。」累害。王充這樣説法，把禍福看作偶然的遭逢，本是很有理的。參看上文引的幸偶篇。可惜他終究不能完全脱離當時的迷信。他解説「富貴在天」一句話道：「至於富貴所稟，猶性所稟之氣，得衆星之精。衆星在天，天有其象，得富貴象則富貴，得貧賤象則貧賤，故曰在天。……貴或秩有高下，富或貲有多少，皆星位尊卑小大之所授也。」命義。這種説法，便遠不如觸值遭逢説的圓滿。富貴貧賤與兵燒壓溺，其實都應該歸到外物的遭逢偶合。王充受了當時星命骨相迷信的影響，他有骨相篇，很贊成骨相的迷信。故把富貴貧賤歸到星位的尊卑大小，却不知道這種説法和他的逢遇、幸偶、累害等篇是不相容的。既説富貴定於天象，何以又説福禍由於外物的累害呢？

王充的命定論，雖然有不能使人滿意的地方，但是我們都可以原諒他，因爲他的動機只是要打破「人事可以感動天道」的觀念，故他極力提倡這種「莫之致而至」的命定論，要人知道死生富貴貧賤兵燒壓溺都是有命的，是不能改變的。他要推翻天人感應的宗教，故不知不覺的走到極端，主張一種極端的有命論。

不但人有命，國也有命。王充這種主張，也是對於人天感應的災異祥瑞論而發的。他說：

世謂古人君賢則道德施行，施行則功成治安；人君不肖，則道德頓廢，頓廢則功敗治亂。……如實論之，命期自然，非德化也。……夫賢君能治當安之民，不能化當亂之世。良醫能行其針藥，使方術驗者，遇未死之人得未死之病也。如命窮病困，則雖扁鵲末如之何。……故世治非賢聖之功，衰亂非無道之致。國當衰亂，賢聖不能盛；時當治，惡人不能亂。世之治亂在時不在政，國之安危在數不在教。賢不賢之君，明不明之政，無能損益。治期。

這種極端的國命論，初看了似乎很可怪，其實只是王充的有命論的自然趨勢。王充痛恨當時的天人感應的政治學説，故提倡這種極端的議論。他的目的只是要人知道「禍變不足以明惡，福瑞不足以表善」。治期篇中的話。他這種學説，也有很精采的部分，例如他説：

夫世之所以爲亂者，不以賊盜衆多，兵革并起，民棄禮儀，負畔其上乎？若此者，由穀食乏絶，不能忍饑寒。夫饑寒并至而能無爲非者寡，然則温飽并至而能不爲善者希。……讓生於有餘，爭起於不足。穀足食多，禮義之心生。禮豐義重，平安之基立矣。故饑歲之春，不食親戚；穰歲之秋，召及四鄰。不食親戚，惡行也；召及四鄰，善義也。爲善惡之行，不在人質性，在於歲之饑穰。由此言之，禮義之行，在穀足也。案穀成敗自有年歲，年歲水旱，五穀不成，非政所致，時數然也。必謂水旱政治所致，不能爲政者莫過桀、紂，桀、紂之時宜常水旱。案桀、紂之時無饑耗之災。災至自有數，或時返在聖君之世。實事者説堯之洪水，湯之大旱，皆有遭遇，非政惡之所致；説百王之害，獨爲有惡之應，此見堯、湯德優，百王劣也。審一足以見百，明惡足以招善。堯、湯證百王，至百王遭變，非政所致。……五帝致太平非德所就，明矣。治期。

這是一種很明瞭的「唯物的歷史觀」。最有趣的就是，近世馬克思（Marx）的唯物史觀也是和他的「歷史的必然趨向説」是相關的；王充的唯物觀也是和他的「歷史的命定論」是在一處的。

這種國命論和班彪一流人的王命論大不相同。班彪生西曆三年，死四五年。生當王莽之後，眼見隗囂、公孫述一班人大家起兵想做皇帝，故他的王命論只是要人知道天命有歸，皇帝是妄想不到的。故他説：

帝王之祚，必有明聖顯懿之德，豐功厚利積累之業，然後精誠通於神明，流澤加於生民，故能爲神所福饗，天下所歸往。未見運世無本，功德不紀，而得崛起在此位者也。世俗見高祖興於布衣，不達其故，以爲適遭暴亂，得奮其劍，游説之士至比天下於逐鹿，幸捷而得之，不知神器有命，不可以智力求也。悲夫，此世之所以多亂臣賊子者也。……夫餓饉流隸……亦有命也。況乎天子之貴，四海之富，神明之祚，可得而妄處哉？故雖遭罹阸會，竊其權柄，勇如信、布，韓信、黥布。强如梁、籍，項梁、項籍。成如王莽，然卒潤鑊伏鑕，烹醢分裂，又況么䯢尚不及數子，而欲闇于天位者乎？……英雄誠知覺悟，畏若禍戒……距逐鹿之瞽説，審神器之有授，毋貪不可幾……則福祚流於子孫，天禄其永終矣。班彪王命論。

這種王命論是哄騙那些野心的豪傑的。王充的國命論是規勸那些迷信災異祥瑞的君主的。我們知道他們當時的時勢，便可懂得他們的學説的用意。懂得他們的用意，便能原諒他們的錯謬了。

論衡校釋附編五

論衡版本卷帙考

〔日本島田翰古文舊書考卷二〕論衡二十五卷。殘。宋光宗時刻本。附明修本、通津草堂本、程榮本。今所通行明萬曆程榮刻三十八種漢魏叢書本，以嘉靖通津草堂本爲藍本；通津本根原於宋槧明成化修本；明修本則又基於是書。自宋槧明成化修本極多僞誤，後來諸本皆沿其謬。又加之以明人妄改增删，故有脱一張而强接上下者；有不可句者。諸子頗多粗本，論衡則其一也。是書左右雙邊，半頁十行，行十九、二十、二十一字。界高七寸一分五釐，横五寸。卷端題「論衡卷第幾」，「王充」。次行以下列篇目。版心記刻工氏名王永、王林、王政、王存中、王璽、徐顔、徐亮、徐彦、陳俊、陳明、李憲、李文、趙通、高俊、許中、方祐、楊昌、朱章、宋端、張謹、周彦、劉文、卓宥、卓宄、卓佑、潘亨、毛昌、洪新、洪悦、毛奇、梁濟等。卷中凡遇宋諱「完、慎、貞、桓、徵、懲、匡、筐、胤、朗、竟、境、恒、讓、墻、玄、鮌、弦、泫、殷、弘、昫、構、敬、驚、樹、豎」等字，皆闕末筆，蓋光宗時刻本也。後人遇宋諱闕畫，乃加朱圍，蓋王山僧徒之所爲也。論衡一書，以是書爲最善。乃如累害篇「汙爲江河」下，宋本有「矣，夫如是，市虎之訛……然而太山之惡，君子不得名，毛」四百字，此一張，今跳在命禄篇中，宜改裝也。宋槧明成化修本、嘉靖通津草堂本及程榮、何允中諸本俱闕，蓋明修本偶脱此一葉，通津本之所據，即佚兹一張，首尾文句不屬，淺人乃不得其意，妄改「毛」字爲「毫」字，以曲成其義耳。愛日精廬藏書志所載元刊明修本、元至元刊本并有，今據祕府宋本補録。是書紙刻鮮朗，字字員秀，脱胎於魯公，更覺有逸致，宋本之存于今日者，當奉是本爲泰、華矣。狩谷掖齋求古樓所收，後歸於況齋岡本縫殿之助。聞諸本村正辭氏，況齋之病將歿，屬之于門人本村正辭氏，且捺一小印以爲左券，卷首所捺小圓印即是也。後十洲細川潤次郎先生介書肆琳琅閣而獲之，是書遂升爲祕府之藏。惜闕第二十六以下。案宋槧明成化修本者，首有目録，體樣一與前記宋槧本同。半版十行，行二十字。界長六寸九分，幅四寸七分五釐，長短不齊。其出於明時修版者，縫心上方有「成化九年補刊」字。比宋槧高短三分，横減四分五釐。通津草堂本之稱，以其版心有「通津草堂」四字。起是嘉靖中袁褧所刻。首有嘉靖十年春三月吳郡袁褧引。體式行款，與明修本相同。但界長六寸四分，幅四寸七分，是爲異耳。卷末題曰：「周慈寫。」案嘉靖袁褧刻十一行本六家文選，世所稱以爲精絶，祕府收三通。亦有「周慈寫」三字。宜乎是書筆畫遒勁，可以接武於文選。程榮本者，萬曆中程榮所校，首有萬曆庚寅虞淳熙及戊子沈雲楫序。世多有之，故不詳説。

〔黄丕烈士禮居藏書題跋記卷四子類〕論衡三十卷，宋刻本。余聚書四十餘年，所見論衡，無逾此本。蓋此真宋刻元修明又增補殘損版片者，故中間每頁行款字形各異。至文字之勝於他本者特多。其最著者，卷首至元七年仲春安陽韓性書兩紙，第一卷多七下一葉。餘之佳處不可枚舉，近始于校程榮本知之。程本實本通津草堂本，通津草堂本乃出此本，故差勝於程榮本。其最佳者，斷推此爲第一本矣。通體評閲圈點出東澗翁手跡，「言里世家」，其即此老印記乎？俟與月霄二兄質之。宋廛一翁。

〔孫星衍平津館鑑藏記二〕明版論衡三十卷，題「王充」二字，末有慶曆五年楊文昌序，稱：「先得俗本七，率二十七卷。又得史館本二，各三十卷。然後互質疑謬。又爲改正塗注凡一萬一千二百五十九字。」此本即從楊本翻雕。每葉二十行，行二十字。版心下有「通津草堂」四字，末卷後有「周慈寫，陸奎刻」六字。收藏有「嘉靖己未進士夷齋沈瀚私印」朱文方印。

〔葉德輝郋園讀書記〕論衡三十卷，題「王充」二字，明嘉靖乙未蘇獻可通津草堂刻本。半頁十行，行二十字，版心下有「通津草堂」四字。後有「周慈寫，陸奎刻」。明本中之至佳者。卷一累害篇「垤成丘山，污爲江河」下缺一葉，約四百字。其他明刻如程榮漢魏叢書本、何鏜漢魏叢書本缺葉同。因南監補刊元至元本早缺此葉，無從校補也。元本爲紹興路儒學刊。余從歸安陸存齋心源皕宋樓所藏本鈔補之。行字數目與此本恰合。孫星衍祠堂書目著録，平津館鑒藏書籍記亦詳載此本版式行字，而不及缺葉，但未細閲耳。

〔莫友芝郘亭知見傳本書目卷十〕論衡三十卷，漢王充撰。明通津草堂仿宋本。正德辛巳南監補刊本。嘉靖乙未吴郡蘇獻可刊本。錢震瀧本。漢魏本。坊刊本。抱經有校宋本。張金吾云：論衡明刊元修本目録後有「正德辛巳四月吉日南京國子監補刊完本」記。卷一累害篇「垤成丘山，汙爲江河」下一頁，通津草堂以下諸本俱缺。又元至元刊本殘帙一卷，其書合兩卷爲一卷，凡十五卷，缺六至十五。半頁十二行，行二十四字。「垤成丘山，汙爲江河」下一頁不缺。

〔悼广過録楊校宋本題記〕宜都楊惺吾氏所校論衡凡五册，册各六卷，係漢魏叢書程榮本，卷首有虞湻熙序，卷末爲楊文昌後序，用宋本與通津本互校，校文俱用朱墨書于眉端，間亦提及坊本及廣漢魏叢書本作某字者。通卷點讀，時有是正。卷首有楊氏印像，右角上端有長方陽文朱印，文曰：「星吾七十歲肖像。」左角下端有正方陰文朱印，文曰：「楊守敬印。」每册第一葉俱鈐有陰文「宜都楊氏藏書記」七字章，于眉端右角。

通卷無題跋，唯卷首目録之末，題「宋槧本每半葉十行，行或十九字，或二十或二十一字。版心有刻手姓名。缺筆慎宁貞桓徵匡朗筐竟恒讓弦殷弘弦玄鮌。明刊本版心有『通津草堂』四字，每半葉十行，行二十字。凡改正，皆係宋本，不悉出也」云云。今悉迻録于此本。

楊氏觀海堂書，收歸國務院。民七、十二月新會梁啓超致書大總統徐世昌，請將楊書捐贈松坡圖書館。徐贈二百七十六箱與之，餘者尚有書目四册，不下數千卷，仍存國務院圖書室。今歲經清室善後委員會索回，暫儲景山西街大高殿。因助教胡文玉先生之介紹，往迻録一過，凡四日始告竣事。

楊氏所校宋本，與予三年前在歷史博物館所校論衡殘本，行款缺筆，一一相符，更足證該館所藏者確係宋槧也。

十五年三月十二日，全書録竟，因題記焉。四月十六日，始書於此。悼厂自記。〔朱宗萊校元至元本題記〕七年夏，從硤石蔣氏借得元至元本校勘一過。其書合兩卷爲一卷，凡十五卷，每卷首標曰：「新刊王充論衡卷之幾。」半頁十二行，行二十四字。「垤成丘山，汙爲江河」下一頁不缺。然其中訛字甚多，疑是當時坊本。蔣氏藏本又多缺葉爛字。

蔣氏所藏元本論衡，其書合兩卷爲一卷，凡十五卷，半頁十二行，行二十四字。與獨山莫氏所稱元至元本行款合。後有某氏跋，首尾爛損。又有乾道丁亥五月二十八日番陽洪适景伯跋，亦破缺不完。意是元本而覆乾道本者與？篇中空缺訛脱之字，於行二十四字者，爲參差不齊，然合諸行二十四字乃多在同列，豈其所據宋本爲行二十字者與？（陸心源羣書校補云：元至元紹興路總管宋文瓚覆宋十五卷本，每頁二十行，行二十字，則蔣氏藏本爲覆至元本無疑。莫氏所言至元本行款殆誤也。十月十二日。）瑞安孫氏嘗據元本校程榮本，今觀其所謂元本作某者，雖十六七與此合，而訛脱之字，此尤爲多，豈元本本不止一本，而此又元本中之最下者與？七年七月二十三日校録竟，附識于此，以俟考定。

〔隋書經籍志雜家〕論衡二十九卷。後漢徵士王充撰。

〔舊唐書經籍志雜家〕論衡三十卷。王充撰。

〔唐書藝文志雜家〕王充論衡三十卷。

〔宋史藝文志雜家〕王充論衡三十卷。

〔唐馬總意林三〕論衡二十七卷。注：「王充。」周廣業注曰：「隋志二十九卷，唐志三十卷。今存卷如唐，惟闕招致一篇。此云『二十七卷』，未詳。」按：宋楊文昌曰：「俗本二十七卷。」與馬氏所見本合。

〔宋王堯臣崇文總目雜家〕論衡三十卷。王充撰。

〔宋尤袤遂初堂書目雜家〕王充論衡。

〔宋王應麟玉海六十二〕唐志雜家，王充論衡三十卷。隋志二十九卷。今本亦三十卷，八十五篇，逢遇第一至自紀八十五。

〔元馬端臨文獻通考經籍考子雜家〕論衡三十卷。

〔明楊士奇文淵閣書目子雜〕王充論衡。一部七册闕。一部十册殘闕。

〔明葉盛菉竹堂書目子雜〕王充論衡七册。

〔甯波范氏天一閣書目子部雜家類〕論衡三十卷，刊本。漢王充著，宋慶曆五年楊文昌後序，嘉靖乙未後學吴郡蘇獻可校刊。

〔天禄琳琅書目卷九明版子部〕論衡，二函，十二册。漢王充著。三十卷。後有宋楊文昌後序。文昌爵里無考，其序作於慶曆五年。稱「先得俗本七，率二十七卷，其一程氏西齋所貯。又得史館本，各三十卷。於是互質疑謬，沿造本源，又爲改正塗注凡一萬一千二百五十九字。募工刊印」云云。今考晁公武、陳振孫、馬端臨諸家著録卷目悉符，則文昌校刊之本爲可據矣。此本版心下方有「通津草堂」四字，紙質墨光，係爲明製。蓋取文昌定本而重加校刻者。

〔瞿鏞鐵琴銅劍樓宋金元本書影宋子部〕論衡三十卷，宋刊元、明補本。此爲慶曆中楊文昌刊本。迨元至元間紹興路總管宋文瓚重爲補刊，故有至元七年安陽韓性後序。目録後有墨圖記二行云：「正德辛巳四月吉旦南京國子監補刊。」通津草堂本即從此出。卷末有「汲古閣毛氏收藏子孫永保」朱記。

〔皕宋樓叢書子部雜家類三〕論衡，明通津草堂刊本。漢王充撰。載有楊文昌序。

〔孫氏宗祠書目諸子第三雜家〕論衡二十九卷。漢王充撰。一明通津草堂刊本。一明程榮本。

〔稽瑞樓書目〕論衡三十卷。校本十册。

〔世善堂書目子部各家傳世名書〕論衡三十卷。

〔述古堂藏書目子雜〕王充論衡三十卷六本。

〔錢謙益輯絳雲樓書目子雜〕論衡。三十卷。王充。

〔黄丕烈輯季滄葦書目〕王充論衡三十卷八本。

〔天一閣見存書目子部雜家類〕論衡三十卷，缺。漢王充撰。存卷一至二十一，卷二十五至末。

〔四庫全書總目子部雜家類〕論衡三十卷，漢王充撰。其書凡八十五篇，而第四十四招致篇有録無書，實八十四篇。考其自紀曰：「書雖文重，所論百種。案古太公望、近董仲舒傳作書篇百有餘，吾書纔出百，而云太多。」然則原書實百餘篇，此本目録八十五篇，已非其舊矣。

〔藤原佐世日本國見在書目録雜家〕論衡三十卷。後漢徵士王充撰。

〔劉盼遂王充論衡篇數殘佚考〕

（見古史辯第四册六九一頁。）

論衡一書，今存八十五篇，内惟招致一卷，有録無書。蓋實存八十四篇，從未有加以異議者。惟予嘗按考其實，則論衡篇數，應在一百以外，至今日佚失實多，最少亦應有十五六篇。今分三項，説明之如次：

一、以仲任自己之言爲證。

甲、自紀篇云：「按古太公望、近董仲舒傳作書篇百有餘。吾書亦纔出百，而云泰多。」

乙、佚文篇云：「故夫占跡以睹足，觀文以知情，詩三百，一言以蔽之，曰思無邪；論衡篇以百數，亦一言也，曰疾虚妄。」（按：百數各本皆誤作十數，今正。百數者，百許也，百所也，今山東言千之左右曰千數，百之左右曰百數，其遺語也。此本由後人誤仞八十四篇爲足本，故妄改百數爲十數，而不顧其欠通也。）

據以上二事，足證今之八十五篇，非完書矣。

二、以論衡本書之篇名爲證。

甲、覺佞篇　卷十一答佞篇云「故覺佞之篇曰，人生好辯，佞人言利，人主好文，佞人辭麗，心合意同，偶當人主」云云。盼遂按「覺佞」當是論衡篇名，與答佞篇爲姊妹篇，舊相比次，而今亡佚矣。猶之實知之後有知實，能聖之後有實聖也。

乙、能聖篇

丙、實聖篇　卷二十須頌篇云：「漢有實事，儒者不稱，古有虚美，誠心然之，信久遠之僞，忽近今之實，斯蓋三增、九虚所以成也，能聖、實聖所以興也。」盼遂按：三增者，語增、儒增、藝增。九虚者，書虚、變虚、異虚、感虚、福虚、禍虚、龍虚、雷虚、道虚。皆論衡篇名也。然則能聖與實聖，亦必爲論衡篇名，不知於何時失傳矣。

丁、盛褒篇　卷二十九對作篇云：「且凡造作之過，惡其言妄而誹謗也。「惡」字各本譌作「意」，今改正。論衡實事疾妄，齊世、宣漢、恢國、驗符、盛褒、須頌之言，無誹謗之辭，造作如此，可以免於罪矣。」盼遂按：齊世、宣漢、恢國、驗符、須頌五者，皆論衡篇名，所以張其實事疾妄之説也，則盛褒亦必爲論衡篇名，與須頌爲並蒂連理之文無疑，而後世亡失者也。據以上四事，由論衡本文中所載佚篇爲吾人所考明者，已有四篇之多；其本文所載篇名未爲吾人所甄明者，亦或佚去之篇；而本文中從未提及者，爲數當更不少，則論衡篇數過百之説，非無稽矣。

三、以各書所引佚文爲證。

馬總意林卷三引論衡云：「天門在西北，地門在東南，地最下者揚、兗二州，洪水之時，二土最被水害。」

同上又引論衡云：「伯夷、叔齊爲庶兄奪國，餓死于首陽山，非讓國於庶兄也，豈得稱賢人乎？」

同上又引論衡云：「天有日月星辰謂之文，地有山川陵谷謂之理。」段成式酉陽雜俎加十石駞溺條云：「拘夷國北山有石駞溺水，溺下以金銀銅鐵瓦木等器盛之皆漏，以掌盛之亦透，唯瓢不漏。服之令人身上臭毛盡落，得仙去。出論衡。」

據以上四事，舉不見于今本論衡，知論衡至今日殘缺者多矣。

由上列三項證明，則論衡百篇之説，蓋確有此見象，而未容奪易矣。

〔容肇祖論衡中無僞篇考〕

（見民國二十五年六月二十六日天津大公報史地週刊第九十一期。）

王充論衡一書的篇數，據范曄後漢書卷七九王充傳説：「著論衡八十五篇，二十餘萬言。」隋書經籍志子部雜家著録：「論衡二十九卷。」舊唐書經籍志子部雜家著録：「論衡三十卷。」新唐書藝文志同。宋晁公武郡齋讀書志卷十二著録論衡三十卷，説道：

充好論説，始如詭異，終有實理。以俗儒守文，多失其真，乃閉門潛思，户牖牆壁，各置刀筆，著論衡八十五篇，釋物類同異，正時俗嫌疑。後蔡邕得之，祕玩以爲談助云。

陳振孫直齋書録解題卷十亦著録「論衡三十卷」，説道：

初著書八十五篇，釋物類同異，正時俗嫌疑。蔡邕、王朗初傳之時，以爲不見異人，當得異書。自今觀之，亦未見其奇也。

今存本論衡三十卷，八十五篇，（内招致篇有目無篇。）疑唐、宋以來所傳如此。至隋志二十九卷，而唐志以下稱三十，或者後人求合整數之故，多分一卷，非必僞爲一卷以求增益的。

論衡中各篇，從内容看，最可疑的爲亂龍篇。胡適先生中國哲學史大綱卷上導言説道：

王充的論衡，是漢代一部奇書，但其中如亂龍篇極力爲董仲舒作土龍求雨一事辯護，與全書的宗旨恰相反。篇末又有「論衡終之，故曰亂龍。亂者，終也」的話，全無道理，明是後人假造的。此外重複的話極多。僞造的書定不止這一篇。（北京大學叢書本頁十二。）

如果亂龍爲僞篇，則亂龍前明雩、順鼓兩篇，後半亦爲董仲舒求雨的見解辯護的，兩篇的後半篇便爲後人附增。然而通觀論衡全書，説及土龍求雨的事頗不少，而都没有和亂龍篇的見解相反的。我覺得王充的思想，是反對天人感應的迷信，但于類感類應的想象，尚未澈底的清晰，故此他不免爲董仲舒土龍求雨的見解辯護了。兹立三證，證明亂龍、明雩、順鼓等篇絶非後人假造，略舉所見如下：

（1）亂龍所用辨證法純爲王充的辨證法，和全書各篇相一致的。王充對於「浮虚之事，輒立證驗」，（對作篇）這是他的好處。又以爲：「方比物類，爲能實之。」（薄葬篇。）方比物類，即是類推，這是不能没有毛病的。這是亂龍篇所謂「以象類説」。他承認類感類應的道理，以爲土龍可以致雨，他的亂龍篇説道：

夫以非真難，是也。不以象類説，非也。夫東風至，酒湛溢。鯨魚死，彗星出。天道自然，非人事也。事與彼雲龍相從，同一實也。

這些話以下，他列舉十五效驗及四義，又即説道：

夫以象類有十五驗，以禮示意有四義，仲舒覽見深鴻，立事不妄。設土龍之象，果有狀也。

這樣的詳細舉十五效驗及四義，的確是王充的辯證的方法。

（2）論衡中説土龍求雨的有好些篇，而都是承認土龍求雨，没有明顯反對董仲舒的。明雩篇舉出當雩（即是祭祀求雨。）的五種理由；順鼓篇説久雨擊鼓求晴的緣故，都爲董仲舒的見解辯護的。明雩、順鼓、亂龍三篇相連接，都爲董仲舒辯護，僞則全僞，真則全真，這三篇見解有姊妹相連屬的關係，姑且不引爲證。此外尚有一些篇說及土龍致雨的。龍虛篇說道：

> 實者，雷龍同類，感氣相致。故易曰：「雷從龍，風從虎。」又言：「虎嘯谷風至，龍與景雲起。」龍與雲相招，虎與風相致，故董仲舒之法，設土龍以爲感也。

又感類篇說道：

> 大旱，春秋雩祭。又董仲舒設土龍以類招氣。如天應雩龍，必爲雷雨。何則？夏秋之雨，與雷俱也。必從春秋仲舒之術，則大雩龍求怒天乎？

他反對雷爲天怒，而承認以類招氣是可能的。定賢篇說道：

> 夫陽燧刀劍鉤能取火於日。恒非賢聖，亦能動氣於天。若董仲舒信土龍之能致雲雨，蓋亦有以也。

他以爲董仲舒的信土龍是有緣故的。當然土龍是不能致雨，他亦知道，但是他爲董仲舒辯護，在死僞篇說道：

> 董仲舒請雨，設土龍以感氣。夫土龍非實，不能致雨。仲舒用之，致精誠，不顧物之僞真也。

又感類篇說道：

春秋大雩，董仲舒設土龍，皆爲一時間也。一時不雨，恐懼雩祭，求陰請福，憂念百姓也。

這可以見出王充爲董仲舒以土龍求雨辯護的理由，原來設土龍求雨是爲憂念百姓，只要致精誠，不顧物之真僞的。亂龍篇所説「以禮示意有四義」，便是這種的見解。亂龍篇的四義，説的如下：

立春東耕，爲土象人，男女各二人，秉耒把耡，或立土牛，未必能耕也，順氣應時，示率下也。今設土龍，雖知不能致雨，亦當夏時以類應變，與立土人土牛同義，一也。（「義一」原作「一義」，依劉盼遂校箋校改。）禮宗廟之主，以木爲之，長尺二寸，以象先祖。孝子入廟，主心事之，雖知木主非親，亦當盡敬，有所主事。土龍與木主同，雖知非真，示當感動，立意于象，二也。塗車芻靈，聖人知其無用，示象生存，不敢無也。夫設土龍知其不能動雨也，示若塗車芻靈而有致，三也。天子射熊，諸侯射麋，卿大夫射虎豹，士射鹿豕，示服猛也。名布爲侯，示射無道諸侯也。夫畫布爲熊麋之象，禮貴意象，示義取名也。土龍亦夫熊麋布侯之類，四也。

看這四義，即是死僞篇説的「致精誠，不顧物之真僞」和感類篇説的「憂念百姓」的表示，明知「土龍非實，不能致雨」，而却不肯抹去這精誠之念，憂念百姓之心。看論衡龍虚、感類、死僞、定賢諸篇所説，皆和亂龍所説四義相合，可知亂龍篇是不僞了。由此看去，自然亂龍一篇不是假造的。要明白這話，可先看論衡須頌篇，這篇説道：

皇帝執德，救備其災，故順鼓、明雩，爲漢應變。是故災變之至，或在聖世。時旱禍湛，爲漢論災。是故春秋爲漢制法，論衡爲漢平説。

（3）順鼓、明雩爲漢制度，故王充論衡順鼓、明雩篇，爲漢國家辯護。由此看順鼓、明雩的名稱，俱見這須頌篇。看「春秋爲漢制法，論衡爲漢平説」的話，可知王充論衡是會有明雩、順鼓的兩篇的。王充是很歌頌當代國家的人，論衡中有齊世、宣漢、恢國、驗符等篇。所謂瑞符如黄龍、鳳皇、麒麟、甘露、嘉穗、瑞芝等東西，王充並不反對其爲祥瑞之物，並承認爲漢世比隆古聖帝明王之效。又王充論衡案書篇説道：

仲舒之言，雩祭可以應天，土龍可以致雨，頗難曉也。

但是這篇又説道：

孔子終論，定於仲舒之言。其修雩治龍，必將有義，未可怪也。

他的思想在案書一篇之中已互相衝突，何況論衡一書爲多年中集合的作品呢？

至於胡先生以爲亂龍篇末有「論衡終之，故曰亂龍，亂者終也」的話，全無道理。這話的解釋亦見於案書篇。案書篇説道：

讖書云：「董仲舒亂我書。」蓋孔子言也。讀之者或爲亂我書者，煩亂孔子之書也；或以爲亂者，理也，理孔子之書也。……案仲舒之書，不違儒家，不及孔子。其言煩亂孔子之書者非也。孔子之書不亂，其言理孔子之書者亦非也。……孔子生周，始其本。仲舒在漢，終其末，盡也。……孔子終論，定於仲舒之言。其修雩治龍，必將有義，未可怪也。

論衡亂龍篇立十五效、四義，以盡仲舒土龍求雨的意義，這名亂龍，真是「亂者終也」了。

人們的思想真是奇怪的，王充極力反對董仲舒天人感應的見解，而却爲漢家政制要用土龍求雨的原故，或者自己一點類感類應的迷信，便承認讖書，並且以爲仲舒能盡孔子之言，而自己能盡仲舒之意，這是很有趣而且是不能索解的。

此外胡適先生在民國十年以前北京大學排印的中國哲學史講義第七章王充與評判的精神，（後來大東書局印的現代學生裏改題爲「王充的論衡」。大東書局印的論衡，放這篇在卷首。）在附注裏説道：

别通篇提及蔡伯喈。蔡邕生於西曆一三三年，王充已死了三十多年了。此外尚有許多後人加入的痕跡。

案四部叢刊影印明通津草堂本論衡别通篇説道：

將相長吏，不得若右扶風蔡伯偕、鬱林太守張孟嘗、東萊太守李季公之徒。心自通明，覽達古今，故其敬通人也，如見大賓。

然則明本作「蔡伯偕」，不作「蔡伯喈」，不得以爲蔡邕之字。「邕」通「雝」字，詩大雅「雝雝喈喈」，爲鳳皇鳴聲，故蔡邕字伯喈。若蔡伯偕當另爲一人，不得名「邕」。又案：後漢書卷九十下蔡邕傳説：「蔡邕字伯喈，陳留圉人也。」這右扶風蔡伯偕，自當與陳留蔡伯喈不同。又以下文「鬱林太守，東萊太守」例之，則蔡伯偕或爲右扶風太守；然蔡邕亦未嘗有任右扶風之事。别通篇所説張孟嘗、李季公二人，後漢書皆未著其名，然則蔡伯偕，王充所稱爲當代通人，絶非後來之蔡伯喈，而亦不能于後漢書中尋得他的名字出的。如此，則説别通篇爲後人加入，不免太無根據了。

論衡一書，内中不免有衝突的矛盾的見解，然而本于王充的個人的思想有矛盾、衝突之處。我覺得論衡中無僞篇，意即本此，全書各篇有交互説及的地方可證。胡先生早年所見，以亂龍、别通爲後人加入論衡中的，據胡先生最近的談話，知道他已改變了這種意見了。

二十五年五月十八日。

論衡校釋附編六

論衡舊序

宋慶曆楊刻本序通津本、天啓本、程本、鄭本並載。

王氏族姓行狀，於自紀篇述之詳矣。范曄東漢列傳云：「充字仲任，嘗受業太學，師事班彪，博覽而不守章句。家貧無書，嘗遊雒陽市肆，閱所賣書，一見輒能誦憶，遂博通衆流百家之言。充好論説，始若詭異，終有理實。以爲俗儒守文，多失其真，乃閉門潛思，禮絶慶弔，户牖牆壁各置刀筆，著論衡八十五篇，二十餘萬言。釋物類同異，正時俗嫌疑。」訂百氏之增虚，詰九流之拘誕，天人之際，悉所會通，性命之理，靡不窮盡，析理折衷，此書爲多。既作之後，中土未有傳者，蔡邕入吴會始得之，常祕玩以爲談助。故時人嫌伯喈得異書。或搜求其帳中隱處，果得論衡數卷持去。邕丁寧之曰：「惟我與爾共之，勿廣也。」其後王郎天啓本作「朗」。來守會稽，又得其書。及還許下，時人稱其才進。或曰：「不見異人，當得異書。」問之，果以論衡之益。繇是遂見傳焉。流行四方，今殆千載。撰六帖者，但摘而爲備用；作意林者，止鈔而同諸子。吾鄉好事者，往往自守書櫝爲家寶。然其篇卷脱漏，文字踳駮，魯魚甚衆，亥豕益訛，或有首尾顛躓而不聯，或句讀轉易而不紀，是以覽者不能通其讀焉。余幼好聚書，於論衡尤多購獲，自一紀中，得俗本七，率二十七卷。其一程氏西齋所貯，蓋今起居舍人彭公乘魯所對正者也。「乘」，天啓本作「家」。又得史館本二，各三十卷，乃庫部郎中李公秉前所校者也。余嘗廢寢食，討尋衆本，雖略經修改，尚互有闕疑遺意。據天啓本補「疑」字。其謄録者誤有推移，校勘者妄加删削，致條綱紊亂，旨趣乖違，儻遂傳行，必差理實。今研覈數本之内，率以少錯者爲主，然後互質疑謬，沿造本源，譌者譯之，散者聚之，亡者追之，俾斷者仍續，闕者復補。惟古今字有通用，稍存之。又爲改正塗注凡一萬一千二百五十九字。有如日星之麗天，順經躔而軌道；河海之紀地，自源委以安流。其文取譬連類，雄辯宏博，豈止爲「談助」、「才進」而已哉？信乃士君子之先覺者也！秉筆之士，能無祕玩乎？即募工刊印，庶傳不泯，有益學者，非矜己功。不敢同王、蔡之徒，待搜之然後得而共，天啓本無「待」字。問之然後言其益也。時聖宋慶曆五年二月二十六日，天啓本無此十字。前進士楊文昌題序。

宋刊元明補修本序

王充氏論衡，崇文總目三十卷。世所傳本，或爲二十七卷。史館本與崇文總目同。諸本繕寫互有同異。宋慶曆中進士楊文昌所定者，號稱完善。番陽洪公重刻於會稽蓬萊閣下。歲月既久，文字漫滅，不可復讀。江南諸道行御史臺經歷克莊公以所藏善本重加校正。紹興路總管宋公文瓚爲之補刻，而其本復完。充生會稽，而受業太學，閲書市肆，遂通衆流，其爲學博矣。閉門絶慶弔，著論衡六十一篇，當作「八十五」篇。凡二十餘萬言。其用功勤矣。書成，蔡邕得之，祕之帳中，以爲談助。王朗得之，及來許下，人稱其才進。故時人以爲異書，遂大行於世，傳之至今。蓋其爲學博，其用功勤，其著述誠有出於衆人之表者也。嘗試論之：天地之大，萬物之衆，無一定之形，而有一定之理。人由之而不能知，知之而不能名也。古昔聖人窮神知化，著之簡編，使天下之人皆知其所以然之故，而有以全其才，五三六經，爲萬世之准則者此也。先王之澤熄，家自爲學，人自爲書，紫朱雜廁，瓦玉集糅。羣經專門，猶失其實；諸子尺書，人人或誕，論説紛然，莫知所宗。充心不能忍，於是作論衡之書，以爲衡者論之平也。其爲九虚、三增，論死、訂鬼，以祛世俗之惑，使見者曉然知然否之分。論者之大旨如此，非所謂出於衆人之表者乎！然觀其爲書，其釋物類也，好舉形似以相質正，而其理之一者，有所未明；其辯詭謬也，或疑或決，或信其所聞，而任其所見，尚有不得其事實者。況乎天人之際，性命之理，微妙而難知者乎？故其爲書，可以謂之異書，而不可以爲經常之典。觀其書者，見謂才進，而實無以自成其才，終則以爲談助而已。充之爲書，或得或失，不得而不論也。雖然，自漢以來，操觚之士，焦心勞思，求一言之傳而不可得，論衡之書獨傳至今。譬之三代鼎彝之器，宜乎爲世之所寶也。且充之時，去三代未遠，文賢所傳，見於是書者多矣，其可使之無傳乎？今世刻本，會稽者最善，克莊公爲之校正而補刻之，傳之人人，其與帳中之書，戒人勿廣者，可謂遼絶矣。至元七年仲春安陽韓性書。

程本序一錢、黄、王、崇文本誤合沈序上截爲虞序。

余覽東京永元之季，名能立言者，王節信、仲長公理及王仲任三君子，並振藻垂聲，范史類而品之。而迨數世後，獨仲任論衡八十餘篇，有祕玩爲談助，還許下見稱才進者，而節信、公理沉寥莫及若是何也？言貴考鏡於古昔，而尤不欲其虛竅靡當，要如持衡入寶肆，酌昂抑，免譁衆爾已。潛夫一論，指訐時短，牴牾鹵略，罔所考鏡。而公理之昌言，好澶漫而澹宕，輒齟齬於世而不相入。彼二氏世且譈箒視之，奚其傳？仲任少宗扶風叔皮，而又腹笥洛陽之籍，其於衆流百氏，一一啓其扃而洞其竅。憤俗儒矜吊詭侈，曲學轉相訛贋而失真，迺創題鑄意，所著逢遇迄自紀，十餘萬言，大較旁引博證，釋同異，正嫌疑。事即絲棼複還，而前後條委深密，矩矱精篤。漢世好虛辭異説，中爲辨虛凡九，其事覈，其法嚴，其旨務袪謬悠夸毗以近理實，而不憚與昔賢聚訟。上禪朝家彝憲，下淑詞壇聽覩，令人誦之泠然。斥吊詭而公平，開曲學而宏鉅。譬一鬧之市，一提衡者至，而貨直錙銖，率畫一無殊喙。以故中郎祕之帳中，丁寧示人勿廣；「郎」字以下，錢、黄、王、崇文本脱。而會稽守還許時，有異人異書之疑。邕與朗其綜覽博識，寧出仲任下？顧簡編充棟，匪衡曷平？得仲任之旨而廣之，它書不迎刃者鮮矣。然仲任當其時閉門潛思，絶慶弔，牆牖各置刀筆，數十星霜而就，何蘄甚也！倘盡如中郎必竢求者搜得之，白屋寒俊得寓目者能幾？茲武林張君購得善本，鋟竣，丐序不佞。是書且揭兩曜而天行，僻壤流播，自今爲談助與才進者，奚帳中可隱？異人異書可疑？而仲任有神，必咤爲千載知音也已。余雅嗜仲任，又嘉張君剞劂以公秇苑，敢一言弁之，告當世博雅諸士，能論衡之精，而始不爲僞書僞儒之所溷；且窺仲任之所超節信、公理而不朽者，要在是乎哉！萬曆戊子孟冬西吳沈雲楫序。盼遂案：文中「邕與期」之「期」蓋「朗」之誤，謂王朗也。

序二

仲任以其志鰌，慕蘧，師彪，以雄之學，濬詇聞之竇，而牖薄社，耳目秇人，夐矣。故其紀曰：「口務明言，筆務露文。」曉然若盲之開目，冷然若聾之通耳，言不可旒纊也。洛陽之市，豈無縣黎莫難，而仲任以其神營魄藏心宅腹笥也者，望天下之乏而予之，天下仰掇焉。故其紀曰：「玉剖珠出。」玉剖則鳳璞莫隱，珠出則魚瞥莫裹。言不可襲與韞而日中爲沽也。微歟，中郎匿之帷間，白傅匿之帖外，馬總匿之林表，而宋士匿之櫝中，珠沉玉瘞，耳目幾廢。政也燔竹，戎也鑽李，玆其埒耳。已讀衡八十五篇，竟十餘萬言，乃喟然稱曰：是何能匿哉？庭無胤子之跡，詩、禮並名異書；席無禽凡之咨，進趨皆登祕府，仲尼、伯魚猶匿，況其凡乎？且上物時茁，神物時茁，宛委、酉陽靈族，司馬安所禕天真之服，闠其名山而化妬婦吝夫耶？故漢之帷，梁之林，唐之帖，宋之櫝，衡之權也，量而出之，無多眎人，彼且以爲鎞利于翳，泰至則篇首至此，錢、黃、王、崇文本脱，誤將沈序自篇首至「以故中」合于虞序。塞。明月夜光，無因而至前，則匹士按劍；迺相與匿衡，而衡誠懸也。吾惡夫諸子之不平，平之於吾衡焉。若乃夫仲任之衡，其果帝之制乎！王之謹乎！累誅而不失，迨鎰而昏乎？有傳於肆曰：「一提而一流也。」一市人重聽矣。視衡星若垣次，而五權亂，喪一市之明矣。槭易圭，璣易瑠，尺爲輕，寸爲重，而一市人皆眩寱無日矣。故衡仲任之衡，以平其平，是帝王之衡也，天君之謂也。新安程氏出仲任之衡，列之武林，天下以武林爲洛陽，將新衡多於舊衡，業不勝匿，而余有期于新衡焉。斥所謂離、曠者，以無足售，而罔象得之。斯養性之經，天君之職，平歟？「新安」以下六十六字，錢、黄、王、崇文本脱。史稱仲任年漸七十，志力衰耗，造養性書十六篇，不知誰何氏匿之，吾甚不平，行問之靈族，遺程氏矣。各本無「程氏」二字。時皇明萬曆庚寅七月七日，前進士虞淳熙題序。

明天啓本序一

一代著述之士，才具各異。才大者無小言，非但不屑，縱爲之，亦不工也。王仲任新書二十萬言，蓋嘗論之：漢代，劉肆其恢誕，董揚其質茂，揚鉤其沉囍，才宜子。遷、固長於論世，其才史，故去而爲記事之書。馬、張詞賦，包舉六合，詩人之遺乎！仲任理醇辭辨，成一家言，當在荀、吕、公孫龍之際，而惡子風之駁。自紀篇筆老事析，使繼修東漢，較蔚宗弘贍，而薄史法之拘。其述養性，以四言叶讀，亦自風致，足以齊于蔡、酈，開源魏鄴，而厭辭習之浮。古今天地人物百家迂怪之説，洞曉靡漏，彙而爲一，莫如論。論曰：「衡，平也。」不倚時尚，不任意氣，覽之悠然，歸於偶然。孔子曰：「四十不惑。」仲任庶幾焉。仲任家本會稽，徙錢唐，仍以上虞老。自古文人西北盛，東西寥寥，言游振藻，乃有仲任。履其生長流寓之土者，能不誦其遺書而慨然？故越司李晉陵訒韋劉公志之，而錢唐閻子儀成之。浙上傅巖野倩甫書。

序二

余好王仲任論衡，其亦文之昌歜，屈之芰，晳之羊棗與！凡人讀書，如遊名山，總此勝地，而或愛其峻巀，則取奇峰峭崿；或愛其幽深，則取邃谷荒嵓；或愛其紆折，則取迴谿仄徑。況春之豔冶，夏之森蔚，秋之疎秀，冬之峭勁，亦各有會心焉。故余自從事筆研來，雖攻者制舉義，而於古文詞獨深耆，雖所喜者古文詞，而於論衡獨深耆。論，論說而窮其旨之謂也。曷言乎衡？衡以持平，平則無偏低昂，重不能增錙銖，輕不可減毫毛。天下事理，於是乎取衷，故題之曰「論衡」。論衡成而理不必天地有者，若不可不有；語不必古人道者，若不容不道。宜乎閉門研思，至忘慶弔，即在籬溷，亦著槧鉛，而宇宙有形之外，風雲變態之中，俱蒐弗搜討也。伯喈逸才，子明尊宿，乃一則祕不分人，一則緣之才進。後世六帖采之，意林收之，有以哉！余喜其曠蕩似漆園，辨析似儀、秦，綜覈似史遷，練達似孟堅，博奥似子雲，而澤於理要，於是又似仲淹。是以居恒把玩，曾不去手。一編敝，輒易一編，幾於韋之三絶。然獨得固不敢驕，分人尤不敢吝。政苦世代久沿，爽鳩多誤，至有一句之謬，而義殊天壤；一言之錯，而理判徑庭。譌以傳譌，祇增乖舛。遂使作者苦心，漫患滅没；讀者亦爾，口噤心惢，展卷復掩，良可悲夫！何幸武林閣子子儀者，散黄金以收書，窮白日而問字。唐、虞已下，元、明已上，牙籤萬軸，鄴架同觀。檢之果得論衡善本，蓋宋進士楊文昌所刻也。余所評閲，不無紕漏，因并付子儀氏，託以精加印勘，大肆研綜，並覓良工鐫之，以廣其傳。子儀氏乃閉門屏迹，與一二友人翻覆讎校，一如仲任著書時。洎成，而棗黎楮墨之費，且不貲矣。顧魚魯之謬，既悉闡明；鷄林之求，亦將飽慰。子儀之效忠仲任，嘉惠來學，豈尠小哉？夫以余之癖好而珍之，不翅帳中之藏，更有子儀之同好，而共珍之，不殫目圍之竭。豈芟、昌歜、羊棗之外，又有耆痂者與？余因同門友傅野倩得子儀。余與子儀俱稱仲任知己可也，而野倩其媒也。則仲任尤當就九京之下，手加額而酬野倩。晉陵劉光斗暉吉父譔。

序三

友人閻子儀氏博雅自期，凡古文詞，及法書名畫，鼎彝寶玩，蔑不譜思考覈。客有持示者，真贋立剖。若予，則問道於盲矣。晉陵劉暉吉先生司李於於越，携所愛王仲任論衡來，且欲廣求善本，校讎刊印，以公天下後世，使人人才進，不容王、蔡私美於前。而傅野倩與先生同舉主，又與子儀稱密友，謂兹役無踰子儀。子儀搜笥中，果得宋進士楊文昌刻本；徧訪藏書家，皆出其下。因取先生所評定，校而付之剞劂，五閱月書成。蓋自是卷無譌篇，篇無譌句，句無譌字矣。噫！仲任著此書，殫精研思，至忘寢食，絶慶弔，而子儀訂此書亦然。自昔劉舍人書，得沈休文而重；韓昌黎文，得歐陽子而傳。仲任論衡，得王子明、蔡伯喈而重，得六帖、意林而傳，乃又得劉先生而傳且著，得閻子儀而著且廣。遂使東漢文心，迨斯際而猶昭昭虖揭若日月。仲任慧業文人，諒應未死，得無開卷時，輒有一上虞偉男子褒衣博帶，吐氣伸眉，與相晤對乎？則凡著是書，與讀是書者，拜劉先生賜多矣，拜閻子儀賜多矣。雖然，先生富有不必言；此自子儀一斑，政不足盡子儀也。皇明天啓六年歲在丙寅七月幾望，錢塘擁書人施莊康夫氏書於南郭草堂。

序四

夫黔昇之大也，而求之蒼莽之間，雖殫智竭力，同夸父之槁耳。有八尺之衡以齊之，不特日月五行絫黍不失，而地之輪軸，亦放此而可準焉。人亦有衡，不執其衡而評隲往古之人物，如矮人觀場，於中無主，爲千古成案所汨没。匪薜侵入膚理，烏能作豐城吐氣哉？無論其猥雜者，即如莊之弔詭，韓之深刻，安之駁雜，非不奇宕鴻麗，成一家言，各因其資之所得者近是，求之於衡，鮮有當者。仲任生於漢之孟世，抽思力學，積有歲時，著書十餘萬言，上而天文，下而地理，中而人數，旁至動植，幽至鬼神，莫不窮纖極微，抉奥剔隱。筆瀧漉而言溶瀹，如千葉寶蓮，層層開敷，而各有妙趣；如萬叠鯨浪，滚滚翻湧，而遞擅奇形。有短長之説縱横，而去其譎；有晉人之娟倩，而絀其虚；有唐人之華整，而芟其排；有宋人之名理，而削其腐。舉業家得之，尤可以掀翻疑竇，直躡天根，不但爲麈尾之禿而已也。晉陵劉先生漁獵百氏，深嗜此書，如盧陵之於昌黎者，故片語一出，而雞林争媾，紙價爲高。友人野倩氏，其同門友也，請付剞劂，隨珠趙璧，公諸藝林，千古一快事也。中郎而在，當自哂其爲鑚核之濬冲矣。時天啓丙寅孟秋朔，題於凝香閣，錢塘閻光表書。

王本跋

王充論衡三十卷，凡八十五篇，二十餘萬言。自周、秦、漢、魏以來，諸子文字之多，未有過于此書者也。其純駮互見，瑕瑜不揜，前人已備言之矣，故不具論。而謨於校刊是書，則不能無概焉。漢、魏以來，作者多矣，其書或傳或不傳，無足深怪，獨怪仲任推重劉子政、揚子雲、桓君山猶文、武、周公并出一時，又以君山所著新論爲甲於子長、子雲論説之徒。而新論十六篇，竟無一傳者。此書八十五篇，止缺招致一篇。不知論衡之書，果愈於新論歟？抑傳之者，獨得其人歟？昔蔡伯喈、王景興得是書，嘗欲祕而不傳矣；乃至今千餘年，卒與子長、子政、子雲諸書并傳於世。如君山書，仲任非不欲傳之，顧不能得。以是而知君山當時於子雲書決其必傳，亦幸而言中也。今何氏叢書，於兩漢諸子書，收采略備，謨亦已次第授梓。獨以論衡文繁，資斧不繼，慮難卒業。會移署南昌縣學篆，因以此事商之顧東田明府。東田故博雅，亦病此書不純。重惜叢書缺而不完，即出百金佐剞劂費，并以其本，屬次公校刊。則此書之得以復爲流布者，東田明府之力，而謨乃能相與有成。此雖事會適然，然以視蔡伯喈、王景興二人之用心，則有間已。汝上王謨識。

論衡集解附録

息縣劉盼遂集

（編者案：劉氏附録與黄氏附編重複二十七條，現已删去。）

謝承後漢書　王充，字仲任，會稽上虞人也。少孤，鄉里稱孝。到京師受業太學，博覽而不守章句。家貧無書，常遊洛陽市肆，閲所賣書，一見輒能誦憶，遂至博通衆流百家之言。於宅内門户墻柱各置筆硯簡牘，見事而作，著論衡八十五篇。藝文類聚五十八又三十五引。初學記二十四又二十一引。太平御覽四百三十二、又四百八十四、又六百十二引。

又　班固年十三，王充見之，拊其背，謂彪曰：「此兒必記漢事。」范曄後漢書班固傳注引。

袁山松後漢書　王充，字仲任，會稽上虞人。充幼聰明，詣太學，觀天子臨辟雍，作大儒論。范曄後漢書王充傳注引。

范曄後漢書王充傳　王充，字仲任，會稽上虞人也。其先自魏郡元城徙焉。充少孤，鄉里稱孝。後到京師受業太學，師事扶風班彪，好博覽而不守章句。家貧無書，常游洛陽市肆，閲所賣書，一見輒能誦憶，遂博通衆流百家之言。後歸鄉里，屏居教授。仕郡爲功曹，以數諫争不合，去。充好論説，始若詭異，終有理實。以爲俗儒守文，多失其真，乃閉門潛思，絶慶弔之禮，户牖牆壁各著刀筆，著論衡八十五篇，二十餘萬言，釋物類同異，正時俗嫌疑。刺史董勤辟爲從事，轉治中，自免還家。友人同郡謝夷吾上書薦充才學，肅宗特詔公車徵，病不行。年漸七十，志力衰耗，乃造性書十六篇，裁節嗜欲，頤神自守。永元中，病卒于家。

後漢書儒林傳趙曄傳　曄著吴越春秋、詩細歷神淵。蔡邕至會稽，讀詩細而歎息，以爲長於論衡。

會稽典録　王充年漸七十，乃作養生之書，凡十六篇。養氣自守，閉明塞聰，愛精自輔，服藥導引，庶幾獲道。太平御覽七百二十引。

又　孫亮時，有山陰朱育仕郡門下書仕，太守濮陽興問曰：「昔王景興問士於虞仲翔，書佐寧識之乎？」育對曰：「虞翻對王府君曰：『有道山陰趙曄，徵士上虞王充，各洪才淵懿，學究道源，著書垂藻，絡繹百篇，釋經傳之宿疑，解當世之盤結，上窮陰陽之奥祕，下據人情之歸極。』」三國志吴志虞翻傳注引。

太平御覽卷九百六十八任昉述異記引王充果賦　冬實之杏，春熟之甘。

吴淑事類賦天賦注引賀道養渾天記　近世有四術：一曰方天，興於王充。二曰軒天，起於姚信。三曰穹天，聞於虞昺。皆臆斷浮説，不足觀也。盼遂案：姚、虞皆三國時吴人。創方天之王充，殆即仲任，然無他證，姑從闕疑。

馬總意林卷四引抱朴子　王仲任撫班固背曰：「此兒必爲天下知名。」

劉勰文心雕龍論説篇第十八　至若李康運命，同論衡而過之；陸機辨亡，效過秦而不及，然亦其美矣。

劉知幾史通序傳第三十二　又王充論衡之自紀也，述其父祖不肖，爲州閭所鄙，而己答以瞽頑舜神，鯀惡禹聖。夫自敍而言家世，固當以揚名顯親爲主。苟無其人，闕之可也。至若盛矜於己，而厚辱其先，此何異證父攘羊，學子名母？必責以名教，實三千之罪人也。

韓文公集後漢三賢贊（樊汝霖注曰：「後漢王充、王符、仲長統三人者同傳，公爲之贊，各不滿百言，而敍事略無遺者。」）王充者何？會稽上虞。本自元城，爰來徙居。師事班彪，家貧無書。閱書於肆，市肆是遊。一見誦憶，遂通衆流。閉門潛思，論衡（韓醇注曰：「王充所爲論衡，初中土未有傳者，蔡邕入吴始得之，常祕以爲談助。其後王朗爲會稽太守，亦得其書，及還許下，時人稱其才進。或曰：『不見異人，當得異書。』」）以修。爲州治中，自免歸歟。同郡友人，謝姓夷吾，上書薦之，待詔公車。以病不行，年七十餘，乃作養性，一十六篇。肅宗之時，終於永元。

晏殊列子有力命王充論衡有命禄極言必定之致覽之有感　大鈞播羣物，零茂歸自然。默定既有初，不爲智力遷。禦寇導其流，仲任派其源。智愚信自我，通塞當由天。宰世曰皋、伊，迷邦有顔、原。吾道誠一槩，彼塗鍾百端。卷之入纖豪，舒之盈八埏。進退得其宜，夸榮非所先。朝聞可夕隕，吾奉聖師言。宋文鑑卷十五。

難王充論衡三篇（今不傳。）　吴處厚青箱雜記卷六云：「近世釋子，多務吟詠。惟國初贊寧獨以著書立言，尊崇儒術爲佛事。故所著書，駁董仲舒繁露二篇，難王充論衡三篇，（中略。）爲王禹偁所激賞，與之書曰：『辱借通論，日殆三復，未詳指歸。徒觀其滌繁露之瑕，劘論衡之玷。……使聖人之道，無傷于明夷，儒家者流，不至于迷復。』」（下略。）

劉章刺刺孟（明時已佚。）　明郎瑛七修續稿卷四辨證類書名沿作條云：「王充有刺孟，宋劉章作刺刺孟。柳子厚有非國語，劉章作非非國語。此皆反而正之之意實難也。況王乃辯勝理者，因孟而矯之，時則可耳。柳以正理，而矯淫誣之辭，劉何能勝之耶？惜未見其書。」

洪适盤洲文集卷六十三論衡跋　右王充論衡三十卷。王君，是邦人也。帳中異書，漢儒之所争睹。轉寫既久，舛錯滋甚，殆有不可讀者。以數本俾寮屬參校，猶未能盡善也。刻之木，藏諸蓬萊閣，庸見避堂舍蓋之意。乾道丁亥五月十八日，會稽太守洪适景伯跋。

馬端臨文獻通考經籍考四十一子雜家　論衡三十卷。鼂氏曰：「後漢王充仲任撰。充好論説，始如詭異，終有實理。以俗儒守文，多失其真，乃閉門潛思，户牖牆壁各置刀筆，著論衡八十五篇，釋物類同異，正時俗嫌疑。後蔡邕得之，祕玩以爲談助云。（盼遂案：自此以下，宋袁州本讀書志無。）世爲漢文章温厚爾雅，及其東也已衰。觀此書與潛夫論、風俗通義之類，比西京諸書，驟不及遠甚。乃知世人之言不誣。」高氏子略曰：「書八十五篇，二十餘萬言。其爲言皆敍天證，敷人事，析物類，道古今，大略如仲舒玉杯、繁露。而其文詳，詳則禮義莫能覈而精，辭莫能肅而括，幾於蕪且雜矣。漢承滅學之後，文、景、武、宣以來，所以崇厲表章者，非一日之力矣。故學者向風承意，日趨於大雅多聞之習，凡所撰録，日益而歲有加，至後漢盛矣。往往規度如一律，體裁如一家，是足以雋美於一時，而不足以準的於來世。何則？事之鮮純，言之少擇也。劉向新序、説苑奇矣，亦復少探索之功，闕詮定之密，其敍事有與史背者不一。二書尚爾，況他書乎？袁崧後漢書云：『充作論衡，中土未有傳者。蔡邕入吴始見之，以爲談助。談助之言，可以了此書矣。』客有難充書煩重者，曰：『石多玉寡，寡者爲珍。龍少魚衆，少者爲神乎？』充曰：『文衆可以勝寡矣。人無一引，吾百篇，人無一字，吾萬言，爲可貴矣。』予所謂乏精覈而少肅括者，正此謂歟？」陳氏曰：「充，肅宗時人。仕爲州從事治中。初作此書，北方初未有得之者。王朗嘗詣蔡伯喈，搜求至隱處，果得論衡，捉取數卷將去。伯喈曰：『惟我與爾共，勿廣也。』然自今觀之，亦未爲奇。」

玉海六十二藝文門論類漢論衡　唐志雜家王充論衡三十卷。（自注：隋志二十九卷，今本亦三十卷，八十五篇。逢遇第一至自紀八十五。）崇文目有續論衡二十卷。（自注：「當考。」）盼遂案：續論衡不知誰作，崇文總目後亦不見著録。

明黄瑜雙槐歲鈔卷六　宋劉章嘗魁天下，有文名，病王充作刺孟，柳子厚作非國語，乃作刺刺孟、非非國語。

明謝肇淛文海披沙卷一論衡相背條　論衡一書，掊擊世儒怪誕之説，不遺餘力。雖詞蕪而俚，亦稱卓然自信矣。至驗符一篇，歷言瑞應奇異，黄金先爲酒尊，後爲盟盤，動行入淵；黄龍大於馬，舉頭顧望；鳳皇芝草，皆以爲實。前後之言，自相悖舛。此豈足爲帳中祕哉？盼遂案：充著驗符等篇，以頌東漢，佛家所謂順世論也。豈著三增、九虚之人，而信任此等事乎？

又漢時四諱條 漢時有四大諱：一曰，諱西益宅。西益宅，謂之不祥。今之住宅忌虎臂昂頭，是其遺意也。二曰，被刑爲徒，不上丘墓。此諱今人無之。但欲使子孫全歸，而非所論於無辜受刑也。三曰，諱婦人乳子，以爲不吉。將舉吉事，入山林，遠行度川澤者，皆不與之交通。乳子家亦忌惡之，丘墓廬道，踰月乃入。今但賽祀及道流上帝漁人下海，則忌之，餘不爾也。四曰，諱舉正月五月子，以爲殺父與母。今不諱也。盼遂案：論衡有四諱篇。

熊伯龍無何集叙録自述一 庚子初夏，燈窗讀荀子，有曰：「雩而雨，何也？曰：無何也，猶不雩而雨也。」世人不解斯言，遂疑天地如何報佑，善惡如何吉凶，鬼神如何靈，祈禳如何驗。精如仙佛，粗若果報諸般，以及山川草木之神，飛走昆蟲之怪，歷歷可指。一有歐陽之徒，不信祥瑞，即從而舉已往靈驗之事以詰之。士大夫沿習成風，牢不可破，正坐不知無何二字耳。余博覽古書，取釋疑解惑之説，以論衡爲最。特摘其尤者，參以他論，附以管見，名曰無何集。欲以醒世之惑於神怪禍福者。且神怪禍福之説而外，亦間録他説，如天地、古今、儒術、雜家、人事宜忌、百物器用之説，有關名教風化，亦備録焉。然俗儒守文失真，時俗嫌疑莫定，凡史書、文集、百家、諸子所傳記之文，其虚妄而不可信者，世已信之久矣，誰肯取斯編以正之哉！

又自述二　余友黄生敬渝謂余曰：「吾讀書數十年，欲覓異書不得。金陵肆中購得論衡一部，反覆讀之，如獲奇珍，但以篇過宂長，辭多重複，醇疵參半，未嘗深愜我心。及見先生鈔本，精萃簡要，分選編類，增廣美備，喜出望外，因口沫手胝，晝夜不倦。始信『玩楊子雲之篇，樂于居千石之官；挾桓君山之書，富於積猗頓之財』，非虚語也。仲任有知，必以先生爲千載知音矣。惜所選多闢神怪禍福之説，未綜全編而精選之也。」因囑余更註全集，刊以問世。余應之曰：「余以神怪禍福之説，時俗嫌疑，故鈔數帙，以明其妄。然才疏識淺，豈能註全集者？昔蔡中郎得論衡，丁寧示人勿廣。今吾亦將祕諸帳中，與吾子共讀之。」黄生喜而謝余曰：「是吾之幸也夫！是吾之幸也夫！」

又自述三　鍾陵自幼不信神仙鬼神、禍福報應之説，有言之者，輒舉聖經賢傳破之。人以中庸言前知，易言鬼神，書言禍福之説爲問，鍾陵不能對，然終疑而不決也。及讀史，見歐陽公不信祥瑞之説，反覆諷誦，深愜于心，思欲推類以廣其説，然以習舉業，爲時文，無暇及此。嘗作適逢說，言古今天下之事皆適逢耳。又嘗作鬼辨，言人死之後，如未生之前。作神論，言山神之形宜似山，水神之形宜似水。是時尚未讀論衡也。後越數年，京師購得論衡，讀之，喜曰：「予言有徵矣。」讀至幸偶篇，云「有幸有不幸，有偶有不偶，」與適逢說同意。又讀至論死篇，云「人未生無所知，其死歸無知之本」，與鬼辨同意。讀至紀妖篇，云「大山有神，宜象大山之形」，與神論同意。因欣然自喜，又爽然自失。自喜者，喜其言之竟合於古也。古人先得我心，其信然矣。自失者，恨其論之不逮於古也。古之爲文渾灝，今之爲文淺露，不可同日語也。因廢適逢、鬼辨諸篇，取論衡之闢虚妄者選爲一編，簡當精要，且廣集他說，以補其不足。嗟乎！昔楊子雲作太玄，猶有覆瓿之恐，余以白屋寒俊，妄欲修漢儒之書，補前賢之缺，不勝爲笑耳。然而藏諸名山，傳之百世，後之君子，其必有以處之矣。

又讀論衡說一段　仲尼曰：「詩三百，一言以蔽之曰，思無邪。」仲任曰：「論衡篇以十數，亦一言也，曰，疾虚妄。」夫曰思無邪，則邪不入矣；曰疾虚妄，則虚妄之説不載矣。仲任蓋宗仲尼者也。問孔、刺孟二篇，小儒僞作，斷非仲任之筆。何言之？論衡之宗孔子，顯而易見。其齊世篇，則稱孔子以斷堯、舜；其實知篇，則稱孔子以辨偶人；其知實篇，則稱孔子以論先知；其卜筮篇，則稱孔子以論蓍龜；其本性篇，則稱孔子以定性道。他篇之引孔子者，不可勝數。其宗孔子若是，焉有問孔者乎？孟子，學孔子者也。焉有宗孔而刺孟者乎？由此言之，二篇之爲僞作，無疑矣。

又二段　余友疑僞作之篇，不但問孔、刺孟、吉驗、骨相、宣漢、恢國、驗符諸篇，以及訂鬼後四段之言，恐皆屬僞作。余問何故，友曰：「以其言多虛妄，且自相矛盾，故知之也。仲任之言，前後一律，試略舉之。如偶會篇言象耕鳥佃之妄，書虛篇又深辨其非；龍虛篇言騎龍之謬，道虛篇又痛斥其虛，非前後一律乎？獨吉驗、骨相之言瑞應，謂命當如此，又謂相者之言果符，真世俗之見也。若驗符篇之言，又與吉驗篇相似；恢國篇之言，全與奇怪篇不合。至訂鬼篇後四段之言，與前相反，且語涉虛妄。故疑非仲任作也。」余曰：「非然也。仲任不言奇異，而諸篇皆云瑞應，子知其意之所在耶！仲任忠君愛國，尊重本朝，以高祖、光武比文王、武王，且謂文帝、武帝、宣帝、孝明帝遠邁周之成、康、宣王，俾後人知漢德隆盛，千古未有，其實非信瑞應也。」

又三段　友曰：「仲任之意，子何以知之？」曰：「以讀對作篇而知之。對作篇曰：『董仲舒作道術之書，言災異政治所失。主父偃嫉之，誣奏其書。仲舒當死，天子赦之。』苟非主上聖明，仲舒死矣。仲任特著須頌篇，又著諸篇以明己志。然則仲任極稱漢德，徵以祥瑞，多溢美之辭，褒增君德者，明哲保身，君子之道也。」

又四段　友曰：「仲任頌君德，其自言曰：『非以身生漢世，褒增頌歎以求媚稱。』觀仲任此言，則頌君德非褒增矣。子謂之褒增，何耶？」曰：「子未讀李陵書乎？李陵答蘇武書云：『足下云：漢與功臣不薄。子爲漢臣，安得不云爾乎？』仲任與蘇武同一意也。不知仲任著書之意，而謂仲任信瑞應，誤矣。」

又五段　友問曰：「著書以教後世。既不信瑞應，而又言之鑿鑿，智者或能察，愚者不將昧乎？」曰：「諸篇之語，非難知也。宣漢篇曰：『太平以治定爲效，百姓以安樂爲符。』亦非信瑞應之言也。且仲任之言瑞應，有深意也。譴告、變動二篇，言災異非天戒，亦非政所致。夫災異非天戒，則祥瑞非天祐；災異非政所致，則祥瑞亦非政所致矣。不信黄精益壽，但觀鉤吻殺人。讀災異可以悟祥瑞，仲任之意殆如此也。且死僞篇辨趙王如意爲祟之説，不信如意之爲祟，肯信盛德之致瑞乎？況講瑞篇亦謂鸜鵒非惡，鳳凰麒麟非善；指瑞篇又言麟鳳有道則來、無道則隱之妄；是應篇言蓂脯、蓂莢之非，又考景星、甘露之解。又況高祖之母夢與神遇，奇怪篇已辨其謬；高祖斬蛇，蛇爲白帝子，紀妖篇明其非實。仲任尊崇本朝，屢言祥瑞而不信祥瑞之實，已露其意於他篇，惟善讀者能會其意也。至齊世篇之言符瑞並至，卜筮篇之言天人並佑，不過與吉驗諸篇之言祥瑞者同意，不必辨也。」

又六段　如訂鬼後四段之言，此小疵耳。書虚篇言杜伯爲鬼之非，死僞篇又言杜伯不能爲鬼，而言毒篇又言杜伯爲鬼，凡此之類，皆小疵也。篇有小疵，則削而不録可也，何用疑乎？

又七段　友曰：「然則仲任之言無過乎？」曰：「亦有之。言命近于星家，如言忠臣見殺，子胥、屈原、箕子、比干輩命當自訖。果如此，則昏主無過矣。又言韓信、張良輔助漢王，高祖命當自立，韓信、張良之輩適相遭遇。信斯言也，則忠臣無補天之功矣。且言命當自立，是又信禄命之説也。又言世之所以亂者，不以盜賊兵革，由穀食乏絶。此言是矣。然又曰：『賢君偶在當治之時，無道之君偶生當亂之日，非惡所致也。』試問仲任，何爲當治之時？何爲當亂之日？是又信氣運之説矣。至言古人今人德無優劣，言雖合理，然其論堯、舜，則曰『以紂之不善，不如是之甚，知堯、舜之德，不若是其盛』，則又太過矣。又如信公牛哀化虎，以爲生物轉爲生類，亦未察也。夫牛哀病七日而化虎，語本淮南。淮南云：『方其爲虎，不知其常爲人。

方其爲人，不知其且爲虎。』夫淮南之言虎，猶莊周之言蝶也。不知爲虎爲人，猶言不知爲周爲蝶也。此不過寓言耳。仲任無形篇不信其説，而論死篇中又信以爲真，何哉？」

又八段　言少君之類，亦有語病。既不信卻老延年之説矣，又曰「少君年二百歲而死」，言亦太過。夫謂少君長壽可也，必曰二百歲，恐未必然也。又如言龍與魚無二，不能升天，是矣。然又曰：「存亡其形，變體自匿。」龍有形，能自亡乎？此亦太過之言也。至于言用術數能知一端，既曰「聖不能先知」，夫思慮之精，聰明之至，莫過於聖人，聖人尚不能知，術數能知之乎？夫謂術數能先知，猶言吉凶有先兆也。言事有吉凶則是矣；必謂吉有吉兆，凶有凶兆，則過矣。

又九段　又若言凶妖之氣，言亦太過。友曰：「論衡之言凶妖，實者空之。凡世間言凶有象，言妖有形，論衡悉謂之氣，所以破世俗之疑，何爲過？」曰：「所謂氣者，害人之氣也。氣能害人，安能成象？如謂毒氣中人輒病，則是矣，必謂太陽毒氣，有象如人，其言未免已甚。他如論宋、衛、陳、鄭之災，曰：『使子産聽梓慎言，四國亦有災。』此不信梓慎之説矣。然又曰：『氣變見天，梓慎知之。』是信天變之説矣。仲任之言，不能無弊，姑舉一二，以概其餘。」

又十段　至于每篇之中，有引俗論以駁俗論者。如熒惑徙舍，變虚篇已辨其妄，感虚篇取以證襄公麾日之事，此借俗論以駁俗論也。讀者須究心焉，勿以仲任爲信虚妄者。諸如此類，宜善讀之。

又十一段　友曰：「問孔一篇，斷非仲任所作，無疑矣。刺孟一篇，與非韓篇同意，子何以知非仲任之筆？」曰：「本性一篇，開口便稱孟子言性善。一篇之中，稱孟子者八，焉有稱之而刺之者乎？且仲任，博學之儒也，禹至湯四百四十餘年，湯至周六百四十餘年，而刺孟篇則曰『禹至湯且千歲，湯至周亦然』。夫漢代去古未遠，豈博如仲任，尚不知三代年數乎？此後世小儒僞作，不暇修飾，故有此弊也。」友乃歎服。

又讀論衡法　讀論衡有直讀、横讀二法。何謂直讀法？每言一事，如剥蕉抽繭，其理層出不窮，試略舉之。如雷罰陰過，先辨雷非天之怒，次辨雷不殺人。且從天體察天，知非天怒，更以地哭天笑，辨其不然。又以喜證怒，且以空怒證實怒。於是以春例夏，以物例人，以王者用刑例天發雷。然後言圖雷之非，指太陽之氣，俾人知殺人之由。又辨雷死之人，身有字迹之妄。篇終又歸到聖人敬天，聞雷必變。由淺而深，由粗而精。此直讀法也。（案：此段專就雷虚篇立説，以例其餘。）何謂横讀法？世間虚妄之説，不能盡闢，凡讀論衡者，觸類旁通可也。試就十事推之。如知白魚入舟之非，則知黄龍負舟不可信也。知負舟之妄，即知葉公好龍，真龍不降，不可信也。知龍降之虚，即知漦化褒氏不可信也〔一〕。知漦化之謬，龍漦不能化人，人身未必化龍，李氏化龍不可信也。知化龍之誕，即知弔客化鶴不可信也。知化鶴之誕，即知橘皮畫鶴不可信也。知橘皮之謬，即知橘中圍棋不可信也。知圍棋之虚，即知壺公懸壺不可信也。知懸壺之妄，即知螺殼美女不可信也。知螺殼之非，即知樹生小兒不可信也。知小兒之非，即知人犬化石不可信也。知化石之妄，即知叱石成羊不可信也。知成羊之虚，即知牛溲成金不可信也。知成金之謬，即知藍田種玉不可信也。知種玉之誕，即知石中有璽不可信也。以類而推，莫可終窮。此横讀法也。直推則就其文而讀之，横推則在乎人之自思。直推、横推，格物致知之學也。知此，可與讀論衡矣。

又説一　論衡無一不宗孔子，即幸偶一篇，稱舜者一，稱孔子者九；至他篇之稱孔子者，不可勝紀。其宗孔子也明矣。問孔一篇，斷非仲任所作。或指論衡爲雜

〔一〕以上十五字原本脱，據無何集補。

家者流，其視仲任也淺矣。夫仲任，孔子之徒也。

又説二　或曰：「子取幸偶篇以冠全部，吾既聞其説矣。子又謂論衡無一不宗孔子，而指問孔、刺孟二篇，以爲斷屬僞作，願聞其詳。」曰：「開卷作逢遇篇，便稱孔、孟。其言曰：『或以賢聖之臣，遭欲爲治之君，而終有不遇，孔子、孟軻是也。』讀此則仲任之宗孔、孟可知矣。累害篇内言鄉愿曰：『孔子之所罪，孟軻之所愆。』又曰：『以方心偶俗之累，求益反損。蓋孔子所以憂心，孟軻所以惆悵也。』讀此，而仲任之宗孔、孟，更可知矣。他如命禄篇稱孔子者三，稱孟子者二；命義篇稱孟子者一；率性篇稱孔門者二，稱孔子者二；偶會篇引孔子稱命者二，引孟子言天者二；骨相篇稱孔子者九，歷敍骨相之驗，而篇終以『以貌取人，失於子羽』一語破之。仲任之宗孔子，益顯而易見。又若本性篇稱孔子者五，稱孟子者八；書虚篇稱孔子者十九；感虚篇稱孔子者三；福虚篇稱孔子者五；禍虚篇稱孔子者四；龍虚篇稱孔子者四；語增篇稱孔子者十一，稱孟子者二；儒增篇稱孔子者四；藝增篇稱孔子者七。又『黎民孑遺』之解，『血流浮杵』之辨，俱主孟子之説。仲任之宗孔、孟，益無疑矣。又如非韓篇稱孔子者二，説日篇稱孔子者七，答佞篇稱孔子者一，程材篇稱孔子者二，量知篇稱孔子者一，謝短篇稱孔子者六，效力篇稱孔子者三，别通篇稱孔子者六，超奇篇稱孔子者九，明雩篇稱孔子者十二，順鼓篇稱孔子者一，亂龍篇稱孔子者五，遭虎篇稱孔子者三，講瑞篇稱孔子者十九，指瑞篇稱孔子者十一，治期篇稱孔子者二，自然篇稱孔子者四，感類篇稱孔子者七，齊世篇稱孔子者六，宣漢篇稱孔子者六，恢國篇稱孔子者一，驗符篇稱孔子者一，須頌篇稱孔子者六，佚文篇稱孔子者七，稱孟子者一，論死篇稱孔子者二，紀妖篇稱孔子者四，言毒篇稱孔子者一，薄葬篇稱孔子者七，四諱篇稱孔子者一，譏日篇稱孔子者一，卜筮篇稱孔子者三，辨崇篇稱孔子者四，詰術篇稱孔子者一，祭意篇稱孔子者二，實知篇稱孔子者二十一，知實篇稱孔子者五十一，稱孟子者五，定賢篇稱孔子者二十七，稱孟子者一，正説篇稱孔子者十三，稱孟子者二，書解篇稱孔子者五，案書篇稱孔子者二十一，對作篇稱孔子者三，稱孟子者三，自紀篇稱孔子者十一，稱孟子者二。其言曰：『可效放者，莫過孔子。』夫以爲莫過，是稱孔子爲至聖矣。意欲效放，是以孔子爲師表矣。合論衡之全書而觀之，不但九虛、三增諸篇語本聖教，八十三篇何一非宗聖言者？夫孔子，萬世之師也。仲任每篇必宗孔子。孟子，學孔子者也，仲任亦間稱孟子。既以孔、孟爲宗，焉有宗之而問之刺之者乎？吾故謂問孔、刺孟二篇係小儒之僞作，斷非仲任之筆也。」

又或問二段　或問：「中郎得論衡，祕諸帳中。考中郎集八卷，曾無一語稱論衡。且答詔問災異與論衡相反，作王子喬碑與仲任之不信道教又大相縣絶。然則中郎果何所取歟？抑徒悦其議論之新奇疊出歟？」曰：「不然。自古聖王敬天之怒，迅雷風烈必變。苟中郎以論衡之説對，是有欺君之罪，不敬莫甚，王半山之徒也。其王子喬碑云：『秋八月，皇帝遣使者奉犧牲以致祀，祗懼之敬，肅如也。』只此一語，可以知中郎之意矣。天眷茲神，而臣子可指爲妄誕乎？昔者九章算術，六燕、五雀飛集衡，衡適平。論如衡之平，故曰論衡。中郎之疏議問答以及碑銘，語多平允，意極精詳，未必非得力於論衡也。夫何疑？」或問：「中郎以直言受禍。當詔問災變，公卿士庶括囊，莫肯盡心，中郎獨以皁囊封上。帝覽而歎息。曹節竊視，爲邕所裁黜者，皆側目思報。程璜飛章，誣邕害大臣，大不敬，詔下獄。夫使中郎言災異之不足信，則禍可免矣。何以中郎既信論衡，卒不能免於禍耶？」曰：「中郎之苦心，寧使人誣以害大臣之不敬，斷不肯言災異之不足信，使其君不敬上帝，不思己過，而謂天變之不足畏。此中郎之忠也，豈可議哉？觀答問災異八事，首言袄席，詩教也。次言皇極，次言貌恭，次言風雨，書教也。言熒惑則主乎禮，論蝗蟲則徵以易，論庫屋損壞之變則引易傳、洪範之言。答聞災恐懼之詔，則述春秋魯定之事。

此與仲任之開〔一〕口不離孔子者何異？」

王清作熊鍾陵無何集序　論衡一書，發明孔子之道者也。何以發明孔子之道？曰：不信妖異，不信鬼怪也。或聞而笑之曰：孔子之道，高矣大矣，僅僅不信妖異鬼怪而已，烏足以發明其道乎？曰：是非予之私言也，予蓋聞諸孔子也。昔楚有雲如赤鳥，夾日以飛，太史請禜，昭王弗許。又，王有疾，卜曰：「河爲祟。」昭王弗祭。夫弗禜，是不信妖異也；弗祭，是不信鬼怪也。不信妖異鬼怪，自世俗言之，方恐不免禍；自儒者言之，不過一智人而已。然而孔子曰：「楚昭王知大道矣，其不失國也宜哉！」大道者何？即不信妖異鬼怪之道也。昭王知之，故能常保其國。然則今人之不信妖異鬼怪者，其亦庶幾知道者哉！吾博覽羣書，見守孔子之道而鑿鑿言之者，莫若論衡一書。其奇怪篇深得孔子不語怪之道也，其卜筮篇深得孔子不語神之道也，其齊世篇深得孔子罕言命之道也，其變虛篇深得孔子請禱弗許之道也，其感類篇深得孔子遠鬼神之道也，其感虛篇深得孔子焉能事鬼之道也，其訂鬼篇深得孔子焉知死之道也。是發明孔子之道者，論衡也。然而純疵參半，未能一一

〔一〕「開」，原本作「問」，形近而誤，據無何集改。

悉合乎道。至問孔、刺孟諸篇，語尤顯悖於道，必不可以不删。昔韓子讀荀篇曰：「孔子删詩、書，筆削春秋，合於道者著之，離于道者黜之。」夫韓子欲削荀子之不合者附於聖人之籍，則曰：「亦孔子之志也。」今學士熊鍾陵削論衡之不合者附於聖人之籍，其亦韓子之志歟！夫而後論衡一書，蓋醇乎醇者矣，即謂爲大有功於聖門焉可。是不可以不序。　盼遂案：無何集凡十四卷，專摘論衡釋虚觝妄之言，分臚類列，而附説以闡明之。卷首爲總論，不入數。餘分天地一、古今二、鬼神三、禍福四、災祥五、感格六、宜忌七、人事八、儒術九、道教十、雜家十一、百物十二。餘十三卷則伯龍闢佛隨筆之作，不盡限于仲任書者。十四卷係伯龍之子正笏作，雜取經史子集名人百家之言有合於仲任之道者而成，附於無何集之後，名之曰勿廣餘言集。（此用蔡伯喈語。）此書推爲論衡拂弼，誠不虚也。清乾隆五十九年，熊氏六世孫熊心畬付梓。今據湖北先正遺書本。

盧見曾贈馬秋玉詩　玲瓏山館辟疆儔，邱索搜羅苦未休。數卷論衡藏祕笈，多君慷慨借荆州。漁洋感舊集小傳附注。

錢大昕潛研堂文集卷二十七跋論衡　論衡八十五篇，作于漢永平間，自蔡伯喈、王景興、葛稚川之徒皆重其書。以予觀之，殆所謂小人而無忌憚者乎。觀其問孔之篇，掎摭至聖；自紀之作，訾毁先人，既已身蹈不韙，而宣漢、恢國諸作，諛而無實，亦爲公正所嗤。其尤紕繆者，謂國之存亡，在期之長短，不在政之得失，世治非賢聖之功，衰亂非無道之致，賢君之立偶在當治之世，無道之君偶生于當亂之時，善惡之證不在禍福。嗚呼！何其悖也？後世誤國之臣，是今而非古，動謂天變不足畏，詩、書不足信，先王之政不足法，其端蓋自充啟之。小人哉！

十駕齋養新録卷六王充　王充傳：「充少孤，鄉里稱孝。」案論衡自敍篇云：「六歲，教書，有巨人之志。父未嘗笞，母未嘗非。」不云少孤也。其答或人之啁，稱鯀惡禹聖，叟頑舜神，顔路庸固，回傑超倫，孔、墨祖愚，丘、翟聖賢。蓋自居于聖賢，而訾毁其親，可謂有文無行，名教之罪人也。充而稱孝，誰則非孝？

惲敬大雲山房集讀論衡　吾友張皋文嘗薄論衡，詆爲鄙冗。其問孔諸篇，益無理致。然亦有不可没者，其氣平，其思通，其義時歸于反身。蓋子任禀質卑薄，卑薄故迂退，迂退故言煩而意近。其爲文以荀卿子爲途軌，而無其才與學，所得遂止此。然視爲商、韓之説者，有逕庭焉。卑薄則易近于道，高强則易入于術，斯亦兼人者所宜知也。

章學誠文史通義卷三匡謬　問難之體，必屈問而申答，故非義理有至要，君子不欲著屈者之姓氏也。孟子拒楊、墨，必取楊、墨之説而闢之，則不惟其人，而惟其學。故引楊、墨之言，但明楊、墨之家學，而不必專指楊朱、墨翟之人也。是其拒之之深，欲痛盡其支裔也。蓋以彼我不兩立，不如是不足以明先王之大道也。彼異學之視吾儒，何獨不然哉！韓非治刑名之説，則儒、墨皆在所擯矣。墨者之言少，而儒則詩、書、六藝皆爲儒者所稱述，故其歷詆堯、舜、文、周之行事，必藉儒者之言以辨之，故諸難之篇，多標儒者以爲習射之的焉。此則在彼不得不然也，君子之所不屑較也。然而其文華而辨，其意刻而深，後世文章之士，多好觀之。惟其文而不惟其人，則亦未始不可參取也。王充論衡則效諸難之文而爲之。效其文者，非由其學也，乃亦標儒者而詰難之。且其所詰，傳記錯雜，亦不盡出儒者也。强坐儒説而爲誌射之的焉，王充與儒何仇乎？且其問孔、刺孟諸篇之辨難，以爲儒説之非也，其文有似韓非矣。韓非絀儒，將以申刑名也。王充之意，將亦何申乎？觀其深斥韓非鹿馬之喻以尊儒，且其自敍辨别流俗傳訛，欲正人心風俗，此則儒者之宗旨也。然則王充以儒者而拒儒者乎？韓非宗旨固有在矣，其文之雋不在能斥儒也。王充泥於其文，以爲不斥儒則文不雋乎？凡人相訴，多反其言以訴之，情也。斥名而訴，則反訴者必易其名，勢也。今王充之斥儒，是彼斥反訴，而仍用己之名也。

杭世駿道古堂文集卷二十二論王充　范史之傳充曰：「充少孤，鄉里以孝稱。」

杭子曰：「夫孝者，己有善不敢以爲善，己有能不敢以爲能，曰：『是吾先人之所留遺也，是吾祖若父之所培植而教誨也。』鄉人曰：『幸哉！有子如此，可謂孝已。』而吾所聞於充者有異焉。充細族孤門，世祖勇任氣，卒咸不揆於人。歲凶，橫道傷殺，怨讎衆多。祖父汎，賈販爲事。生子蒙及誦，任氣滋甚。在錢塘，勇勢凌人。誦即充父也。充作論衡，悉書不諱。而乃特創或人問答，揚己以醜其祖先。其尤甚之辭則曰：『母驪犢騂，無害犧牲。祖濁裔清，不牓奇人。』夫禹聖也而鯀惡，舜神也而叟頑。使禹謂聖於鯀，舜謂神於叟，則禹與舜將不得爲神聖。矧復以鯀爲惡，以叟爲頑，而挂諸齒頰，著之心胸，筆之簡牘，即禹亦且不免於惡，舜亦且不免於頑，雖甚神聖，焉得稱考？充知尚口以自譽而已。唐劉子玄氏謂：『責以名教，斯三千之罪人。』旨哉言乎！吾取以實吾言矣。且夫立言將以垂教也，論衡之書雖奇，而不孝莫大。蔡邕、王朗、袁山松、葛洪之徒，皆一代作者，尋其書而不悟其失，殆不免於阿私所好。而范曄又不孝之尤者，隨而附和之，而特書之以孝。嗚呼！孝子固訐親以成名乎？」

充之立論，固不可以訓，而吾特申申辨之不已者，豈以招其過也？蓋有所繩爾。臨川陳際泰，小慧人也，而闇於大道。作書誡子，而以村學究刻畫其所生。禾中無識之徒，刊其文以詔世，而以斯語冠諸首簡。承學之士，胥喜談而樂道之。嗟乎！人之無良，壹至於此乎？而其端實自王充發之。充自矜其論説，始若詭於衆，極聽其終，衆乃是之。審若斯談，匹如中風病易之夫，譫譎不已，不待聽其終，而已莫不非而笑之者。不謂後世且有轉相倣效之徒，流傳觚翰，則其壞人心而害世道，莫此爲甚也。且充不特敢於瘠疵先人，而亦欲誣蠛前哲。顔路譏其庸固，孔、墨謂其祖愚，始以解免其賤微，而既乃擠賢聖而扳之。此其弊，庸詎止詭於衆而已哉！黄東發先生讀論衡云：「王充謂天地無生育之恩，而譬之人身之生蟣虱，欲以盡廢百神之祀。雖人生之父母骨肉，亦以『人死無知，不能爲鬼』而忽蔑之。此與路粹數致孔融之説何異？」

汪璐藏書題識卷二子部王充論衡三十卷明程榮校　卷末墨筆序略曰：（其文已殘闕。）充字仲任，著論衡八十五篇，二十餘萬言。既作之後，中土未有傳者。蔡邕入吴會，始得之，恒祕玩以爲談助，故時人言伯喈得異書。或搜求其帳中隱處，果得論衡，抱數卷持去。邕丁寧之曰：「惟我與爾共之，勿廣也。」其後王朗來〔二〕守會

〔二〕「來」，原本作「太」，據楊文昌序改。

稽，又得其書。及還許下，時人稱其才進。或曰：「不見異人，當得異書。」問之，果以論衡之益。由是遂見傳焉。流行四方，今殆千歲。撰六帖者但摘而爲備用，作意林者止鈔而同諸子。吾鄉好事者，往往自手書牘，珍爲家寶。然其篇卷脱漏，文字踳駮，魯魚甚衆，豖亥益訛，或首尾顛躓而不聯，或句讀轉易而不紀，是以覽者不能通其讀焉。余幼好聚書，於論衡尤多購獲，自一紀中得俗本七，率二十七卷，其一程氏西齋所貯，蓋今起居舍人彭公秉曾所對正者也；又得史館本二，各三十卷，乃户部郎中李公秉前所校勘者也。余嘗廢寢食，討尋衆本，雖略經修改，尚有闕遺。意其謄録者誤有推移，校勘者妄加删削，致條綱紊亂，旨趣乖違，倘遂傳行，必差理實。今研覈數本之内，率以少錯者爲主，然後互質疑繆，沿造本源，譌者譯之，散者聚之，亡者追之，俾斷者仍續，闕者復補。惟古今字有通用者，稍存之。又爲改正塗注，凡一萬一千二百五十九字。盼遂案：汪氏殆全鈔楊文昌刻書序文，而中有不同數處，故録供參考。

趙坦保甓齋文録卷上書論衡後　王充，漢儒之愎戾者也，故所著論衡八十五篇，多與聖賢之旨悖。自古聖賢莫不畏天，畏天故朝夕兢惕以自閑其身心，禎祥見則不敢自矜，災異見則引以自責。自責則政修，政修則民心固，祈天保命之術，不外是也。充則以戔戔之智，而反其說。充之變虛篇云：「人不覺天所爲，天安能知人所行？」嗚呼！古之正心者，即隱微之地，尚不使稍留餘憾，曾謂明明上天，而可怠泄接之乎？使充之說行，則生人之理滅，而人將與禽獸無別。是驅昭昭之民而胥人於冥冥也，其害可勝言哉！妖孽之興，由人心生也，心動乎下，徵見乎天。修省而不弭，則必所失者多而所改者小也，所積者久而所改者暫也。充之異虛篇云：「見妖改政，安能除禍？」信如是言，則將任妖孽之見而不爲警省，吾恐害且迭起而莫可止矣。雨暘失其時，則必祈請於天，天高而精誠可通，且以安百姓也。古之人知之明，察之審，故水則伐鼓責羣陰，旱則雩祭祈蒼龍。祈之而不得，務爲禦災之政，理與勢宜然也。充之明雩篇則曰：「恬居安處，不求己過，天猶自雨，雨猶自暘。」嗚呼！一任天之雨暘，必且任人之自治自亂，可乎哉？夫人之所以爲萬物靈者，以其能自治也。極其至，則可以參天地之化育。如充之言，何其自處於無知而不自振拔乎？其他商蟲、治期等篇，皆悖政術，不足道。至死僞篇盡掃鬼神之說，壹似聖王之制爲祭祀，皆虛而無憑者。夫鬼神若有若無，聖王之不敢褻。鬼神所以厚人心而輔治道也，充烏能知之？周、秦而下，諸子百家雜出，以淆聖人之道。背仁義者莫如申、韓，至充之論衡則又甚焉。嗚呼！敢於問孔、刺孟，則無所不用其悍戾矣。

平步青安越堂外集卷四書論衡後　明虞德園淳熙序論衡（在萬曆十一年。）末云：「史稱仲任年漸七十，志力衰耗，造養性書十六篇，不知誰何氏匿之，吾甚不平，行問之靈族氏矣。」案本書卷三十自敍篇云：「章和二年，罷州家居。年漸七十，時可懸車，（案：充生建武三年丁亥，至章和二年戊子止，六十二。）乃作養性之書，凡十六篇。」即范史列傳所本。章懷注引袁山松書曰：「充幼聰明。詣太學，觀天子臨辟雍，作大儒論。」自序篇又云：「閒居作譏俗節義十二篇，冀俗人觀書而自覺。」又云：「充既疾俗情作譏俗之書，又閔人君之政，徒欲治人，不得其宜，不曉其務，愁情苦思，不睹所趨，故作政務之書。又傷僞書俗文，多不實誠，故爲論衡之書。」據自敍所言，仲任撰著篇籍，不僅論衡、養性。大儒論或以少作棄去。譏俗節義及政務之書，今亦不傳。不得偕論衡並垂天壤。與王汝麋之怪桓君山新論同恨。德園塵塵不平，不知誰何氏匿養性書。豈知仲任究當世失得，論衡百餘篇外，不知尚有若干萬言。論衡得中郎、景興先後傳播，盛行於世。蔚宗習見其言，故但云「釋物類同異，正時俗嫌疑」，略舉大恉，不著其篇。使譏俗、政務尚存，亦當如著潛夫之貴忠、浮侈、實貢、愛日、述赦五篇，録昌言之治亂、損益、法誡三篇，足觀當時風政。簡撮其略，載之本傳，而獨無之，蓋其亡佚久矣，不獨養性十六篇，初非有人祕玩以爲談助，匿之帳中隱處也。德園欲問之靈族氏，固哉！

陸心源皕宋樓藏書志卷五十七論衡三十卷（明通津草堂刊本。）王氏族姓行狀，於自紀篇述之詳矣。范曄東漢列傳云：「充字仲任，嘗受業太學，師事班彪，博覽而不守章句。家貧無書，嘗遊雒陽市肆，閲所賣書，一見輒能誦憶，遂博通衆流百家之言。充好論説，始若詭異，終有理實。以爲俗儒守文多失其真，乃閉門潛思，禮絶慶弔，户牖牆壁各置刀筆，著論衡八十五篇，二十餘萬言，釋物類同異，正時俗嫌疑。」訂百氏之增虚，詰九流之拘誕，天人之際悉所會通，性命之理靡不窮盡，析理折衷，此書爲多。既作之後，中土未有傳者。蔡邕入吴會始得之，常祕玩以爲談助，故時人嫌伯喈得異書。或搜求其帳中隱處，果得論衡，抱數卷持去。邕丁寧之曰：「惟我與爾共之，勿廣也。」其後王朗來守會稽，又得其書。及還許下，時人稱其才進。或曰：「不見異人，當得異書。」問之，果以論衡之益，繇是遂見傳焉。流行四方，今殆千載。撰六帖者但摘而爲備用，作意林者止鈔而同諸子。吾鄉好事者，往往自守書櫝爲家寶。然其篇卷脱漏，文字踳駁，魯魚甚衆，亥豕益訛，或首尾顛躓而不聯，或句讀轉易而不能通其讀焉。余幼好聚書，於論衡尤多購獲，自一紀中得俗本七，率二十七卷，其一程氏西齋所貯，蓋今起居舍人彭公乘曾所對正者也；又得史館本二，各三十卷，乃庫部郎中李公秉前所校者也。余嘗廢寢食，討尋衆本，雖略經修改，尚互有闕遺。意其謄録者誤有推移，校勘者妄加刪削，致條綱紊亂，旨趣乖違，儻遂傳行，必差理實。今研覈數本之内，率以少錯者爲主，然後互質疑謬，沿造本源，譌者譯之，散者聚之，亡者追之，俾斷者仍續，闕者復補。惟古今字有通用，稍存之。又爲改正塗注，凡一萬一千二百五十九字。有如日星之麗天，順經躔而軌道；河海之紀地，自源委以安流。其文取譬連類，雄辯宏博，豈止爲談助、才進而已哉！信乃士君子之先覺者也。秉筆之士，能無祕玩乎？即募工刊印，庶傳不泯，有益學者。非矜己功，不敢同王、蔡之徒，待搜之然後得而共，問之然後言其益也。時聖宋慶曆五年二月二十六日。前進士楊文昌題序。

丁丙善本書室藏書志論衡三十卷（明刊本盧抱經校藏。）前有虞淳熙序，卷六後盧召弓學士校正，間以墨筆録孫志祖、梁玉繩校語於卷眉。末記云：「乾隆五十八年八月二十八日七十七翁盧文弨細校竟。次年甲寅重細校，五月十九日訖功。」有抱經堂印、文弨校正兩印。案：是書以宋慶曆中楊文昌定本爲善。至元間，紹興路總管宋文瓚重刊楊本，明通津草堂所刻即出是本。此程氏叢書又出自通津者也。

譚獻復堂日記　閲論衡，王仲任文士之見，窮達橈其志趣，所言辨而不中。自名其書曰戒虚妄，而師心妄作，戾經訓者甚多。陰陽災異一歸於虚，而篤信命遇，以爲賢愚同囿于氣。蹇困之士，有激之言，不可爲典要。充訶墨詰儒，歷詆世論。若以聖賢流俗一概相量，持之雖有故，言之不甚成理。究不逮周末九流偏至振奇，可以自持其説。充於雜家爲第二流，吕覽、淮南未易企也。文體僿而不駁，西京之風未遠。獨其出入起落，鬥亂不亂，又揮之不斷，爲獨到耳。招致篇闕，大都亦言災祥，無關人事。閩陳氏有足本未録副，忘其大意矣。

蔣光煦東湖叢記卷六論衡　王氏論衡通行本，以通津草堂刊者爲勝，程榮本不及也。獨累害篇「汙爲江河」下脱四百字。張氏藏書志亦云「而所闕之文，莫能考見」以爲憾。偶從西吴書舫購得元刻十五卷本有之，亟録以餉讀是書者，不欲爲帳後之祕也。盼遂案：四部叢刊本已據宋本補入此四百字，今不再録。

朱學勤結一廬遺文卷下明鈔本論衡跋　王仲任論衡三十卷，自宋已無善本。慶曆五年，楊文昌合校諸本，改補一萬一千二百餘字，始爲完書。乾道乙亥，洪文惠重鋟諸會稽。至元間，劉氏又刊之。正德之初，板存南雍，今俱不可得見矣。世所通行者，通津草堂本爲最古，而脱誤無從是正。余得此本於京都書肆，尚是明人從宋槧本傳録，卷一累害篇增多四百餘字，其餘異同亦以鈔本爲長。然招致之缺，倉光之訛，則兩本俱同也。仲任自謂庶幾之才，正俗決疑，每多争辨，雖失之繁宂，而解頤者亦多。至謂孔壁中得尚書百篇，禮三百，左氏傳三十篇，又謂壁中論語得二十一篇，齊、魯、河間得九篇本三十篇，此與晉楊方所謂周官出自孔壁中者，皆疏舛之甚。恐學者以仲任漢人，言其可信，故附辨之，庶考古者不爲所惑焉。同治四年六月甲辰仁和朱學勤跋。

曹元忠箋經室所見宋元書題跋元修宋刊牘背紙印論衡殘本跋　宣統二年冬十月，偶游廠市，見論衡殘本，自第二十六至三十，都五卷，每半葉十行，行二十字，版心有刻工毛奇、梁濟、卓佑、許中、陳俊、趙通、潘亨、周彦、徐顔、李文等姓名，皆宋刊也。宋體方正渾厚，間有元時修補者，刀口極鋭，筆畫瘦挺，版心亦有楊字昌字良字記之，印以延祐五六年牘背紙，雖闕版亦以此紙畫版匡式樣釘入，成書兩册，首尾有鳳陽朱文陳氏家藏白文印。余乃知爲宋洪适會稽蓬萊本，元宋文瓚所補刻者也，遂以重值購歸。檢愛日精廬藏書志於論衡有元至元刊本，（小字十五卷本。）載乾道丁亥五月十八日，會稽太守洪适景伯跋云：「右王充論衡三十卷。轉寫既久，舛錯滋甚，殆有不可讀者。以數本俾寮屬參校，猶未能盡善也。刻之木，藏諸蓬萊閣，庸見避（疑有誤，蓋從此本傳寫所致。）堂舍蓋之意〔一〕。」又有元刊明修本，（當即此本，而有弘治、正德修版。）載至元七年仲春，安陽韓性序云：「番陽洪公重刻於會稽蓬萊閣下，歲月既久，文字漫漶，不可復讀。江南諸道行御史台經歷克莊公以所藏善本重加校正，紹興路總管宋公文瓚爲之補刻，而其本復完。」案性字可善，鄞人。見貝瓊清江集韓處士碣銘。據韓序，知元時洪本論衡，仍在會稽蓬萊閣，故由紹興路補刊。而性序其事，所署至元爲順帝後至元。其實六年之後已改至正，性猶云七年仲春，詎紹興僻處海隅，未及知耶？從至正元年辛巳，上推延祐五年戊午，六年己未，相去二十餘年。以當時牘背紙印書，由其紙亦紹興路總管物，背有縣尹何玉給由，縣尹趙好禮給由，並題延祐六年上半年可證。然則此殘宋刊本，尚是元修元印。鄉來藏書家，於此書每謂元時重刻慶曆五年楊文昌本，豈知元時補刻，而非重刻。且元時補刻乾道丁亥洪适本，而非重刻慶曆乙酉楊文昌本，皆可據此正之。又近時日本島田翰著古文舊書考稱其國祕府有宋本論衡二十五卷，其行款格式，並刻工姓名，與此悉合，而闕卷二十六已下。是彼之所闕，即此五卷，倘能牉合，豈非快事！

〔一〕「意」字原本缺，據前洪跋補。

因乞陳侍郎弢庵署檢，而自書其後，以諗將來。三年辛亥夏四，元忠，京邸凌波榭寫記。

日本澁江全善森立之經籍訪古志卷四論衡三十卷（宋槧本求古樓藏。）卷端題論衡卷第一，王充，次列書篇目。每半板十行，行十九字至二十一字。界長七寸一分，幅五寸，左右雙邊，板心記刻手名氏。文字遒勁，筆畫端正，絶有顔公筆法，加之鐫刻鮮朗，紙質浄緻，墨光焕發，若法帖然，實宋槧之絶佳者。卷中如完、慎、貞、桓、徵、匡、朗、竟、恒、讓、玄、殷、弘、照、構、敬、樹等字，皆闕末筆。累害篇「夫如是市虎之訛」云云一張，諸本並脱，唯此本巋然獨存，當補其闕，尤爲可珍。第二十六卷至終闕逸。

傅增湘藏園東游别録論衡二十五卷　宋刊本，半葉十行，每行二十一字，白口，左右雙闌，版心上記字數，中記論衡幾，下記刊工姓名。刊工可辨者，有李文、李憲、王政、王永、陳長、陳振、楊昌、趙通、童志、卓佑、潘亨、章宥諸人名。書名標論衡卷第幾，下空五格題王充。目録低二格，横列兩排，下接連正文。有細川潤次郎跋，言「此書本狩谷掖齋與本村正辭各藏其半，幸得全璧」。蓋久析而復完，然尚缺卷二十六至末五卷耳。

中大季刊一卷四號黄侃漢唐學論　東漢作者，斷推王充。論衡之作，取鬼神陰陽及一切虚言讕言，摧毁無餘。自西京而降，訖乎此時，乃有此作。正如久行荆棘，忽得康衢，誠歡忭已。然窺其淵源所自，大抵推衍楊雄、桓譚，則亦非獨創之解也。又善破敵而無自立之能，陳列衆言，加之評隲而已。其於玄理，究不可謂之無功矣。

孫人和論衡舉正自序　自嬴秦焚坑而後，古籍蕩然。漢代所收，十僅一二，加之讖緯紛作，殽亂羣經，尚論恢奇，標舉門户，或廢視而任聽，或改古以從今，卒致真僞雜糅，是非倒植。仲任生當兩漢之交，匡正謬傳，暢通鬱結。九虚、三增，啟蒙砭俗；自然所論，頗識道原。雖間逞胸臆，語有回穴，要皆推闡原始，不離於宗。至若徵引故實，轉述陳言，可以證經，可以考史，可以推尋百家。其遠知卓識，精深博雅，自漢以來，未之有也。惟世儒鮮通，以其所論，譎常心，逆俗耳，習焉而不察。更以鈔寫不慎，鉛槧屢譌，紕謬差池，幾難卒讀。輓近俞氏蔭甫、孫氏仲容始加考證，而闕陷尚多。余雅好是書，不能釋手，每獲一義，輒識簡耑，艾歷彌年，粗有是正。友人吴君檢齋、陳君匪石復有同好，頗獲新知。因以暇日，寫成四卷。此外疑難之處，正復不鮮。傳不云乎，於其所不知，蓋闕如也。甲子元月元日，鹽城孫人和。

國立歷史博物館叢刊第二册（民國十五年十二月出版。）館藏宋本論衡殘卷校

勘記小序　館藏宋版論衡殘本，民國十年，清理清内閣檔案所得。原書僅存第十四卷至第十七卷一册，版匡高六寸五分，每半葉寬五寸，爲十行，行二十字至二十五字，間有雙行夾寫，則三四字不等。書中樹缺作樹，殷缺作殷，徵缺作徵，恒缺作恒，而旭、煦等字皆不避，審爲熙寧以前刻本。爰取明通津草堂本校勘同異，其間脱誤補填，遜於通津本者所在多有。以其爲古本，聊復刊布，以俟好古君子詳之。

董康書舶庸談卷三，一九二六年三月十四日日記記日本圖書寮藏書　論衡二十五卷，宋槧本。書名題論衡卷第幾。（卷尾同。）下題王充。（低十字。）目録二排，與正文連。上排低二字，下排低十一字。亦有作一排者。篇名低四字。板高七寸，寬五寸二分。每半葉十行，每行廿字。魚尾標論衡幾，下有陳振、陳長、王政、□六、趙通、楊昌、李憲、童志、卓佑、王永、潘亨、李文、章宥等刻工姓名。存卷一至卷廿五。前有細川潤次郎和文跋，謂前十二卷爲狩谷掖齋求古樓藏書，餘爲木村正辭藏書。然長短紙色實爲一書，蓋失而復合也。盼遂案：宋本論衡行款，讀此可見。當時北京圖書館派人照像，擬付印，惜竟未成。

唐蘭讀論衡　十二月初五夕，校讀竟。仲任當習文勝實之世，奮其特見，以核實考證爲先，雖過信短説，語雜駁稚，在當時固已難能矣。然高祖非龍子與駁讖書之説，皆觸世諱，幸放言巖壑，祕書篋中，故未如禰衡、嵇康之被禍耳。漢之末年，横議蜂起，論政者仲長子、崔實之流是也，論經者許君、鄭君是也，論法者諸葛武侯是也，論理者此書及應劭是也。夫當世之隆，學者日力寬暇，性行醇篤，疑事不質，綱舉目疏。及其衰也，往往救死不暇，而邪説横起，則又不得不爲刻覈以矯之。始猶炫其新奇，終則流於偏宕矣。觀史言蔡邕祕此爲談助，王朗因而稱才進，知學者之喜誕異，實風氣使之也。應劭、孔融踵之，而孔猶跌蕩。至與荀侍中論食伴無嫌，謂伴非會友，猶鳥獸而能言耳。（見傅子。）又孔融傳路粹枉奏融有云：「父之與子，當有何親？論其本意，實爲情欲發耳。子之於母，亦復奚爲？譬如寄物瓶中，出則離矣。」雖忌者之言，揆孔生平，度當發此。且情欲之説，本於此書物勢篇。融與蔡邕友善，粹乃邕弟子，固當知其原出，乃反藉以爲罪，險人之長技，固不足論，而談理之蔽，遂至於此，殆亦充輩所不及料乎！然自是此風浸廣，嵇、阮而下，流爲清談。儒、釋、老、莊，辯議日滋，議經議禮議律，紛然莫可究詰。至唐而稍息。中葉以後，昌黎闢佛，啖助解經，又復繼起。至宋而析理愈精，然異説亦愈多。元以朱子爲宗，始略定。至明之中葉，則陽明出爲異議，楊慎、焦竑僞炫古籍。至清復崇朱子，乃少定。而康、乾以後，宋翔鳳、莊存與、龔自珍、魏源之類，又騰異説，以迄於今。然則，學者立言，每緣當世之風尚，言之平詖，亦繫世之盛衰。君子於此，必有以消息之，而擇其所處矣。

張宗祥論衡校訂三卷附記（摘録。）　宗祥校此書，首得通津草堂本，半頁十行，行二十字。後得蔣氏五硯齋藏元刻本，半頁十二行，行二十四字，即莫郘亭所著録者。此書大黑口，脱譌至多，雖每行二十四字，然以缺字案之，則與每行二十字者同列，疑爲明初坊間覆元本，非真元本也。（書中所稱元本，即指此本。孫仲容先生所據校之元本，亦即此本，故誤字皆同。仍元刻之名者，莫氏已名之，故未改。）陸心源羣書校補云：「元至元紹興路總管宋文瓚覆宋十五卷本，每頁二十行，行二十字。」則知蔣氏之書與至元本行款不同矣。云覆元者，以其亦併兩卷爲一卷，易三十卷爲十五卷也。嗣復得三朝本，行款與通津同，恐即據洪刻之舊元、明遞修者，惜無序跋可據。最後得孫校本及過校宋本。過校宋本者，即日本澁江氏之本，止於二十五卷以下缺五卷之本也。宋刻本每半頁十行，行十九至二十一字不等。此書譌奪，各本不免。累害篇缺文，宋、元均有。明刻惟通津本不缺。至十五卷招致一篇，則宋、元本亦缺，不知慶曆本如何，恨未得見也。歲甲寅，與朱君蓬仙、單君不广同在故都同校此書，析疑問難，頗極友朋之樂。未幾，蓬仙先亡，今不广死亦數年矣。當時皆未卒業，不知二君校本尚在人間否？念之黯然。（盼遂案：朱校元本，曾藏馬幼漁裕藻處。馬書散後，不知所在。）居滬上時，曾取古書中注語以訂此書，纍然滿牘。然悉引諸書，未敢以己意擅注也。既而依洛陽伽藍記之例，寫定一部，付之商務印書館。值東省淪亡之後，海上亦遭兵燹，書燬於火。第二部寫定於癸酉，受書之人，遭罪下獄，竟不復返，此志遂隱。今節録校語，得此三卷，非敢居仲任之功臣，蓋欲留十餘年來校訂之跡也。充之著作，凡分四部，一譏俗之書，二政務之書，三論衡之書，四養性之書，皆見自紀。譏俗之書十二篇，養性之書十六篇。政務之書不悉篇數，所可考者，備乏、禁酒二篇耳。然諸書皆不傳，所傳者獨論衡之書八十五篇耳，則知古人著述湮没不彰者多矣。充之書，自史通後，非之者多矣。然當讖緯盛行之日，獨能發其幽思，證彼虚妄，才智過人遠矣，安可執儒家之言以繩之？此非爲鄉先哲辨誣，有識者自能知之。

莫伯驥五十萬卷樓羣書跋文子部一論衡三十卷（通津草堂本。）漢王充撰。充字仲任，上虞人。嘗受業太學，師事班彪，博覽而不守章句。家貧無書，嘗游雒陽市肆，閲所賣書，一見輒能誦憶，遂博通衆流百家之言。著論衡八十五篇，二十餘萬言。蔡邕入吴，始得之，恒祕玩以爲談助。後王朗爲會稽太守，又得其書，及還許，人時稱其才進。遂曰：「不見異人，當得異書。」問之，果以論衡之益，由是遂見傳。見范曄、袁山松所著書中。（郭氏登峯編歷代自敍傳文鈔一百四十篇，論衡自紀亦在其中，如司馬遷、班固等作，固是可誦。但金王若虚文辨第四云：「古人或作自傳，大抵姑以託興云爾。如五柳、醉吟、六一之類可也。子由著潁濱遺老傳，歷述平生出處言行之詳，且詆訾衆人之智以自見，始終萬數千言，可謂好名而不知體矣。既乃破之以空相之説，而以爲不必存，蓋亦自覺其失也歟？」案此可知自傳文有時固不甚可信也。）此書東瀛藏有宋刻殘本，半葉十行，行十九字至二十一字不等，板心記刻手名氏。謂其文字遒勁，筆畫端正，絶有顔魯公筆法。卷中如完、慎、貞、桓、徵、匡、朗、竟、恒、讓、玄、殷、弘、照、構、敬、樹等字皆闕末筆。累害篇「夫如是市虎之訛」云云一張，諸本並脱，唯此本獨存，當補其闕，尤爲可貴。虞山瞿氏則藏宋刊元、明補本，謂爲慶曆中楊文昌刊，迨元至元間，紹興路總管宋文瓚補之，故有至元七年安陽韓性後序。目録後有墨圖記二行云：「正德辛巳四月吉旦南京國子監補刊完。」則明補之證也。至平江黄氏所藏錢東澗評校本爲宋刻元、明修補者，蕘圃云：「以校程榮本，知其佳處不少。程本實據通津草堂本，通津本乃從此本出。」蓋此本文字之勝於他本者特多也。朱氏結一廬得明鈔本於京都書肆，謂「爲明人從宋槧本傳録，卷一累害篇增多四百餘字，其餘異同亦以鈔本爲長。然招致之缺，倉光之訛，則兩本俱同也。朱氏謂此書自宋已無善本，慶曆五年，楊氏合校諸本，改補一萬一千二百餘字，始爲完書。乾道乙亥，洪文惠始鋟諸會稽。至元間又刊之。正德之初，板存南雍，今俱不可得見矣。世所通行者，通津草堂本爲最古，而脱誤則無從是正」云。此本首有目録，卷端體式與宋本同，半板十行，行二十字，板心有通津草堂四字，卷末題曰周慈寫。考嘉靖中，袁褧刻宋本六家文選，亦題周慈寫，可證此本亦嘉靖刊。累害篇内一張脱去，蓋其所據本，亦偶佚也。文句不屬，增一毫字，以接前後。程榮以下諸本，沿而不改，貽誤後來，不可以讀。今特將此葉補録書中。朱氏稱仲任自謂庶幾之才，正俗決疑，每多争辨，雖失之煩宂，而解頤者亦多。至謂孔壁中得尚書百篇，禮三百，左氏傳三十篇。又謂壁中論語得二十一篇，齊、魯、河間得九篇，本三十篇。此與晉楊所言周官出自孔壁中者，皆疏舛之甚。恐學者以仲任爲漢人，其言可信，故附辨之。李氏慈銘謂論衡爲蔡中郎帳中物，理淺辭複，漢人之文，尠有拙宂至此者。中郎之事，顯出附會。惟言多警俗，不嫌俚直，以曉愚蒙，間亦有理解，故世争傳之。其雷虚、論死、紀妖三篇，最有名理，乃一書之警策。紀妖篇論鬼神會易之情狀，可作中庸義疏。朱氏士端謂論衡正説篇云：「堯老求禪，四岳舉舜。堯曰『我其試哉』，又曰『女於時觀厥刑於二女』，又曰『四門穆穆，入於大麓，烈風雷雨不迷』，又曰『舜知佞，堯知聖。堯聞舜賢，四岳舉之，心知其奇而未必知其能，故言我其試哉。試之於職，妻以二女，觀其夫婦職修而不廢，烈風疾雨終不迷惑，堯乃知其聖，授以天下』。」據此則王氏所見安國真古文，堯典本爲一篇，並無「曰若稽古帝舜」二十八字横亙於中。此條可補馮氏解舂集。江氏尚書集注音疏所未引。汪氏之昌述示兒編引經誤條，立政曰「以乂我受民」，論衡明雩篇引之曰「以友我愛民」。案今論衡與尚書同，則非宋人所見之本矣。見青學齋集二十七。宋陳騤文則謂「王氏問孔篇中於論語多所指摘，未免桀犬吠堯之罪」。又有人謂論衡中如問孔、刺孟二篇，奮其筆端，以與聖賢相軋，論辨新穎，務求繁辭盡意。僉謂王氏不當如是。伯驥案：後來如金李純甫、明李卓吾著書，每與孔、孟爲難，當導源於此。言論解放，不爲古今人束縛，表現懷疑派哲學精神，王氏實開其端。吾國人奉前言爲偶象，界域心思，封蔀靈府，遂成爲一尊之學術。倘能如印度之龍樹提婆多所辨論，當日益昌明，其時彼中學派近百種，詰難既多，劣者敗退，優者長存，而哲理因之演進，固實例也。（王弇州曰：「余心服江陵之功，而口不敢言，以世所曹惡也；予心誹大函之文，而口又不敢言，以世所曹好也，無奈此二屈事何！蓋一時風氣已成偏宕，既寅畏於時賢，復蒙惑於古説，而自由淪胥以亡矣。」弇州之言殊痛。）歐洲中古，教會專制人羣。文藝復興後，大哲如卜魯諾、笛卡兒，皆以著述科學哲學之言，致蒙殺身焚書之酷。洎達爾文種源論、（達氏創進化説，生存競争之理互相傳導，人人能言之。其後俄人克魯泡特金因著互助論以資救濟，謂競争能使人類趨於滅亡。生物界之進步，與人類發達之真因，非互助不可。論者又以此説即爲無政府主義之來源。）雷能耶蘇基督傳兩書出，先後行世，全歐心靈始爲盪動。雄雞一聲天下白，大海迴風生紫瀾，思想界因之大揺，基督教尤受其影響。吾國幸無此種教例鉗抑，然帝王之力尤有加焉。吾嘗怪元太祖集諸方瑰異人材，以謀軍略之進行，政權之發展，而曾不以之教國人。吾尤怪清聖祖延諸方絶特學人，以求自身學藝之日新，知識之日益，而不以此設科開校，以智我漢、蒙諸族。馬哥孛羅反國，歐人遂連袂東漸，而我漢族之蒙陋如故。（法國史學家之主張，謂馬哥孛羅著遊記一書，其關係不讓哥侖布之西航美洲。歐人讀遊記，見所繪羅盤針圖，有謂此物作於中國，而歐洲述之，式樣已比馬圖爲精。意作始者歷數百年，進步當逾百倍。及遊中國，過市買之，則與書之圖無差焉，乃索然興歎而反。）數理精藴，幾暇格物諸書流布而後，漢、蒙諸族之狉獉依然。當葛利略、李文厚望遠鏡顯微鏡以次研究有成之日，而我國顧氏音學五書、閻氏古文尚書疏證方在草創討論之年。顔習齋大聲呼：「生存一日，當爲生民辦事一日。」而戴東原方讀十三經，舉其辭無遺，且語其弟子段玉裁曰：「余於疏不能盡記，經注則無不能背誦也。」惠士奇則方閻念九經、四史，對客誦史記封禪書，終篇不失一字。而吴、皖二大學派，遂占斷我國百年。凡若此，皆君天下者愚民之果也。大凡真好讀古書者，鮮有不嗜新學新理者也。而御世宰物者，不導之研精新學新理，而别以一物焉衡其慮困其心，如此則其心不雜，心不雜則皆爲我用矣。開敏者式古訓以銷其意志，謹愿者用舉業以耗其神明，於是天下遂莫予毒，合政教而統一之策，寧有善於斯乎？此予往讀清帝卧碑，而悁悁然悲，後則讀王氏書而躍然以起也。宋黄東發讀論衡云：「王氏謂天地無生育之恩，而譬之人身生蟣虱，欲以盡廢百神之祀。雖人生之父母骨肉，亦以人生無知不能爲鬼而忽蔑之。」清杭氏世駿謂范史之傳王氏也，曰王氏少孤貧，鄉里以孝稱。但吾所聞於王氏者有異焉。王氏世族孤門，父誦任氣滋甚，在錢塘以勢凌人，論衡不諱其事。臨川陳際泰，小慧人也，而闇於大道。作書戒子，而以村學究刻畫其所生，禾中無識之徒刊其文。以詔，而以斯語冠首簡，承學胥喜談而樂道之，而其端實發自王氏。（軍機處奏准全毁書目，有陳際泰撰已吾集、太乙山房文集。吾家所藏，則有已吾，而無太乙。）此皆後來掊擊仲任之意見也，因與朱、汪諸説並述於此，以待考論。梁任公先生謂論衡爲漢代批評哲學第一奇書，蓋就全體而言，諸君子則論其支節耳。任公稱俞蔭甫、孫仲容校此書只數十條。蔣生沐從元刊本校補今本脱文三百餘字。全書應加董治處尚不少，望學者任之。今孫氏人和、楊氏樹達均有校讀之本，或足慰厥所蘄矣。（論衡中有云：「廣漢楊偉能聽鳥獸之音，乘蹇馬之野，田間有放馬者，相去數里，鳴聲相聞。偉謂其御曰：『彼放馬目眇。』其御曰：『何以知之？』曰：『罵此轅中馬曰蹇，此馬亦罵之曰眇。』御往視之，目竟眇焉。」伯驥案：春秋左氏傳僖二十九年：「介葛盧聞牛鳴，曰：『是生三犧，皆用之矣。』其音云。」問之而信。」洪氏詁引周禮疏：「賈逵云：『言八律之音，聽鳥獸之鳴，則知其嗜欲生死。可知伯益明是術，故堯、舜使掌朕虞。周失其道，官在四夷矣。』」賈、王均爲漢人，豈鳥語獸鳴，古人果有解此者歟？公冶長辨鳥雀語，見論語疏。秦仲知百鳥之音，與之言，皆應，見史記。南美洲有新人種，所操土語有五百餘種區别。人類愈卑陋，語言愈複雜，固世界公例。此人種則美總統游南美時發見者也。鳥獸之聲，不審比新人種如何？謂能辨之，當非易易矣。又史記卷一百五扁鵲倉公列傳：「視見垣一方人。」索隱：「言能隔牆見彼邊之人，則眼通神也。」亦古軼聞。）」

朱駿聲著論衡簡端記如干卷　見石隱山人年譜朱師轍附識。案：書未見傳本。

劉師培著論衡校補四卷　甲寅雜志一卷三十七期劉申叔著書目所列。案：寧武南氏印劉申叔遺書未收，疑原稿仍爲某氏所扣，故未能取印。

美國加利佛尼亞大學東方學教授卑克澤論衡爲英文本　見賀昌羣悼洛佛爾氏文中。

學生國學叢書論衡　選三十篇截要録出，加以簡注。高蘇垣主撰，中華民國二十四年上海商務印書館出版。

標點本論衡上下二册　陶樂勤編，中華民國十四年三月上海梁溪圖書館出版，首有曹聚仁小引。

一九五五年一月三十一日光明日報標題：蘇聯出版關於我國古代哲學家王充的書籍。據塔斯社莫斯科二十九日訊，蘇聯科學院出版局出版了阿泊洛尼・彼得羅夫的新作王充——中國古代唯物主義者和啟蒙者。彼得羅夫在這本書中指出，王充的學説是古代中國唯物主義發展的高峰，這種學説是在同宗教神祕論和迷信的鬥争中形成和鞏固起來了的。彼得羅夫是蘇聯著名的中國哲學研究家，他曾經寫過中國哲學史概要、關於中國唯物主義者世界觀和介紹中國古代大哲學家之一王弼的論文。

後記

佩文韻府二冬韻，龍字下三龍條，注引王充論衡云：「蔡邕、崔寔號並鳳，又與許受號三龍。」按：王充卒於東漢和帝永元年間，烏能預知蔡邕及崔寔，而作詩詠之？決此條非論衡之文。

藝文類聚卷九十三馬類引論衡云：「楊璇爲零陵太守，時桂陽賊起。璇乃製馬車數十乘，以囊盛石灰於車上。及會戰，從車揚灰向賊陣，因鳴鼓擊賊，大破之。」按：後漢書卷六十八楊璇傳載此事，在漢靈帝時，王充烏能預知靈帝時事？其爲誤引，當與佩文韻府相同。